泾源年鉴

2023

泾源县党史和地方志研究室 编

黄河出版传媒集团
阳光出版社

图书在版编目(CIP)数据

泾源年鉴.2023 / 泾源县党史和地方志研究室编. --银川:阳光出版社,2023.10
ISBN 978-7-5525-7208-7

Ⅰ.①泾… Ⅱ.①泾… Ⅲ.①泾源县-2023-年鉴 Ⅳ.①Z524.34

中国国家版本馆CIP数据核字(2024)第025547号

泾源年鉴2023　　　　　　　　　　　泾源县党史和地方志研究室　编

责任编辑　胡　鹏　李媛媛
封面设计　姜善玉
责任印制　岳建宁

黄河出版传媒集团
阳　光　出　版　社　出版发行

出 版 人	薛文斌
地　　址	宁夏银川市北京东路139号出版大厦(750001)
网　　址	http://www.ygchbs.com
网上书店	http://shop129132959.taobao.com
电子信箱	yangguangchubanshe@163.com
邮购电话	0951-5047283
经　　销	全国新华书店
印刷装订	宁夏银报智能印刷科技有限公司
印刷委托书号	(宁)0028345
地图审图号	宁S[2021]第008号

开本　880mm×1230mm　1/16
印张　28.25
字数　610千字
版次　2023年10月第1版
印次　2023年10月第1次印刷
书号　ISBN 978-7-5525-7208-7
定价　298.00元

版权所有　翻印必究

《泾源年鉴(2023)》编审委员会

主　　任	张　明
副主任	任　伟　于　雷　于清海
委　　员	金正强　马军辉　秦志龙　纳玉成　咸永升
	马恩成　拜晓霞　海　军　马卫荣　仇晓辉
	张小飞　吴志建　拜艳丽　马建国　古学宏
	苏志成　冶宝平　童宝强　吕忠德　杨意河

《泾源年鉴(2023)》编纂人员

主　　编	于清海
副 主 编	单伟民
总　　纂	杨意河
编　　辑	杨意河　马广云　马德俊　锁爱莲　丁　红　摆雪艳　李　梅
工作人员	杨存英
特约编审	宋兆璠　王玉琴

《泾源年鉴(2023)》资料提供人员

(按姓氏笔画顺序排列排列)

丁万成	丁世云	丁　莹	丁　娟	于帅英	于会冬
于　敏	于得水	于惠强	于雁北	于嘉浩	马小伟
马云科	马玉帅	马永江	马亚丽	马亚峰	马　尧
马志荣	马丽芬	马丽婷	马思琦	马　艳	马晓天
马晓丽	马晓菲	马　越	马鹏杰	马福宏	马　慧
王旭东	田　花	史　涛	白锐铠	冯　俊	兰五六
兰惠琴	吕子欣	朱燕妮	伍　军	刘亚军	苏　丽
李志红	李　洁	李　娜	李　莹	李　莹	杨天鹏
杨泽荣	何　彤	何国庆	余　波	冶　涛	沙月娟
沙倩倩	沙慧娟	张文斌	张应平	张雅婷	张　谦
陈睿鹏	金利星	周苗苗	赵向阳	赵　彤	赵博鑫
柳武平	咸桂林	拜正国	拜晓峰	洪小蛟	洪晓霞
高小龙	海　伟	曹　春	塔慧茹	惠有平	喇　娟
焦玉净	童宝平	蒙桂琴	鄢生鹏	赫志成	赫丽君
赫惠军	樊　欣				

编辑说明

一、《泾源年鉴(2023)》是由中共泾源县委员会、泾源县人民政府主办,泾源年鉴编审委员会承办,泾源县党史和地方志研究室编辑,公开发行的正式出版物,是具有公报性质的大型资料性工具书。

二、本年鉴以习近平新时代中国特色社会主义思想为指导,主要反映2022年1月—12月泾源县各项事业发展状况、重大事件和最新成就。所刊载的原始资料由各部门、单位、各乡镇和各企业提供,真实、全面,具有重要的"资治、教化、存史"价值,为人们了解泾源发展现状、建设新泾源提供信息咨询服务。

三、本年鉴采取分类编辑法,以类目、分目、条目组成框架结构的主体部分。少数分目中增设子分目层次。全书条目标题统一用【】和字体加黑表示。全书前有目录,以便于检索。

四、本年鉴设专载、泾源综览、大事记、党委 人大 政府 政协 纪委监委、群众团体、经济管理、法治、军事、农业 自然资源 水务、工业、商贸、城乡建设与环境保护、交通 邮电、银行 保险、科学技术、教育体育、文化 旅游 广电、卫生健康、社会管理、乡镇、荣誉榜、附录共22个部类。

五、本年鉴主要采用记、述、图(由于勇 各单位供)、表等记述方法,大事记同一日发生的事件用"是日"表示,同时发生的更多大事用"△"表示。

六、本年鉴设荣誉榜,所收录内容为获得县级以上表彰奖励的先进集体、先进个人。

七、本年鉴严格执行出版物汉字使用管理规定、法定计量单位、出版物上数字用法、标点符号用法等国家标准及规定,力求规范化。使用自治区、市、县、乡镇名时,一般写明全称。泾源县简称"泾源",有时简称"全县""县内""县"。

八、《泾源年鉴(2023)》收录的《泾源县2022年国民经济和社会发展公报》由泾源县统计局提供,因来源、统计口径等原因,个别数据与统计资料中的数据不尽一致,引用时以《泾源县2022年国民经济和社会发展公报》为准。

编 者

2023年6月

2022年12月23日,中国共产党泾源县第十五届委员会第五次全体会议在县人民会堂召开

2022年12月28—30日,泾源县第十八届人民代表大会第二次会议在县人民会堂召开

2022年12月27—29日，中国人民政治协商会议泾源县第十四届委员会第二次会议在县人民会堂召开

2023年2月20日，中国共产党泾源县第十五届纪律检查委员会第三次全体会议召开

2022年9月17日,泾源县委书记王荣调研县轻工产业园区发展情况

2022年10月18日,泾源县人大常委会主任李白虎一行调研代表议案建议意见办理情况

2022年10月19日,泾源县委副书记、政府县长马晓红到新民乡照明村调研肉牛养殖工作

2022年10月25日,泾源县政协主席李光明调研督办提案办理工作

2022年3月1日，泾源县委召开十五届县委第一轮巡察动员部署会

2022年3月25日，泾源县召开卫生健康领域突出问题专项治理暨廉政警示教育活动动员部署会

2022年3月18日,宁夏第一批重大项目集中开工现场推进会泾源县分会场

2022年4月12日,泾源县人武部帮扶李庄村产业收益分红暨2022年帮扶启动仪式

2022年6月24日，泾源县召开第二届蜂蜜宣传推介会

2022年8月，羊槽村村民马荷花收到第一茬平菇销售款

2022年9月1日，泾源县召开第六届黄牛节

2022年5月18日，泾源县党史和地方志研究室开展志书进校园活动

2022年5月19日,在泾源县人民广场举办中国旅游日美食节暨广场文化启动仪式

2022年"文化和自然遗产日"踏脚舞演出

2022年7月18日,"喜迎二十大 奋进新征程"第三届杨岭乡村文化旅游节在杨岭村举办

2022年8月26日,泾源县召开泾源县扶贫志编纂工作推进会

2022年1月7日,新民乡党委、政府组织群众自发捐赠马铃薯支援西安疫情防控

2022年4月,泾源县支援同心医护人员完成任务返泾

2022年9月,泾源县支援海南医护人员完成任务返泾

2022年10月3日,泾源县委常委、政府副县长陈晓忞一行慰问荷花新城小区疫情防控工作人员

2022年3月8日,泾源县妇联举行闽宁协作社会帮扶项目妇女儿童捐赠金发放活动

2022年4月11日,泾源县消防救援大队成立火焰蓝志愿服务队

2022年4月16日,市场监管局开展"政府开放日"活动

2022年5月10日,泾源县召开海峡城乡发展基金会驻点服务羊槽村启动仪式

2022年5月12日,泾源县开展自然灾害及交通事故应急综合演练活动

2022年5月13日,人社局组织开展民营企业招聘月活动

2022年6月2日,固原市生态环境局泾源分局在人民广场开展环保法律知识宣传

2022年6月18日,泾源县在体育场举办第三届中小学艺术展演活动

2022年10月1日,泾源县开展食品安全领域联合执法检查

2022年10月12日,固原市生态环境局泾源分局执法队开展涉疫医疗废弃物检查

杨岭新村

三关口生态修复新貌

卧龙山公园

泾源县城全景图

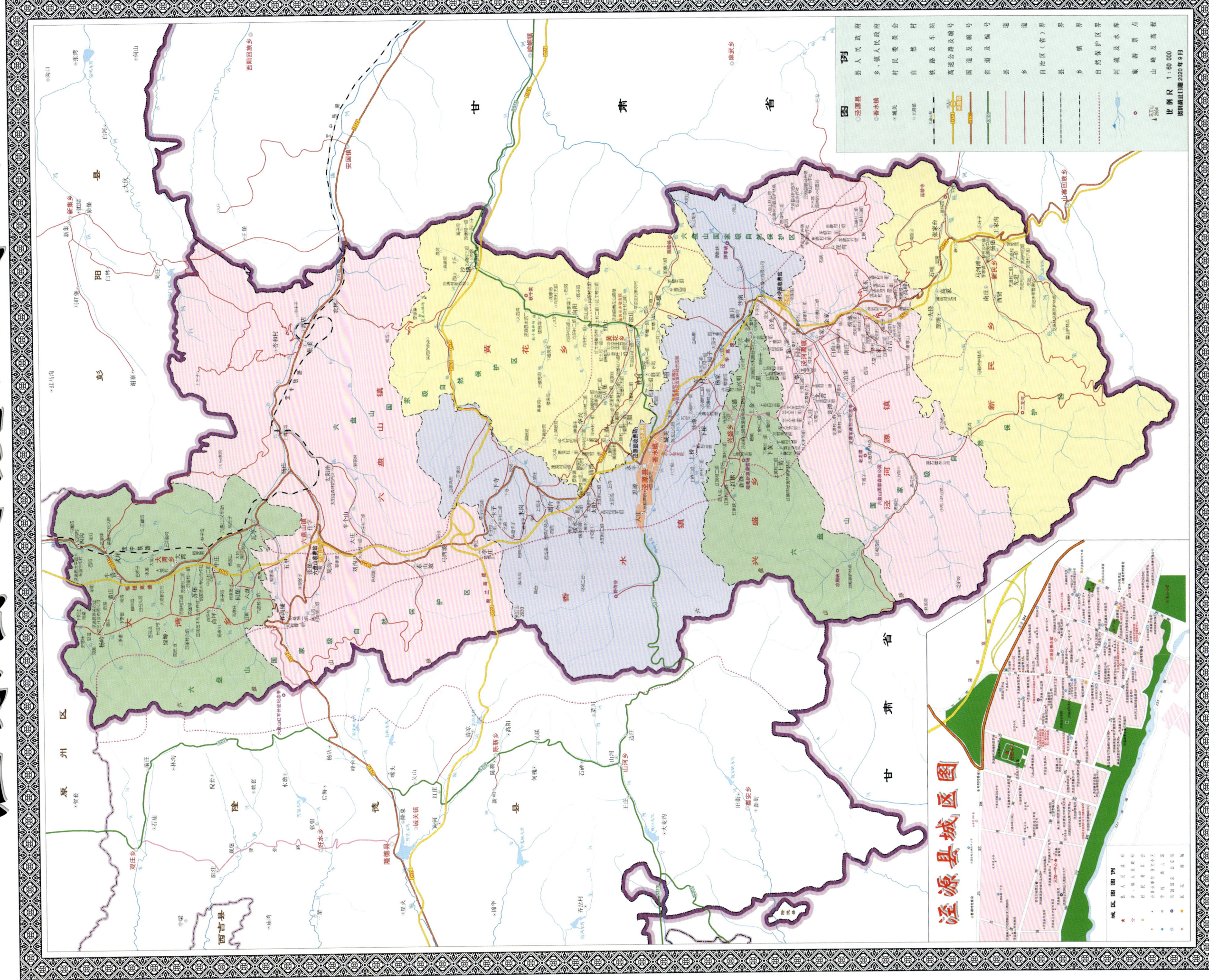

目 录

专 载

以党的二十大精神为指引　奋力谱写现代化泾源建设崭新篇章
　　——在县委十五届五次全体会议上的报告 ……………………………………… 3
人大常委会工作报告
　　——在泾源县第十八届人民代表大会第二次会议上 …………………………… 15
政府工作报告
　　——在县第十八届人民代表大会第二次会议上 ………………………………… 22
政协工作报告(摘编)
　　——在政协泾源县第十四届委员会第二次会议上 ……………………………… 34
以党的二十大精神为指引发扬彻底自我革命精神　纵深推进全面从严治党
　　——在泾源县纪委十五届三次全体会议上的工作报告 ………………………… 43

泾源综览

地理自然 ………………………………………………………………………………… 55
建置区划 ………………………………………………………………………………… 56
经济社会 ………………………………………………………………………………… 57

大事记

1月 ……………………………………………………………………………………… 65

条目	页码
2月	66
3月	66
4月	67
5月	69
6月	70
7月	73
8月	74
9月	76
10月	78
11月	79
12月	80

党委　人大　政府　政协　纪委监委

条目	页码
中国共产党泾源县委员会	85
综　述	85
县委全委会会议	87
县委常委会会议	88
组织工作	100
宣传工作	102
统战工作	105
政策研究	107
史志工作	112
机构编制	113
巡察工作	115
党校工作	116
档案工作	118
机要工作	119
保密工作	120
网络安全和信息化工作	121
泾源县人民代表大会	123

综　述 … 123
重要会议 … 124
泾源县人民政府 … 128
综　述 … 128
常务会议 … 131
专题会议 … 138
信访工作 … 141
机关事务管理 … 143
政协泾源县委员会 … 144
综　述 … 144
重要会议 … 148
专门委员会 … 150
重要活动 … 151
纪委监委 … 153
综　述 … 153
重要会议 … 155

群众团体

泾源县总工会 … 159
共青团泾源县委员会 … 161
泾源县妇女联合会 … 164
泾源县科学技术协会 … 167
泾源县残疾人联合会 … 168
泾源县文学艺术界联合会 … 169
泾源县红十字会 … 171

经济管理

宏观经济管理 … 177
市场监督管理 … 181

财　政	183
税　务	185
审　计	187
统　计	188
审批服务管理	189
社会经济调查	191
投资促进服务	192

法　治

法治政府建设	197
政　法	200
公　安	202
法　院	205
检　察	208
司法行政	211

军　事

泾源县人民武装部	215
泾源县武警中队	218

农业　自然资源　水务

种植业	223
畜牧业	224
中蜂产业	225
农村工作	226
农业机械化服务	228
水　务	230
自然资源	231
六盘山林业局	234

工 业

综 述 ··· 239
泾源县轻工业产业园区 ·· 239
工业和信息化建设 ·· 241
电力供应 ·· 242

商 贸

商贸流通 ·· 247
供销合作 ·· 249
粮食和物资储备 ··· 251
烟草专卖 ·· 253

城乡建设与环境保护

城乡建设 ·· 257
环境保护 ·· 258
住房公积金管理 ··· 260

交通 邮电

交通运输 ·· 265
邮 政 ·· 266
中国电信股份有限公司泾源分公司 ·· 268
中国移动通信集团宁夏有限公司泾源分公司 ····························· 268
中国联合网络通信有限公司泾源县分公司 ································ 269

银行 保险

中国人民银行泾源县支行 ·· 273

中国农业银行泾源县支行……275
泾源县农村商业银行……277
中国邮政储蓄银行泾源县支行……280
宁夏银行泾源支行……282
中国人民财产保险股份有限公司泾源支公司……283
中国人民人寿保险股份有限公司泾源支公司……284

科学技术

科技普及……289
防震减灾……290
气　象……292

教育　体育

教　育……297
体　育……298

文化　旅游　广电

文　化……303
旅　游……304
广播　电视　电影……306
文化旅游企业……308

卫生健康

卫　生……315
泾源县人民医院……318
卫生监督……319
疾病防控……321
妇幼保健……324

社会管理

人力资源和社会保障 ………………………………………………………………329
医疗保障 ……………………………………………………………………………332
退役军人事务管理 …………………………………………………………………333
应急管理 ……………………………………………………………………………335
消防救援 ……………………………………………………………………………337
民　政 ………………………………………………………………………………339
乡村振兴 ……………………………………………………………………………342

乡　镇

六盘山镇 ……………………………………………………………………………351
香水镇 ………………………………………………………………………………352
泾河源镇 ……………………………………………………………………………355
大湾乡 ………………………………………………………………………………357
黄花乡 ………………………………………………………………………………360
兴盛乡 ………………………………………………………………………………362
新民乡 ………………………………………………………………………………365

荣誉榜

先进集体 ……………………………………………………………………………371
先进个人 ……………………………………………………………………………375

附　录

机构和组成人员 ……………………………………………………………………391
泾源县政府办重要文件目录 ………………………………………………………408
泾源县党委办重要文件目录 ………………………………………………………410
泾源县2022年国民经济和社会发展统计公报 ……………………………………415
区级以上新闻报道目录 ……………………………………………………………427
区级新闻报道目录 …………………………………………………………………431

泾源年鉴2023

专 载

以党的二十大精神为指引
奋力谱写现代化泾源建设崭新篇章

——在县委十五届五次全体会议上的报告

中共泾源县委员会书记　王　荣

（2022年12月23日）

同志们：

这次全会的主要任务是，深入学习贯彻党的二十大精神、习近平总书记视察宁夏重要讲话和重要指示批示精神，全面贯彻落实自治区第十三次党代会、自治区党委十三届二次全会和市委五届五次六次七次全会精神，回顾总结2022年工作，科学谋划2023年任务，动员全县各级党组织和广大党员干部奋进新征程、担当新使命、展现新作为，奋力描绘全面建设社会主义现代化美丽新宁夏泾源新画卷，为实现党的二十大确定的宏伟目标而团结奋斗。

下面，我受县委常委会委托，向全会报告一年来的工作，安排明年各项工作。

一、凝心聚力、务实苦干，2022年全县各项事业取得新成效

2022年，是党的二十大胜利召开的重要一年，是实施"十四五"规划承上启下的关键一年，也是泾源发展史上极为难忘、极不平凡的一年。一年来，县委常委会始终坚持以习近平新时代中国特色社会主义思想为指导，坚决贯彻落实党中央重大决策和区市党委部署安排，团结带领广大党员干部群众实干拼搏、锐意进取，攻坚克难、砥砺前行，在大战大考中交出了统筹疫情防控和经济社会发展的优秀答卷。

一年来，我们旗帜鲜明讲政治，把方向定思路，贯彻落实坚决有力。常委会坚持把学习宣传贯彻党的二十大精神作为首要政治任务，坚持与学习贯彻习近平总书记视察宁夏重要讲话和重要指示批示精神相结合，与落实自治区第十三次党代会、自治区党委十三届二次全会和市委五届五次、六次、七次全会精神相贯通，开展"大学习、大讨论、大宣传、大实践"活动，持续引向深入、推动落地见效。

一是学习领会入脑入心。坚持全面学习、全面把握、全面落实，认真落实第一议题制度，发挥理论学习中心组示范带头作用，准确把握精神实质、核心要义、思想精髓，深刻领悟"两个确立"的决定性意义，增强"四个意识"、坚定"四个自信"、做到"两个维护"，自觉在政治上主动对标、思想上精准对表、行动上坚决对照,切实做到"总书记怎么说,我们就怎么做"。

二是宣传宣讲走深走实。组建县乡两级宣讲团,开展"百名书记千名党员"宣讲活动,开辟专题专栏,精心制作"学习贯彻党的二十大精神"宣传短片和微视频,在中央和区市县各级媒体上推出了一批有分量的深度报道、学习成果,形成了网上网下一体、线上线下联动的浓厚氛围,使党的二十大精神家喻户晓、深入人心。

三是贯彻落实对标对表。召开县委十五届三次四次全会,出台《贯彻落实意见》,谋划提出:坚持大抓发展、抓大发展、抓高质量发展、推动跨越式发展,确定"生态泾源、绿色发展"定位,实施"七项计划",打造生态文旅特色县、乡村全面振兴样板县、高质量发展先行县、国家全域旅游示范县、铸牢中华民族共同体意识示范县"五个县"的总体贯彻思路,凝聚起了"牢记嘱托、感恩奋进、团结奋斗、真抓实干,奋力描绘全面建设社会主义现代化美丽新宁夏泾源新画卷"的思想共识。

一年来,我们坚持不懈谋发展,调结构挖潜能,发展质量稳步提升。常委会始终牢记习近平总书记赋予建设先行区的使命任务,全力稳增长、固优势、补短板、强弱项,有效统筹疫情防控和经济发展,有力确保了全县经济实现质的稳步提升和量的合理增长。预计全年地区生产总值增长7%,全社会固定资产投资增长2%,社会消费品零售总额增长6%,地方一般公共财政预算收入增长5.7%,地方一般公共财政预算支出增长11.5%,城乡居民人均可支配收入分别增长9%、10.5%。

一是产业结构优化升级。坚持把发展经济的着力点放在产业转型上,建立12个产业专班包抓调度机制,推动"1+3+X"特色产业扩规模、提质量、延链条、创品牌、增效益。高质量举办银川旅游推介会,国家全域旅游示范县完成初验,荣登"2022美丽中国深呼吸小城"榜,成功创建全国首批"避暑旅游目的地"。探索建立"企社园"联农带农利益联结机制,建设"出户入园"示范场14个、标准化蜂场9个,发展山桐子、道地中药材等生态经济作物1.2万亩,第六届黄牛节和第二届泾源蜂蜜宣传推介会成功举办,肉牛饲养量达到10.4万头,中蜂蜂群达到3.5万箱。扶持发展服装箱包企业8家,共享储能电站落地实施,千亩清凉蔬菜示范基地成效初显。

二是有效投资扩量增效。牢固树立抓项目就是抓发展、抓消费就是促发展的理念,实施重点项目62个,截至11月底完成实物量投资12.5亿元。出台"稳保促"政策措施40条,开展系列促销活动28场次,带动消费1000余万元。建立"1+N"包抓和招商项目包办服务机制,多次赴北京、江苏、福建等地开展精准招商,落实招商引资项目19个,资金24.95亿元,增长12.5%,"双争"到位资金20.8亿元,为县域经济发展注入了强劲动力。

三是改革创新蹄疾步稳。深入实施改革创新赋能行动,发展动能加速转换。蜂蜜检测中心CMA通过认证,园区产值突破亿元大关。"放管服"改革不断深化,"县管校聘"改革全面完成,国有资本投资运营集团公司组建运行。统筹推进"三统三分"农业经营体制改革,苗木腾退、土地流转、高效农田建设有序衔接。"六权"改革压茬推进，农业、工业和规模养殖业用水确权到村到户，农村"房地一体"土地应确尽确，林地地类界线全面落界，社会资本参与生态保护修复试点改革破题开局。

一年来，我们矢志不渝惠民生，筑底线提服务，生活环境持续改善。常委会始终坚持以人民为中心的发展思想，把守牢不发生规模性返贫和守好改善生态环境生命线作为"头等大事"，守实成果、促进振兴、护好生态，宜居水平不断提升。

一是乡村振兴全面推进。坚持"四个不摘"要求，持续深化"领导包抓+专班推进+驻村帮扶"工作机制，实行重点人群、特殊人群"八必访"和风险户"一键预警"，监测对象风险消除率接近70%。建立"领导包抓+责任清单+常态化督导"机制，推动2021年度考核评估反馈问题全部整改销号。聚焦"五大振兴"，统筹推进乡村产业、乡村建设、乡村治理，深化闽宁协作和央企帮扶，打造乡村振兴示范村16个，脱贫人口人均纯收入增长15.57%，实现"两个高于"目标。

二是生态环境明显改善。巩固"绿水青山就是金山银山"实践创新基地成果，着力打造绿色生态宝地。统筹推进生态修复、矿山修复、山水林田湖草生态保护修复，森林覆盖率达到42.24%。综合实施香水河生态缓冲带、大湾片区水土流失、泾河支流水生态治理，水系连通及水美乡村建设获评全国优秀等次。持续打好蓝天、碧水、净土"三大保卫战"，县城污水处理厂和66个行政村污水终端完成改造，空气质量优良天数比例达到95%以上，国控出境断面水质稳定在Ⅱ类标准，地表水环境质量稳居全区第一。

三是民生福祉持续增进。集中80%以上的财力保障民生，"六大提升行动"深入推进，12件民生实事全部办结。全年转移农村劳动力2.93万人，新增城镇就业623人，泾河社区、馨苑小区、羊槽村等移民安置区基础设施更加完备。县域医共体信息化平台初步建成，义务教育、普通高中阶段教育"大额班"全面消除。自治区级文明城市创建不断推进，城市更新和乡村建设加快实施，瓦亭村等6个村入选中国传统村落名录。

一年来，我们全力以赴护稳定，防风险保安全，社会大局团结和谐。常委会始终贯彻总体国家安全观，全面落实区市党委和政府"四防"工作部署，以一域之安全护全局之稳定，有力维护了政治安全、社会安定、人民安宁。

一是民主法治水平不断提高。坚定不移发展全过程人民民主，全力支持人大、政协、"一府一委两院"依法依规依章履行职能。群团改革持续深化，党管武装工作和退役军人服务管理水平稳步提升。党内法规制度全面落实，"两类档案"归集和《泾源扶贫志》编撰有序推进。建立会前学法制度，扎实开展"八五"普法，行政负责人出庭应诉率提高到88.9%。

二是安全稳定防线更加牢固。纵深推进维护政治安全"十大专项行动"，高质量完成党的二十大和自治区第十三次党代会安保维稳任务。严格落实意识形态工作责任制，全力维护网络空间安全。安全生产和食品药品安全深入推进，电信诈骗、养老诈骗、自建房、防溺水等领域专项整治成效明显。创新建立社区治理"1+N"工作模式，信访交办件和涉党政机关执行案件逐步清零，乡村文明实践积分制度典型经验在农业农村部举办的干部培训班上交流，香水派出所荣获"全国优秀公安基层单位"。

三是民族宗教工作团结和顺。深化感恩、认同、法治、文明"四项教育"，建立"十个一"互观互检评比机制，申报全国和自治区民族团结进步示范单位6个，铸牢中华民族共同体意识示范县创建扎实推进。实施教义教规中国化阐释、教职人员素质提升、信教群众思想教育"三项行动"，不断巩固宗教领域问题治理成果，全县所有宗教活动场所实现"五进"全覆盖，民族和睦、宗教和顺、社会和谐局面更加巩固。

一年来，我们一以贯之抓党建，严作风强队伍，政治生态更加清朗。持之以恒推进全面从严治党，深入推进新时代党的建设新的伟大工程，深入实施党建"铸魂"工程和基层党建提质增效行动，推动全面从严治党向纵深发展、向基层延伸。

一是基层坚强战斗堡垒不断夯实。深入践行新时代党的组织路线，牢固树立大抓基层鲜明导向，扎实开展农村党建"凝心聚力"、城市党建"融合互促"等"十项行动"。深化"一抓两整"示范县乡创建，创建示范乡镇6个、示范村76个，整顿软弱涣散党组织4个。建立"六盘先锋"党建品牌，打造不同领域、不同类型县级党建品牌示范点13个、乡镇（部门）级25个。着力发展壮大村集体经济，96个行政村集体经济收入全部超过7万元。

二是干部人才队伍素质不断提升。认真落实新时代好干部标准，突出忠诚干净担当、务实尽责成事，打造砥砺奋进的高素质干部队伍。深入实施干部政治能力、专业能力提升"两大工程"，扎实开展乡镇党委和村"两委"班子"回头看"及"占编不在岗"专项整治。选拔任用干部161人次，统筹各序列130名公务员职级晋升。大力实施"才聚泾源1594"行动，柔性引进专技人才57名，推荐评选固原市第三批"六盘英才"1人，1名乡镇党委书记被评为全国"人民满意的公务员"。

三是正风肃纪反腐工作不断深化。突出严的基调，严格落实中央八项规定及其实施细则精神，认真执行自治区"八条禁令"和市委"十项规定"，深入开展粮食购销、工程建设、政府采购等重点领域专项治理，扎实开展违规收送红包礼金和不当收益及违规借转贷或高额放贷专项整治。切实加强对"一把手"和各级领导班子的监督，充分发挥巡察利剑作用，完成十五届县委2轮5个乡镇巡察，延伸行政村67个。开展各级警示教育122场次，给予党纪政务处分52人，营造了良好的政治生态。

同志们，一年来，我们讲政治、讲学习、讲正气，抓大事、定思路、求突破，攻坚克难、真抓实干，做了一些打基础利长远的工作，补了一些强优势增后劲的短板，办了一些惠民生暖民心的实事，广大干部群众在实践中统一思想、在实践中增长才能、在实干中锤炼作风。特别是在疫情防控这场没有硝烟的战争中，广大党员闻令而动、冲锋在前，彰显了新时代共产党员的政治担当；广大医务工作者白衣执甲、逆行出征，用责任诠释了医者仁心;公安干警、基层干部、志愿者夜以继日、坚守一线,构筑了群防群控的坚固防线;社区工作者挺身而出、持续奋战,守护了千家万户的健康安宁;全县人民守望相助、鼎力支持,以涓滴之力汇聚起同心战疫的磅礴伟力,最大限度减少了疫情对经济社会发展的影响。伟大出自平凡,每个人都是英雄!通过一年的实践,我们深切的感受到:发展壮大产业是工作重点。我们立足产业特色和生态禀赋,明确"生态泾源、绿色发展"定位,确定"1+3+X"产业发展体系,产业结构更佳、路径更优。扩大有效投资是破题之方。我们围绕产业链外引企业,聚焦中梗阻内抓优化,一批挖潜蓄能、带动发展的招商引资项目相继达成投资意向,自上而下带动优化营商环境进一步加强。盘活资源资产是源头活水。我们深入分析经济发展面临的困难,推动资源利用、资产盘活、资金统筹,娅豪滑雪场、国控公司改组运营,城区闲置土地、矿产资源开发提上工作日程。加强作风建设是根本保障。我们坚持以更高标准抓好自身建设,以更严要求提升自身水平,深入开展干部作风大转变行动,乡村振兴第一线、疫情防控最前沿党员干部担当作为,全县形成团结一心干事创业的良好氛围。

同志们,奋斗充满艰辛,成绩催人奋进。泾源的发展进步,饱含着党中央和习近平总书记的深情厚爱,倾注着区市党委和政府的关心支持,汇聚着全县人民团结拼搏的辛勤劳动,凝结着社会各界人士的智慧力量。在此,我代表县委常委会,向大家表示诚挚的感谢和崇高的敬意!

在总结成绩的同时,我们也要看到,泾源的发展与区市党委和政府的要求、与群众的期望还有差距,主要表现在:发展不平衡、不充分依然是泾源最大的实际;产业组织化程度不高、龙头企业带动力不强依然是泾源最紧迫的瓶颈;创新能力不足、人才结构性短缺依然是泾源最突出的短板;激发干部群众内生动力、提升群众自我发展能力、增强党员干部担当拼搏精神依然是泾源最迫切的课题。这些问题,亟待我们在今后的工作中采取针对性措施,狠抓落实,全力推进解决。

二、深学细悟、坚定笃行,持续推动党的二十大精神落地落实

全县各级党组织和广大党员干部要把深入学习宣传贯彻党的二十大精神作为当前和今后一个时期的首要政治任务,认真对标"五个牢牢把握"和"七个聚焦"政治要求,持续在学习宣传贯彻落实上下功夫,切实为现代化泾源建设注入强大动力。

一要紧扣全面学习,持续在学深悟透上下功夫。全县各级党组织和广大党员干部要把学习贯彻党的二十大精神,与《习近平谈治国理政》一、二、三、四卷贯通起来,与习近平总书记视察宁夏重要讲话和重要指示批示精神结合起来,逐字逐句悟原理、反反复复读原著,真学真悟蕴含其中的马克思主义道理、学理、哲理,持续用党的二十大精神武装头脑、指导实践、推动发展。要制定学习计划、列出研讨专题,充分利用新时代文明实践中心、"三会一课"和"微党课"等平台载体全面学习。要分领域集中宣讲、多角度宣传阐释、分批次教育培训,用生动语言把马克思主义中国化时代化最新理论成果讲清楚、讲明白、讲透彻，让广大人民群众听得懂、能领会、可落实。

二要紧扣全面把握，持续在融会贯通上下功夫。党的二十大精神，既有政治上的高瞻远瞩和理论上的深邃思考，也有目标上的科学设定和工作上的战略部署，这些是相互联系、有机统一的。要坚持历史和现实、理论和实践、国际和国内相结合，从整体到局部、再从局部到整体，深钻细研，反复揣摩。必须全面把握习近平新时代中国特色社会主义思想的世界观、方法论和贯穿其中的立场观点方法，必须全面把握新时代10年伟大变革的深刻内涵和重大意义，必须全面把握中国式现代化的中国特色、本质要求和必须牢牢把握的重大原则，必须全面把握党的二十大作出的各项战略部署，真正成为习近平新时代中国特色社会主义思想的坚定信仰者和忠实实践者，让党的创新理论在全面推进中国式现代化的泾源新实践中，充分展现更加强大的真理力量和实践伟力。

三要紧扣全面落实，持续在实干笃行上下功夫。党的二十大擘画了到本世纪中叶党和国家事业发展的宏伟蓝图，学习宣传贯彻党的二十大精神关键是联系实际、务求实效，把党的二十大的部署和要求落实到经济社会发展各领域、各方面。要坚持学以致用、知行合一，立足泾源实际和工作职责，不断把党的二十大精神转化为指导实践、破解难题、推动工作的强大力量。要大力发扬"不到长城非好汉"的革命精神、弘扬"社会主义是干出来的"实干精神、激发"走好新时代长征路"的奋斗精神，对标党的二十大确定的总目标总方向总要求和区市党委作出的新部署新安排新任务，制定"任务书"、明确"时间表"、绘好"路线图"，心往一处想、劲往一处使，确保党的二十大精神在泾源落地生根、开花结果，向党中央和区市党委、向广大人民群众交出优异答卷。

三、锚定目标、实干奋进，奋力开创现代化泾源建设崭新局面

2023年是全面贯彻落实党的二十大精神的开局之年，是迈上全面建设社会主义现代化国家新征程、向第二个百年奋斗目标进军的启航之年，也是我县以一域发展服务中国式现代化建设全局、以跨越式发展奋力谱写现代化泾源建设崭新篇章的重要一年。做好2023年工作意义十分重大。

总体工作要求是：坚持以习近平新时代中国特色社会主义思想为指导，深入学习宣传贯彻党的二十大精神，将习近平总书记视察宁夏重要讲话和重要指示批示精神作为"纲"与"魂"，坚决贯彻中央经济工作会议精神，全面落实自治区第十三次党代会和自治区党委十三届二次三次全会、市委五届五次六次七次全会部署，扎实推动中国式现代化，坚持以推动高质量发展为主题，坚持稳中求进工作总基调，完整准确全面贯彻新发展理念，主动服务和融入新发展格局，以黄河流域生态保护和高质量发展先行区建设为牵引，更好统筹疫情防控和经济社会发展，更好统筹发展和安全，坚持"生态泾源、绿色发展"定位，围绕建设"五个县"目标，聚焦"六个重点"，坚定不移全面从严治党，大抓发展、抓大发展、抓高质量发展、推动跨越式发展，踔厉奋发、勇毅前行，在全面建设社会主义现代化美丽新宁夏中交出更加出彩的泾源答卷。

预计2023年,地区生产总值增长7.5%左右,地方一般公共财政预算收入增长6%左右,全社会固定资产投资增长12%以上,社会消费品零售总额增长6%左右,城乡居民人均可支配收入分别增长8.5%、10.5%左右。城镇调查失业率控制在5.5%以内。完成区市下达的各项约束性指标。

一要聚焦特色产业提效,推动高质量跨越式发展。产业是支撑经济社会发展的脊梁,只有着力构建主业突出、特色鲜明、竞争有力的产业体系,才能为高质量发展提供强力支撑。我们要大力实施现代产业提质增效计划,全力推进"1+3+X"特色产业全链条发展,推动文旅融合打市场、特色产业建基地、辅助产业提质效,不断厚植高质量发展动能。要加快龙头产业全域发展。坚持以创建国家级全域旅游示范县为抓手,以打造生态文旅特色县为目标,夯实基础、打造品牌、提升品质,不断构建全域旅游发展新格局。要全面提升旅游承载力。实施旅游服务带、胭脂峡景区、王洛宾文化园改造提升项目和老龙潭、燕家山旅游公路建设项目,建设"泾源牛街",打造冰雪小镇,深入实施民宿"3310"发展计划,加快燕家山、泾河北岸露营地等精品民宿项目建设开发,实现全域内处处有景、景景相连。要全面提升旅游服务力。坚持软硬并重,逐步完善"吃住行游购娱"等配套服务设施和功能。建立健全现代化管理体系,重点培育发展与旅游业相适应的行业协会。要规范旅游住宿市场,推动星级旅游民宿品牌化发展。加大旅游从业人员分级分类培训力度,全面推动旅游业经营合法化、管理规范化、服务标准化、从业专业化。要全面提升旅游影响力。创新线上线下、区内区外推介形式,打造一批精品景点和旅游线路,对接一批有影响力的旅行社和旅游团队。推进"旅游+互联网"建设,完善VR智慧旅游导览图,借助"两晒一促""云上文旅馆"等营销平台,全方位开展宣传推介。大力实施文物保护传承工程,开发石窑湾石窟、萧关古镇等文化资源,推进《柳毅传书》等实景花儿歌舞剧市场化运营,打造推广特色餐饮品牌,推进以文促旅、文旅融合。要加快重点产业优化升级。坚持以市场需求为导向,以培育特色为方向,更加注重质和量的有机统一,调优苗木产业结构,提升土地效能,着力打造"八个万级"农业特色产业示范基地,以点带面、示范带动,推动产业结构全面优化、产业效益全面提升。打造泾源高端肉牛繁育基地,坚持扩规与提质并举,大力培育万头肉牛示范乡镇、千头示范村和良种基础母牛核心群,引进育肥牛1.5万头,肉牛饲养量达到11.5万头。打造"泾源蜜蜂"特色养殖基地,巩固提升标准化蜂场,新建智慧养殖体验示范场和科普展示馆,研发蜂蜜药用食用系列产品,分蜂扩群1.4万箱,中蜂蜂群达到4万群以上,产值达到4500万元以上。打造农旅融合观光基地,连片种植"林药+油菜"1万余亩,配套建设标准化蜂场,打造集旅游观光、体验活动、研学教育为一体的综合体验观光基地。打造高标准冷凉果蔬基地,采取土地股份合作经营方式,推进良种、良法、良田配套融合,加强麒麟西瓜等新品种引进筛选,推进全县果蔬种植面积达到

1.5万亩以上。打造六盘山特色菌菇产业基地，发挥闽宁协作项目优势，整合鑫鼎科技有限公司、皇达公司、水洲公司菌菇种植资源，扩大羊槽、园子、马河滩菌菇种植规模，带动全县发展菌菇500万棒以上。打造六盘山道地中药材种植基地，在六盘山镇连片种植板蓝根、柴胡等道地中药材1万余亩，示范带动全县发展3万亩，引进龙头加工制药企业，构建道地种植、中药加工、康养保健于一体的中药材产业链。打造大湾乡杂交小尾寒羊养殖基地，在大湾乡推广种植优质牧草，利用大湾乡养羊传统优势，扩大养羊存栏量到2万只，发挥"大碗羊"菜品影响力，在瓦亭村沿312国道打造羊肉餐饮特色街。打造庭院经济产业基地，有效利用群众房前屋后土地，带动1万户以上群众发展菌菇、鸡、小菜棚、农家乐等庭院经济，让"方寸地"变成"致富园"。要加快辅助产业提档升级。鼓励和引导发展要素加快向清洁能源、健康养老、服装箱包、电子商务等辅助产业领域集聚。加快推进风电项目、共享储能项目、管道天然气项目建设落地。充分发挥生态、环境、气候等优势，吸引更多的社会力量参与健康养老事业发展。以闽宁产业园和轻工产业园区为载体，扶强做大现有服装箱包企业，提高市场占有率和竞争力。发挥电商产业孵化园作用，引进数据信息企业，促进电子商务信息产业全面升级。

二要聚焦乡村全面振兴，加快赶上共同富裕步伐。实现共同富裕，乡村振兴是必经之路。我们要坚持以打造"塞上乡村乐园"为目标，以巩固拓展脱贫攻坚成果同乡村振兴有效衔接为重点，坚持"四个不摘"，聚焦"五大振兴"，保持攻坚态势，着力打造乡村全面振兴样板县。要巩固拓展脱贫成果。强化"三类人员"动态监测帮扶，健全完善村组日常监测、乡镇研判预警、县级调度帮扶的监测预警调度机制。紧盯巩固"两不愁三保障"成果，常态化开展"四查四补"，强化落实"一户一策"帮扶措施，严格落实监测帮扶、责任落实、督查考评"三项机制"，坚决守住不发生规模性返贫底线。要加强政策有效衔接。健全完善资金帮扶、就业帮扶、产业帮扶政策，深化闽宁对口帮扶、央企定点帮扶、金融帮扶、消费帮扶、社会帮扶，落实好教育、医疗、住房、饮水等民生保障普惠性政策，用好兜底救助类政策，以多层次、复合式的帮扶举措，不断缩小群众收入差距、发展差距，稳定实现"两个高于"目标。要推进乡村全面振兴。围绕乡村发展、乡村建设、乡村治理，打好产业延链促增收、人才培养强支撑、文化浸润添活力、生态赋能靓乡村、基层党建促振兴"五张牌"，进一步深化拓展提升乡风文明实践积分卡制度，实施特色产业发展、基础设施建设等重点项目，打造乡村振兴示范乡镇2个、示范村11个，全面绘就乡村全面振兴的壮美图景。坚决遏制耕地"非农化"、防止耕地"非粮化"，守好粮食安全底线。高标准推进"高效节水灌溉+农业经营体制改革+一二三产融合发展"，壮大新型农业经营主体，完善联农带农利益联结机制，让农民更多分享产业增值收益。

三要聚焦生态优势转化，促进人与自然和谐共生。坚持"生态泾源、绿色发展"定位，是贯彻黄河流域生态保护和高质量发展先行区的"泾源回答",是立足国家重点生态功能区和宁夏南部重要生态屏障、森林水源涵养地的"应有之义"。我们要深入贯彻落实习近平生态文明思想,大力实施生态优先战略,不断巩固拓展"绿水青山就是金山银山"实践创新基地成果,着力打造绿色生态宝地。要持续抓好生态保护修复重点工程。抢抓国家种植保育700亿棵树的重大机遇,加快推进国家储备林建设,持续开展大规模国土绿化行动。不断扩大森林资源总量、提升生态建设质量,综合运用自然修复、人工修复等措施,深化拓展"2433"林业生态造林机制,完成人工造林、退化林分改造、森林抚育等绿化造林工作,引进陕西林投集团参与生态建设,规划建设国家储备林5万亩,建好宁南"水源涵养区"和"水土保持区",坚决筑牢六盘山生态安全屏障。要持续抓好泾河河源保护重点工程。统筹推进山水林田湖草系统保护和综合治理,持续推进"四尘"同治、"五水"共治、"六废"联治,大力开展干支流、废弃矿山和地质灾害点综合治理,实施生活垃圾收集转运一体化项目,加快推进农村污水管网建设,坚决保护好泾河水源,切实维护好泾河干支流水质、水量和水资源安全,确保环境空气质量优良天数比例达到95%以上,泾河出境断面水质稳定保持在Ⅱ类标准。要持续抓好绿色发展促进重点工程。统筹抓好节能降碳增效、绿色低碳循环、绿色生活创建,大力推进能源革命,科学合理引进布局光伏、风电、储能电站等清洁能源,推动煤炭清洁高效利用,加快废弃物有机循环利用和无害化处理,提升资源利用效率。严格落实环境监管执法,坚决遏制"两高"项目盲目发展,加快构建现代环境治理体系。

四要聚焦民生福祉改善,提升人民群众生活品质。让老百姓过上好日子,是我们一切工作的出发点和落脚点。我们要始终坚持以人民为中心的发展理念,深入实施"六大提升行动",扎实办好民生实事,持续提升民生福祉。要深入实施居民收入提升行动。统筹抓好高校毕业生、退役军人、农民工等重点群体就业创业,加强困难群体就业兜底帮扶。实施"扩中提低"行动,稳定城乡居民工资性收入,提增经营性和财产性收入,拓宽转移性收入。要深入实施移民致富提升行动。紧盯产业、就业、社会融入三件事,持续抓好44个移民安置区基础设施维修改造和服务保障,致力打造环境更加优美、村容更加靓丽、功能更加完善、移民更加满意的安置区。要深入实施教育质量提升行动。坚持教育优先发展,落实立德树人根本任务,一体推进"五育并举",实施教师素质、教育质量提升计划,建成二中、四中,加快职中迁建进程,为党育人、为国育才,努力办好人民满意的泾源教育。要深入实施健康水平提升行动。加快健康泾源建设步伐,启动国家卫生县城创建,积极推进县城紧密型医共体实体化运行,实施县医院急救救治能力提升工程,做实做细家庭签约医生服务,全方位全周期保障维护人民生命健康。要深入实施文明素养提升行动。围绕举旗帜、聚民心、育新人、兴文化、展形象,唱响社会主义核心价值观主旋律,繁荣发展文化事业和文化产业,拓展新时代文明实践中心(站)建设,深化移风易俗,进一步巩固提升自治区文明城市创建成果。要深入实施城乡面貌提升行动。编制国土空间总规、控规及专项规划，加快陕果天府源邸、荷花新城商业地产开发等11个重点城镇项目建设，加大供水供暖等基础设施改造提升力度，持续提升县城承载力。实施乡村建设行动，统筹乡村规划管理，深化农村人居环境整治成果，持续推进厕所革命，全面提升乡镇综合竞争力和辐射带动能力，争创全国人居环境整治先进县。

五要聚焦有效投资扩大，激活改革开放创新活力。越是欠发达地区，越需要解放思想、激活发展活力。我们要坚持以项目建设扩大有效投资、以改革创新激活发展潜能、以优化营商环境厚植发展优势，紧盯地方财力增长乏力、工业经济增长缓慢、资源资产资金活力不足等突出问题，千方百计培育壮大财源，为推动高质量跨越式发展挖潜蓄势。要加快项目建设增动能。紧盯"早建成、早投运、早见效"三个关键环节，继续抓实"领导包抓、专班推进、每月督查、定期通报"机制。围绕国家和区市政策导向，聚焦特色产业发展、民生建设、生态保护等重点领域，动态谋划储备一批"含金量、含新量、含绿量"高的重大项目，为经济发展注入强劲动能。对具有战略性、基础性、引领性的共享储能电站、六盘山生态保护修复、国道312线苋麻湾至杨庄段公路等9个过亿元重点项目实行倒排工期、挂图作战。要深化重点改革促活力。坚持向创新要动力、向改革要活力。有序推进农业农村、国资企业等重点领域改革，全面拓展"163"政务服务县乡一体化。进一步促进国有资产、自然资源资产盘活利用、发挥效益。持续深化"六权"改革，打开入市、交易新局面，打造引进社会资本参与生态保护修复实践样板，争做宁夏碳排放权改革排头兵。大力培育工业企业，推行园区"管委会+公司"运行模式，培育规上企业2家，加快蜂蜜水、万吨降解膜生产线、盛飞豪二期肉牛加工等项目实施，力争园区产值达到1.5亿元以上。实施科技合作、科特派等科技赋能产业项目，建成科研育成平台、实验站等创新载体，设立科研人才引进专项计划，推动一批科技成果转化应用、向基层延伸，持续提高R&D经费投入比例。要优化营商环境促发展。大力支持民营经济发展，严格落实减税降费、援企稳岗、金融支撑等各项惠企政策，持续完善好服务企业"五项制度"。落实"1+N"招商机制，大力开展招商引资"燕归巢"行动，引导泾源籍在外各类企业人才返乡投资创业，力争招商引资到位资金增长10%以上，落实"双争"到位资金23亿元以上，实现招商引资项目由数量型向质量型转变。以壮士断腕、刮骨疗毒的勇气，实施营商环境大优化行动，持续为市场主体松绑铺路，严查破坏营商环境的违纪违法行为，严厉打击"门好进、脸好看、事难办""吃拿卡要"等行为，打造高效便捷的政务环境、务实透明的政策环境、公平公正的法治环境、亲商安商的人文环境。

六要聚焦社会有效治理，全力维护社会和谐稳定。安全是发展的前提和基础。守牢安全底线、维护社会和谐稳定，既是全县各级干部义不容辞的重大责任，也是推动全县经济社会高质量跨越式发展的重要保障。我们要深入贯彻落实总体国家安全观，树牢安全发展理念，加快推进社会治理体系和治理能力现代化，以高质量安全保障高质量发展。要抓好民主法治建设。坚持党的领导、人民当家作主、依法治国有机统一。全力支持保证人大及其常委会依法履职，全面提高政治协商、民主监督、参政议政水平，不断巩固和发展最广泛的爱国统一战线。坚持以习近平法治思想为引领，一体推进依法治县、依法执政、依法行政，一体建设法治泾源、法治政府、法治社会，深入实施"八五"普法，不断营造尊法学法守法用法良好环境。要抓好社会大局稳定。健全完善重大风险研判防控机制，严密防范意识形态领域风险。深入推进基层治理"1+1+3"工作机制，健全矛盾纠纷排查化解机制，持续改进信访工作，全面整治安全生产、森林草原防火、食品药品等各类问题隐患，加快推进平安泾源建设。要抓好民族宗教工作。聚焦"建设铸牢中华民族共同体意识示范县"战略部署，坚持我国宗教中国化方向，用好民族工作"5585"创建模式、"四项教育""五进"宗教场所等好经验好做法，深入开展"脱贫小康感党恩、振兴共富跟党走"主题教育，巩固提升全国民族团结进步示范县成果，全面续写民族团结、宗教和顺新篇章。

四、锲而不舍、久久为功，全力推动全面从严治党向纵深发展

全面从严治党是党永葆生机活力、走好新的赶考之路的必由之路。要坚持和加强党的全面领导，深入贯彻落实党的二十大对新时代党的建设的新部署新要求，大力弘扬伟大建党精神，勇于自我革命，坚定不移推进全面从严治党向纵深发展。

一要坚定不移加强政治建设。旗帜鲜明讲政治，是我们党作为马克思主义政党的根本要求。要坚持把党的政治建设放在首位，把深入学习贯彻习近平新时代中国特色社会主义思想作为首要政治任务，把习近平总书记重要指示批示作为党内政治要件，健全推动党中央和区市党委重大决策部署落实机制，不断提高政治判断力、政治领悟力、政治执行力，进一步深刻领悟"两个确立"的决定性意义，不断增强"四个意识"、坚定"四个自信"、做到"两个维护"。

二要坚定不移加强思想建设。思想建设是党的基础性建设。要坚持"第一议题"制度，健全完善"双随机"交流研讨机制，深入实施学习贯彻习近平新时代中国特色社会主义思想主题教育培训计划和"七进"工作，加强"六讲五化"宣讲机制建设，推动党的创新理论成果内化于心、外化于行。深入推进党史学习教育常态化长效化，强化党员思想政治建设，不断教育引导党员干部坚定理想信念，做中国特色社会主义的坚定信仰者和忠实践行者。紧密联系实际，在学思践悟、真信笃行中把学习成果转化为推动泾源经济社会高质量发展的生动实践。

三要坚定不移加强基层组织建设。基层党组织是建党的基石、党建的基础。要牢固树立大抓基层鲜明导向，深入实施基层党组织建设提质增效工程，深化党建引领乡村治理试点县建设，扎实开展农村"两个带头人"广进优备、农村基层党组织强能增力、村级组织保障扩能增量"三项行动"，统筹抓好机关、城市社区、学校医院、企业、非公经济和社会组织等各领域党建工作，深化"六盘先锋"党建品牌创建，新培树标杆型示范点7个、成长型示范点8个，推动基层党组织全面进步、全面过硬。出台壮大村集体经济扶持激励措施，打造村集体经济"十强"村，确保村集体经济收入10万元以上的占70%，不断增强党组织的政治领导力、思想引领力、群众组织力、社会号召力。

四要坚定不移加强干部人才队伍建设。坚持党管干部原则，完善干部考核评价体系，常态化开展"班子盘点""干部研判"，做到事业发展"需求侧"与干部队伍"供给侧"精准对接，实现好中选优、优中选强。推进"三个一批"实践锻炼，综合运用"蓄育选用管"五项措施，建立健全容错纠错机制，着力建设一支政治过硬、专业过硬、担当过硬、斗争过硬、纪律过硬，适应新时代需求，具备扛起现代化泾源建设重任的高素质干部队伍。坚持党管人才原则，实施更加积极、更加开放的人才政策，深化人才培养、管理、评价、使用、流动"五项机制"，实施产业、教育、医疗和乡村振兴等九项人才培养计划，建设全职引才、柔性引才、人才服务、人才创业"四个平台"，推进专技人才下沉服务，营造"事业激励人才、人才成就事业"的浓厚氛围。

五要坚定不移加强纪律作风建设。良好的作风是党员干部的立身之本。推动政治监督具体化、精准化、常态化，紧盯学习宣传贯彻党的二十大精神，围绕贯彻落实习近平总书记视察宁夏重要讲话和重要指示批示精神，经常性组织开展"回头看"，确保总书记号令、党中央政令和区市党委部署在泾源不折不扣贯彻落实。完善权力监督制约机制，加强对"一把手"和各级领导班子的监督检查，加固贯彻中央八项规定及其实施细则精神堤坝，严格执行自治区"八条禁令"和市委"十项规定"，巩固拓展违规吃喝隐形变异问题、违规收送红包礼金和不当收益及违规借转贷或高额放贷专项整治成果，持续深化纠治"四风"。统筹推进纪律监督、监察监督、派驻监督、巡察监督、组织监督，强化审计监督、财经监督、统计监督等专项监督，完善监督预警常态化机制，努力营造干部清正、政府清廉、政治清明、社会清朗的政治生态。

奋斗创造辉煌，实干成就未来。让我们更加紧密地团结在以习近平同志为核心的党中央周围，高举习近平新时代中国特色社会主义思想伟大旗帜，以党的二十大精神为指引，大力弘扬伟大建党精神，在区市党委的坚强领导下，坚定信心、踔厉奋发，埋头苦干、勇毅前行，为奋力谱写现代化泾源建设崭新篇章而团结奋斗！

人大常委会工作报告

——在泾源县第十八届人民代表大会第二次会议上

泾源县人大常委会主任 李白虎

（2022年12月29日）

各位代表：

现在，我代表县人大常委会向大会报告工作，请予审议，并请列席会议的同志提出意见。

过去一年工作回顾

2022年，是党的二十大胜利召开，全党全国各族人民迈上全面建设社会主义现代化国家新征程、向第二个百年奋斗目标进军的关键之年。一年来，在县委的坚强领导下，县人大常委会坚持以习近平新时代中国特色社会主义思想为指导，深入学习贯彻党的十九大、十九届历次全会、党的二十大精神，全面贯彻习近平法治思想、习近平总书记关于坚持和完善人民代表大会制度的重要思想与视察宁夏重要讲话和重要指示批示精神，坚决落实自治区第十三次党代会、十三届二次全会和市委五届六次全会、县委十五届三次四次全会精神，坚持党的领导、人民当家作主、依法治国有机统一，自觉践行全过程人民民主，认真履行法定职责，奋力进取、主动作为，为推动全县经济社会高质量发展作出了积极贡献。

一、坚定政治立场，坚持党的全面领导，忠诚担当履职尽责

始终坚持旗帜鲜明讲政治，自觉坚持党对人大工作的全面领导，坚决贯彻党中央决策部署及区市县党委工作安排，忠诚担当职责使命，依法推动落地落实。

坚持把政治建设摆在首位。深学细悟笃行习近平新时代中国特色社会主义思想，把习近平总书记视察宁夏重要讲话和重要指示批示精神作为"纲"和"魂"，不断夯实履职尽责的思想政治基础。深刻领悟"两个确立"的决定性意义，增强"四个意识"、坚定"四个自信"、做到"两个维护"，不断提高政治判断力、政治领悟力、政治执行力。

坚持把党的领导贯穿始终。自觉把党的领导贯穿人大工作全过程、各方面，坚定维护县委总揽全局、协调各方的领导地位。县委工作重心在哪里，人大工作就跟进到哪里，力量就汇聚到哪里，作用就发挥到哪里。充分发挥党组把方向、管大局、促落实的领导作用，严格执行请示报告制度，坚决将县委决策部署依法转化为全县人民的共同意志和自觉

行动,确保人大工作与县委同心同向、步调一致。

坚持把法定职责落到实处。紧跟县委决策部署,紧贴人民群众期盼,围绕经济社会高质量发展,集民智、聚民力,充分发挥职能作用,依法履职尽责,全力推动经济结构调整、产业优化升级、重大项目建设、重点领域改革、衔接乡村振兴、民生福祉改善、生态环境保护、法治泾源建设等各项重点工作。十八届人大一次会议以来,听取和审议"一府一委两院"工作报告22项,开展视察调研11次、执法检查2次、专题询问1次,实施专项工作满意度测评21次,交办审议意见建议73条。依法批准财政决算、预算调整,作出决议决定3项,审查规范性文件3件。坚持党管干部原则和人大依法任免有机统一,任免国家机关工作人员65人次。

二、围绕中心任务,全力服务发展大局,推动经济稳中向好

始终坚持"大抓发展、抓大发展、抓高质量发展、推动跨越式发展"的导向,围绕中心、服务大局、突出重点,全力推动全县经济社会高质量发展。

推动经济运行稳中有进。坚决落实党中央统筹发展和安全的要求,听取和审议国民经济和社会发展计划、财政预算执行和决算工作、国有资产管理、政府债务、审计工作报告、审计查出问题整改落实情况的报告,提出建设性意见,支持县人民政府统筹推进稳增长、促改革、调结构、惠民生、防风险工作,督促"六稳、六保"任务落实,经济工作稳中求进、健康发展。

推动乡村振兴有效衔接。坚持把巩固拓展脱贫攻坚成果同乡村振兴有效衔接作为人大监督的落脚点,对《中华人民共和国乡村振兴促进法》贯彻执行情况开展专项检查,紧盯动态监测、乡村建设、人才保障、市场活力等关键要素,依法推进产业、人才、文化、生态、组织振兴。

推动产业发展优化升级。坚持把产业发展作为人大监督的发力点,聚焦"1+3+X"特色产业,全面研判生产、加工、销售环节存在的瓶颈问题,听取和审议产业专项报告,提出优化产业结构、完善扶持政策、提升产业质效等建设性审议意见,推动旅游产业提升拓展、苗木产业转型解困、肉牛产业提档升级、各次产业提质增效。

推动项目建设提速增效。坚持把项目建设作为人大监督的着力点,专项视察重点项目建设,听取和审议全县项目建设情况报告,紧盯建设时限、工程质量、项目绩效等方面,提出审议意见,支持县人民政府科学谋划、统筹推进,确保质效,充分发挥项目带动作用。

推动改革开放激发动能。坚持把促进改革开放作为人大监督的关键点,抓住重点领域和关键环节,对排污权有偿使用和交易改革推进情况开展监督。推动建设统一开放、公平合理、竞争有序的排污权交易市场。促进深化"放管服"改革,对10个政府职能部门发出询问函,持续推动优化营商环境,提升主动融入国内经济大循环的吸引力和竞争力。

推动生态环境持续提质。坚持把生态建设和环境保护作为人大监督的切入点,听取和审议县人民政府关于生态建设和保护修复工作报告,督促因地制宜、科学实施山水林田湖草系统治理,促进生态优势加快转化为经济效益。紧扣水源保护、农业面源污染、畜禽粪污治理、固体废物处理等突出问题,对环境污染防治、环境状况和环境保护目标完成情况开展监督,推动生态增效、环境增美。

三、坚持人民至上,聚焦群众急难愁盼,促进民生福祉改善

始终坚持人民至上的根本要求,倾情解民困、倾心排民忧、倾力护民利,切实解决群众的操心事、烦心事、揪心事,着力增进民生福祉。

紧盯居民收入提升。听取和审议县人民政府关于全县城乡居民收入提升行动工作报告,针对存在的客观实际问题,提出用足用好各项支农惠农、助企纾困政策,促进肉牛、蜂蜜、苗木销售,发展特色菌菇、道地中药材等高效产业的审议意见,推动产业扩链延链、拓宽创业就业渠道、拓展群众增收门路。

紧盯教育质量提升。对全县义务教育、普通高中教育、职业教育、学前教育进行视察,听取和审议县人民政府关于基础教育质量提升行动及教育"双减"政策落实工作报告,提出加快提升基础教育质量、大力发展职业教育、扩大农村学前教育等审议意见,督促全面提高教育质量和水平。

紧盯健康水平提升。对县乡村三级公共医疗卫生机构和全民健康细胞创建活动开展视察,听取和审议关于全民健康水平提升行动暨健康泾源建设工作报告,督促普及健康素养、疾病防控、心理健康常识,推动落实"十大工程"30项措施,加快提升医疗卫生服务水平。对全县养老机构开展检查,督促统筹政策、资源、资金,切实提升养老服务品质。

紧盯城乡面貌提升。检查县城基础设施补短板、老旧小区改造、管网建设、物业管理等工作,督促优化功能布局,完善基础设施,强化服务管理,不断提升县城服务功能。对全县农村人居环境整治开展监督,统筹整合各方资源,形成工作合力,深入推进农村环境综合整治,建设宜居宜业美丽乡村。

四、弘扬宪法精神,保障法律有效实施,推进法治泾源建设

始终坚决贯彻习近平法治思想,发挥法治固根本、稳预期、利长远的保障作用,全面推进严格执法、公正司法、全民守法,加快推进法治泾源建设。

扎实推进严格执法。紧盯政府权责清单,深入开展重点领域法律法规实施专项检查,抽查执法部门贯彻实施法律法规情况,询问依法行政和执法部门执法责任落实情况,提出改进执法工作建议。配合区、市人大开展《义务教育法》《传染病防治法》等执法检查,推动相关法律法规有效贯彻实施。

扎实推进公正司法。听取和审议县监察委员会开展廉政教育工作的报告,专项检查县人民法院民商事审判、县人民检察院刑事检查工作开展情况,促进监察、侦查、检察、审判职能充分发挥,依法做好立案、批捕、审判、调解等各项工作,严格公正司法,保障社会公平正义。

扎实推进全民守法。深入宣传《中华人民共和国宪法》《中华人民共和国地方各级人民代表大会和地方各级人民政府组织法》《民法典》等相关法律法规,认真开展"国家宪法日"系列活动,对全县实施第八个五年法治宣传教育作出决议,督促落实"谁执法、谁普法"

责任，推动全社会尊法、学法、守法、用法。

五、完善履职机制，强化责任激发动力，代表作用充分发挥

始终坚持代表主体地位，全力做好服务保障，丰富代表履职活动内容和形式，支持代表投身改革发展和乡村振兴"主战场"，当好人民群众"代言人"。

全方位提升代表履职能力。围绕履行代表职责、执行代表职务、服务经济发展、回应群众诉求等主题，采取线上与线下相结合的方式，开展履职能力提升专题培训。组织代表参加全国人大网络教育、区市人大集中培训和专题学习班，分批次开展区市县乡（镇）四级人大代表培训571人次，代表履职能力不断提升。

全覆盖搭建代表服务平台。全面加强代表之家和代表活动室建设，发挥宣传党的政策、密切联系群众、沟通社情民意的平台和阵地作用。组织53批152名人大代表列席县人大常委会、政府常务会，参加视察、检查活动和相关单位工作测评、座谈会、听证会，人大代表参政议政形式更加多样。通过"泾源人大"微信公众号，推送人大常委会决议、决定及代表履职等相关内容，保障了代表的知情权、知政权。

全过程丰富代表活动形式。坚持常委会组成人员联系代表、代表联系人民群众"双联系"制度，将各级人大代表全员编入代表小组，开展视察调研活动，听取对"一府一委两院"等各方面工作的意见建议。拓展规范代表履职活动内容和形式，制定《泾源县第十八届人民代表大会代表履职暂行办法》《人大代表向选民述职活动实施方案》。人大代表带头参与乡村振兴、经济发展、民生事业、社会治理、疫情防控等重点工作，主动回应群众关切，积极建言献策，以实际行动践行"人民选我当代表、我当代表为人民"的职责使命。

全流程抓好议案建议督办。十八届人大一次会议闭幕后，及时将议案建议转交县人民政府办理。为提高议案建议办理实效，定期开展办理情况督查，适时组织视察检查，听取和审议办理情况工作报告，并对议案建议办理情况进行满意度测评，提出优化办理流程、提高办理质效的审议意见，推动议案建议有效办复。

六、注重强基固本，加强四个机关建设，自身效能不断提升

始终坚持习近平总书记对人大建设"四个机关"的新定位，认真落实人大干部队伍建设"二十字"新要求，不断提高依法履职、推动发展的能力。

着力强化思想政治引领。增强政治机关意识，以党的创新理论武装头脑，把捍卫"两个确立"，做到"两个维护"作为首要政治任务。扎实开展党的二十大精神和习近平总书记视察宁夏重要讲话和重要指示批示精神"大学习、大讨论、大宣传、大实践"活动，推动入脑入心、走深走实。全面加强意识形态工作，铸牢中华民族共同体意识，不断夯实团结奋斗的思想政治基础。

着力加强纪律作风建设。严守党的政治纪律和政治规矩，全面加强纪律作风建设，认真贯彻落实中央八项规定及其实施细则精神，坚决执行区市县党委相关规定。扎实开展违规收送红包礼金和不当收益及违规借转贷或高额放贷专项整治。坚持求真务实，保持永不懈怠的精神状态和一往无前的奋斗姿态，发扬斗争精神，持之以恒改进作风，营造勤政务实、风清气正、团结干事的良好风气。

着力提升机关工作效能。加强制度建设，修订常委会议事规则、常委会组成人员守则、专项工作满意度测评办法等13项制度，强化制度执行，保证常委会各项工作高效运转。扎实做好包乡联村、乡村振兴、疫情防控、专题调研、包案化解信访事项等重点工作，推动各项任务落地见效。坚持开门迎谏，首次向社会征集2023年人大常委会监督事项，不断发展全过程人民民主。

着力增强上下联动合力。自觉接受上级人大常委会工作指导，配合做好区、市人大常委会组织开展的执法检查、视察调研等工作，积极做好兄弟省、市人大来泾考察调研工作。坚持县乡人大"一盘棋"，加强对乡镇人大法定会议、主席团工作、代表活动的指导，推动乡镇人大工作规范化建设，有力提升了全县人大工作整体水平。

各位代表，这些成绩和进步，是坚持以习近平新时代中国特色社会主义思想科学指引的结果，是区市人大常委会精心指导和县委坚强领导的结果，是"一府一委两院"积极配合、通力协作的结果，是全体人大代表、常委会组成人员认真履职、辛勤工作的结果，是全县人民和社会各界积极参与、大力支持的结果。在此，我代表县人大常委会向所有关心、支持人大工作的同志，表示衷心的感谢和崇高的敬意！

在总结成绩的同时，我们也清醒地认识到工作的差距和不足，主要是：人大监督的刚性和实效性还不强；对重点领域和法律实施的监督还不够到位；代表履职服务保障能力还需提升；自身建设有待进一步加强。这些问题要在今后的工作中切实加以改进。

2023年主要工作任务

党的二十大为新时代新征程党和国家事业发展、实现第二个百年奋斗目标指明了前进方向、确立了行动指南，对充分发挥人民代表大会制度优势作出了战略部署，为做好人大工作、发挥人大作用提供了根本遵循。

2023年县人大常委会工作的总体要求是：坚持以习近平新时代中国特色社会主义思想为指导，在县委的坚强领导下，深入学习贯彻习近平法治思想和习近平总书记关于坚持和完善人民代表大会制度的重要思想，全面贯彻落实党的二十大精神、中央人大工作会议精神，深入贯彻落实自治区党委十三届二次三次全会和人大工作会议、市委五届五次六次七次全会、县委十五届四次五次全会精神，坚持党的领导、人民当家作主、依法治国有机统一，不断发展全过程人民民主，紧紧围绕建设"五个县"目标，聚焦"六个重点"，担当作为、履职尽责，全力推动泾源经济社会高质量跨越式发展！

一、担负二十大新使命，在深学细悟笃行上对标落实下真功

坚持以党的政治建设为统领，强化党的创新理论武装，深刻领悟"两个确立"的决定性意义,坚决做到"两个维护",不断提高政治判断力、政治领悟力、政治执行力。一是深入学习宣传贯彻党的二十大精神,全面系统学、深入思考学、融会贯通学,做到学思用结合、知信行统一,切实把党的二十大精神转化为坚定信念、锤炼党性、指导实践、推动工作的强大动力。二是坚定不移践行全过程人民民主,在深学细悟中强化坚持党的领导的政治自觉、人民至上的思想自觉和服务发展大局的行动自觉,推动党的二十大精神落地落实、见行见效。三是始终坚持党的全面领导,充分发挥人大常委会职能,确保县委主张通过人大法定程序成为全县人民的共同意志和自觉行动。全力做到县委有部署、人大有落实、代表有作为。四是坚持重要会议、重点工作、重大事项向县委请示报告制度,高效完成县委交办的各项工作任务。五是坚持党管干部原则和人大依法任免有机统一,充分发扬民主、集体行使职权,保证县委人事安排依法顺利实现。

二、全面提升监督实效,在服务发展大局上奋力作为勇担当

坚定不移以一域发展服务中国式现代化建设全局,在全面建设社会主义现代化新征程中找准方位、把准定位。一是围绕县委十五届五次全会确定的目标任务、重点工作、重大举措,依法加强监督,推动县委各项决策部署落地见效。二是围绕乡村振兴、产业发展、重大项目、生态建设、环境保护、营商环境、民族团结等重点工作,坚持问题导向、目标导向、效果导向,增强监督工作的针对性和实效性,推动高质量跨越式发展。三是围绕经济运行质量,依法加强计划、预算执行、国有资产管理、政府债务、审计工作监督,注重投资绩效和项目质效,听取审议专项工作报告,提出意见建议,促进经济稳健发展。四是围绕创业就业、群众增收、社会保障、教育质量、医疗卫生、食品安全、公共服务等民生事业开展监督,多谋民生之利、多解民生之忧。

三、维护宪法法律尊严,在推进依法治县上持之以恒再加力

坚持宪法法律至上、法律面前人人平等,推动法治泾源、法治政府、法治社会建设,统筹推进严格执法、公正司法、全民守法。一是加大宪法、法律法规贯彻执行情况的监督,开展执法检查、视察调研,切实保障宪法、法律、行政法规和上级人大的决议决定全面执行,推进依法行政。二是加强监察司法检查,听取和审议专项工作报告,促进监察机关、审判机关、检察机关依法正确行使监察、审判、检察各项职权,保障公民、法人和其他组织的合法权益。三是加强法律宣传教育检查,推动提高干部群众运用法治方式深化改革、推动发展、化解矛盾、维护稳定、应对风险的能力,努力营造良好的法治环境。

四、创新举措优化服务,在发挥代表作用上凝心聚力共奋进

加强代表能力建设,丰富代表联系人民群众的内容和形式,更好发挥代表在发展全过程人民民主、反映群众诉求、解决民生难题、推动发展中的积极作用。一是持续加强各级人大代表和基层人大干部履职培训,坚持请进来与走出去相结合,线上线下相结合等方式,引导各级人大代表站稳政治立场,强化政治责任，不断提升履行法定职责、密切联系人民群众和推动经济社会高质量发展的能力。二是规范提升代表履职平台，按照"三个坚持"、突出"五项功能"、达到"六有"要求、增强活动实效，促进代表履职活动经常化、制度化、规范化。三是丰富代表履职活动内容和形式，深化"双联系"活动和代表小组活动，支持代表开展走访选民、视察调研、回应关切、建言献策、述职评议活动，倾听群众呼声，反映群众意愿和诉求，充分发挥代表密切联系人民群众的桥梁纽带作用。四是拓宽代表参政议政渠道，组织代表参加人大常委会会议、视察调研、执法检查工作，列席"一府一委两院"有关会议和重大活动，参与有关评议、听证和建议办理工作。五是引导代表围绕推动特色产业提质、城乡融合提标、有效投资提速、深化改革提效等各方面工作深入调研，提出高质量的意见建议。六是完善代表建议办理的沟通协调、督促检查和效果评价机制，提高办结率和满意度。

五、恪守四个机关定位，在加强自身建设上守正创新提质效

坚持把政治建设放在首位，全面加强政治机关、权力机关、工作机关、代表机关建设，大力提升履职能力和水平。一是落实全面从严治党主体责任。认真贯彻新时代党的建设总要求，持续推进机关党的建设，自觉在政治上主动对标、在思想上精准对表、在行动上坚决对照，切实做到"总书记怎么说，我们就怎么做"。二是坚持人民至上根本要求。把人民放在心中最高位置，把全过程人民民主贯穿于人大工作各方面，充分发挥代表主体作用，保持同人民群众的密切联系，倾听人民意见和建议，努力为人民服务。三是加强纪律作风建设。严守党的政治纪律和政治规矩，把党风廉政建设贯穿人大工作始终，严格执行中央八项规定及其实施细则精神，驰而不息纠四风、转作风，全力打造"政治坚定、服务人民、尊崇法治、发扬民主、勤勉尽责"的人大干部队伍。四是规范提升乡镇人大工作。健全班子成员分片联系指导乡镇人大工作制度，加强上下联动，全力支持乡镇人大依法履行职责，推动基层人大规范化建设，凝聚整体工作合力，提高人大工作质量和水平。

各位代表，新时代赋予新使命，新使命激发新动力。让我们紧密团结在以习近平同志为核心的党中央周围，在县委的坚强领导下，自信自强、守正创新，踔厉奋发、勇毅前行，全力推动全县经济社会高质量跨越式发展，奋力谱写现代化泾源建设崭新篇章！

政府工作报告

——在县第十八届人民代表大会第二次会议上

泾源县人民政府县长 马晓红

（2022年12月28日）

各位代表：

现在，我代表县人民政府向大会报告工作，请予审议，并请政协委员和其他列席人员提出意见。

一、2022年主要工作回顾

2022年是党的二十大胜利召开之年，也是全面开启社会主义现代化新征程的关键之年。一年来，全县上下坚持以习近平新时代中国特色社会主义思想为指导，深入学习宣传贯彻党的二十大和习近平总书记视察宁夏重要讲话和重要指示批示精神，在区市党委、政府和县委的坚强领导下，在县人大、政协的监督支持下，统筹疫情防控和经济社会发展，攻坚克难、勇毅前行，经济社会发展迈出了坚实步伐。

县域经济稳中向好。坚持"稳中求进"工作总基调，咬定目标任务、加强调度分析，扎实做好"六稳"工作，全面落实"六保"任务，全力打好"七大战役"，出台落实稳保促政策措施40条、支持扩大消费措施11条，累计退减免缓税6524户次5370万元，落实小微企业纾困转贷资金2566万元，开展系列促销活动28场次，投放消费券8万张257万元，带动消费1000余万元，培育奖补市场主体170家34万元，发放援企稳岗补贴54家27.2万元、公益性岗位人员服务补贴522人700万元。预计全年地区生产总值增长7%；固定资产投资增长2%；社会消费品零售总额增长6%；地方一般公共财政预算收入增长5.7%；地方一般公共财政预算支出增长11.5%；城镇和农村居民人均可支配收入分别增长9%、10.5%；金融机构各项存贷款余额分别增长12.5%、12.6%。

产业体系加快构筑。坚持产业融合发展，"1+3+X"产业体系全面确立。大力实施"旅游+"战略，全域旅游补短板建设积极推进，乡村旅游示范点工程全面完成，国家级全域旅游示范县初审验收，"5.19"旅游日活动、"全域旅游、美丽宁夏"全媒体访谈、"稳保促"旅游推介会、第三届杨岭乡村文化旅游节、泾源乡村音乐节精彩绽放，宁夏卫视"两晒一促"幸福号大篷车走进泾源活动影响广泛，大型室外实景花儿歌舞剧《柳毅传书》广受好评，羊槽村入围第二批宁夏特色旅游村。全县接待游客94万人次，实现旅游综合收入7.9

亿元,成功创建全国首批"避暑旅游目的地"。坚持"优质+高端"双轮驱动,种植优质高效饲草9.7万亩,建成"出户入园"示范场14个,引进安格斯基础母牛2100头,补栏育肥牛1.78万头,肉牛饲养量达到10.4万头。探索建立"企、社、园"联农带农利益联结机制,成功引进山东胜伟集团建设肉牛良种繁育基地,六盘山活畜交易市场投入运营。第六届黄牛节成功举办,"泾源黄牛肉"品牌价值达到32.5亿元。继续推行"1+10"养殖模式,建成标准化蜂场9个,全县蜂群达到3.5万群。成功举办第二届泾源蜂蜜宣传推介会,10个中蜂养殖合作社入围全国名特优新农产品名录,2家合作社取得无公害蜂蜜产地认定。积极发展生态经济,腾退苗木2.3万亩,发展柴胡、黄芪等道地中药材7000亩、林下香菇54万棒,套种林下山桐子5000余亩。积极培育绿色食品,羊肚菌、平菇种植初显成效,兴盛乡千亩冷凉蔬菜示范基地建成投产,发展冷凉蔬菜1.1万亩。探索发展新能源,共享储能电站一期工程开工建设,集美村分布式光伏发电项目并网发电。发挥闽宁协作区域资源优势,扶持箱包企业8家,带动就业730余人,产值突破1亿元。

项目支撑更加有力。牢固树立"项目为王"理念,全年实施重点项目62个,落实招商引资项目19个24.95亿元,增长12.5%,"双争"到位资金20.8亿元,增长4%。真好佳食品、源润农业科技、六盘源实业入驻园区,源牛农牧、盛飞豪供应链相继投产,园区产值突破1亿元。省道313沿川子至泾源段、瓦亭至和尚堡公路建成通车,改造提升农村道路60.1公里,维修农村水毁公路5.2公里。农村饮水管网提升改造二期工程有序推进,"互联网+城乡供水"用户端计量提升改造工程调试运行,颉河流域坡改梯综合治理项目顺利竣工,城乡供水维修改造及地质灾害点自来水入户工程全面完工,水系连通及水美乡村建设试点县评估获得全国优秀等次。

脱贫成果有效巩固。坚持"四个不摘",做好"四个衔接",统筹整合各类资金2.7亿元,实施项目36个,培育打造乡村振兴示范村16个。强化动态监测帮扶,落实"一户一策"287户1081人,新纳入监测对象187户745人,消除风险37户143人。持续深化"四查四补",排查解决各类问题288条。加强金融帮扶支持,新增小额信贷1.83亿元,贷款覆盖率78.5%。盘活运营帮扶车间43家,带动就近就业1334人。村集体经济不断壮大,全年实现收入624.5万元。不断深化闽宁对口协作和央企定点帮扶,投入资金6340万元,实施帮扶项目52个,惠及群众36992人。强化消费帮扶产销对接,外销各类农特产品1.82亿元。精准落实各项增收措施,全县脱贫人口人均纯收入同比增长15.57%,全面实现"两个高于"目标。

城乡面貌显著改善。持续推进城市更新行动,县城基础设施补短板项目全面完工,县城雨污分流二期竣工验收,7个老旧小区改造完成,消防救援大队新营区建成入驻,集中供热锅炉房迁建二期投入使用。西苑人家、八方隆三期、金域华庭B区、新兴佳苑一期基本建成,新增房产开发面积9.5万平方米。持续推进农村人居环境整治,乡镇基础设施补短板项目全面完成，乡村振兴示范村污水治理工程建成投用，改造农村卫生厕所3008户，完成危房改造42户，巩固提升幸福农家"123"菜园5000座，发放菜苗128万株，打造人居环境整治示范村16个，建设美丽宜居村庄4个，6个村被评为第六批中国传统村落。

生态优势日益彰显。巩固拓展国家"绿水青山就是金山银山"实践创新基地成果，严控"四尘"污染排放，"散乱污"企业整治持续开展，冬季清洁取暖项目有序推进，煤改电工程全面完成，环境空气质量优良天数比例高于95%。香水河县城段生态缓冲带修复工程加快推进，大湾片区坡耕地水土流失综合治理顺利完成，泾河支流水生态修复工程全面竣工，县城污水处理厂污泥处理项目投入运行，完成行政村污水改造66个，地表水环境质量居全区第一。建设高标准农田1.2万亩，实施高效节水田间灌溉5000亩，落实耕地地力保护11万亩，回收残膜700余吨。历史遗留废弃矿山生态修复稳步推进，治理农村地质灾害隐患41处，杨岭村山水林田湖草生态保护修复工程取得明显成效，吸引社会资本参与生态修复2400余亩，完成营造林8万亩，森林覆盖率达到42.24%。荣获"中国天然氧吧"称号，荣登"2022美丽中国深呼吸小城"榜。

民生福祉切实增进。集合财力80%以上用于改善民生，12件民生实事全部办结，群众幸福感获得感不断提升。强化异地搬迁后续扶持，安排资金1.46亿元，开展9类22项工作，泾河社区建设项目竣工验收，馨苑小区劳务移民安置区基础设施全面提升，集美、羊槽等重点移民村建设成效明显，移民就业率达到93%。强化就业创业促进增收，培训劳动力1910人，新增城镇就业623人，培育创业实体204个，创造新岗位202个，发放创业担保贷款4173万元，创业带动就业1023人，完成农村劳动力转移就业2.93万人，实现工资收入7.2亿元。强化基础教育质量提升，第五幼儿园开工建设，第二中学工程有序推进，高级中学综合教学楼主体完工，兰大庄幼儿园基本建成，城关二小投入使用。认真落实国家"双减"政策和"五项管理"措施，扎实开展课后服务，"县管校聘"改革全面完成，1022名在编教师全部竞聘上岗，7所中小学入围区级传统特色学校，县内高考中考创历史新高。强化全民健康水平提升，县医院急救救治能力提升工程加快实施，医疗救治能力提升项目投入使用，"互联网+医疗健康"医共体信息化平台初步建成，3个家庭健康细胞创建通过自治区验收。强化社会保障服务，老年养护院建设加快推进，实施临时救助2737人次524万元，发放各类社会救助补助资金8857万元，城乡居民养老保险、医疗保险参保率均达到97%以上。强化居民文明素养提升，全县新时代文明实践中心（所站）建设全覆盖，开展文明实践志愿服务2000余场次，评选移风易俗示范户、最美庭院等身边典型先进1400余人。维修村级文化广场7个，提升文化示范点4个，完成广场文化演出7场次，整理泾源民间故事80余万字，获批第五批市级非遗项目名录2个。轻工产业园区运动场、大庄村文体广场全面建成，全民健身中心广场、泾河社区多功能运动场完成改造，宁夏青少年高山滑雪锦标赛成功举办，泾源"赶牛"入选

2022中华体育文化优秀项目。

改革动能加速转换。深入推进创新驱动发展战略，实施科技创新项目51个，新认定国家高新技术企业1家、国家科技型中小企业2家、区市科技型企业10家，蜂蜜检测中心CMA通过认证。"放管服"改革不断深入，政府权责清单制度全面实施，163政务服务模式一体化拓展推进。国有资本投资运营集团公司组建运行，县属四家国有企业实现统一管理。统筹推进"三统三分"农业经营体制改革，流转土地1025亩。"六权"改革压茬推进，农业用水确权到村、工业和规模化养殖业用水确权到户，农村"房地一体"确权登记颁证全面完成，94家固定污染源完成排污许可证核发，48万亩林地地类界线全面落界，燕家山引进社会资本参与生态保护修复试点改革成效明显，成功吸引宁夏大学等3所高校和科研院所共建"六盘山区生态修复与林草产业研究实验基地"等3个基地。

社会大局持续稳定。全面落实总体国家安全观，"十大专项行动"纵深推进。平安建设不断深入，社会治安持续向好，公安局荣获平安宁夏建设先进集体，香水派出所荣获"全国优秀公安基层单位"。落实党建引领基层治理"1+1+3"工作机制，创新社区治理"1+N"工作模式，"5223"乡村文明实践积分卡经验在农业农村部干部培训班上授课交流。铸牢中华民族共同体意识示范县创建活动深入开展，新时代宗教工作新局面更加巩固，申报全国及自治区民族团结进步示范单位6个，全市宗教治理观摩现场会在我县召开。双拥创建扎实推进，军地军民共建取得新成效。深入学习贯彻《信访工作条例》，信访矛盾大排查大化解行动扎实开展，积案化解取得明显成效。安全生产专项整治巩固提升行动持续发力，"两危"专项整治深入推进，自建房安全专项整治取得实效，食品药品安全区创建成效明显，自然灾害综合风险普查全面完成，消防安全大检查圆满收官，全县安全生产形势总体平稳。

自身建设全面加强。全面加强政府系统党的建设，认真学习宣传党的二十大精神，深入开展贯彻落实习近平总书记视察宁夏重要讲话和重要指示批示精神"大学习、大讨论、大宣传、大实践"活动，"四个意识"更加牢固、"四个自信"更加坚定、"两个维护"更加自觉。严格落实中央八项规定及其实施细则精神，认真履行党风廉政建设"一岗双责"，深入开展卫生健康领域、国有产权土地矿业权交易等领域专项治理，扎实开展违规收送红包礼金和不当收益及违规借转贷或高额放贷专项整治，驰而不息纠正"四风"。牢固树立过紧日子思想，"三公经费"支出持续下降。深入学习宣传贯彻习近平法治思想，扎实开展"八五"普法，创建政府系统会前学法制度，行政争议化解中心挂牌成立，"一村一法律顾问"实现全覆盖。坚决落实县委工作部署，主动接受人大、政协和社会各界监督，人大代表议案建议、政协委员提案办复率均达100%。推行绿色低碳节能办公，11个单位入选国家级节约型机关。支持工青妇、红十字等群团组织开展工作。邮政、气象、通信等工作取得新成绩。

各位代表！一年来，面对严峻复杂的疫

情考验，我们始终坚持人民至上、生命至上，县委科学决策、指挥有方，全县上下众志成城、共克时艰，医护工作者白衣执甲、逆行出征，党员干部舍身忘我、冲锋在前，全县人民守望相助、同舟共济，用责任和担当守护人民群众生命健康，用辛勤和付出换来经济发展和万家安宁。这是习近平总书记领航掌舵的结果，是习近平新时代中国特色社会主义思想科学指引的结果，得益于区市党委、政府和县委的坚强领导、科学决策，得益于县人大、政协和社会各界的有效监督、鼎力支持，得益于全县干部群众的团结一心、奋进拼搏。在此，我谨代表县人民政府向辛勤劳动在各条战线的全县人民，向大力关心支持政府工作的各位人大代表、政协委员，向离退休老同志、人民团体、工商联和各界人士，向驻泾人武部指战员、政法干警、武警官兵、消防救援队伍，向参与泾源建设、支持泾源发展的各界朋友，向奋战在疫情防控一线的公安干警、医护人员、乡村干部，表示衷心的感谢和崇高的敬意！

在总结成绩的同时，我们更加清醒地认识到，发展不平衡不充分，经济体量小实力不强、财力增长缓慢仍是实际县情；产业规模不大、链条不长，质量效益偏低，高质量发展缺乏大项目、好项目支撑仍是客观现实；人才短缺、创新不足仍是短板弱项；个别干部观念、能力等尚不能完全适应新形势新要求，等等。对此，我们一定高度重视，认真解决。

二、2023年的主要工作

2023年，是贯彻党的二十大精神、全面建设社会主义现代化国家的开局之年，也是以一域发展服务中国式现代化建设全局、以跨越式发展落实自治区第十三次党代会、市委五届五次六次七次全会安排部署的关键一年，做好经济社会发展工作，意义重大。按照县委十五届五次全会部署，政府工作的总体要求是：坚持以习近平新时代中国特色社会主义思想为指导，全面学习宣传贯彻党的二十大精神，以习近平总书记视察宁夏重要讲话和重要指示批示精神为"纲"和"魂"，坚持党的全面领导，坚决贯彻中央经济工作会议精神，认真落实自治区第十三次党代会和自治区党委十三届二次三次全会、市委五届五次六次七次全会及县委十五届三次四次五次全会部署，扎实推进中国式现代化，坚持以推动高质量发展为主题，坚持稳中求进工作总基调，完整准确全面贯彻新发展理念，主动服务和融入新发展格局，以黄河流域生态保护和高质量发展先行区建设为牵引，更好统筹疫情防控和经济社会发展，更好统筹发展和安全，坚持"生态泾源、绿色发展"定位，在建设"五个县"上取得更大进展，大抓发展、抓大发展、抓高质量发展、推动跨越式发展，踔厉奋发、勇毅前行，在全面建设社会主义现代化美丽新宁夏中交出更加出彩的泾源答卷。

预期发展目标是：地区生产总值增长7.5%左右，地方一般公共财政预算收入增长6%左右，全社会固定资产投资增长12%以上，社会消费品零售总额增长6%左右，城镇居民人均可支配收入增长8.5%左右，农村居民人均可支配收入增长10.5%左右。城镇调查失业率控制在5.5%以内。完成区市下达的各项约束性指标。

实现上述目标,我们将重点抓好以下工作。

(一)实施项目建设攻坚行动,以更实举措推动县域经济实现新跨越。坚持大抓项目、抓大项目、抓高质量项目的鲜明导向,实施投资倍增计划,以有效投资助推高质量跨越式发展。全力推动项目建设提速。深入开展"扩大有效投资年"和项目"五比"活动,完善县级领导包抓调度协调机制,专班推进、定期调度、跟踪督办、挂图作战。全力抓好肉牛产业核心群培育等过亿元重点项目6个,产业项目占比达到50%以上;突出抓好千万元以上重点项目56个,力争完成投资30.6亿元;积极跟进拟建项目41个,切实增强项目建设梯次接续能力。全力推动招商引资提档。实施项目投资大招商行动,落实"1+N"包抓机制,开展"小分队"招商、驻点招商、以商招商,提供"专班招、专班跟、专班落"保姆式服务,实施招商引资"燕归巢"行动,吸引更多社会资本参与泾源建设,全年招商引资项目到位资金增长10%以上,民间投资占比达到35%以上,以优质项目大增量形成经济转型快变量。全力推动"双争"工作提质。抢抓先行区建设战略机遇,聚焦国家政策导向,紧盯新基建等重点方向,坚持项目跟着产业走、资金跟着项目走,健全完善争项目争资金工作机制,发挥考核督查"指挥棒"作用,切实做好项目谋划、资金争取,全年落实"双争"到位资金23亿元以上。

(二)实施产业发展升级行动,以更高水平推动现代产业实现新跨越。大力实施现代产业提质增效计划,着力打造"八个万级"特色产业示范基地,全力推进"1+3+X"特色产业全链条发展。"做优"龙头产业。立足建设生态文旅特色县发展定位,突出整合旅游资源、发展民宿经济、打造精品线路、开发文创产品、提升服务品质"五项重点",全力打造春季赏花、夏季避暑、秋季观景、冬季滑雪的全域旅游新格局,全力争创国家级全域旅游示范县。深挖生态资源、文化资源、红色资源禀赋,引入社会资本参与全域旅游建设,实施民宿"3310"发展计划,争取实施胭脂峡、泾河北岸、东峡野宿等民宿项目。加快景区提档升级,有序推进胭脂峡景区提升工程,统筹推进老龙潭、胭脂峡和燕家山旅游公路建设,争取实施冰雪小镇项目,打造一批旅游精品线路融入全区"宁南旅游"大环线。推进旅游公共服务基础设施建设,优化升级餐饮、住宿、购物、娱乐等配套服务,重点实施"泾源牛街"特色街区建设工程,争取实施特色餐饮品牌打造推广项目,不断提升旅游综合服务能力。推动文旅融合发展,加快石窟湾石窟寺保护修缮,盘活运营王洛宾文化园,推进实景花儿歌舞剧《柳毅传书》市场化运营。搭建旅游产业与特色农产品联结机制,开发具有地域特质的"泾源优品""泾源好礼"。"做特"重点产业。坚持夯基础、扩规模、延链条、树品牌、拓市场,全力打造优质肉牛良种繁育基地和高端牛肉生产加工基地。实施龙头企业带动工程,培育自治区级以上龙头企业2家,扶持牛肉分割加工中心2个,不断推动养加销全产业链发展。实施肉牛繁育体系建设工程,培育良种基础母牛核心群繁育场3个,不断提升肉牛繁育核心竞争力。实施"万千百十"肉牛扩量工程,推广种植优质高产玉米10.5万亩,新建"出户入园"示范场4个,改造提升"光伏+养殖"示范场4个,冷配改良肉牛3万头,引进良种母牛2000头,补栏育肥牛1.5万头,肉牛饲养量达到11.5万头以上。实施"泾源黄牛肉"品牌提升工程,扩大"两品一标"认证覆盖率,开设区外直营店5个,全方位提升"泾源黄牛肉"市场竞争力和品牌知名度。坚持"1+10"联动发展模式,按照"拓市场、育龙头、树品牌、扩规模"思路,种植蜜源植物6000亩,建设标准化蜂场7个,分蜂扩群1.4万群,全县蜂群数量保持在4万箱。建设中蜂养殖观光体验及"互联网+"项目,打造蜜蜂科普基地1处,强化产品研发提升,开拓产品销售市场,打响泾源蜂蜜品牌,实现年加工蜂蜜40万公斤。坚持生态产业化、产业生态化,推行大田种植、林药间作、良种繁育和野生资源保护利用为主的种植模式,发展道地中药材4万亩。推广"公司+基地+农户+村集体经济"的发展模式,特色菌菇类种植规模达到500万棒。加快苗木去库存调结构,内化外销各类苗木2000万株以上,完成苗木腾退2万亩。"做新"辅助产业。坚持"适度开发、示范推广、互利共赢"原则,强力推进绿源共享储能电站一期建成达产,力争实施共享储能电站二期、中能建投风力发电项目,打造清洁能源产业增长极。积极探索生态养老、健康养老、文旅养老发展路径,全面完成老年养护院建设,积极推进泾河源敬老院市场化试点运营,着力构建"五位一体"养老服务体系。突出基地引领、企业带动、农户参与,大力发展西兰花、生菜、甘蓝等冷凉蔬菜1.5万亩。坚持以闽宁产业园为牵引,积极承接东部产业转移,争取落地服装箱包类企业1家,建立现代企业管理制度,引导现有帮扶车间转型升级,推动"车间"转企业,年产值达到1.2亿元以上。实施电商服务承载平台建设行动,发挥电商产业孵化园作用,打造精品网货10款以上,培训电商人才150人以上,力争实现网络零售总额2000万元以上。

(三)实施乡村振兴示范行动,以更强决心推动富美乡村实现新跨越。以巩固拓展脱贫攻坚成果同乡村振兴有效衔接为重点,聚焦产业、人才、文化、生态、组织"五大振兴",聚力打造乡村全面振兴样板县。巩固拓展脱贫成果。严格落实"四个不摘",常态化开展"四查四补",进一步完善动态监测帮扶机制,全面落实产业、就业、金融等各项帮扶措施,深化闽宁对口帮扶和央企定点帮扶,持续搭建消费帮扶产销供需平台,探索建立联农带农利益联结机制,不断拓宽群众增收渠道,切实增强兜底保障水平,坚决守住不发生规模性返贫底线,稳定实现"两个高于"目标。推动农业高效发展。全面落实粮食安全主体责任,实施藏粮于地、藏粮于技战略,坚决遏制耕地"非农化"、基本农田"非粮化",推行"高效节水灌溉+农业经营体制改革+一二三产融合发展"机制,实施高效节水灌溉6000亩,建设高标准农田1.5万亩。整合涉农资金60%以上投入产业发展,因地制宜、成块连片发展养殖、种植、设施农业等现代高效农业产业,建设设施农业种植基地3个,培育壮大养殖经营主体22家,发展庭院经济1万户,建设大湾乡杂交小尾寒羊产业基地,饲养肉羊2万只以上。推进美丽乡村建设。继续加大农村基础设施投入，实施冬季清洁取暖集中供热节能改造50万平方米、农村热源清洁化改造7000户，新建农村卫生厕所1000户，开展传统村落保护6个，治理地质灾害隐患点12个，维护城乡供水水源地及供水管网片区5个，打造乡村振兴示范乡镇2个、示范村11个，争创全国人居环境整治先进县。

（四）实施生态环境优化行动，以更严要求推动绿色发展实现新跨越。深入贯彻习近平生态文明思想，大力实施生态优先战略，着力打造绿色生态宝地，争创宁夏首个中国气候宜居城市。狠抓污染综合整治。系统运用自然恢复、人工修复、综合康复等措施，统筹推进山水林田湖草系统保护和综合治理，突出抓好策底河水生态修复，着力抓好泾河干流综合治理，有序推进污水处理厂提标改造二期工程，加快实施示范村污水治理项目，开工建设生活垃圾收集转运一体化工程，全面完成乡镇生活垃圾卫生填埋场及封场项目，确保环境空气质量优良天数比例稳定在95%以上，泾河出境断面水质保持在Ⅱ类标准。加强全域生态建设。严格落实"三区三线"划定成果，积极推进宁夏南部生态保护修复与水土流失综合治理工程，完成造林5.5万亩，引进陕西林投集团参与生态建设，规划建设国家储备林5万亩，实施坡耕地综合治理3.5平方公里，修复治理历史遗留废弃矿山7处。推进绿色低碳发展。严守生态保护红线，严格落实"三线一单"环境分区管控体系，加强企业排污指标监测，严查严惩环境违法行为。大力推进能源革命，加快废弃物有机循环利用和无害化处理，积极推动节能降碳增效、绿色低碳循环、绿色生活创建。

（五）实施美丽城乡提质行动，以更大力度推动城乡融合实现新跨越。坚持产城融合、城乡互动、协调共生，着力构建"一核促两翼、三镇带四乡"发展格局，努力建设固原副中心城市发展的"桥头堡"。优化城乡功能布局。注重规划先行，抓紧编制国土空间总规、控规及专项规划、实用性村庄规划，加快构建"1+6"城乡一体化发展空间格局，统筹推进城乡基础设施提标、公共服务提质、产业配套增效，努力建成一批有影响、有特色、有竞争力的"一乡一品"美丽乡镇、特色乡镇。不断夯实城乡基础。持续深化"四好农村路"建设，加快推进312线苋麻湾至杨庄段公路改建工程，改造提升农村公路45公里，维修改造水毁公路20公里，建立品质高、网络畅、路域美的城乡公路网络。加快城乡供水体系建设，持续推进"互联网+城乡供水"项目，铺设农村配水管网137.45公里，不断提升城乡供水保障能力。全力提升城市能级。实施城市更新行动，加快推进城市基础设施补短板二期项目，统筹实施县城雨污分流三期工程，重点抓好县城绿化养护及提升改造，全面完成保障性安居工程配套供热管网建设，盘活开发和平巷原人行片区、龙潭街原加油站片区，开发建设陕果天府源邸、荷花新城商业综合体，新增县城房地产开发面积8万平方米，切实增强城市综合服务和承载能力。深化城市治理全域覆盖，持续推进规范停车、精致环卫、农贸市场文明创建，物业管理评星定级，实现城市功能便捷化、市容市貌整洁化、物业服务优质化。

（六）实施改革创新赋能行动，以更深层

次推动改革开放实现新跨越。坚持向创新要动力、向改革要活力，蹄疾步稳推进重点领域改革，积极打造科技创新高地、改革开放热土。突出科技创新驱动。深化园区体制机制改革，推行"管委会+公司"运行模式，建立"亩均效益"综合评价制度，推动智慧产业园区建设，实施闽宁产业园标准化厂房建设项目，加快纯净水及蜂蜜水生产、万吨降解膜生产线、山泉水生产销售项目建设，力争园区产值达到1.5亿元以上。加强创新协同联动，深化校（院）企合作、东西合作、政银合作，建成科研育成平台、实验站、示范基地、检测中心等创新载体。强化核心技术研发，培育壮大"农高新""小巨人"等科技型企业，实施科技合作、科特派、科技惠民项目25个，开展科技成果转化10项，培育认定技术创新中心1家、科技型企业5家。深化重点领域改革。聚焦确权、赋能、定价、入市四个关键环节，深入推进"六权"改革。全面落实水资源"四水四定"原则，争取国家和自治区水资源补偿。优化国土空间规划布局，推进"三统三分"农业经营体制改革，打造吸引社会资本参与生态保护修复实践样板。全面推行排污权有偿取得，有序推进生态保护补偿机制。加快集体林地"三权分置"改革，培育新型林业经营主体，创新探索以林养林、以地换林新模式。实施高耗能行业结构调整、能源绿色发展、重点领域能效提升、体制机制创新、遏制"两高"项目盲目发展"五大行动"，促进企业节能降耗。加快碳排放确权计量，建设碳汇林1000亩，开展跨区域碳汇交易试点，争做宁夏碳汇交易的排头兵。深化国有企业改革，着力盘活资源资产，创新融投资新机制，不断提升国有资本市场化运营效率。持续优化营商环境。纵深推进"放管服"改革，推行"一业一证"改革，推广企业开办"网上办"，推动"一件事一次办""一窗受理、集成服务""跨区通办"，拓展"163"政务服务县乡一体化，实现政务服务便民利民。深化"互联网+监管"，加快"审管联动"一体化，做到事前事中事后全过程监管。全面落实减税降费、信贷担保、权益保护等惠企政策，建立支持中小微企业发展基金，切实发挥纾困基金援企作用，健全完善问题线索收集、接诉处理、公开曝光机制，高效服务企业发展。

（七）实施民生福祉温暖行动，以更优质量推动人民幸福实现新跨越。坚持以人民为中心的发展思想，深入实施"六大提升行动"，扎实办好民生实事，全力打造人民生活福地。深入实施居民收入提升行动。统筹做好重点群体就业创业，支持引导多渠道灵活就业，培训城乡劳动力1200人，培育创业实体150个，城镇新增就业500人，创业带动就业1000人，农村劳动力转移就业2.2万人以上，实施"扩中提低"行动，千方百计增加工资性、经营性、财产性、转移性收入，确保全县农村居民收入增速高于城镇居民收入。深入实施移民致富提升行动。紧盯产业、就业、社会融入三件大事，实施7个移民村产业发展项目，种植中药材3000亩、冷凉蔬菜1200亩、菌菇1万棒，出户入园养殖肉牛6000头。多层级组织招聘推介，开发公益性岗位60个，精准开展技能培训3100人，转移就业4000人以上。实施移民安置村基础设施、公共服务提升工程,切实补齐基础设施短板,增强移民群众获得感。深入实施教育质量提升行动。全面落实立德树人根本任务,加快建设高质量教育体系。推进学前教育普惠发展,建成第五幼儿园,新增幼儿学位360个。加快义务教育优质均衡发展,巩固"双减"和"五项管理"成果,完成第二中学建设任务,力促城关二小、平凉庄小学宿舍楼建成投用,创建义务教育优质均衡校16所。推动普通高中教育特色多样化发展,加快改善普通高中学校办学条件,强化与南京大学战略合作,不断提升高中教育办学质量。深化中等职业教育融合发展,拓展学科特色领域,推进职普融通、校企合作、产教融合。巩固拓展"互联网+教育"成果,打造智慧校园1所。实施新时代强师计划,加大名校长、名师培养力度,深化"县管校聘"改革,全面提升教师专业素养。深入实施健康水平提升行动。全面推进健康泾源建设,启动创建国家卫生县城。深化医药卫生体制改革,推进紧密型医共体实体化运行。加强基础设施设备改造提升、医疗卫生队伍能力素质建设,全面完成县医院急救救治能力提升项目,切实补齐全县医疗卫生短板。做实做细家庭医生签约服务,普通人群签约服务率达到60%以上。深入实施文明素养提升行动。培育和践行社会主义核心价值观,广泛开展爱国主义教育,巩固提升新时代文明实践中心建设,拓展文明实践覆盖面。深化农村移风易俗,持续推进民风建设。广泛开展群众性文化体育活动,扶持发展文化大院、民间文艺团队,不断加大文物和非遗保护传承,着力办好乡村文化旅游节、冰雪文化节。改造提升县城体育场,推动荷花新城全民健身中心和泾河源镇健身馆投入运营。深入实施城乡面貌提升行动。坚持绿色发展导向,突出城市规划、建设、管理"三大环节",拓展生态、生产、生活"三大空间",强化城市风貌管控,推进以绿荫城、以水润城、以景美城,全面扮靓城乡风貌,不断提升城镇品质。

(八)实施社会治理提升行动,以更新思维推动社会和谐实现新跨越。坚定不移贯彻总体国家安全观,切实增强底线思维和风险意识,统筹抓好发展与安全两件大事,推进全域社会治理现代化。防范化解重大风险。加强国家安全教育,筑牢政治安全防线。压紧压实意识形态责任制,坚决维护意识形态安全。规范政府举债和融资行为,坚决遏制新增隐形债务,积极有效化解存量债务,牢牢守住不发生系统性风险的底线。切实加强公共卫生防疫体系建设,着力夯实公共卫生服务基层基础,科学精准抓好常态化疫情防控,全力保障人民生命安全和身体健康。完善基层治理体系。深入推进党建引领乡村治理试点县创建,深化完善党建引领基层治理"1+1+3"工作机制,创新推行社区治理"1+N"工作模式,提升基层治理效能。坚持和发展新时代"枫桥经验",深入开展"八五"普法,持续推进矛盾纠纷化解,争创全国信访工作示范县。紧扣铸牢中华民族共同体意识主线,全面落实"5585"创建模式,有形有感有效推进铸牢中华民族共同体意识示范县创建。坚持我国宗教中国化方向,扎实开展"三项行动",深入推进"五进"宗教活动场所,营造和谐健康的宗教关系。积极做好新时代国防动员、双拥共建，巩固发展军政军民团结大好局面。全力抓实安全稳定。继续深化平安泾源建设，常态化开展扫黑除恶斗争，全力打好禁毒、打击网络电信诈骗犯罪等人民战争。加快推进质量强国和知识产权强国建设，全面建成"食品药品安全区""国家食品安全示范城市"。严格落实"三个必须""四个责任"，坚决贯彻"十五条"硬措施，持续深化隐患排查整治，着力提升预警应对能力，健全完善应急响应、现场处置、快速反应机制，确保全县社会大局安全稳定。

各位代表！迈上全面建设社会主义现代化国家新征程，我们将坚定不移把自身建设摆在突出位置，自觉践行"社会主义是干出来的"伟大号召，大力倡树"严细深实勤俭廉+快"工作作风，切实增强"打铁必须自身硬"的行动自觉，着力推进政府治理体系和治理能力现代化，全力建设人民满意政府。

一是着力加强政治建设。旗帜鲜明把党的政治建设摆在首位，深刻领悟"两个确立"的决定性意义，坚持不懈用习近平新时代中国特色社会主义思想凝心铸魂，认真落实党的二十大和习近平总书记视察宁夏重要讲话和重要指示批示精神，持续开展"大学习、大讨论、大宣传、大实践"活动，严格遵守政治纪律和政治规矩，严格落实重大事项请示报告制度，坚决执行民主集中制，持续营造风清气正的良好政治生态。

二是着力加强法治建设。深入学习贯彻习近平法治思想，依法履行政府职能，常态化开展政府常务会议会前学法，健全完善法律顾问、合法性审查、重大行政决策等制度，从严落实政府权责清单，全面落实行政执法"三项制度"，确保各项工作在法治轨道上规范运行。依法接受人大及其常委会监督，自觉接受人民政协民主监督，主动接受社会和舆论监督，高质量办理人大代表议案建议和政协提案。

三是着力加强作风建设。全面落实"三个务必"要求，深入推进"能力提高、作风整顿、质效提升"专项行动，健全领导包抓、专班推进、暗访调研、跟踪督办等机制，推行现场办公、部门联动等一线工作法，坚决克服观望心态、等靠思想。用好考核指挥棒，推行正向激励、容错纠错机制，激发干部干事创业积极性、主动性、创造性，让抓落实、重实效成为工作主旋律。

四是着力加强廉政建设。坚决落实全面从严治党要求，认真履行"一岗双责"。严格落实中央八项规定及其实施细则精神，坚决执行自治区党委"八条禁令"和固原市委"十项规定"，持续深化重点领域整治，严肃惩治不正之风和侵害群众利益等腐败问题。坚决纠治形式主义、官僚主义，不断提升服务群众的能力水平。不断加强审计监督、财会监督、统计监督。落实"过紧日子"要求，严控一般性支出，压减"三公"经费，确保每一笔钱都用在刀刃上。

各位代表，蓝图绘就启征程，中流奋楫再扬帆。让我们更加紧密地团结在以习近平同志为核心的党中央周围，在区市党委、政府和县委的坚强领导下，真抓实干，笃行不怠，为加快建设美丽新宁夏作出泾源新的更大贡献！

名词解释

1. 七大战役：政策落实速度战、经济运行阵地战、扩大内需攻坚战、市场主体纾困战、就业收入扩增战、基本民生保障战、安全稳定保底战。

2. "1+3+X"产业体系："1"指以文化旅游为龙头，"3"指以肉牛、中蜂、生态经济为重点，"X"指以清洁能源、健康养老、冷凉蔬菜、服装箱包、电子商务等为辅助的"1+3+X"产业体系。

3. "两个高于"目标：脱贫人口收入增速高于当地农民收入增速，脱贫地区农民收入增速高于全国收入增速。

4. 县管校聘：全体公办义务教育学校教师和校长全部实行县级政府统一管理，学校自主聘任，将教师和校长从过去的"学校人"改变为"系统人"。

5. "六权"改革：用水权改革、土地权改革、排污权改革、山林权改革、用能权改革、碳排放权改革。

6. "1+1+3"工作机制：建强1个功能型党支部，建好1个综治中心平台，建立健全3张清单制度（健全问题清单、形成责任清单、落实考核清单）的工作机制。

7. "1+N"工作模式：建立1个社区+N个部门联动共建的社区治理工作机制。

8. "1+N"包抓机制：以县投资促进服务中心为"1"牵头抓总，以多个项目相关部门协同招商、跟踪推进、包服落地的工作专班。

9. "八个万级"农业特色产业示范基地：建设"泾源高端肉牛繁育基地"，全县肉牛饲养量达到11.5万头；建设"泾源蜜蜂特色养殖基地"，全县中华蜜蜂养殖规模达到4万群；建设"农旅融合观光基地"1万亩；建设"六盘山道地中药材种植基地"，全县种植六盘山道地中药材4万亩；建设"六盘山特色菌菇产业基地"，全县菌菇种植规模达到500万棒；建设"大湾乡杂交小尾寒羊产业基地"，饲养量达到2万只；建设"高标准冷凉果蔬基地"，全县冷凉蔬菜面积达到1.5万亩；建设"庭院经济产业基地"，发展庭院经济1万户。

10. 民宿"3310"发展计划：用3年时间建设兴盛、六盘山、泾河源3个民宿小镇，杨岭、和尚铺、周沟、刘沟、羊槽、冶家、新旗、园子、大庄、河北10个民宿示范村。

11. "五位一体"养老模式：构建"机构养老、居家养老、日间照料、健康养老、旅居养老"五位一体的养老模式。

12. "三统三分"农业经营体制改革：探索建立高效节灌设施统一建设与分业配套机制、农村土地统一经营与农民分项获利机制、农业经营体制改革统一组织与分工协作机制。

13. 集体林地"三权分置"：建立集体林地所有权、承包权、经营权"三权分置"的运行机制。

14. 三项行动：教义教规中国化阐释行动、教职人员素质提升行动、信教群众思想教育行动。

15. "五进"宗教活动场所：习近平新时代中国特色社会主义思想、宪法和法律法规、国旗、社会主义核心价值观、中华优秀传统文化"五进"宗教活动场所。

政协工作报告（摘编）

——在政协泾源县第十四届委员会第二次会议上

（2022年12月27日）

2022年工作回顾

2022年，是党和国家历史上具有里程碑意义的一年，也必将是载入史册的一年。中共二十大胜利召开，吹响了全面建设社会主义现代化国家、全面推进中华民族伟大复兴的奋进号角。一年来，中共泾源县委对政协工作领导坚强有力，始终把政协工作纳入全县工作全局，统一谋划、统一部署、统一推进，在县政协思想上高度重视、制度上着力规范、工作上大力支持、履职上充分信任。在县委的坚强领导下，县政协及其常委会坚持以习近平新时代中国特色社会主义思想为指导，深入学习宣传贯彻党的二十大精神，认真学习贯彻习近平总书记关于加强和改进人民政协工作的重要思想和习近平总书记视察宁夏重要讲话和重要指示批示精神，紧紧围绕县委、政府中心工作履职尽责，奋力开拓创新、勇担时代使命，坚定践行全过程人民民主，协商议政出新出彩，凝聚共识常做常新，服务大局有力有效，圆满完成县政协十四届一次会议确定的各项目标任务，为推进泾源高质量跨越式发展贡献了政协智慧和力量。

一、高举旗帜、笃定方向，对党忠诚的"政协站位"更加坚定

常委会始终坚持党对人民政协工作的全面领导，认真落实党中央和区市县党委关于加强新时代政协党的建设各项决策部署，不断夯实团结奋斗的共同思想政治基础，确保人民政协事业始终沿着正确方向前进。

坚持党的领导，把牢政治方向。常委会坚持以党的政治建设为统领，始终把牢正确政治方向，引导政协参加单位和政协委员坚决维护习近平总书记党中央的核心、全党的核心地位，坚决维护党中央权威和集中统一领导，始终在政治立场、政治方向、政治原则、政治道路上同以习近平同志为核心的党中央保持高度一致。始终坚持"党委有号召、政协有行动，党委有部署、政协有落实"，自觉将政协工作置于县委领导下开展，把县委重大部署转化为政协履职实践。认真整改自治区党委督查调研贯彻落实中央和自治区党委政协工作会议精神反馈问题，县委出台《贯彻落实自治区党委办公厅〈关于加强和改进新时代市县政协工作的实施意见〉任务分工方案》等一系列文件，从总体要求和制度保障等方面

对政协工作给予全面支持，县政协严格落实县委《关于明确政协协商于党委政府决策之前和决策实施之中事项的实施意见》，坚决做到"党委想什么政协议什么、政府干什么政协帮什么"，严格落实县委《关于政协协商成果办理和反馈办法》《县党政部门向县政协通报重要情况制度》，修改制定协商工作规则、提案工作规则等制度23项，切实把县委对政协工作的要求落实到全过程各方面，不断提升工作科学化制度化规范化水平。政协党组充分发挥在政协工作中的领导核心作用，认真落实重大工作、重要事项、重大活动向县委请示报告制度，跟进落实县委全会、县委常委会会议等工作要求，一年来，向县委请示事项13次、提交报告7份，邀请县委和政府领导出席政协活动21次，确保政协各项工作始终与县委同频共振、同轴共转、同向共进。

强化理论武装，筑牢思想根基。中共二十大后，及时召开政协党组会、主席会传达学习，专门召开常委会集中学习，制定具体实施方案，迅速掀起学习宣传贯彻热潮。按照"党组作表率、常委作标杆、机关作榜样"要求，把深入学习贯彻习近平新时代中国特色社会主义思想作为理论武装的重中之重，把学习党的二十大精神融入习近平总书记视察宁夏重要讲话和重要指示批示精神"大学习、大讨论、大宣传、大实践"活动统筹推进，认真学习自治区第十三次党代会精神及区市县党委全体会议精神，有计划地组织开展研讨活动、读书活动，不断以"跟进学"强化"跟着走"，推动学习贯彻大会精神走深走实、见行见效。一年来，开展党组理论学习中心组学习15次、常委会专题学习4次、机关干部集中学习32次，专题研讨9次。主席、各副主席和委员积极参加区市县的研讨班、培训班等8期200余人次。通过加强思想建设，广大政协委员和机关干部深刻领悟"两个确立"的决定性意义，"四个意识"更加牢固、"四个自信"更加坚定、落实"两个维护"更加坚决。

突出党建引领，优化组织体系。全面贯彻新时代党的建设总要求，坚持以党的政治建设为统领加强政协系统党的各项建设，不断强化政协党组织在政协工作中的政治领导力、思想引领力、群众组织力和社会号召力。县政协党组认真履行全面从严治党主体责任和党组成员"一岗双责"，完善党组议事规则和决策程序，专题研究部署意识形态、党风廉政建设等重点工作。探索建立党组成员联系常委、党员委员联系党外委员、主席会议成员联系界别、专委联系委员的联系制度，持续推进4个专委会功能型党支部建设，将51名中共党员委员按照界别纳入专委会功能型党支部，构建形成"政协党组+机关党组+机关党支部+专委会功能型党支部"上下衔接的政协党组织体系，推动党建与政协履职工作深度融合、相互促进，实现了党的组织对党员委员的全覆盖、党的工作对政协委员的全覆盖。一年来，召开党组会议19次，专题组织生活会、民主生活会4场次，开展专委会功能性党支部活动16场次，党组成员在政协机关、联系包抓乡镇（村组）开展主题党课讲授6场次，党组领导力号召力、机关执行力战斗力、委员凝聚力向心力明显提升，真正把党的政治优势、组织优势转化为政协高质量履职优势。

二、立足本职、践行使命，协商民主的"政协优势"更加鲜明

认真履行政治协商、民主监督、参政议政、凝聚共识"四项"职能，不断规范协商内容、丰富协商形式、创新监督手段、完善监督机制，为县委和政府科学决策提供有益参考。

全会协商谋全局、议要事。常委会高度重视全体会议这一协商履职最高形式，站在全局的高度精心筹备。会前积极动员政协各参加单位和广大政协委员，紧扣全县经济社会发展中心工作，深入基层了解社情民意，认真开展调查研究，精心组织撰写提案。十四届一次全会期间，各界别委员就"一府两院"等报告充分协商讨论，坦诚发表意见建议，县委、政府主要领导深入各讨论小组与委员面对面交流，共谋发展大计，共话发展新篇，委员们围绕乡村振兴、产业发展、教育医疗、城市建设等方面讲实情、献良策，提出意见建议21条，许多意见建议得到县委、政府高度重视和有关部门采纳，有力推动相关工作落实。

专题协商抓重点、促落实。注重发挥常委会会议在政治协商中的重要作用，围绕政协自身建设和具有综合性、全局性、前瞻性的重大问题进行专题协商。全年共召开常委会会议5次，其中专题议政性会议2次，听取国民经济和社会发展计划、财政预算执行、十四届一次全会提案办理情况、纪委监委和法检"两院"等工作情况通报2次。开展"有事好商量"专题议事活动4场次，邀请界别委员、政府分管领导和部门负责人就城市管理、互联网+城乡供水等内容开展协商，鼓励引导委员和党政部门之间、委员和委员之间进行互动交流的方式协商议政、达成共识，推动相关问题逐步解决。召开主席会议和提案办理协商会，就盘活旅游驿站、社区阵地建设、规范停车场设置进行协商，着力把政协协商优势转化为社会治理效能。

对口协商抓热点、建诤言。常委会坚持把对口协商作为履行职能的重要抓手，各专委会根据年度协商计划安排，主动加强与对口部门的联系协作。坚持不学习就不调研、不调研就不协商的原则，围绕我县招商引资、医共体信息化建设等内容，邀请对口部门通过线上线下广泛议政，参加视察调研和考察5次，提出合理化意见建议15条，各对口部门对提出的意见建议及时给予办理答复和反馈。通过与对口部门互邀参加会议、开展联合视察调研、定期通报情况等形式，就全县经济社会发展全局性的重大问题，进行协商交流沟通，凝聚发展共识，进一步丰富了协商内容和层次，提升了协商质量。

民主监督拓渠道、重实效。常委会认证履行民主监督重要职能，寓监督于调研、视察和提案办理等履职全过程，着力构建协商式监督新格局。出台《政协泾源县委员会民主监督员选派办法》，深入推进特邀监督员工作程序化、规范化建设，积极支持委员履行职责。注重发挥班子成员和政协委员在民主监督中的主体作用，积极参与法检"两院"、公安机关举办的庭审活动和开放日活动，参与全县水价听证、煤炭询价等工作，政协班子成员和政协委员列席县委、政府各类重要会议100余人次，持续扩大特邀监督工作覆盖面。注重发挥提案督办监督作用，采取"县委领导领衔督办、政府领导重点督办、政协领导全面督办、部门具体承办"的四级联动提案办理模式，对肉牛产业发展、城乡自来水保障、居民小区绿化亮化等事关全县经济社会发展和民生事业改善的8件重点提案和十四届一次会议以来的43件提案、50件社情民意信息，采取视察督办、跟踪督办、召开提案交办督办会等方式，推动办理落实。今年以来，提案办复率100%，实效率86.1%，委员满意度达到90%以上，总体来看，委员的提案聚焦民生关切有温度，契合泾源实际有价值，承办单位回应关切有态度，推进工作有举措，落实建议有成效，党政重视、社会支持的氛围更加浓厚。

三、围绕中心、把握重点，服务大局的"政协答卷"更加务实

坚持聚焦全县中心工作，发挥自身优势，集中力量、整合资源，助力经济社会高质量发展。

架好乡村振兴"连心桥"。常委会把助力乡村振兴作为服务发展的重中之重，始终以更坚定的决心、更明确的目标、更有力的举措，全力以赴、全力跟进。通过积极动员政协委员和机关干部深入乡村振兴一线，紧盯群众的操心事、烦心事、揪心事开展精准帮扶。围绕群众最关心、最迫切需要解决的产业发展和教育、医疗等事关民生事业的实际问题，积极建言献策，推动巩固拓展脱贫攻坚成果同乡村振兴有效衔接，促进群众持续稳定增收。扛实压紧领导包抓和机关帮扶责任，班子成员带头到各自联系乡镇、村组指导帮扶，第一书记和驻村队员驻村帮扶，10名机关干部定期入户帮扶，通过开展协商建言、入户帮扶、生活帮助、技术指导等方式，为群众办好事实事30余件，进一步密切与群众的接触联系，以为民谋利、为民尽责的实际成效取信于民，努力画出民心民愿的最大同心圆。

筑牢疫情防控"硬堡垒"。常委会认真落实习近平总书记关于新冠肺炎疫情防控工作重要指示精神，坚决落实区市县党委和政府安排部署，为全县守牢疫情防控"南大门"体现了政协担当。全区9·20疫情暴发以来，县政协第一时间作出安排部署，发出《致全县政协委员的一封信》，班子成员率先垂范，多次深入所联系乡镇和包抓村组社区，调研了解基本情况，精准开展疫情防控，推动防疫政策落地落实。全县政协委员和机关干部闻令而动、各尽所能，中共界和乡镇委员深入一线当先锋、作表率，开展上门服务、宣传疫情政策，经济工商界委员慷慨解囊、捐资捐物，医疗卫生界委员奔赴抗疫前线开展核酸检测、医疗救治等工作。政协上下众志成城，以实际行动展现新时代政协委员的家国情怀。

当好服务发展"智囊团"。常委会始终把参与县委政府中心工作作为履行职能、服务发展的大事来抓，坚持参政参在"点子上"，议政议在"关键处"，献策献在"必要时"。按照县委安排部署，班子成员积极参与全县重点工作的推动落实，主动到所联系的部门、乡镇、村组、社区和企业指导工作，帮助梳理解决困难和问题，围绕全县乡村振兴、疫情防控等工作开展督导检查，就招商引资、产业发展等内容参与讨论，在参与中议政、在服务中建言。充分利用区市政协平台，积极反映社情民意信息，就乡村振兴、生态建设等内容向区市政协积极建言,为推动全县经济社会高质量发展献计出力。

四、握指成拳、凝聚共识,团结民主的"政协力量"更加广泛

常委会牢牢把握团结和民主两大主题,把凝聚共识、汇聚力量摆到更加重要位置,坚持大团结大联合,加强对外交流联系,不断凝聚改革发展的强大合力。

广泛凝聚共识,画大"同心圆"。充分发挥人民政协统一战线组织功能,坚持一致性和多样性统一,努力寻求最大公约数、画出最大同心圆。注重发挥工商联、宗教界委员的重要作用,引导鼓励支持他们参与政协履职活动。深入贯彻党的民族宗教政策,班子成员带头到基层联系点开展党的民族宗教政策宣讲,积极引导宗教与社会主义社会相适应。进一步加强同各界群众的联系,健全班子成员联系界别委员制度,走访离退休老干部,慰问困难群众,汇聚社会正能量。广泛团结各族各界人士,求同化异,凝心聚力,围绕群众思想认识困惑点、利益关系交织点、社会矛盾易发点,协助县委和政府做好宣传政策、解疑释惑、理顺情绪、化解矛盾的工作。一年来,班子成员围绕党的最新理论成果,自觉担负起"落实下去、凝聚起来"的政治责任,开展宣传宣讲7场次,用党的创新理论团结一片、教育一片、引导一片,不断提升凝聚共识的广度和深度。

深化交流联谊,弹好"协奏曲"。加强沟通联系,以相互学习促进共同进步。配合全国和区市政协就生物多样性、生物固碳、历史移民、农村人居环境等内容开展视察调研13次,配合区市政协围绕生态环保领域人才建设开展联合调研2次。先后接待安徽省政协及周边县(区)来泾考察交流6批次。围绕招商引资、产业发展、自身建设等工作,组织委员前往浙江温州市、福建厦门市和西吉县、隆德县考察学习。同时,结合全县宣传、文史、机制创新等工作,在区市政协主席座谈会、工作座谈会、经验交流会上作了交流发言,进一步展现我县政协工作新风貌。

抓好文史宣传,传好"接力棒"。健全文史资料、新闻宣传等经常性工作制度,扎实推进文史资料编辑和信息宣传工作。认真落实自治区政协文史工作座谈会精神,组织部分机关干部赴西吉县学习考察文史工作,借鉴经验,积极筹备《泾源文史资料》第五辑,制定编纂方案。协助自治区政协、县志办编撰《全区政协志》和《泾源扶贫志》。着力拓展和加强政协宣传思想工作新平台,充分利用《华兴时报》、"履职通"App、"泾源发布""泾源政协"微信公众号、委员工作群等载体,及时发布政协创新工作、履职动态和理论文章等信息100余篇,全方位多渠道发出人民政协好声音,凝聚起团结奋斗的政协力量。

五、强基固本、守正创新,自身建设的"政协效能"更加优化

适应新时代新使命新要求,持续深化专门协商机构建设,积极转变工作方式,加强委员队伍和机关队伍建设,不断夯实履职根基。

委员队伍建设进一步强化。认真贯彻落实党中央和区市县党委政协工作会议精神,探索创新工作机制,健全完善委员学习培训制度。建立委员履职服务平台,畅通知情问政渠道,通过邀请委员列席常委会会议、参加视察调研等方式,促进委员知情明政,提高履职能力。创新协商载体,搭建"委员会客室"、委员"履职通"网络议政平台,收集意见建议54条,调动委员履职建言的积极性和主动性。制定委员学习计划和培训计划,开展委员读书活动和履职培训,提升委员履职能力。严格委员履职管理,修订县政协《委员履职工作规则》《委员履职考核办法(试行)》等制度,建立健全委员履职档案和委员履职评价及评先选优机制,对履职中表现突出的15名委员进行表彰,依章依规督促10人退出委员资格,进一步激发广大委员履职尽责的责任感和紧迫性。通过健全机制、搭建平台和履职实践,让委员议政有舞台、协商有平台、建言有渠道、履职有成效。

专委会作用进一步彰显。深入贯彻全国和区政协专门委员会工作会议精神,充分发挥专委会基础性作用。修订完善《专门委员会通则》,进一步规范专委会履职方式。制定协商议政质量评价办法,健全协商议政成果采纳、反馈制度,推动协商会议成果、提案、社情民意信息相互贯通,制定提案办理协商办法、优秀提案和先进单位承办办法,评选优秀提案8件、优秀承办单位4个,持续通过制度创新和实践创新,推动专委会工作不断上水平、见实效。以专委会为依托,调整设立10个界别委员工作室、委员联络室和委员会客厅,建立乡镇委员联络小组,推进政协协商向基层延伸。坚持不学习就不调研、不调研就不协商,一年来,围绕党的创新理论和群众关心关切的热点难点问题,召开协商前培训会3次,邀请政府有关部门开展专题协商活动4场次,提出意见建议12条,为我县经济社会发展添智增力。

机关服务进一步规范。认真贯彻党中央和区市县党委关于解决形式主义突出问题为基层减负精神,严格落实党风廉政建设"两个责任",深入开展违规收送红包礼金和不当受益及违规借转贷或高额放贷专项整治活动,发挥先进典型示范引领和反面典型警示教育作用,加快机关内部作风转变,教育引导机关党员和干部勤政务实、清正廉洁。深入开展"五型"机关创建,统筹推进节能型机关、健康机关、无烟机关建设,完善人员分工、经费管理等内控制度,优化领导干部职责分工,不断提升机关的服务能力和工作水平,打造"信念过硬、政治过硬、责任过硬、能力过硬、作风过硬"的新时代政协干部队伍。

各位委员、同志们:县政协一年来所取得的成绩,根本在于习近平新时代中国特色社会主义思想的科学指引,是县委加强领导、区市政协精心指导的结果,是县人大、政府和社会各界鼎力支持的结果,是政协各参加单位和广大委员扎实履职的结果,也是政协老领导、老同志以及社会各界团结奋斗的结果。在此,我代表县政协常委会,表示衷心的感谢!

成绩来之不易,经验弥足珍贵。但我们也要清醒地看到,与新时代新形势新任务的要求相比,与广大政协委员和人民群众的期望相比,我们工作中还存在着一些短板和不足。比如,建言资政的质量还需进一步提升;协商成果落地见效还需进一步加强;双向发力的机制还需进一步完善;委员的主体作用还需进一步发挥,等等。这些,都需要我们不断探索创新,切实加以改进。

2023年工作部署

2023年是全面贯彻落实党的二十大精神的开局之年,是全面建设社会主义现代化国家新征程、向第二个百年奋斗目标进军的关键之年,也是我县以发展一域服务中国式现代化建设全局、以跨越式发展奋力谱写现代化泾源建设崭新篇章的重要一年。县政协工作的总体要求是:坚持以习近平新时代中国特色社会主义思想为指导,深入学习宣传贯彻党的二十大精神,将习近平总书记视察宁夏重要讲话和重要指示批示精神作为"纲"与"魂",全面贯彻自治区第十三次党代会和自治区党委十三届二次三次全会、市委五届五次六次七次全会和县委十五届三次四次五次全会部署,认真落实区市县党委政协工作会议精神。在中共泾源县委的坚强领导下,立足新发展阶段、贯彻新发展理念、构建新发展格局,把加强思想政治引领、广泛凝聚共识作为中心环节,牢牢把握团结和民主两大主题,充分履行政治协商、民主监督、参政议政和凝聚共识职能,更好发挥人民政协"重要阵地、重要平台、重要渠道"作用,为全面建设社会主义现代化美丽新宁夏中交出更加出彩的泾源答卷贡献政协智慧和力量。

一、强化政治引领,在加强党的建设上再上新台阶

始终毫不动摇坚持和加强党对人民政协工作的全面领导,坚决把维护党中央权威和集中统一领导贯穿于政协工作的全过程、各方面。持之以恒强化党的创新理论武装,中共二十大从坚持和发展全过程人民民主、保障人民当家作主的战略高度,赋予人民政协新使命新任务,为新时代人民政协事业发展指明了前进方向、提供了根本遵循。要把学习宣传贯彻党的二十大精神作为当前和今后一个时期的首要政治任务,在全面学习、全面把握、全面落实上下功夫,深化党的二十大和习近平总书记视察宁夏重要讲话和重要指示批示精神"大学习、大讨论、大宣传、大实践"活动,深刻领悟"两个确立"的决定性意义,坚定不移做"两个确立"的忠诚拥护者、"两个维护"的示范引领者,团结引领各团体、各族各界人士始终在政治立场、政治方向、政治原则、政治道路上同以习近平同志为核心的党中央保持高度一致。一以贯之推进政协系统党的建设,发挥政协党组的领导核心作用、功能型党支部的战斗堡垒作用和党员委员的先锋模范作用,常态化开展党建活动,推动政协党建工作严起来、实起来、活起来,不断提高政治领导力、思想引领力、群众组织力、社会号召力,以党的建设新成效推进人民政协事业新发展。坚定不移把党的领导落到实处,坚持党对政协工作的全面领导,不折不扣落实全面从严治党主体责任,坚决做到重要工作在县委领导下开展,重要活动围绕县委、政府中心任务进行,重要安排上报县委同意后开展,努力把党的主张、党的决策、党的部署转化为政协委员和社会各界的思想共识和行动自觉,确保县委决策部署在政协系统得到全面落实。

二、围绕发展大局，在参与中心工作上再作新贡献

自觉把政协工作放到全县"一盘棋"中谋划和推进，确保县委政府中心工作推进到哪里，政协履职就跟进到哪里。紧扣事关长远发展的重大问题，围绕建设"五个县"目标，聚焦全力推进"1+3+X"产业体系、深入实施六大提升行动等重点工作深入调查研究，主动建言献策，提出理念性、思路性、建设性的意见建议，服务县委、政府科学民主决策。紧扣党政重大决策部署和重点工作任务，聚焦优化营商环境、"扩大有效投资年"、招商引资"燕归巢"行动等重点工作，密切与各团体、各族各界人士、泾源籍在外优秀企业家合作共事，找准方位、选好角度，积极搭建参政议政平台，发挥政协联系广泛、智力密集的优势，做好沟通联谊、搭桥牵线、引资引企工作，切实履行协商议政、民主监督职能。紧扣社会关切的热点难点，围绕改革发展稳定重大问题和涉及群众切身利益的实际问题，在发现问题、分析问题、提出务实对策、营造交流氛围上下功夫，充分利用调研视察、提案督办、专题协商等工作，针对"短板"不足或薄弱环节提出务实管用的对策建议，持续用力、久久为功，广开言路、献计献策，积极为我县经济社会高质量发展贡献政协力量。

三、深化协商民主，在专门机构建设上再取新突破

全面贯彻发展全过程人民民主的理念和要求，牢固树立"商以求同、协以成事"理念，拓展交流交融渠道，提高深度协商互动、意见充分表达、广泛凝聚共识水平。充分发挥人民协商民主重要渠道和专门协商机构作用，丰富协商形式，充实协商内容，增强协商本领，构建以全体会议为龙头、以专题议政性常委会议和专题协商会为重点、以对口协商、提案办理协商等协商形式为常态的协商议政格局。持续推进政协协商民主体系建设，深化"委员会客室""有事好商量"等平台建设，认真落实《关于明确政协协商于党委政府决策之前和决策实施之中事项的实施意见》《关于政协协商成果办理和反馈办法》等制度，坚持把开展学习、组织调研作为各类协商活动的必经程序，健全协商成果落实机制，规范调研协商成果凝结及报送方式，促进协商成果的采纳、落实和反馈，推动协商成果转化应用落实，打造践行全过程人民民主的政协之窗。健全委员联系界别群众制度，通过召开政协委员和各界人士座谈会、情况通报会和参与调研视察、观摩学习等形式，充分调动委员与各界人士参与发展的积极性和主动性，充分发扬民主，广泛征询意见建议，反映利益诉求，进一步凝聚共识、促进和谐、推动发展。

四、坚持人民至上，在改善民生福祉上再出新成果

牢记人民政协的初心使命，坚持言为民所建、策为民所献、力为民所尽，努力把政协工作做到人民群众的心坎上。努力多献利民良策，精准聚焦巩固拓展脱贫攻坚成果同乡村振兴有效衔接、传统村落保护、城乡环境整治、基础教育发展、移风易俗等方面，深入调查研究，积极协商议政，通过议政性常委会、专题协商会、专项民主监督等形式，跟踪履职、持续建言，争取提出更有针对性、前瞻性、操作性的意见建议,用心用情用力惠民生解民忧暖民心。努力多开为民言路,坚持广开言路、广纳群言、广听民意,发挥政协提案和社情民意信息反映民生、直击问题的优势特点,扩大收集渠道、灵活反映方式,积极提出务实建议,全力让县委、政府的决策更贴民心、更顺民意、更合民情。努力多办惠民实事,大力倡导政协委员及社会各界群众积极参与公益活动,承担社会责任,广泛开展扶贫济困、慈善救助活动,促进社会公平正义,维护社会和谐稳定,保障民生福祉,用群众看得见、摸得到的行动,答好"从哪里来、往哪里去"的基本命题。

五、提升履职能力,在加强自身建设上再展新风貌

认真贯彻落实党中央和自治区党委关于加强和改进新时代市县政协工作的意见,围绕新时代人民政协工作新部署新要求,坚持把解决"两个薄弱"和委员履职经费保障等问题作为补齐政协工作短板弱项的关键抓手,推进政协工作提质增效。着力强化思想宣传和文史工作,积极顺应互联网时代深刻变革,依托"履职通"App、"泾源政协"微信公众号,搭建网络议政、远程协商等实用有效协商平台。着力讲好政协履职故事、委员奋斗故事和泾源发展故事,努力扩大传播力、感召力、影响力。编辑出版泾源政协委员风采录,助力提升文旅品牌效应和文化软实力。着力强化专委会建设,健全专委会向主席会、主席会议向常委会会议报告工作等制度,完善拓展界别委员工作室功能,推动专门委员会自身建设,发挥好专委会在政协工作中的基础性作用,促进各项工作专出特色、专出水平、专出质量,努力以一域之光为全局添彩。着力强化委员队伍建设,依托乡镇政协委员,逐步建立健全委员联络机构,积极推动政协工作向基层延伸。抓好委员学习培训,强化委员服务管理,落实好委员履职考核及激励、退出等制度办法,努力提升委员履职能力,发挥好委员在政协工作中的主体作用。着力强化政协机关建设,深化对机关服务政协履职的工作特点和规律性认识,强化上下联动,注重协同配合,发挥好政协机关参谋助手、统筹协调、服务保障、推动落实作用,提升服务保障政协履职的优势效能。加强文化建设,建设"五型机关"和"书香政协",营造赶学比超浓厚氛围,将政协机关建成政协委员的温馨之家和坚强后盾。

以党的二十大精神为指引发扬彻底自我革命精神 纵深推进全面从严治党

——在泾源县纪委十五届三次全体会议上的工作报告

中共泾源县纪委 杨晓曦

（2023年2月20日）

同志们：

我代表县纪委常委会向第三次全体会议作工作报告，请予审议。

这次全会的主要任务是：高举习近平新时代中国特色社会主义思想伟大旗帜，深入学习贯彻党的二十大精神、二十届中央纪委二次全会和自治区第十三次党代会精神，全面落实自治区纪委十三届二次全会、市纪委五届三次全会和县委十五届三次四次五次全会精神，回顾总结2022年纪检监察工作，安排部署2023年工作任务。刚才，县委书记王荣同志作了讲话，对继续发扬彻底自我革命精神，坚持不懈推动全面从严治党向纵深发展提出具体要求，我们要认真学习领会，坚决抓好贯彻落实。

一、2022年工作回顾

2022年是全面建设社会主义现代化国家新征程上具有承上启下意义的重要一年。党的二十大为全面建设社会主义现代化国家指明了前进方向、确立了行动指南。自治区第十三次党代会科学描绘了未来五年乃至更长时期全面建设社会主义现代化美丽新宁夏的美好蓝图。在党中央和区市党委坚强领导下，县委坚持以习近平新时代中国特色社会主义思想为指导，深入学习宣传贯彻党的二十大精神，坚决落实习近平总书记视察宁夏重要讲话和重要指示批示精神、党中央重大决策和区市党委部署安排，胸怀"两个大局"、心系"国之大者"，坚决扛起管党治党政治责任，在大战大考中交出了统筹疫情防控和经济社会发展的优秀答卷。在市纪委监委和县委的坚强领导下，全县各级纪检监察机关忠诚履行党章和宪法赋予的职责，积极主动围绕中心、服务大局，持续深入正风肃纪、反腐惩恶，坚定稳妥深化改革、加强治理，一体推进不敢腐、不能腐、不想腐，干部清正、政府清廉、政治清明、社会清朗的政治生态持续巩固提升。

（一）坚持不懈深化政治引领，思想根基坚实稳固。坚持把党的政治建设摆在首位，严格落实第一议题制度，把习近平新时代中国特色社会主义思想作为思想理论建设重中之重，把学习宣传贯彻党的二十大精神作为首要政治任务,深入开展"大学习、大讨论、大宣传、大实践"活动,以上率下"全员学"、线上线下"多样学"、融入工作"常态学",列专题、分领域抓实研讨,分层次、全覆盖深化培训,广大纪检监察干部忠诚核心、紧跟核心、维护核心的政治自觉和真抓实干、狠抓落实、堪当大任的责任使命更加坚定,围绕"国之大者"履职尽责的思想自觉、政治自觉和行动自觉不断增强。

(二)坚定不移强化政治监督,"两个维护"坚定自觉。坚持党中央重大决策部署到哪里,政治监督就跟进到哪里,围绕贯彻落实习近平总书记重要讲话重要指示批示精神、党中央重大决策和区市县部署安排,制定党员领导干部约谈提醒和政治督察制度,运用"室组地"监督机制跟进监督12轮次,推动整改问题84条;围绕黄河流域生态保护和高质量发展先行区建设、统筹推进常态化疫情防控和经济社会发展、巩固拓展脱贫攻坚成果同乡村振兴有效衔接,运用"政治监督+"机制开展专项督查53轮次,推动整改问题132条,切实保障政令畅通、令行禁止。严把选人用人政治关、廉洁关,共回复党风廉政意见881人次。

(三)一体推进"三不"方针方略,惩治腐败坚决有力。坚持不敢腐、不能腐、不想腐一体推进,以零容忍态度反腐惩恶,受理信访举报76件次,处置问题线索107件,立案55件,处分52人,严肃查处了工程建设、政府采购和农村集体"三资"领域严重违纪违法案2件2人。深入开展工程建设、政府采购、卫生健康、粮食购销等重点领域专项治理,推动整改问题3698条,健全完善制度19项。制定加强新时代廉洁文化建设实施方案,正本清源、固本培元,充分发挥廉洁文化的教育示范引领作用。以"5+6+N"模式常态化开展廉政警示教育122场次,发出监察建议15份,做深做实查办案件"后半篇文章"。

(四)驰而不息纠治"四风"顽疾,党风政风向善向好。坚持态度不变、力度不减、尺度不松,运用"节前提醒+节中督查+节后反馈"机制推动整改"四风"问题23条。制定廉政档案管理办法,为3029名党员领导干部和监察对象建立廉政档案。开展违规收送红包礼金和不当收益及违规借转贷或高额放贷专项整治,督促上交不当收益14.34万元,坚决防止由风及腐。开展农村集体"三资"和群众身边腐败及作风问题专项治理,建立提级监督"1234"工作机制,健全完善制度22项,推动整改问题40条。推进基层小微权力"监督一点通"服务平台建设,制定平台运营管理规范,平台访问量达117万余人次,受理群众反映问题115件,更好维护群众切身利益。

(五)坚持不懈深化政治巡察,巡察监督精准高效。全面总结分析十四届县委巡察经验做法,高标准统筹编制十五届县委巡察工作五年规划,修订巡察工作流程,开展常规巡察3轮次,涉及党组织9个,发现各类问题236条,移交问题线索3件;充分发挥巡察"显微镜"作用,通过"巡乡带村"方式延伸巡察村级党组织67个,受理信访件4件,发现各类问题261条。全面做实巡察整改日常监督,建立清单、动态管理、跟踪问效、挂账销号,召开联审会议2次,开展督查3次,下发通报2期,听取整改汇报3次,反馈问题整改率达92%,巡察整改"后半篇文章"成效不断显现。

(六)认真履行监督基本职责,保障民生务实有效。坚决扛起全面从严治党协助职责和监督责任,对全面从严治党年度任务进行分工并监督落实,开展党委(党组)"一把手"述责述廉,促进"两个责任"贯通协同、一体落实。精准运用"四种形态"批评教育、帮助和处理党员干部126人次,开展"七种谈话"152次643人,对29名受处理处分干部开展回访教育,激励干部担当作为。健全完善政治生态定期分析研判机制,科学分析、精准研判,营造良好政治生态。加强对困难群众救助补助资金、惠民惠农财政补贴资金"一卡通"管理情况和农村乱占耕地建房专项整治试点工作的监督,确保惠民惠农领域政策落地落实。

(七)深化纪检监察体制改革,监督体系健全完善。制定《关于进一步发挥改革效能有力推进纪检监察监督巡察监督与审计监督贯通协同高效贯彻落实意见》,深化运用"室组"联动监督、"室组地"联合办案、"四项监督"统筹融合、纪法有效衔接等机制,推动各类监督信息互通、措施互补、成果共享。各派驻机构运用"六个强化"工作举措开展督查85次,推动整改问题42条,督促建立完善制度34项。制定村监会监督实施方案及工作清单,编印村务监督工作应知应会手册,细化工作职责和监督方式,打通监督执纪"最后一公里"。依法依规向县人大常委会报告专项工作,推动监察机关依法履行职责。

(八)持之以恒加强自身建设,干部队伍担当有为。严格落实《中国共产党纪律检查委员会工作条例》,制定纪委常委会工作规则,着力提高常委会议事决策民主化、科学化、规范化水平。制定党建品牌创建方案,打造"党旗飘飘扬正气"党建品牌,推进"五型"模范机关创建。认真落实新时代纪检监察干部监督工作实施意见,采取"3项自我监督+7项他人监督"方式,从严教育管理监督干部。开展"高素质专业化队伍建设年"和"执纪执法形象"专项整治活动,制定全年业务培训方案,举办"读书+讲课+研讨+测试"学习班和主题演讲、读书荐书及理论征文等"十个一"系列活动,全面提升干部能力素质形象。

一年来,我们发扬纪检监察机关优良传统、传承历届纪委积累的有益经验,赓续奋斗、接续前行,推动全县党风廉政建设和反腐败工作取得了新的显著成效,实现全县干群关系、干部作风和矛盾化解大转变。但也清醒认识到,当前反腐败斗争形势依然严峻复杂,全面从严治党还远未到大功告成的时候。腐败问题存量未清、增量仍有,新型腐败和隐性腐败交织叠加;管党治党责任还需不断压紧压实,干部管理"宽松软",重点领域、重点岗位、关键环节还存在监督盲区和漏洞;"四风"问题树倒根在,防反弹回潮、防隐形变异、防疲劳厌战任务依然艰巨;纪检监察工作质效和干部队伍建设还存在一定差距,聚焦"国之大者"强化政治监督的主动性和实效性还不够强,个别纪检监察干部能力素质还不能完全适应新形势新任务需要,纪检监察工作规范化、法治化、正规化建设仍需久久为功。对此,必须高度重视,采取有力措施,切实加以解决。

二、2023年主要工作

2023年是贯彻党的二十大精神的开局之年,是迈上全面建设社会主义现代化国家新征程、向第二个百年奋斗目标进军的启航之年,也是我县以一域发展服务中国式现代化建设全局、以跨越式发展奋力谱写现代化泾源建设崭新篇章的重要一年,做好纪检监察工作责任重大。二十届中央纪委二次全会深入贯彻落实党的二十大精神,对坚定不移深入推进全面从严治党作出战略部署,习近平总书记在全会上的重要讲话高屋建瓴、思想深邃、内涵丰富、论述精辟,是深入推进新时代党的建设新的伟大工程的根本遵循,为做好新时代新征程纪检监察工作提供了根本指引。区市纪委全会对今年党风廉政建设和反腐败工作作出全面安排部署,为纪检监察机关更好履行职责明确了方向路径。全县各级纪检监察机关要全面学习领会、认真贯彻落实,持之以恒落实新时代党的建设总要求,全面推进党的自我净化、自我完善、自我革新、自我提高,使我们党坚守初心使命,始终成为中国特色社会主义事业的坚强领导核心。

今年纪检监察工作的总体要求是:坚持以习近平新时代中国特色社会主义思想为指导,全面深入贯彻党的二十大和自治区第十三次党代会精神,认真落实二十届中央纪委二次全会、自治区纪委十三届二次全会、市纪委五届三次全会和县委十五届三次四次五次全会部署要求,深刻领悟"两个确立"的决定性意义,增强"四个意识"、坚定"四个自信"、做到"两个维护",坚定不移推进全面从严治党,不断健全全面从严治党体系,推动完善党的自我革命制度规范体系,坚持以严的基调强化正风肃纪,一体推进不敢腐、不能腐、不想腐,全面巩固反腐败压倒性胜利,坚定稳妥深化纪检监察体制改革,建设堪当大任的高素质纪检监察队伍,为奋力描绘好全面建设社会主义现代化美丽新宁夏泾源新画卷提供坚强保障。

当前,面对发展中不确定因素、不可预见的风险挑战,特别是党风廉政建设和反腐败斗争依然严峻复杂的形势,我们必须把维护党中央权威和党的集中统一领导作为最高政治原则和根本政治责任,推进政治监督具体化、精准化、常态化;必须继续发扬彻底自我革命精神,从政治大局和战略全局高度思考谋划纪检监察工作,确保政治立场不移、政治方向不偏;必须坚持人民至上、站稳人民立场,推动解决人民群众反映最强烈、对党的执政基础威胁最大的问题;必须坚持不敢腐、不能腐、不想腐一体推进,监督、办案、治理一体贯通,惩治震慑、制度约束、提高觉悟一体发力;必须坚持实事求是、依规依纪依法,对根本性、原则性问题坚定明确、坚如磐石,对新形势新任务新要求准确把握、主动适应,不断增强工作的科学性、预见性、创造性。

(一)一以贯之加强政治监督,更加坚定不移践行"两个维护"

聚焦"两个维护"强化责任担当。把学习贯彻党的二十大精神贯穿于政治监督全过程,围绕持续深入学习、开展主题教育、落实工作部署等环节,督促各级党组织和党员干部深刻领悟"两个确立"的决定性意义,完整、准确、全面把握精神实质,坚定、自觉、勇毅抓好贯彻落实,确保党的二十大精神在泾源落地生根。完善习近平总书记重要指示批示精神和党中央重大决策部署落实机制,建立健全台账管理、动态跟踪、限期办结、督查问责等制度,确保总书记号令、党中央政令在泾源畅通无阻。严明政治纪律和政治规矩,及时发现、着力解决"七个有之"问题,消除政治隐患,维护政治安全。

心怀"国之大者"推动责任落实。紧盯贯彻落实习近平总书记视察宁夏重要讲话和重要指示批示精神,紧扣党的二十大和各级全会确定的目标任务,立足"生态泾源、绿色发展"定位,围绕黄河流域生态保护和高质量发展先行区建设、全面推进乡村振兴战略部署、"五个县"建设和"六个重点",以及推动跨越式发展确定的重点项目、重大工程,制定政治监督要点,开展项目化监督、清单式检查,坚决纠治在贯彻落实中做选择、搞变通、打折扣,打小算盘、耍小聪明、占小便宜,"躺平式"不作为、"蜗牛式"慢作为、"任性式"乱作为等问题,确保党中央和区市县党委决策部署落到实处、见到实效。

紧盯"关键少数"拧紧责任链条。全面落实党中央《关于加强对"一把手"和领导班子监督的意见》和自治区党委实施办法,围绕对党忠诚、践行"两个维护"、推动高质量发展、执行民主集中制等情况,强化对上级"一把手"监督下级"一把手"情况的监督,切实把对"一把手"的监督落到细节、落到实处。综合运用日常观察、谈心谈话、检查抽查、信访举报等开展"政治扫描",打好压责任、纠偏差、防风险、抓整改、促发展的监督"组合拳"。认真开展县管干部双向谈心谈话和"一把手"述责述廉,加大对"八小时外"的监督力度,推动其正确用权、廉洁履职、洁身自好。

(二)全面加强党的纪律建设,更加自觉推进全面从严治党

推动纪律教育常态长效。坚持党性党风党纪一起抓,持续强化党性初心宗旨教育、经常性纪律教育、预防教育、优良传统作风教育和正反典型教育,推动各级党组织理论学习中心组把党章党规党纪教育作为必修课,督促指导发生重大违纪违法案件的党组织召开专题民主生活会,举一反三、以案明纪,增强党员干部纪律意识。坚持执纪必严、违纪必究,对违反党纪的问题发现一起坚决查处一起,督促党员干部特别是领导干部严于律己、严负其责、严管其辖。加强对民主生活会、组织生活会的监督检查,督促党员领导干部用好批评和自我批评武器,抓好问题整改,推动全县形成遵规守纪的浓厚氛围。

构建管党治党责任格局。坚决贯彻党的自我革命战略部署,切实履行协助职责和监督专责,推动完善履行主体责任、加强党内监督的相关制度,督促党委(党组)将党的建设与经济社会发展同谋划、同部署、同推进、同考核,督促职能部门严格执行责任清单、约谈提醒、履责报告等制度,切实把党的领导体现在日常监督中,着力构建各负其责、各尽其职、统一协调的管党治党责任格局。加强对党内法规制度执行情况的监督,坚决维护党内法规权威性。继续抓好制度"立、改、废、释"工作,进一步健全监督执纪执法操作规程,完善案件查办程序衔接机制,推动审查调

查工作标准化。

提升监督体系整体效能。进一步强化党内监督主导地位,促进党委(党组)全面监督、纪委监委专责监督、党的基层组织日常监督、党员民主监督更好贯通协调,推进"四项监督"统筹衔接常态化制度化。加强与审计机关协调配合,用好审计监督成果,推动完善信息沟通、线索移送、措施配合、成果共享等工作机制,逐步构建更加系统完备、科学规范、有效管用的责任制度体系。精准运用监督执纪"四种形态",严格落实"三个区分开来",统筹推进澄清正名、打击诬告陷害和跟踪回访激励工作,规范审慎回复党风廉政意见,做实做细全方位管理和经常性监督,使监督执纪更加适应现代化建设需要。

(三)坚定不移深化政治巡察,更加有力发挥巡察利剑作用

精准落实政治巡察要求。把"两个维护"作为根本任务,自觉跟进、服务、保障"国之大者",围绕贯彻落实党的二十大精神、习近平总书记视察宁夏重要讲话和重要指示批示精神、党中央重大决策和区市县部署安排,深入查找和推动解决工作落实中的责任、能力、腐败、作风、体制等方面问题,督促各级党组织履行好党的领导职能责任。对标县委巡察五年规划,科学合理安排巡察任务,将意识形态工作责任制专项检查纳入巡察监督范围,适时开展专项巡察,全年完成3轮不少于对16个党组织的巡察任务。

提升巡察监督工作质效。建立健全巡察情况综合分析通报、巡察成果统计通报制度,科学完善全县巡察人才库,全力配合市委做好县级交叉巡察,做实巡乡带村工作,提升巡察工作整体水平。加强巡察机构与纪委监委内设机构和派驻机构协作配合,着力提高发现问题的能力和水平,增强巡察监督精准性和有效性。加大巡察工作信息化建设力度,充分发挥巡察综合监督平台作用,推动巡察与纪律、监察、派驻、组织、审计等监督统筹衔接,凝聚监督合力。

做实巡察"后半篇文章"。认真贯彻党中央和区市党委关于加强巡察整改和成果运用的意见,进一步强化巡察意见反馈的严肃性,建立覆盖巡察全过程、各环节的整改促进机制,压实被巡察党组织整改主体责任,落实纪委和组织部门日常监督责任,组织开展十五届县委巡察反馈问题整改"回头看",对巡察发现问题整改不力的严肃追责问责,确保巡察反馈问题清仓见底。强化巡察成果运用,主动向党委、政府有关部门通报巡察情况、提供专题报告,推动职能部门把解决共性问题、突出问题与完善制度、深化改革结合起来,实现监督、整改、治理有机贯通。

(四)毫不松懈纠"四风"树新风,更加夯实纪律作风建设成效

持续加固中央八项规定堤坝。把落实中央八项规定及其实施细则精神、自治区"八条禁令"和市委"十项规定"作为监督重点,完善"节前教育提醒、节中明察暗访、节后督促整改"工作机制,在常和长、严和实、深和细上下功夫,推动化风成俗、形成习惯。建立风腐同查、定期研判工作机制,巩固拓展违规吃喝隐形变异问题、违规收送红包礼金和不当收益及违规借转贷或高额放贷专项整治成果,对

"不吃公款吃老板"、"不吃本级吃下级"等问题严肃查处，坚决防止"四风"问题反弹回潮，使中央八项规定精神始终成为不可逾越的铁规矩、硬杠杠。

严惩形式主义官僚主义歪风。紧盯贯彻党中央和区市县党委决策部署不上心不用心、玩忽职守不作为、任性用权乱作为等问题，按照区市统一安排，开展形式主义官僚主义问题专项整治，着力纠治空喊口号、机械执行、冷硬横推、层层加码、搞政绩工程形象工程等行为，下狠劲、出实招、抓典型、抓现行，坚决防止以形式主义反对形式主义、以官僚主义反对官僚主义，树立真抓实干的鲜明导向。推进党风政风监督信息综合平台建设，深化基层小微权力"监督一点通"平台应用，前置监督关口、加强预警纠治，提高发现问题的及时性、精准度。

推进作风建设常态化长效化。把握作风建设地区性、行业性、阶段性特点，对具体领域、行业内普遍发生、反复出现的"四风"问题，深入分析、找准症结，有针对性地查堵监管漏洞，防止成风成势。坚持纠"四风"树新风并举，深入开展"转作风、勇担当、勤履职、提效能"专项行动，弘扬党的优良传统作风，发扬"严深细实勤俭廉+快"工作作风，践行"五个到群众中去"工作方法，破除干部担当精神不强、实干劲头不足等庸懒散软拖的作风顽疾，涵养新风正气，引导党员干部以过硬作风展示良好形象，以优良党风政风引领社风民风。

（五）一刻不停正风肃纪反腐，更加有效发挥标本兼治作用

抓惩治震慑强化不敢腐。以零容忍态度有力遏增量、清存量，严查政治问题和经济问题交织的腐败，对国有企业、金融、政法等权力集中、资金密集、资源丰富领域腐败靶向治理，对行业性系统性腐败深挖彻查，对新型腐败和隐性腐败精准施治。坚决防止政商勾连等破坏政治生态和经济发展环境问题，严查领导干部配偶、子女及其配偶等亲属和身边工作人员利用影响力谋私贪腐问题。坚持受贿行贿一起查，严查多次行贿、巨额行贿、向多人行贿等行为，动态更新行贿人信息库，构建联合惩戒格局。

抓制度约束强化不能腐。准确把握反腐败斗争阶段性特点，健全防止腐败滋生蔓延机制，针对案件暴露的思想教育、权力监管、制度规范、体制机制等方面的漏洞和短板，提出纪检监察建议，做实以案为鉴、以案促改、以案促治。强化对政策制定、决策程序、审批监管、执法司法等关键权力的制约和监督，做到严厉惩治、规范权力、教育引导紧密结合、协调联动、综合发力。加强年轻干部教育管理监督，引导其增强党性观念、纪律规矩意识和拒腐防变免疫力，坚决纠正对党规党纪不上心、不掌握、不执行等问题，做到戒尺高悬、警钟长鸣。

抓提高觉悟强化不想腐。更加注重正本清源、固本培元，持续加强新时代廉洁文化建设，延伸新时代廉洁文化触角，推动家庭家教家风建设。深入开展领导干部廉政警示教育周活动，把警示教育抓在经常、融入日常、严在平常，用好用足身边典型案例，使警示教育成为党员干部必修课，筑牢廉洁自律思想防线。依托创建全域旅游示范县契机，充分挖

掘县内廉政典型和红色资源,打造"泾水清源"特色品牌和"一乡一品牌、一村一特色"廉洁文化阵地,充分发挥廉洁文化教育示范引领作用,厚植廉洁奉公文化土壤,推动崇德尚廉蔚然成风。

(六)坚决整治群众身边腐败,更加突出维护群众切身利益

强力保障全面推进乡村振兴。开展乡村振兴领域腐败和作风问题专项治理,接续推进巩固拓展脱贫攻坚成果同乡村振兴有效衔接专项监督,坚决纠治在政策和项目落实上弄虚作假、欺上瞒下和在涉及群众利益上贪占挪用、吃拿卡要问题,严肃查处"三资"管理、产业发展等方面的腐败问题,集中查处一批重点案件、着力完善一批制度机制、公示公布一批整治成果,切实解决好人民群众"急难愁盼",增进民生福祉。

严肃整治侵害群众利益问题。聚焦群众关心关注的人和事,扎实开展教育领域侵害群众利益不正之风专项治理,紧盯入学招生、师德师风、教材征订、营养餐采购等关键环节加强监督,坚决纠治在教育政策落实方面存在的充当掮客、收受礼品礼金和贿赂以及乱设项目、乱收费等问题。巩固涉农扶贫、粮食购销领域专项治理成果,大力整治损害群众利益的腐败问题,坚决惩治群众身边的"蝇贪",促进党的富民惠民政策落实落地。

全力做好群众信访举报工作。部署开展深化重复举报治理,全面起底、找准症结、分类施策,依纪依法、分类处置、系统治理,对提出不合理不合法诉求的坚持底线、劝导停访,对违规违纪违法反映问题特别是诬告陷害类的严肃查处、澄清正名。加强与职能部门的协作,推进业务范围外信访事项登记告知和信访举报积案化解工作。深化运用信访检举举报平台,不断提升信访举报工作质量和效能。

(七)蹄疾步稳深化体制改革,更加健全监督责任制度体系

持续深化纪检监察体制改革。健全统筹推进纪律检查体制、国家监察体制、纪检监察机构改革的领导体制和工作机制,围绕监督检查、审查调查等关键环节加强上级纪委监委对下级纪委的领导,全面落实查办案件以上级纪委监委领导为主要求,健全下级纪委重要情况请示报告制度,推进纪检监察工作双重领导体制具体化、程序化、制度化。督促推动村(社区)设立纪委或纪检委员,村务(社区)监督委员会主任原则上由村(社区)党组织纪委书记或纪检委员担任,凝聚基层监督合力。

更大范围整合运用监督力量。加强监察机关与司法机关、行政执法部门的协作配合,进一步畅通职务犯罪案件查办和移送渠道。强化纪委监委内设部门的沟通衔接,形成立案前、审查调查中、案件查办后一贯到底的工作闭环。发挥纪委监委协助引导推动功能,深化运用"室组"联动监督、"室组地"联合办案、"四项监督"统筹融合、纪法有效衔接等机制,不断提升监督效能。

推动改革释放更大治理效能。深入落实《纪检监察机关派驻机构工作规则》,不断健全派驻监督领导管理体制,加强对派驻机构的领导和指导,推进监察权全面有力运用。深化巩固派驻机构改革成果,规范工作流程,

配套制订线索处置、谈话函询、初核、立案、审理等模版,提高规范化建设水平。优化调整派驻机构监督范围,推进县直机关纪委建设,健全完善"派驻机构+机关纪委"一体办案、派驻机构片区协作等机制,实现信息互联互通、线索处置高效联动、监督成果协同运用。

(八)从严从实加强自身建设,更加突出高素质专业化要求

扎实推进政治建设。加强理想信念教育,深入开展党中央统一部署的主题教育,坚持不懈用习近平新时代中国特色社会主义思想凝心铸魂,切实把"两个确立"的坚定拥护转化为做到"两个维护"的自觉行动。认真贯彻常委会议事规则,不折不扣落实民主集中制,严格执行请示报告制度,及时主动向县委请示报告重大事项、重大案件、重要工作。扎实开展纪检监察干部队伍教育整顿,教育干部坚定不移听党话、跟党走。全面提升机关党的建设质量,加强党支部标准化规范化建设,深入推进"五型"模范机关创建,推动党建与业务深度融合、互促互进。

全面提升履职本领。巩固深化"高素质专业化队伍建设年"活动成果,部署开展"纪检监察工作规范化、法治化、正规化建设年"活动,深化全员培训,常态化开展以案代训、跟班学习,引导干部在实践实战中加强斗争历练、坚定斗争意志、增强斗争本领,提高依规依纪依法履职能力。健全完善考核评价、选拔任用工作机制,注重年轻干部培养选拔,稳妥有序开展监察官等级确定工作,持续用力加强纪检监察干部队伍建设。

切实加强严管厚爱。坚持把一体推进"三不腐"理念贯穿自身建设,严格执行监督执纪工作规则、监督执法工作规定,完善自身权力运行机制和管理监督约束制度,严格落实回避、保密和过问干预案件登记备案等内控制度,自觉接受各方监督,确保监督执纪执法权在正确轨道运行。坚持刀刃向内,强化自我约束和监督,加大严管严治、自我净化力度,以自我革命勇气防治"灯下黑"。从严查处以案谋私、跑风漏气等问题,确保党和人民赋予的权力不被滥用、惩恶扬善的利剑永不蒙尘。

同志们,新的蓝图鼓舞人心,新的使命催人奋进,新的征程任重道远。让我们更加紧密地团结在以习近平同志为核心的党中央周围,高举习近平新时代中国特色社会主义思想伟大旗帜,弘扬伟大建党精神,永葆自我革命勇气,忠诚履职、真抓实干,笃行不怠、勇毅前行,以更加昂扬的精神状态不断开创全面从严治党、党风廉政建设和反腐败斗争新局面,为奋力描绘好全面建设社会主义现代化美丽新宁夏泾源新画卷提供坚强保障!

泾源综览

地理自然

【地理位置】泾源县位于宁夏回族自治区最南端,地处六盘山东麓,地理位置介于东经106°12′—106°29′,北纬35°15′—35°38′之间。东与甘肃省平凉市毗邻,南与甘肃省华亭市、庄浪县交界,西与宁夏回族自治区隆德县接壤,北与宁夏回族自治区原州区、彭阳县相连。东起泾源县泾河源镇底沟村,西至香水镇大庄村,东西宽约27.3公里;北起大湾乡四沟村,南至新民乡王家沟村,南北长约103.8公里。县城距固原市79公里,距自治区首府银川市420公里,至陕西省西安市360公里,至甘肃省兰州市350公里。全县土地面积1128.67平方公里,占自治区总面积的2.18%。县人民政府驻香水镇。

【地理环境】泾源县在区域地质构造上处于中朝地台的西南边缘和昆仑秦岭地槽褶皱区的东段,六盘山构造线在县境内南北向、弧形构造突出。地质大部分为火山岩系及沉积岩系构造。地势自西向东倾斜,地貌为西高东低褶皱起伏的高山、丘陵地带。按照地貌形态和成因可分为侵蚀构造山地(占全县面积的36%)、剥蚀构造丘陵(占全县面积的24%)和侵蚀堆积河谷川地(占全县面积的40%)三种类型。县境西部六盘山主脉长41公里,绝对标高2200—2900米,多为林地或林间草地,植被条件良好,为境内各河流的发源地。县境东部秋千架——石娃娃山系列,由北往南延伸,绝对标高1800—2200米,属低山区,山涧林草茂盛,为县境内林区和牧坡草场,属六盘山自然保护区。主要山脉有六盘山脉、崆峒山脉。主要高山有美高山(米岗山)、青杠咀、马尾山、大雪山、秋木台、秋千架、乏驴坡、炮台山、堡子山等。主要峡谷有西峡、沙南峡、沙塘峡、胭脂峡、马家峡、东峡、凉殿峡、峡口等。平川地区主要有化平川、黄花川、盛义川、白面川。泾源县土壤可分9个类型,始成土面积最大,占土壤面积的32.27%,棕壤土占23.62%,其他依次为阴湿黑麻土、新成土、黝土、灰褐土、草甸土、山地草甸土和沼泽土,土壤以沉积物和冲积物为主要特征。

【自然资源】全县土地面积1128.67平方公里,耕地面积79.4538平方公里,林地面积946.5698平方公里,森林面积476.7333平方公里,自然保护区面积544.9333平方公里。泾源县地处六盘山天然次生林区,山林面积广阔,动植物资源较为丰富。县境内有高等植物788种,其中:苔藓植物41种,蕨类植物18种,种子植物729种,经济植物45种,药用植物63种,油料植物50种,淀粉植物14种,纤维植物20种,单宁植物36种,牧草植物24种,花卉观赏植物18种,食用菌藻类21种,野生果菜类29种。属于国家重点保护的植物有桃儿七、黄芪。境内栖居野生动物种类繁多，有陆栖脊椎动物206种，另有2个亚种，隶属于24目60科；两栖类5种，隶属1目3科；爬行类4种，隶属2目4科；鸟类158种，属15目36科；哺乳类39种，隶属36目17科。有国家一级保护动物金钱豹，二级保护动物林麝、红腹锦鸡等。药材资源丰富，境内中草药种类众多，分布广泛，以野生植物类药材居多，品种有600余种，年藏量205万公斤，素有"药材宝库"之称。境内水资源充沛，有大小河流14条，较大的河流有7条，年平均径流量为6.5立方米/秒，年径流量为2.05亿立方米。境内最大河流为泾河，境内长度为29公里，境内泾河流域面积为231.49平方公里。已探明石灰岩、白云岩、水锈石储量分别为12亿吨、162万吨、3亿立方米，具铜、铁、铅、磷等矿产资源成矿潜力；地热温泉1处，流量163立方米/日，为含硫化氢硫酸钠型医疗热矿水；富锶-富偏硅酸矿泉水2处、富锶矿泉水8处，初步评价可开采资源量2800与立方米/天，具有进一步勘察开发前景。

【旅游资源】泾源境内群山环抱，百泉汇流，气候湿润，山清水秀，风景宜人，被列为国家级自然保护区、国家森林公园和全国第一个旅游扶贫开发试验区。有秦汉时期的瓦亭萧关、成吉思汗屯兵避暑的凉殿峡、神奇秀丽的老龙潭、蜿蜒曲回的弹筝峡、水波荡漾的卧龙山、流泉飞瀑的胭脂峡、荷叶碧翠的野荷谷、云雾缭绕的白雾山和济公修行的延龄寺等，是一个以自然山水、森林景观、回乡风情为特色，集生态旅游、疗养避暑、野外探险、科学考察于一体的风景名胜区，被誉为黄土高原上的"绿色明珠"和"小九寨"。主要旅游景点有老龙潭、二龙河、鬼门关、野荷谷、胭脂峡、米岗山、五锅梁、大雪山。泾源县历史悠久，地方文化积淀深厚，人文景观有水沟秦汉遗址、制胜关、石窑湾石窟、凉殿峡、堡子山、北伍家清真寺等。2022年，全县共有旅游景点6个，其中，AAAA级旅游景点1个，AAA级旅游景点2个，AA级旅游景点2个。注册旅行社2家，注册导游6人。全年接待游客102.94万人次，接待游客总收入7.9亿元。

建置区划

泾源县历史悠久，建置较早。夏商时属雍州，为古卢国地（泾水流域方国）。西周属周地。春秋乌氏戎占据建方国，属乌氏戎国地。战国秦惠文王更元十年（前315年）秦取乌氏戎国，置乌氏县（今泾源县北部），为泾源县建置之发端。秦属北地郡。汉代属安定郡。三国属魏雍州安定郡。晋属雍州安定郡。南北朝乌氏县废，今县地属陇郡。隋属平凉郡（原州）。唐时东北部属泾源节度使，南部属陇州华亭县。北宋乾德二年（964年）析华亭县西北部地区设置安化县，隶属秦凤路仪州（今甘肃华亭），县治在安化峡（今泾源县新民乡）。太平兴国八年（983年），安化县治迁徙至胜关（今宁夏泾源县香水镇永丰村南）。熙宁五年（1072年）安化县改属渭州（今甘肃平凉）。熙宁七年（1074年），废原州制胜关,安化县治移至关地。金大定七年(1167年),改安化县为化平县,隶属凤翔路平凉府,领安化、白岩、安国耀武四镇与瓦亭寨。元文宗天历元年(1328年)九月,化平县废,并入华亭县,属陕西行中书省平凉府,为屯军区。清同治十年(1871年)划平凉、固原、华亭、隆德四州县地,置化平川直隶厅,迁徙当地土著汉民,安插9480余名回族于此,属平庆泾固化道。民国2年(1913年),改称化平县。设香水里、华临里、圣谕里、白面里。

1949年7月29日,化平县解放。8月15日,中国共产党化平县委员会、化平县人民政府成立,隶属甘肃省平凉专区。全县设泾南、泾北、百泉、黄花4区18乡。1950年10月18日,因泾河发源境内,化平县改名为泾源县。1953年5月11日,因推行民族区域自治政策,改泾源县为泾源县回族自治区。1955年5月,泾源县回族自治区改名为泾源回族自治县。1956年11月,甘肃省将华亭县山寨区的新民乡、石嘴乡划归泾源回族自治县。1958年10月25日,宁夏回族自治区成立,甘肃省泾源回族自治县划归宁夏固原专区,更名为泾源县。11月,人民公社化,原白面、河北、涝池、东峡、新民、石嘴6乡组建为泾河源公社,驻白面,原城关、桥天、园子、兴盛4乡组建为红旗公社,后改为泾北公社,驻城关;原沙塘、黄花、惠台、红土4乡组建为跃进公社,后改为黄花公社,驻华兴。1961年4月,析置新民(驻杨堡)、兴盛、惠台3个公社。1967年,泾河源、泾北、兴盛、黄花、惠台5个公社分别更名为红卫、红旗、东方红、东风、星火公社、1970年,恢复原名。1983年,新民、泾河源、兴盛、泾北、黄花、惠台6个人民公社改为6乡。同年,自治区将银川市郊区和永宁县相连的芦草洼划为泾源县的移民基地。12月,泾源县在此设置了铁东、铁西2乡。1990年撤销泾北乡,分设香水镇和园子乡,撤销泾河源乡,分设为白面镇和东峡乡。至此,全县共辖香水、白面两镇和新民、东峡、园子、兴盛、黄花、惠台6乡以及芦草洼开发区。1999年9月,芦草洼开发区整体移交银川市郊区政府管辖。2003年2月,区划调整,自治区将固原市原州区的大湾乡、蒿店乡、什字镇划归泾源县。同年,东峡乡并入泾河源镇,镇政府驻原泾河源镇驻地;园子乡、惠台乡并入香水镇,镇政府驻原香水镇驻地;什字路镇、蒿店乡合并为六盘山镇,镇政府驻原什字路镇驻地。自此,全县辖香水、泾河源、六盘山3个镇和新民、兴盛、黄花、大湾4个乡。2022年,泾源县设4乡(新民乡、兴盛乡、黄花乡、大湾乡),3镇(香水镇、泾河源镇、六盘山镇),辖3个居民委员会(香水、百泉、泾河),96个行政村。

经济社会

【综合指标】2022年,实现地区生产总值23.19亿元,按可比价格计算,同比增长3.1%;全社会固定资产投资(不含农户)同比下降4.6%;实现社会消费品零售总额8.20亿元,同比增长0.1%；全县财政一般公共预算收入完成0.88亿元，同比增长5.74%；财政一般公共预算支出完成23.49亿元，同比增长12.93%；城镇常住居民人均可支配收入完成31056.1元，同比增长4.4%；农村常住居民人均可支配收入完成12816.3元，同比增长7.8%。分产业看，第一产业增加值3.09亿元，增长3.9%，对经济增长的贡献率为20.7%，拉动地区生产总值增长0.6个百分点；第二产业增加值3.79亿元，下降6.5%，对经济增长的贡献率为-35.3%，拉动地区生产总值下降1.1个百分点；第三产业增加值16.31亿元，增长5.2%，对经济增长的贡献率为114.6%，拉动生产总值增长3.5个百分点。全县三次产业结构为13.3∶16.3∶70.4，与上年同期相比，第一产业比重下降0.1个百分点，第二产业比重下降1.4个百分点，第三产业比重上升1.5个百分点。

【农业经济】2022年，全年粮食种植面积21840亩，比上年增长9.7%。夏粮面积500亩，下降64.3%；秋粮面积15040亩，增长24.8%，其中：玉米面积15000亩，增长25%；马铃薯面积5900亩，下降1.7%。粮食总产量5390吨，比上年增长34%。其中，夏粮产量100吨，下降63.2%；秋粮产量4023吨，增长50.8%。牛存栏53038头，与去年同期相比增加2980头，同比增长6.0%；牛出栏29373头，与去年同期相比增加849头，同比增长3.0%。羊存栏12369只，与去年同期相比增加1354只，同比增长12.3%；羊出栏7182只，与去年同期相比增加159只，同比增长2.3%。家禽存栏2.86万只，与去年同期相比增加2.25万只，同比增长78.7%；家禽出栏7.16万只，与去年同期相比增加1.47万只，同比增长25.8%。猪存栏895头，同比增长1.0%；猪出栏909头，同比下降18.5%。

【工业和建筑业】2022年，全年全部工业增加值比上年下降25.5%。其中：规模以上工业增加值增长3.9%。全县具有总承包资质和专业承包资质的建筑企业11家，全年完成建筑业总产值2.27亿元，比上年下降7.2%。建筑业企业房屋建筑施工面积41062平方米，下降21.7%。

【固定资产投资】2022年，全社会固定资产投资（不含农户）比上年下降4.6%。其中：厅局项目投资增长6.3%，占全社会固定资产投资的比重为11.9%；地方项目投资增长4%，占全社会固定资产投资的比重为84%；房地产项目投资下降68.5%，占全社会固定资产投资的比重为4%。地方项目投资中，第一产业投资比上年增长59.5%，占地方项目投资的比重为19.4%；第二产业投资比上年下降22.6%，占地方项目投资的比重为10.3%；第三产业投资比上年下降0.5%，占地方项目投资的比重为70.3%。民间固定资产投资比上年增长58%，占地方项目投资的比重为26%。

【国内贸易】2022年实现社会消费品零售总额81981.3万元，同比增长0.1%。从经营地看，城镇实现零售额71885.2万元，同比增长2%；乡村实现零售额10096.1万元，同比下降11.7%。按消费类型统计：批发业实现零售额26580.2万元，同比增长1%；零售业实现零售额47229.8万元，同比增长0.3%；住宿业实现零售额378.2万元，同比下降15.5%；餐饮业实现零售额7793.1万元，同比下降3.3%。按经济类型统计：国有经济实现零售额159.5万元，同比下降11.6%；集体经济实现零售额267.6万元，同比下降11.7%；私营经济实现零售额12209.1万元，同比下降4.9%；个体经济实现零售额23239万元，同比下降10%；股份制经济实现零售额43540.8万元，同比增长9.3%；其他各种经济实现零售额2565.3万元，同比下降11.7%。

【居民生活】2022年居民人均可支配收入16968.8元，同比增长6.3%。按常住地分，城镇常住居民人均可支配收入31056.1元，比上年增加1299.5元，增长4.4%。其中：工资性收入27083.8元，增长4.6%，占城镇居民人均可支配收入的比重为87.2%；经营净收入2021.8元，增长3.2%；财产净收入862.4元，增长1.4%；转移净收入1088.0元，增长2.2%。农村常住居民人均可支配收入12816.3元，比上年增加928.1元，增长7.8%。其中：工资性收入6086.5元，增长7.4%，占农村居民人均可支配收入的比重为47.5%；经营净收入5256.3元，增长9.0%；财产净收入53.7元，增长3.8%；转移净收入1419.8元，增长5.2%。城乡居民人均可支配收入比为2.42。

【交通和邮电】全县境内等级公路里程达到809.403公里。按技术等级分：高速公路111.2公里，二级公路100.353公里，三级公路39.577公里，四级公路480.42公里。按行政等级分：国道79.154公里，省道33.166公里，县道27.61公里，乡道252.832公里，村道305.438公里。全县公里通车里程809.403公里，其中：高速公路通车里程111.2公里。全县营运车辆231辆，其中：客运48辆。全县公共交通运营车辆40辆，出租汽车123辆，旅游客运20辆。全年旅客运输总量34.02万人次，旅客运输周转量2242.81万人公里。年末全县民用汽车保有量3.5万余辆（包括三轮汽车和低速货车），比上年末增加0.4万辆，其中：私家车保有量3.1万辆，增加0.4万辆。全年完成邮政业务总量629.12万元，比上年增长13.92%。其中：邮政函件业务6.93万元，比上年下降14.55%；寄递业务148.49万元，比上年增长36.28%。全年完成电信业务总量3609万元，比上年增长3.5%。全县电话用户总数58415户，其中移动电话用户54114户。固定互联网宽带接入用户23715户，比上年末增加2290户。

【财政、金融和保险】全年地方公共预算总收入300107万元，比上年增长8.72%。其中：地方一般公共预算收入8753万元，增长5.74%。在地方一般公共预算收入中，税收收入4052万元，下降2.83%；非税收入4701万元，增长14.44%。政府性基金预算收入624万元，同比下降16.02%。全年全县财政总支出300107万元，比上年增长8.72%。其中：地方一般公共预算支出234939万元，增长12.93%；政府性基金预算支出2591万元，增长12.12%。据中国人民银行泾源县支行统计，年末全县金融机构各项存款余额398534万元，比上年增长3.06%。其中：住户存款余额304341万元，增长9.35%；非金融企业存款余额37782万元，下降15.69%；机关团体存款余额53047万元，增长5.47%；财政性存款余额3364万元，下降74.65%。年末全县金融机构各项贷款余额354337万元,比上年增长10.88%。按期限分:短期贷款233065万元,增长0.11%,中长期贷款余额107531万元,增长57.41%,票据融资13751万元,增长57.41%。按贷款结构分:企(事)业单位贷款38926万元,增长25.16%。住户贷款315410万元,同比增长9.34%;各项贷款占各项存款的比例为88.91%,比上年增长6.27个百分点。据中国人寿保险股份有限公司泾源支公司统计,全年寿险业务原保险保费收入1918万元,比上年下降25.3%。健康险和意外伤害险业务原保险保费收入364万元,增长27.4%。寿险业务给付466.01万元,下降34%。健康险和意外伤害险业务赔款及给付131万元,下降33.4%。据中国人民财产保险股份有限公司泾源支公司统计,机动车辆保险保费收入1909.53万元,同比增长20.4%;个人非车险保费收入212.25万元,同比增长138.67%;团体非车险保费收入326.86万元,同比下降24.34%;农业保险保费收入767.02万元,同比增长78%。机动车辆保险赔款支出1124.22元,同比增长28.94%;个人非车险赔款支出107.78万元,增长34.1%;团体非车险赔款支出118.45万元,增长37.45%;农业保险赔款支出490.05万元,下降33.66%。

【科学技术和教育】全年共签订技术合同51项,技术合同成交金额557万元。组织申报各类科技计划项目86项,已评审立项51项。争取上级科技项目23个,争取项目资金465.8万元。其中:争取自治区级科技项目23个,争取自治区科技专项资金465.8万元。农业科技进步贡献率55.6%。全年专利申请数43件,全年专利授权数40件,有效发明专利数1件。县财政预算安排科技专项资金500万元。全县培训发展科技特派员199名,其中:法人科技特派员97名,自然人特派员102名。培育种养科技示范户83户,推广草畜、中蜂等新品种31个。年末全县各级各类学校78所。其中:幼儿园29所(含3所民办幼儿园),普通小学45所(含8个教学点),普通初中2所,完全中学1所,职业中学1所。专任教师1217(不含特岗教师)人,其中:幼儿园174人(不包括民办幼儿园教师),普通小学545人,普通中学467人,职业中学31人,特岗教师10人。在校学生18264人,其中,学前教育3170人(含民办幼儿园937人),普通小学8106人,普通初中3897人,普通高中2712人,职业中学379人。学前教育毛入园率为90.18%,小学学龄人口入学率为100%,初中阶段毛入学率为111.98%,高中阶段毛入学率为95.08%,小学六年巩固率为100%,初中三年巩固率为100%。

【文化旅游、卫生健康和体育】全县文化和旅游系统共有艺术表演团体5个,共举办文艺演出46场。有县级文化馆1个,乡镇文化站7个,村级文化室93个,社区文化室3个,农家书屋93个。有公共图书馆1个,藏书19.57万册,借阅人次0.75万人次。文物管理所1所,有馆藏文物238件(可移动文物),其中国家级二级文物6件。不可移动文物全县定级26处,其中:6处为区级保护单位,20处为县级保护单位。有线电视实际用户4050户,其中,有线数字电视实际用户1350户。年末广播节目综合人口覆盖率为100%,电视节目综合人口覆盖率为100%。剧场、影剧院1个，广场文艺演出10场次，放映电影1390场。全年共完成新闻1095期（档），摄制各类专题节目11部，完成专场录制11场，制作播出各类宣传片、公益广告26部。全县共有旅游景点6个，其中，AAAA级旅游景点1个，AAA级旅游景点2个，AA级旅游景点2个。注册旅行社2家，注册导游6人。全年接待游客102.94万人次，接待游客总收入7.9亿元。年末全县共有各类卫生机构122个，其中：公立医院1所，民营医院2所，乡镇卫生院7所，城市社区卫生服务站2个，妇幼保健院1个、疾病预防控制中心1个、卫生监督所1个、村卫生室96个、个体诊所11个。各类卫生技术人员551人，其中：执业医师和执业助理医师199人、护士234人、药剂师28人、技师37人、其他卫生技术人员8人。乡村医生113人。实有病床数公立医院200张、私立医院120张，孕产妇死亡率0，婴儿死亡率1.02‰（1周岁以内），其中新生儿死亡率1.02‰（28天以内），传染病发病率469.29/10万。全年总诊疗人次24.93万人次，出院人数1.1万人。全县共有体育场馆3个。在小区、公园、广场、绿地、社区安装健身路径累计118套，篮球架累计115副，建成5个健身驿站。共组织开展体育活动赛事5项，新建社区健身广场2个，广场配体育健身器材累计118个。全县共有体育场地918个，体育场地总面积71.83万平方米，建筑面积8006平方米，人均体育场地面积达6平方米。县全民健身中心、县体育场、社区多功能运动场，城乡所有体育运动场所全部免费对外开放。参加体育锻炼的人数达37万人次，占常住人口的35.8%以上。有2人达到国家二级运动员等级标准。

【资源、能源消耗、环境和应急管理】水资源总量1.689亿立方米。全年总用水量752.38万立方米，比上年增长13.9%。其中，生活用水371.08万立方米，工业用水22.46万立方米，农业用水345.54万立方米，其他13.3万立方米。年末行政区域面积1128.67平方公里，耕地面积79.4538平方公里，林地面积946.5698平方公里，森林面积476.7333平方公里，自然保护区面积544.9333平方公里，国家级自然保护区1个，草原综合植被覆盖度2.61%。全年完成造林面积53.33平方公里，其中，人工造林面积9.33平方公里，占全部造林面积的17.5%。全县人均公园绿地面积34.18平方米，城市建成区绿地面积2.38平方公里，城市建成区绿地率39.5%，污水处理厂4个，污水处理厂集中处理率96.54%，垃圾处理站7个，城市生活垃圾无害化处理率100%，生活垃圾无害化处理率100%。全县环境空气有效监测天数364天，其中优良天数355天，扣除沙尘天气影响后，优良天数比例达到97.5%。吸入颗粒物（PM_{10}）平均浓度为42微克/立方米，细颗粒物（$PM_{2.5}$）平均浓度为20微克/立方米。全年平均气温为7.3℃，比往年偏高0.8℃。全年降水量521.7mm，比以往偏少136.8mm，日照时数1923.8小时，比往年偏少380.6小时。全县共发生各类安全生产事故1起，死亡1人。道路交通事故死亡人数14人，比上年下降12.5%；道路交通万车死亡人数4人/万车，下降22.5%。

大事记

泾源年鉴2023

大事记

1月

6日 固原市委常委、政府副市长马煜洲到泾源县主持召开市委常委班子2021年度民主生活会征求意见座谈会,就开好固原市委常委班子2021年度民主生活会听取各方意见建议。

7日 泾源县召开实施乡村振兴战略工作领导小组2022年第1次会议。县委书记徐龙主持会议。

是日 固原市委常委、宣传部部长褚一阳一行到泾源县督导调研疫情防控工作。

△ 新民乡党委、政府组织,群众自愿捐赠马铃薯紧急送往西安支援疫情。县委常委、政府副县长杨璞参加了捐赠仪式。

12日 自治区工信厅厅长褚伟一行到泾源县泾河社区调研移民致富提升行动和社区建设、到工业园区调研产业发展。县委书记徐龙陪同调研。

是日 自治区文化和旅游厅副厅长蔡菊领调研组一行到泾源县对文化旅游及重点项目推进工作进行了专题调研。

15日 泾源县召开党史学习教育总结会议。县委书记、县委党史学习教育领导小组组长徐龙出席会议并讲话,固原市党史学习教育第四巡回指导组组长杨彦文及有关成员到会指导,县委副书记、政府县长、县委党史学习教育领导小组副组长马晓红主持会议。

18日 泾源县召开2022年宣传预防和打击治理电信网络新型违法犯罪暨命案防控部署会议。县委副书记、政法委书记张明出席会议并讲话,政府副县长、公安局局长贾国炜主持会议。

19日 固原市委常委、市委秘书长、政法委书记位西北一行调研泾源县政法工作。县委副书记、政法委书记张明等县级领导参加调研。

25日 2021年全区青少年高山滑雪锦标赛暨2022年第十六届全区运动会高山滑雪项目比赛在泾源县娅豪国际滑雪场举行。自治区体育局副局长张梅,泾源县委书记徐龙、政府副县长李静及自治区体育局、中卫市相关单位负责人参加开幕仪式。

29日 中国共产党泾源县第十五届纪律检查委员会第二次全体会议召开。县委书记徐龙出席会议并讲话,县委副书记、政府县长马晓红主持会议。县委、人大、政府、政协领导班子成员,县人民法院院长,县人民检查院检察长,轻工产业园区管委会主任出席了会议。

2月

9日 县委书记徐龙主持召开泾源县2022年主要目标任务落实动员暨"转作风抓落实提效能年"启动大会。

13日 自治区乡村振兴局徐海立局长一行到泾源县六盘山镇集美村（百万移民致富提升行动）、六盘山镇一小（基础教育质量提升行动）、黄花乡羊槽村（百万移民致富提升行动）、泾河社区（百万移民致富提升行动）、香水镇思源村泉祥包袋帮扶车间（城乡居民收入提升行动）、六盘山牧业（城乡居民收入提升行动）、兴盛乡新旗村（乡村治理）、泾河源镇卫生院（全民健康和水平提升行动）督导调研全县"四大提升行动"实施情况。县委副书记、政府县长马晓红陪同调研。

16日 山东胜伟集团到泾源县考察肉牛产业发展情况并召开项目对接洽谈会。县委副书记、政府县长马晓红主持会议并讲话。

17日 泾源县人民政府召开全体（扩大）会议暨廉政工作会议。县委副书记、政府县长马晓红出席会议并讲话。

是日 泾源县召开反诈人民战争部署暨"无诈乡镇、无诈村居和无诈单位"创建工作会议。县委副书记、政法委书记张明主持会议并讲话，政府副县长、公安局局长、政法委副书记贾国炜出席会议，县打击治理电信网络新型违法犯罪工作联席会议各成员单位负责人参加会议。

18日 泾源县召开2022年国防动员暨人民武装工作会议。县委常委、政府副县长李刚出席会议并讲话。会议由县委常委、人武部部长陈志东主持。各乡（镇）党委书记、武装部长、干事，县国防动员委员会成员单位负责人，人武部机关全体人员参加会议。

21日 泾源县召开乡村振兴领导小组第2次会议。县委书记徐龙主持会议，县委副书记、政府县长马晓红出席会议并讲话，人大常委会主任李白虎列席会议。

3月

2日 自治区政协副主席冯志强一行到泾源县，就贯彻落实中央和自治区党委政协工作会议精神情况进行督查调研并召开座谈会。固原市一级巡视员周文贵，市政协党组副书记、副主席马正学，县政协主席李光明，县委副书记、政法委书记张明，县政协副主席孙阿娜、于清海及相关部门负责人参加了座谈会。

3日 泾源县举办闽宁协作社会帮扶项目妇女儿童资助金发放仪式。县委常委、政府副县长陈晓忞，县委常委、组织部部长张毓龙参加发放仪式并作了讲话。

6日 吴忠市红寺堡区委书记王忠强一行到泾源县考察交流文旅产业发展情况。县委副书记、政法委书记张明、政府副县长李静、政协副主席于清海陪同考察。

8日 自治区政府副主席王道席一行到泾源县泾河源镇老龙潭调研中南部城乡供水水源地保护情况和老龙潭景区建设运营情况，在泾河源镇冶家村调研乡村振兴示范村发展情况，在兴盛乡新旗村调研娅豪国际滑雪场运营情况。县委书记徐龙,县委副书记、政府县长马晓红陪同调研。

11日　泾源县召开领导干部大会,宣布了自治区党委关于泾源县委主要领导职务任免的决定:徐龙同志不再担任中共泾源县委书记(副厅级)、常委、委员职务,王荣同志任中共泾源县委委员、常委、书记(副厅级)。

14日　固原市委副书记、市长杨青龙到泾源县大湾乡青龙山流域生态建设示范点调研生态建设情况,到杨岭村调研全面推进乡村振兴情况,到六盘山镇集美村调研移民致富提升行动实施情况。县委书记王荣,县委副书记、政府县长马晓红陪同。

18日　泾源县举行重点项目集中开工仪式,固原市委常委、统战部部长胡斌出席仪式并宣布泾源县2022年重点项目集中开工。县委书记王荣,县委副书记、政府县长马晓红,县人大常委会主任李白虎,县政协主席李光明,县委常委、政府副县长李刚,县委常委、统战部部长杨继宏,政府副县长杨志出席启动仪式。县委副书记、政法委书记张明主持仪式。

24日　泾源县召开2022年领导干部廉政警示教育周暨"四项教育"启动大会。县委副书记、政府县长马晓红出席会议并作了廉政教育党课暨集体提醒谈话。县委常委、纪委书记、监委主任张毅主持会议。

31日　泾源县召开县安委会2022年度第二次全体(扩大)会议。县委副书记、政府县长马晓红主持会议。县委常委、政府副县长陈晓忞、杨璞,政府副县长贾国炜、李静参加会议。

是日　泾源县召开组织宣传统战政法工作会议。县委书记王荣出席会议并讲话。县委副书记、政府县长马晓红主持会议。

4月

1日　固原市委副书记、市长杨青龙到泾源县泾河源镇河北村调研相关工作。县委书记王荣,县委副书记、政府县长马晓红陪同。

是日　泾源县召开国有产权交易突出问题专项治理工作动员部署会。县委常委、政府副县长李刚,县委常委、纪委书记、监委主任张毅出席会议并讲话。

3日　县委副书记、政府县长马晓红督查清明节期间安全生产、森林草原防火和疫情防控等工作。县委常委、政府副县长李刚参加督导检查。

4日　自治区党委书记梁言顺考察泾源县大湾乡杨岭村、泾河源镇冶家村相关工作。县委书记王荣,县委副书记、政府县长马晓红陪同考察。

5日　固原市副市长王新军一行到泾源县现场处置黄花乡沙塘村发生的群众倾倒油罐内不明液体渗入沙塘河流入平凉界污染事件。县委副书记、政府县长马晓红陪同调研。

8日　县委书记、县委全面深化改革委员会主任王荣主持召开县委全面深化改革委员会2022年第1次会议。

是日　县委书记、县委全面依法治县委员会主任王荣主持召开县委全面依法治县委员会第五次会议。

11日　泾源县召开创建国家级全域旅游

示范县工作推进会。县委书记王荣出席会议并讲话。县委副书记、政府县长马晓红安排了全域旅游示范县创建工作。县委副书记、政法委书记张明主持会议。

是日 泾源县人民政府举办常务会议会前学法专题讲座，邀请了政府法律顾问教授赵强到场授课，县委副书记、政府县长马晓红主持并讲话。

12日 泾源县召开文明委2022年第一次全体会议、2022年第一季度全县意识形态工作和网络意识形态工作联席会议暨"扫黄打非"工作领导小组会议。县委常委、统战部部长杨继宏主持会议并讲话。

14日 固原市委副书记、市长杨青龙一行调研泾源县泾河源镇河北村乡村振兴示范村。县委副书记、政府县长马晓红陪同调研。

15日 泾源县召开巩固拓展脱贫攻坚成果同乡村振兴有效衔接工作调度会。县委副书记、政府县长马晓红出席会议并讲话。县委常委、政府副县长李刚主持会议。

是日 泾源县召开了闽宁协作服务期满专业技术人才欢送座谈会。县委常委、政府副县长陈晓忞出席会议并讲话。

19日 泾源县召开创建国家食品安全示范城市启动会暨全域创建"食品药品安全区"工作推进会。县人民政府副县长、县食安委主任李静出席会议讲话。县轻工业产业园区管委会主任、县食安办主任、县市场监管局局长禹兴昌主持会议。

21日 国务院调研组、固原市委书记冼国义一行到泾源县六盘山林业局、六盘山镇农林村消防队调研安全生产工作。县委书记王荣陪同调研。

20日—21日 新华社宁夏分社副社长王永前一行到泾源县调研采访。县委书记王荣，县委常委、统战部部长杨继宏，县政协副主席于清海参加相关活动。

22日 泾源县举行全民阅读活动启动暨"书香政协 委员读书基地"揭牌、"教育文艺界委员工作室 会客室"授牌仪式。县政协党组书记、主席李光明，县委常委、政府副县长杨璞为"书香政协"委员读书基地揭牌，县委常委、统战部部长、政协党组副书记杨继宏致辞，为委员代表、中小学生代表赠阅书籍和赠送流动红书包；邀请市委党校副教授柳文彬、县委统战部副部长海军围绕文化建设、铸牢中华民族共同体意识作了专题讲座；县政协委员代表开展了读书心得分享交流会。

24日 泾源县召开巩固提升全国民族团结进步示范县复验工作推进会。县委副书记、政府县长马晓红出席会议并讲话，县委常委、统战部部长杨继宏安排部署了全县巩固提升全国民族团结进步示范县复验重点工作。政府副县长李静主持会议。

25日 自治区党校常务副校长郝彤带领调研组一行到泾源县调研县委党校新建项目建设情况。县委副书记、政法委书记、党校校长张明参加调研。

26日 自治区党委组织部前往泾源县羊槽村调研乡村文明实践积分卡制度。县委副书记、政府县长马晓红陪同调研。

是日 自治区文旅厅一行人及创建国家级全域旅游示范县初验检查组到泾源县六盘山珍特产馆调研。县委副书记、政府县长马晓红陪同调研。

△ 宁夏大学教授李陇堂带领专家组一行到泾源县对国家全域旅游示范区创建工作进行了初审验收。县委副书记、政府县长马晓红，县委常委、政府副县长杨璞参加验收。

27日 自治区交通厅相关领导前往调研G370福银高速维修情况和道路交通运营维护等情况。县委书记王荣，县委副书记、政府县长马晓红陪同调研。

是日 固原市推行"职工说事"工作机制现场会在泾源县召开。固原市总工会副主席王旭东，泾源县委常委、组织部部长张毓龙出席会议并讲话，各县区总工会相关负责人参加会议。

5月

1日 固原市委书记冼国义、国家税务总局宁夏回族自治区税务局、固原市税务局来到泾源县六盘山镇周沟村、六盘山国家森林公园、野荷谷、泾河源山庄等地调研退税减税降费、五一期间旅游产业发展及安全生产、疫情防控等工作。县委书记王荣陪同调研。

2日 县委书记王荣主持召开2021年度巩固拓展脱贫攻坚成果同乡村振兴有效衔接考核评估发现问题整改工作推进会。

是日 宁夏旅投集团到黄花乡羊槽村、大湾乡杨玲村等地调研。县委书记王荣陪同调研。

6日 县委副书记、政府县长马晓红一行先后深入兴盛乡兴盛村、泾河源镇河北村、泾河干流综合整治工程现场等地，调研督导巩固脱贫攻坚成果同乡村振兴有效衔接和重点项目进展情况。

是日 自治区纪委在六盘山镇李庄村、东山坡村调研巩固脱贫攻坚同乡村振兴有效衔接工作。县委书记王荣陪同调研。

7日 县委副书记、政府县长马晓红主持召开全县自建房安全专项整治工作会议。

8日 泾源县举行第二批24个重大项目推进会，固原市人民政府副市长杨生俊出席推进会，并宣布泾源县第二批重大项目集中开工。县委书记王荣，县委副书记、政府县长马晓红，县人大常委会主任李白虎，县政协主席李光明等参加，县委副书记张明主持。

9日 泾源县召开党的建设领导小组2022年第1次会议。县委书记、党的建设领导小组组长王荣主持会议并讲话。

10日 自治区政协副主席许宁带领自治区政协调研组到泾源县，就铸牢中华民族共同体意识，看当代移民对宁夏的历史作用和所形成的历史经验开展调研。固原市政协主席余剑雄、副主席剡小平参加调研。

11日 福建省厦门市海沧区政府副区长黄书枕一行到泾源县考察调研。县委常委、政府副县长陈晓忞，县委常委、统战部部长杨继宏及相关部门和乡镇负责人参加调研。

12日 县人武部党委第一书记宣布任职大会召开。固原军分区大校司令员苏开吉，泾源县委书记王荣，固原军分区政治工作处上校主任申国涛，县委常委、人武部上校部长陈志东出席会议。会议由县人武部党委书记、上校政委李强主持。

是日 泾源县组织开展2022年自然灾

害和交通事故应急演练活动。县委书记王荣，县委副书记、政府县长马晓红及在家的县级领导参加演练。

13日 固原市政协副主席、民进固原市委会主委虎久强一行到泾源县调研人才队伍建设工作。县政协主席李光明、政府副县长李静、县政协副主席于清海参加调研。

16日 县委副书记、政府县长马晓红主持召开泾源县农民收入监测预警工作推进会。

17日 福建省厦门市海沧台商投资区管委会主任、海沧区政府区长龚建阳一行到泾源县考察调研闽宁协作工作。县领导王荣、马晓红、张明、陈晓忞、李刚、于清海参加活动。

是日 中国建材集团向泾源高级中学捐赠课桌椅仪式在泾源高级中学举行。县委常委、政府副县长杨璞，政府副县长李静出席活动。

19日 县人武部召开2022年基干民兵集合点验大会。固原军分区战备建设处上校处长郭兆江，中校参谋眭世友，县委常委、政府副县长李刚，县人武部上校政治委员李强出席会议。县委常委、人武部上校部长陈志东主持会议。

是日 泾源县2022年"5·19"中国旅游日主题活动在县人民广场、六盘山珍特产馆休闲广场上演。县领导张明、李刚、杨璞、于雷、李静参加活动。

24日 固原市政协副主席王政权带领调研组到泾源县开展"实施农村人居环境改造提升计划 建设美丽宜居乡村"专题调研。县政协主席李光明，县委常委、政府副县长李刚，县政协副主席于清海参加调研。

25日 县委副书记、政府县长马晓红主持召开全县经济运行形势分析暨"六稳""六保"专题会议。

是日 泾源县召开第二轮土地承包到期后再延长30年试点工作动员会。自治区农经站站长贺学斌到会指导，县委副书记、农办主任张明出席会议并讲话，县委常委、政府副县长李刚主持会议。

27日 自治区政府主席张雨浦一行到泾源县五锅梁调研生态建设、到香水新村调研旅游产业发展工作。县委书记王荣，县委副书记、政府县长马晓红陪同调研。

28日 自治区政府主席张雨浦调研大湾乡杨岭村，县委书记王荣，县委副书记、政府县长马晓红陪同调研。

30日 泾源县召开2022年防汛抗旱工作会议。县委副书记、政法委书记张明出席会议并讲话。县政府副县长、县防汛抗旱指挥部副总指挥杨志，县防汛抗旱指挥部成员单位以及各乡镇负责人参加会议。

31日 "喜迎党的二十大'强国复兴有我'群众性主题宣传教育活动暨弘扬时代新风 深化拓展文明实践 推进移风易俗浸润行动"启动仪式在县人民广场举行。县领导张明、杨继宏、马津垠出席启动仪式。

6月

1日 固原市委常委、宣传部部长褚一阳、固原市人大常委会副主任马凤贤一行分别带队到泾源县部分学校,看望慰问少年儿童,向全县少年儿童致以节日的祝福,并向辛勤付出的广大教育工作者致以崇高的敬意和诚挚问候。县领导王荣、李光明、杨继宏、陈宝、于清海参加慰问。

2日　县委书记王荣到六盘山镇集美村慰问台籍青年,调研乡村振兴工作。

4日　泾源县召开稳经济保增长促发展政策措施研究部署推进会。县委副书记、县人民政府县长马晓红主持会议并讲话。

7日　厦门市商务局一级调研员陈丽玲带领考察团一行到泾源县考察闽宁协作工作。县委副书记、政府县长马晓红,县委常委、政府副县长陈晓忞,政府副县长杨志,政协副主席于清海及相关部门负责人参加考察活动。

8日　泾源县党建引领基层治理"1+1+3"工作机制现场观摩交流会在六盘山召开。县委常委、统战部部长、政法委副书记杨继宏出席活动并讲话,各相关单位负责人参加了活动。

9日　自治区文化和旅游厅副厅长赵明霞一行到泾源县就公共服务体系和非遗保护工作情况进行调研。县委常委、政府副县长李刚参加了调研。

10日　泾源县政协在泾源县审批服务管理局举行经济农林工商联社会福利和社会保障界委员工作室、联络室、会客室揭牌仪式。

14日　固原市人大常委会副主任马凤贤带队到泾源县开展《中华人民共和国义务教育法》执行情况检查及基础教育质量提升行动推进情况调研。县委常委、政府副县长杨璞,县人大常委会副主任拜春霞参加调研。

是日　宁夏银行普惠金融进乡村暨乡村振兴金融服务站启动仪式在新民乡杨堡村举行。县委常委、政府副县长李刚及相关单位负责人参加启动仪式。

16日　宁夏军区政委郭建军调研县人武部工作。县委书记王荣陪同调研。

15日—16日　厦门市同安区政府副区长王旭辉一行到泾源县考察交流对口帮扶工作。县领导张明、陈晓忞、李刚、杨璞、马义杰、禹兴昌参加活动。

17日　固原市委常委、组织部部长杨继宏一行到泾源县调研换届后县乡村班子运行情况和基层党建工作。县委书记王荣参加调研。

是日　由中共泾源县委、泾源县人民政府主办,泾源县总工会承办,宁夏理工学院协办的"喜迎党的二十大争创新业绩 奋进新征程"文艺演出在泾源县人民广场举行。县委书记王荣及部分县级领导出席活动。

△　泾源县举行"喜迎二十大·永远跟党走·奋进新征程"第三届中小学生艺术展演活动。县委书记王荣,县人民政府副县长李静,县政协副主席于清海出席活动。

19日　宁夏大学校长彭志科一行到泾源县新民乡燕家山流域考察,并出席"宁夏大学六盘山区生态系统野外科研与教学综合实验基地"授牌仪式。县委书记王荣,县委常委、组织部部长张毓龙,县政协副主席于清海,宁苗生态集团董事长余根民参加授牌仪式。

20日　县委副书记、政府县长马晓红主持召开全县2022年上半年"政银企"座谈会。

是日　自治区政府副主席王道席到泾源县泉祥扶贫车间、泾河源镇冶家村等地调研"稳保促"政策落实及产业发展等工作，到香水镇园子村调研巩固脱贫攻坚成果反馈问题整改情况，到园子村旅游服务驿站调研旅游产业发展情况。县委书记王荣，县委副书记、政府县长马晓红陪同调研。

21日　自治区政协副主席王紫云一行到泾源县调研生物固碳现状和潜力工作。固原市政协副主席虎久强，县政协主席李光明及相关部门负责人参加调研。

是日　固原市委常委、宣传部部长褚一阳在泾源县主持召开"生态文旅特色市"座谈会并讲话。县委书记王荣，县委常委、统战部部长杨继宏，县政协副主席于清海及相关部门主要负责同志参加会议。

△　宁夏旅游投资集团党委书记、董事长白建平一行到泾源县调研旅游产业发展情况。县委书记王荣参加调研。

22日　固原市人大常委会副主任童全成带领调研组到泾源县调研工业经济发展和优化营商环境情况。县人大常委会主任李白虎、副主任于雷参加调研。

23日　自治区政府副主席刘可为到泾源县五锅梁、六林局调研生态建设工作。县委书记王荣，县委副书记、政府县长马晓红参加调研。

是日　泾源县2022年职业教育活动周在县职业中学开幕。县委常委、组织部部长张毓龙，县人大常委会副主任拜春霞，政府副县长李静，县轻工产业园区管委会主任禹兴昌出席活动。

△　自治区纪委副书记马文娟到泾源县调研基层治理工作。县委书记王荣陪同调研。

24日　宁夏·泾源蜂蜜第二届宣传推介会暨名优特色农产品促消费活动在泾源县人民广场开幕。固原市委常委、统战部部长胡斌，自治区农业农村厅二级巡视员王洪波，自治区农业农村厅规财处一级调研员朱晓江，泾源县委副书记、政府县长马晓红，泾源县人大常委会主任李白虎，政协泾源县委员会主席李光明，以及在家的县级领导出席开幕式。县委常委、政府副县长李刚主持开幕式。

27日　自治区农业农村厅党组书记、厅长滑志敏调研泾源县产业发展情况。县委常委、统战部部长杨继宏参加调研。

是日　泾源县举办学习宣传贯彻自治区第十三次党代会精神专题宣讲报告会。县委副书记、政府县长马晓红主持宣讲报告会并讲话。

△　泾源县召开十五届县委第二轮巡察工作动员部署会。县委常委、纪委书记、县委巡察工作领导小组组长任伟出席会议并讲话。相关单位负责人、抽调参加第二轮巡察全体工作人员参加会议。固原市委巡察工作指导督导组组长及成员列席会议。会议由县委组织部副部长、县委巡察工作领导小组成员吴志建主持。

28日　县委书记王荣主持召开泾源县贯彻落实自治区第十三次党代会精神重点工作、重点项目谋划会。

29日　泾源县人民政府与中国电信宁夏公司举行实施"数字泾源"项目框架协议签约

仪式并召开座谈会，共同推进泾源县信息化发展，助力"数字泾源"建设。县委书记王荣主持会议，中国电信宁夏公司党委书记、总经理拜英奇出席并讲话，县委副书记、政府县长马晓红，县委副书记张明，政府副县长杨志，政协副主席于清海及相关部门负责人参加会议。

30日 全县政法干警政治轮训暨政法先进事迹报告会在县公安局举行。县委副书记、政法委书记张明出席会议并讲话。政府副县长、公安局局长张怀彪主持会议。法院院长尹鹏、检察院检察长李宏涛，县政法各部门负责人、各乡镇政法委员及全体政法干警参加会议。

7月

1日 泾源县举行林权类《不动产权证书》颁证仪式。县委常委、政府副县长李刚出席仪式并讲话。林权类《不动产权证书》颁证标志着泾源县林地类不动产权登记工作全面启动。

是日 泾源县召开建立肉牛产业政银保担分业联合、企社园利益联结助力乡村振兴启动会。县委副书记、农办主任张明出席会议并致辞，县委常委、政府副县长李刚主持会议，县人大常委会副主任于雷、政协副主席于清海出席会议，各相关单位、企业、养殖户代表参加会议。

2日—3日 泾源县委、县政府在银川市举办"走进泾源、亲近自然"泾源县2022年稳经济保增长促发展旅游推介会。宁夏旅游投资集团有限公司党委书记、董事长白建平，固原市领导陈论生、褚一阳出席活动，县委书记王荣、政府县长马晓红分别作了推介。

4日 全国政协常委、人口资源环境委员会主任李伟带领视察组视察泾源县新时代生物多样性保护工作。区、市、县领导洪洋、余剑雄、李光明、李刚陪同视察。

5日 泾源县召开扫黑除恶专项斗争领导小组2022年第一次全体会议。县委副书记、政法委书记、县扫黑除恶专项斗争领导小组组长张明主持会议并讲话。县委常委、纪委书记、监委主任任伟出席会议。县扫黑除恶专项斗争领导小组各成员单位、各乡（镇）分管领导参加会议。

6日 县委副书记、政府县长马晓红主持召开县安委会2022年第三次全体（扩大）会议暨全县安全生产"百日专项整治行动"动员部署会议。县委常委、政府副县长李刚，政府副县长李静、杨志出席会议。

7日 泾源县2022年健康饮茶送茶入户"边销茶"发放仪式在泾河源镇冶家村举行。县委常委、统战部部长杨继宏出席仪式并讲话，县人大常委会副主任陈宝出席仪式。

9日 县委书记王荣一行深入高速公路检查点、旅游景区、商超、宾馆、农家乐等地，实地督导检查节假日期间疫情防控、安全生产、疫苗接种等工作，看望坚守一线的工作人员。

7日—11日 县委副书记、政府县长马晓红，县委副书记张明率泾源县党政代表团到同安区、海沧区、福州市、杭州市开展招商学习考察，对接东西部协作相关工作，实地考察部分闽籍企业,洽谈对接合作项目,开展招商考察,加深两地友谊合作。县委常委、政府副县长陈晓忞,政府副县长马义杰,县政府办公室、农业农村局、投资促进中心、文化旅游公司等部门企业负责人参加考察。

14日 泾源县召开2022年文明城市创建工作推进会。县委副书记、政府县长马晓红出席会议并讲话。县委副书记张明主持会议。县委常委、纪委书记、监委主任任伟,县委常委、宣传部部长刘婧出席会议。

18日 "喜迎二十大 奋进新征程"宁夏泾源县第三届杨岭乡村文化旅游节开幕。县委常委、组织部部长张毓龙主持开幕式。县委副书记、政府县长马晓红出席开幕式。

19日 县委书记王荣主持召开"奋进新征程 建功新时代 非凡十年宁夏篇"新闻采访座谈会。

24日 县委副书记、政府县长马晓红主持召开泾源县2021年巩固拓展脱贫攻坚成果同乡村振兴有效衔接反馈问题及大排查大整改自查问题整改工作推进会。

25日 固原市民族宗教工作观摩活动暨宗教界"脱贫小康感党恩 振兴共富跟党走"主题演讲比赛在泾源县举办。自治区伊协专职副会长兼秘书长王生军,固原市委常委、统战部部长胡斌,固原市政协副主席张翔宇;固原市委、人大、政府、政协分管领导;各县(区)党委常委、统战部部长、民宗局局长,伊协负责人及各县(区)宗教人士共160余人参加活动。泾源县委副书记、政府县长马晓红,县委常委、统战部部长杨继宏,人大常委会副主任陈宝,政府副县长李静,政协副主席于清海参加活动。

27日 泾源县委组织召开全县违规收送红包礼金和不当收益及违规借转贷或高额放贷专项整治工作动员部署会议。县委副书记、县人民政府县长马晓红出席会议并作了讲话。县委常委、纪委书记、监委代主任任伟主持会议。

28日 自治区第十三次党代会精神固原市委宣讲团深入泾源县八个行业部门集中开展宣讲报告会。

是日 福建省厦门市同安区区长陈高润参观调研黄花乡兴羊槽村。县委副书记、政府县长马晓红陪同调研。

△ 县委副书记、政府县长马晓红主持召开同安区与泾源县深化对口帮扶协作交流座谈会暨签约仪式。

29日 由中共泾源县委、县人民政府、县委宣传部主办,县人民武装部、县发展和改革局、县退役军人事务局承办的以"双拥军民鱼水情 再铸发展新辉煌"为主题的文艺演出在泾源县人民广场举办。

是日 安徽省政协副主席牛立文带领考察团考察泾源县新时代生物多样性保护工作。固原市政协副主席杨耀峰陪同考察。

8月

1日 县委书记王荣,县委副书记、政府县长马晓红,县人大常委会主任李白虎及在家的县级领导分别到县人民武装部、武警中队、消防大队及部分退伍老兵和现役军人家中进行慰问。

是日 中国建材集团在杨岭村举行"善建"七彩课堂启动仪式。县委常委、政府副县长杨璞出席启动仪式并致辞。中国建材科学研究总院团委、团县委、大湾乡政府主要负责人和部分志愿者、学生、家长代表共70余人参加启动仪式。

2日 县委书记王荣，县委副书记、政府县长马晓红共同与中国能源建设集团西北投资公司楚建宁总经理，协商共享储能和风电项目合作事宜。

4日 自治区党委常委、组织部长石岱在二龙河林场、香水镇龙头岭、六盘山镇三关口调研生态建设工作。县委书记王荣陪同调研。

6日 泾源县召开国土空间规划"三区三线"划定工作审查会。县委书记王荣，县委副书记、政府县长马晓红参加会议。

9日 县委书记王荣主持召开县委农村工作领导小组2022年第3次会议暨实施乡村振兴战略工作领导小组2022年第5次会议。县委副书记、政府县长马晓红，县人大常委会主任李白虎，县政协主席李光明及在家的县级领导出席会议。

10日 自治区政治素质考察组到泾源县黄花乡羊槽村、香水镇龙头岭、工业园区、兴盛乡兴盛村、泾河源镇冶家村调研乡村振兴、基层党建、生态建设、产业发展、乡村旅游等工作。县委书记王荣陪同调研。

11日 中国共产党泾源县第十五届委员会第三次全体会议召开。全会由县委常委会主持。出席这次会议的县委委员28人，候补委员8人。县纪委常委、有关方面负责同志，部分"两代表一委员"、离退休老干部代表、企业代表应邀列席会议。

12日 县委书记王荣一行到县住建局、县公安局、县二中施工现场等地开展"夏送清凉"慰问活动。县人大常委会副主任、县总工会主席马津垠，县政协副主席、县委办主任于清海参加慰问。

是日 固原市委副书记、市长杨青龙一行到泾源县河北村宣讲自治区第十三次党代会精神，到泾河源镇冶家村六盘山森林公园督导调研市政协提案"关于扶持泾源县打通乡村旅游环线，发展壮大乡村旅游社和民宿业态的建议"办理情况及暑期旅游工作，到泾源县城百泉街停车场督导调研人大建议"关于加大对泾源县充电桩等基础设施建设的建议"办理情况。县委副书记、政府县长马晓红陪同调研。

△ 福建省食用菌产业考察团到泾源县考察食用菌产业发展情况。县委常委、政府副县长陈晓忞，援宁工作队泾源工作组成员王健参加考察。

13日 县委书记王荣主持召开泾源县规划委员会2022年第二次会议。

16日 泾源县召开迎接全国民族团结进步示范县复评复审暨创建铸牢中华民族共同体意识示范县推进会。县委常委、统战部部长杨继宏出席会议并讲话，政府副县长张怀彪主持会议，县政协副主席于清海出席会议。

是日 固原市2022年乡村音乐节在泾源县启幕。固原市委常委、宣传部部长褚一阳，固原市政协副主席剡小平，县委书记王荣，县委副书记、政府县长马晓红，县政协主席李光明及其他市县有关领导出席了启动仪式。

17日　固原市委书记冼国义调研泾源县贯彻落实自治区第十三次党代会和固原市委五届五次全会精神情况并召开座谈会，听取全县工作汇报。

是日　泾源县行政争议协调化解中心正式揭牌成立。泾源县政府副县长、公安局局长张怀彪主持仪式并讲话。原州区人民法院党组书记、院长李全德，泾源县人民法院党组书记、院长尹鹏，泾源县人民检察院党组书记、检察长李宏涛，原州区人民法院有关负责同志、县政法各单位干警以及县直各行政执法单位代表参加了仪式。

20日　县委书记王荣一行赴江西省赣州市石城县调研文化旅游产业发展，石城县委书记张小川等领导陪同，泾源县政府副县长李静，政协副主席于清海参加。

23日　自治区党委常委、统战部部长马汉成一行到泾源县泾河社区调研移民致富提升行动进展情况。县委副书记、政府县长马晓红陪同调研。

是日　固原市政协副主席王政权带领部分固原市政协委员到泾源县调研移民致富提升行动开展情况。县委常委、政府副县长杨璞，县政协副主席孙阿娜及相关部门负责人参加调研。

22日—23日　泾源县举办为期两天的学习贯彻自治区第十三次党代会精神培训班。县委常委、组织部部长张毓龙出席开班仪式并作动员讲话。

25日　县委副书记、政府县长马晓红主持召开全县下半年及2023年重点项目谋划工作推进会。

26日　泾源县召开扶贫志编纂工作推进会。县委常委、统战部部长杨继宏出席会议并讲话，县政协副主席于清海出席会议。县委常委、政府副县长杨璞主持会议。

27日　自治区政协副主席杨培君一行到泾源县调研督查全县生态环保问题整改情况。县委副书记、县长马晓红陪同调研。

30日　泾源县委常委会召开违规收送红包礼金和不当收益及违规借转贷或高额放贷专项整治专题民主生活会。县委书记王荣主持会议并讲话。固原市纪委常委、监委委员蒋建荣到会指导并点评。县人大常委会主任李白虎、县政协主席李光明及相关部门主要负责人列席会议。

9月

1日　宁夏六盘山肉牛——泾源县第六届黄牛节推介会举办。固原市委常委、统战部部长胡斌，自治区农业农村厅副厅长王生林，县委书记王荣，县委副书记、政府县长马晓红，县人大常委会主任李白虎，政协主席李光明及在家县级领导出席推介会，县委副书记、政府县长马晓红致辞。

是日　县委副书记、政府县长马晓红主持第六届黄牛节颁奖大会。

△　泾源县召开重点项目方案审定专题会，研究审定《泾源县"泾源牛街"特色旅游截取改造提升建设项目初步设计方案》《泾源县胭脂峡景区提升改造项目初步设计方案》。

4日 县委书记王荣到六盘山镇李庄村进行自治区第十三次党代会、市委五届五次全会、县委十五届三次全会精神及铸牢中华民族共同体意识宣讲并讲党课。

5日 泾源县举行2022年综合应急演练。县委书记王荣担任总指挥，县委副书记、政府县长担任指挥长，县领导陈志东、任伟、于清海分别担任副指挥长。演练还邀请固原市应急管理指挥部办公室副主任、市应急管理局副局长李学仕全程观摩并进行了点评。

是日 固原市委政法委到泾源县召开依法治县和行政诉讼工作座谈会。县委书记王荣，县委副书记、政府县长马晓红参加座谈会。

6日 县委书记王荣主持召开农发行来泾调研座谈会。

是日 泾源县道路交通安全委员会2022年第四次全体会议召开。县委副书记、政府县长马晓红主持会议并讲话。政府副县长、公安局局长张怀彪，县道路交通安全委员会成员单位负责人参加了会议。

9日 泾源县召开庆祝第38个教师节座谈会，县委书记王荣，县委副书记、政府县长马晓红出席会议与参会人员进行座谈并讲话。县委常委任伟致辞。县委常委、组织部部长张毓龙主持会议。县政协主席李光明、人大常委会副主任拜春霞出席会议。

11日 固原市副市长王新军一行到泾源县应对新冠疫情防控指挥部督查疫情防控工作。县委副书记、政府县长马晓红参加督查。

15日 中共泾源县委全面依法治县委员会召开第六次会议。县委书记王荣主持会议并讲话。

是日 泾源县召开扶贫志编纂工作培训会。县委常委、统战部部长杨继宏出席会议并讲话。

16日 泾源县举行2022年下半年新兵欢送会。固原军分区大校司令员苏开吉出席欢送会。县委常委、政府副县长杨璞出席并讲话。会议由县人武部上校政治委员李强主持。

是日 泾源县召开自治区2022年巩固拓展脱贫攻坚成果同乡村振兴有效衔接调研督导反馈问题整改工作安排部署会。县委书记王荣出席会议并讲话，县委副书记、政府县长马晓红主持会议。

17日 正大集团农牧食品企业（中国）资深副董事长、正大置地有限公司副董事长调研六盘山森林公园。县委副书记、政府县长马晓红陪同调研。

19日 自治区农业农村厅副厅长罗全福调研泾河牧业、伊辉食品、新民乡牧草种植基地、六盘山蜂业、兴盛乡出户入园、活畜交易市场。县委副书记、政府县长马晓红陪同调研。

22日 自治区督察组到泾源县共享储能建设工地、娅豪滑雪场、众天蜂业、盛飞豪供应链调研经济补短板等相关工作。县委书记王荣，县委副书记、政府县长马晓红陪同调研。

25日 固原市委常委褚一阳调研督导泾源县疫情防控工作。县委书记王荣陪同调研。

29日 泾源县召开2022年根治拖欠农

民工工资领导小组第二次联席会议暨和谐劳动关系三方协调会议。县委常委、政府副县长陈晓忞出席会议并讲话。

30日 自治区政府副主席王和山到泾源县县城高速卡点、世纪购物中心、旅游宾馆集中隔离点调研督导疫情防控工作。县委书记王荣,县委副书记、政府县长马晓红陪同调研。

10月

1日 自治区纪委副书记刘跃成督导调研全县疫情防控工作。县委书记王荣陪同。调研后召开关于疫情防控工作座谈会。县委书记王荣,县委副书记、政府县长马晓红参加会议。

是日 固原市政府常务副市长任立新一行到泾源县召开经济运行座谈会。县委副书记、政府县长马晓红参加会议。

2日 泾源县召开创建自治区文明城市复检迎检工作第三次推进会。县委书记王荣,县委副书记、政府县长马晓红参加会议。

是日 县委副书记、政府县长马晓红主持召开党的二十大宣传思想文化领域安全保障工作推进会、第三季度意识形态(网络意识形态)工作联席会暨"扫黄打非"工作领导小组第二次会议。

3日 县委书记王荣在沿川子高速服务站参加自治区党委书记、人大常委会主任梁言顺视频督导调度一线疫情防控工作。

4日 县委书记王荣在应急管理局参加自治区党委书记、人大常委会主任梁言顺应急管理调度视频会。

5日 县委书记王荣带队在大湾乡何堡村、六盘山镇马西坡村督导检查巩固拓展脱贫攻坚成果同乡村振兴有效衔接考核评估反馈问题整改,并召开反馈会。

是日 县委副书记、政府县长马晓红在新民乡石咀村、马河滩村,泾河源镇兰大庄村、涝池村调研巩固拓展脱贫攻坚整改同乡村振兴有效衔接反馈问题整改,并召开反馈汇报会。

8日 泾源县召开实施乡村振兴领导小组2022年第七次会议暨防治返贫监测帮扶第二轮摸排、四查四补等巩固拓展脱贫攻坚成果同乡村振兴有效衔接重点工作推进会。县委书记王荣,县委副书记、政府县长马晓红及县级主要领导参加会议。

9日 县委书记王荣主持召开第十五届县委第二次巡察县委书记专题工作会议。

是日 固原市副市长王新军一行到泾源县调研疫情防控相关工作,县委副书记、政府县长马晓红陪同调研。

10日 固原市委副书记、市长杨青龙到泾源县旅游宾馆、文化苑、六盘山林业局、龙潭村和信访大厅调研指导疫情防控、安全生产和信访维稳工作。县委副书记、政府县长马晓红参加调研。

11日 县委书记王荣主持召开县委国安委第三次会议暨政治风险分析研判会。

13日 自治区政府副主席王和山一行到泾源县调研督导六盘山林场森林草原防灭火工作。县委书记王荣,县委副书记、政府县长马晓红陪同调研。

17日 县委书记王荣到县自然资源局调研，县委常委、政府副县长任伟，县政协副主席、县委办主任于清海参加调研。

18日 县委副书记、政府县长马晓红主持召开全县住房建设专题会议。

是日 政协泾源县第十四届委员会常务委员会召开第三次会议。县政协主席李光明出席会议并讲话。县委常委、政府副县长任伟，政协副主席孙阿娜、于清海出席会议，县直有关部门负责人列席会议。

24日 固原市政府常务副市长任立新一行到泾源县督导检查八方隆集中隔离点人员管理情况。县委副书记、政府县长马晓红参加督导。

25日 固原市消防救援支队泾源大队举行迁建入驻仪式。固原市消防救援支队政委冶正成、副支队长何玉玺，县委常委、政府副县长任伟出席迁建入驻仪式。

30日 固原市委副书记、政府市长杨青龙一行到泾源县冶家村调研全县疫情防控和脱贫攻坚同乡村振兴有效衔接相关工作。县委副书记、政府副县长马晓红陪同调研。

11月

7日 固原市副市长杨生俊调研大湾乡武坪村、六盘山镇蒿店村巩固拓展脱贫攻坚同乡村振兴有效衔接反馈问题整改情况。县委副书记、政府县长马晓红陪同调研。

6日—7日 自治区考核组到泾源县入户检查。县委书记王荣陪同考核。

8日 县委书记王荣到县融媒体中心看望慰问新闻工作者。县委常委、统战部部长杨继宏，县政协副主席、县委办主任于清海及县委宣传部负责同志参加慰问。

10日 泾源县召开中国共产党泾源县第十五届委员会第四次全体会议，县纪委常委、有关方面负责同志，部分县第十五次党代会基层代表列席会议。各民主党派有关人士应邀列席会议。县委常委会主持会议。县委书记王荣代表常委会作了讲话。

16日 自治区农业农村厅副厅长王生林到泾源县宣讲党的二十大精神。县委副书记张明主持宣讲报告会。

17日 学习贯彻党的二十大精神固原市宣讲团到泾源县宣讲，相关乡镇、部门（单位）干部职工及各行政村村两委成员、第一书记近600人参加宣讲报告会。

18日 泾源县召开创建自治区文明城市年度测评迎检动员会。县委副书记、政府县长马晓红出席会议并讲话，县委常委田鹏飞主持会议。

21日 泾源县召开十五届县委第三轮巡察动员部署会。固原市纪委常委、巡察办主任、固原市委巡察工作领导小组成员王泽稷莅临指导会议，县委常委、纪委书记、监委代主任、县委巡察工作领导小组组长杨晓曦做动员讲话，县委常委、组织部部长、县委巡察工作领导小组副组长张毓龙主持会议。

25日 固原市委书记冼国义到六盘山镇高速卡口、世纪购物中心、绿洲豪庭小区、阳光酒店隔离点调研督导疫情防控工作，县委书记王荣，县委副书记、政府县长马晓红陪同调研。

29日 泾源县与中国建材集团召开定点帮扶工作视频会。中国建材集团党委副书记常张利、县委书记王荣出席会议并讲话。政府副县长李静主持会议。

30日 县委书记王荣到县城水源地开展冬季供水保障工作调研。县政协副主席于清海参加调研。

12月

1日 县委书记王荣主持召开泾源县农村工作领导小组暨乡村振兴领导小组会议。

6日 泾源县广大党员干部群众集体收听收看江泽民同志追悼大会。

是日 县委书记王荣主持召开县委全面深化改革委员会2022年第二次会议暨"六权"改革推进会。

9日 县委副书记、政府县长马晓红主持召开全县2023年重点项目推进情况调度会。政府副县长李静参加会议。

15日 学习贯彻党的二十大精神宣讲报告会暨县委理论学习中心组2022年第13次集中学习（扩大）会议召开，邀请自治区宣讲团成员、自治区党委统战部常务副部长、民委党组书记陆军以视频形式进行党的二十大精神专题宣讲。报告会由县委副书记、政府县长马晓红主持，在家的县级领导及各乡镇各部门负责人聆听了宣讲。

14日—16日 赴福建省厦门市海沧区、同安区开展互学互助帮扶协作和招商引资活动。县委常委、政府副县长陈晓忞、任伟，政府副县长马义杰，县轻工产业园区管委会主任禹兴昌，投资促进服务中心、乡村振兴局等部门同志参加考察，海沧区、同安区、自治区政府驻福建办事处有关同志参加活动。

17日 借助闽宁协作平台，同安区、海沧区、泾源县三地人民政府共同主办的招商推介会暨2023年产业协作洽谈会在厦门市成功举办。会议邀请近40名企业家欢聚一堂，共商合作，进一步宣传、推介泾源，助推两地更广领域、更深层次的合作交流。泾源县人民政府现场与2家企业签订了合作协议。泾源县委书记王荣，县委常委、政府副县长任伟，县轻工产业园区管委会主任禹兴昌，同安区、海沧区相关领导出席。

23日 泾源县召开中国共产党泾源县第十五届委员会第五次全体会议，出席会议的县委委员26人，候补委员4人。县纪委常委、有关方面负责同志，部分县第十五次党代会基层代表列席会议。各民主党派有关人士应邀列席会议。全会由县委常委会主持。县委书记王荣受县委常委会委托，向全会报告了一年来的工作，安排部署了明年工作。

24日 泾源县政协召开十四届五次常委会会议。县政协副主席于清海主持会议，县政协副主席孙阿娜及全体常务委员参加会议，县委常委、政府副县长杨璞，各相关部门应邀出席会议。

27日 中国人民政治协商会议泾源县第十四届委员会第二次会议在县人民会堂开幕。县委书记王荣到会祝贺并讲话。

28日 泾源县第十八届人民代表大会第二次会议在县人民会堂开幕。县委书记王荣主持会议。县领导马晓红、李白虎、李刚、张明、陈晓忿、杨晓曦、任伟、张毓龙、于雷、陈宝、马津垠、拜春霞在主席台前排就座。

是日 政协泾源县第十四届委员会举行第二次全体会议。政协副主席于清海主持会议。县领导李刚、任伟、张毓龙、杨继宏、田鹏飞、张怀彪、李静、孙阿娜、于清海、孙岩在主席台前排就座。

党委 人大 政府 政协 纪委监委

中国共产党泾源县委员会

综　述

【概况】2022年,是党的二十大胜利召开的重要一年,是实施"十四五"规划承上启下的关键一年,也是泾源发展史上极为难忘、极不平凡的一年。一年来,县委常委会始终坚持以习近平新时代中国特色社会主义思想为指导,坚决贯彻落实党中央重大决策和区市党委部署安排,团结带领广大党员干部群众实干拼搏、锐意进取,攻坚克难、砥砺前行,在大战大考中交出了统筹疫情防控和经济社会发展的优秀答卷。

【政治建设】常委会坚持把学习宣传贯彻党的二十大精神作为首要政治任务,坚持与学习贯彻习近平总书记视察宁夏重要讲话和重要指示批示精神相结合,与落实自治区第十三次党代会、自治区党委十三届二次全会和市委五届五次六次七次全会精神相贯通,开展"大学习、大讨论、大宣传、大实践"活动,持续引向深入、推动落地见效。坚持全面学习、全面把握、全面落实,认真落实第一议题制度,发挥理论学习中心组示范带头作用,准确把握精神实质、核心要义、思想精髓,深刻领悟"两个确立"的决定性意义,增强"四个意识"、坚定"四个自信"、做到"两个维护",自觉在政治上主动对标、思想上精准对表、行动上坚决对照,切实做到"总书记怎么说,我们就怎么做"。组建县乡两级宣讲团,开展"百名书记千名党员"宣讲活动,开辟专题专栏,精心制作"学习贯彻党的二十大精神"宣传短片和微视频,在中央和区市县各级媒体上推出了一批有分量的深度报道、学习成果,形成了网上网下一体、线上线下联动的浓厚氛围,使党的二十大精神家喻户晓、深入人心。召开县委十五届三次四次全会,出台《贯彻落实意见》,谋划提出:坚持大抓发展、抓大发展、抓高质量发展、推动跨越式发展,确定"生态泾源、绿色发展"定位,实施"七项计划",打造生态文旅特色县、乡村全面振兴样板县、高质量发展先行县、国家全域旅游示范县、铸牢中华民族共同体意识示范县"五个县"的总体贯彻思路,凝聚起了"牢记嘱托、感恩奋进、团结奋斗、真抓实干,奋力描绘全面建设社会主义现代化美丽新宁夏泾源新画卷"的思想共识。

【产业结构优化升级】坚持把发展经济的着力点放在产业转型上,建立12个产业专班包抓调度机制,推动"1+3+X"特色产业扩规模、提质量、延链条、创品牌、增效益。举办银川旅游推介会,国家全域旅游示范县完成初验,荣登"2022美丽中国深呼吸小城"榜,成功创建全国首批"避暑旅游目的地"。探索建立

"企社园"联农带农利益联结机制，建设"出户入园"示范场14个、标准化蜂场9个，发展山桐子、道地中药材等生态经济作物1.2万亩，举办第六届黄牛节和第二届泾源蜂蜜宣传推介会，肉牛饲养量达到10.4万头，中蜂蜂群达到3.5万箱。扶持发展服装箱包企业8家，共享储能电站落地实施，千亩清凉蔬菜示范基地成效初显。

【项目投资】牢固树立抓项目就是抓发展、抓消费就是促发展的理念，实施重点项目62个，截至11月底完成实物量投资12.5亿元。出台"稳保促"政策措施40条，开展系列促销活动28场次，带动消费1000余万元。建立"1+N"包抓和招商项目包办服务机制，多次赴北京、江苏、福建等地开展精准招商，落实招商引资项目19个，资金24.95亿元，增长12.5%，"双争"到位资金20.8亿元，为县域经济发展注入了强劲动力。

【改革创新】实施改革创新赋能行动，发展动能加速转换。蜂蜜检测中心CMA通过认证，园区产值突破亿元大关。深化"放管服"改革，"县管校聘"改革全面完成，国有资本投资运营集团公司组建运行。统筹推进"三统三分"农业经营体制改革，苗木腾退、土地流转、高效农田建设有序衔接。"六权"改革压茬推进，农业、工业和规模养殖业用水确权到村到户，农村"房地一体"土地应确尽确，林地地类界线全面落界，社会资本参与生态保护修复试点改革破题开局。

【乡村振兴】坚持"四个不摘"要求，深化"领导包抓+专班推进+驻村帮扶"工作机制，实行重点人群、特殊人群"八必访"和风险户"一键预警"，监测对象风险消除率接近70%。建立"领导包抓+责任清单+常态化督导"机制，推动2021年度考核评估反馈问题全部整改销号。聚焦"五大振兴"，统筹推进乡村产业、乡村建设、乡村治理，深化闽宁协作和央企帮扶，打造乡村振兴示范村16个，脱贫人口人均纯收入增长15.57%，实现"两个高于"目标。

【生态建设与环境保护】巩固"绿水青山就是金山银山"实践创新基地成果，着力打造绿色生态宝地。统筹推进生态修复、矿山修复、山水林田湖草生态保护修复，森林覆盖率达到42.24%。综合实施香水河生态缓冲带、大湾片区水土流失、泾河支流水生态治理，水系连通及水美乡村建设获评全国优秀等次。打好蓝天、碧水、净土"三大保卫战"，县城污水处理厂和66个行政村污水终端完成改造，空气质量优良天数比例达到95%以上，国控出境断面水质稳定在Ⅱ类标准，地表水环境质量稳居全区第一。

【社会事业】集中80%以上的财力保障民生，"六大提升行动"深入推进，12件民生实事全部办结。全年转移农村劳动力2.93万人，新增城镇就业623人，泾河社区、馨苑小区、羊槽村等移民安置区基础设施更加完备。县域医共体信息化平台初步建成，义务教育、普通高中阶段教育"大额班"全面消除。自治区级文明城市创建不断推进，城市更新和乡村建设加快实施，瓦亭村等6个村入选中国传统村落名录。

【民主法治建设】坚定不移发展全过程人民民主，支持人大、政协、"一府一委两院"依法依规依章履行职能。深化群团改革,提升党管武装工作和退役军人服务管理水平。落实党内法规制度,"两类档案"归集和《泾源县扶贫志》编撰有序推进。建立会前学法制度,开展"八五"普法,行政负责人出庭应诉率提高到88.9%。

【安全稳定】推进维护政治安全"十大专项行动",完成党的二十大和自治区第十三次党代会安保维稳任务。落实意识形态工作责任制,维护网络空间安全。推进安全生产和食品药品安全,电信诈骗、养老诈骗、自建房、防溺水等领域专项整治成效明显。创新建立社区治理"1+N"工作模式,信访交办件和涉党政机关执行案件逐步清零,乡村文明实践积分制度典型经验在农业农村部举办的干部培训班上交流,香水派出所荣获"全国优秀公安基层单位"。

【民族宗教】深化感恩、认同、法治、文明"四项教育",建立"十个一"互观互检评比机制,申报全国和自治区民族团结进步示范单位6个,推进铸牢中华民族共同体意识示范县创建。实施教义教规中国化阐释、教职人员素质提升、信教群众思想教育"三项行动",巩固宗教领域问题治理成果,全县所有宗教活动场所实现"五进"全覆盖,民族和睦、宗教和顺、社会和谐局面更加巩固。

【基层党建】践行新时代党的组织路线,树立大抓基层鲜明导向,开展农村党建"凝心聚力"、城市党建"融合互促"等"十项行动"。深化"一抓两整"示范县乡创建,创建示范乡镇6个、示范村76个,整顿软弱涣散党组织4个。建立"六盘先锋"党建品牌,打造不同领域、不同类型县级党建品牌示范点13个、乡镇(部门)级25个。发展壮大村集体经济,96个行政村集体经济收入全部超过7万元。

【干部人才队伍建设】落实新时代好干部标准,突出忠诚干净担当、务实尽责成事,打造砥砺奋进的高素质干部队伍。实施干部政治能力、专业能力提升"两大工程",开展乡镇党委和村"两委"班子"回头看"及"占编不在岗"专项整治。选拔任用干部161人次,统筹各序列130名公务员职级晋升。实施"才聚泾源1594"行动,柔性引进专技人才57名,推荐评选固原市第三批"六盘英才"1人,1名乡镇党委书记被评为全国"人民满意的公务员"。

【从严治党】突出严的基调,严格落实中央八项规定及其实施细则精神,认真执行自治区"八条禁令"和市委"十项规定",开展粮食购销、工程建设、政府采购等重点领域专项治理,开展违规收送红包礼金和不当收益及违规借转贷或高额放贷专项整治。加强对"一把手"和各级领导班子的监督,发挥巡察利剑作用,完成十五届县委2轮5个乡镇巡察,延伸行政村67个。开展各级警示教育122场次,给予党纪政务处分52人,营造了良好的政治生态。

县委全委会会议

【十五届县委第三次全体会议】8月11日,中国共产党泾源县第十五届委员会第三次全体会议召开。全会由县委常委会主持,县委书记王荣代表县委常委会作报告。出席会议的县委委员28人,候补委员8人,县纪委常委、有关方面负责同志,部分"两代表一委员"、离退休老干部代表、企业代表应邀列席会议。全会坚持以习近平新时代中国特色社会主义思想为指导,深入学习贯彻习近平总书记视察宁夏重要讲话和重要指示批示精神,坚决贯彻落实自治区第十三次党代会及固原市委五届五次全会精神,审议通过了《关于深入学习宣传贯彻自治区第十三次党代会及固原市委五届五次全会精神的实施意见》《泾源县推动县域经济高质量发展的实施意见》。县委书记王荣代表县委常委会作了讲话,县委副书记、政府县长马晓红就《关于深入学习宣传贯彻自治区第十三次党代会及固原市委五届五次全会精神的实施意见(讨论稿)》作了说明。

【十五届县委第四次全体会议】11月10日,中国共产党泾源县第十五届委员会第四次全体会议召开。全会由县委常委会主持会议,县委书记王荣代表常委会作了讲话。出席会议的有县委委员28人,候补委员7人,县纪委常委、有关方面负责同志,部分县第十五次党代会基层代表列席会议。各民主党派有关人士应邀列席会议。县委书记王荣就《中共泾源县委员会关于学习宣传贯彻党的二十大精神的实施意见(讨论稿)》作了说明,全会审议通过了《中共泾源县委员会关于学习宣传贯彻党的二十大精神的实施意见》,对全县学习宣传贯彻党的二十大精神作了研究部署。

【十五届县委第五次全体会议】12月23日,中国共产党泾源县第十五届委员会第五次全体会议召开。全会由县委常委会主持,县委书记王荣受县委常委会委托,向全会报告了一年来的工作,安排部署了明年工作。出席会议的县委委员26人,候补委员4人,县纪委常委、有关方面负责同志,部分县第十五次党代会基层代表列席会议,各民主党派有关人士应邀列席会议。全会充分肯定了县委常委会一年来的工作。全会认为,一年来,广大党员干部群众在实践中统一思想、在实践中增长才能、在实干中锤炼作风,得出了发展壮大产业是工作重点,扩大有效投资是破题之方,盘活资源资产是源头活水,加强作风建设是根本保障的宝贵实践经验。全会指出,要深学细悟、坚定笃行,持续推动党的二十大精神落地落实。全县各级党组织和广大党员干部要把深入学习宣传贯彻党的二十大精神作为当前和今后一个时期的首要政治任务,认真对标"五个牢牢把握"和"七个聚焦"政治要求,紧扣全面学习、持续在学深悟透上下功夫,紧扣全面把握、持续在融会贯通上下功夫,紧扣全面落实、持续在实干笃行上下功夫,切实为现代化泾源建设注入强大动力,确保党的二十大精神在泾源落地生根、开花结果,向党中央和区市党委、向广大人民群众交出优异答卷。

县委常委会会议

【2022年第1次常委会会议】1月7日,徐龙同志主持召开十五届县委2022年第1次常委会会议。会议传达学习党史学习教育总结会议精神,国家主席习近平二〇二二年新年贺词、习近平总书记在全国政协新年茶话会上的重要讲话精神、全国党内法规工作会议

精神、习近平总书记对做好"三农"工作作出的重要指示精神和中央农村工作会议精神、习近平总书记在中央政治局专题民主生活会上的重要讲话精神、固原市"两会"精神；研究审议《泾源县文学艺术界联合会深化改革方案》；安排自治区党委组织部反馈驻村工作有关问题整改事宜；听取全县近期疫情防控工作情况汇报，安排部署下一步工作；研究审议了《中共泾源县委常委会党史学习教育专题民主生活会方案》。

【2022年第2次常委会会议】 1月12日，徐龙同志主持召开十五届县委2022年第2次常委会会议。会议传达学习习近平总书记在省部级主要领导干部学习贯彻党的十九届六中全会精神专题研讨班开班式上发表的重要讲话精神，研究了泾源县贯彻意见；研究审议《关于确定泾源县推荐固原市出席党的二十大和自治区第十三次党代表大会代表候选人推荐人选的请示》，研究了干部有关事宜。

【2022年第3次常委会会议】 1月27日，徐龙同志主持召开十五届县委2022年第3次常委会会议。会议传达学习习近平总书记在十九届中央纪委六次全会上的重要讲话精神，十九届中央纪委六次全会精神和自治区纪委十二届六次全会精神；中共中央办公厅《关于加强和改进新时代市县政协工作的意见》，中共中央 国务院《关于做好2022年全面推进乡村振兴重点工作的意见》，自治区党委农村工作会议精神，自治区"两会"精神，全国安全生产电视电话会议精神，听取全县安全生产工作汇报，安排部署节前有关工作；研究审议《关于深化"三项教育"的实施方案》《泾源县2022年"两节"慰问方案(送审稿)》《关于召开中共泾源县第十五届纪律检查委员会第二次全体会议的请示》；传达学习市委组织部《关于认真做好2022年领导干部报告个人有关事项工作的通知》；研究干部有关事宜。

【2022年第4次常委会会议】 2月21日，徐龙同志主持召开县委2022年第4次常委会会议。会议传达学习习近平总书记在中共中央政治局第三十六次集体学习、同党外人士共迎新春和在春节团拜会上的重要讲话精神，习近平总书记对政法工作的重要批示精神和中央政法工作会议、自治区党委政法工作会议精神、全区政法队伍教育整顿总结会议精神，全国全区组织、宣传、统战部长会议精神，全国文明办主任会议、第三十五次扫黄打非工作电视电话会议、民委主任会议精神，自治区党委人才工作会议精神，研究贯彻意见；传达学习全区新材料产业高质量发展现场会精神，听取政府党组关于全县产业发展和项目建设推进情况汇报；传达学习自治区《关于对十二届自治区党委巡视反馈问题整改落实情况开展"回头看"的通知》，听取对接准备情况，安排部署相关工作；研究审议《泾源县2022年"转作风抓落实提效能年"实施方案》《泾源县深化文明教育"铸魂工程"暨"四项教育"提升工作方案》《县委常委会2022年工作要点》。

【2022年第5次常委会会议】 3月7日，徐龙同志主持召开县委2022年第5次常委会会议。会议研究审议《关于推荐第十三届自治区党委委员 候补委员和纪委委员候选人初步人选的请示》。县委各常委参加会议，人

大、政协主要负责同志列席会议,县纪委监委、县委办、县委组织部主要负责同志列席会议。

【2022年第6次常委会会议】3月12日,王荣同志主持召开县委2022年第6次常委会会议。会议研究审议《关于确定泾源县推荐固原市出席自治区第十三次党代表大会代表候选人推荐人选的请示》。县委各常委参加会议,人大、政协主要负责同志列席会议,县纪委监委、县委办、县委组织部主要负责同志列席会议。

【2022年第7次常委会会议】3月17日,王荣同志主持召开县委2022年第7次常委会会议。会议传达学习习近平总书记在中共中央政治局会议、中央全面深化改革委员会第二十四次会议、中央党校(国家行政学院)中青年干部培训班开班式、中共中央政治局第三十七次集体学习时的重要讲话精神,《中国共产党地方委员会工作条例》、毛泽东同志《党委会的工作方法》,全国"两会"精神,习近平总书记关于粮食安全的重要论述,《关于改革完善宁夏粮食储备体制机制加强粮食储备安全管理的实施意见》《市委涉粮问题专项巡察泾源县委政府的反馈意见》,自治区工程建设政府采购等重点领域突出问题专项治理工作领导小组第三次会议暨专项治理工作成果观摩会会议精神,全市组织宣传统战政法工作会议精神,研究贯彻意见;研究审议政府党组提交《泾源县2022年巩固拓展脱贫攻坚成果同乡村振兴有效衔接实施方案(送审稿)》《泾源县2022年移民致富提升行动实施方案(送审稿)》《泾源县2022年肉牛特色产业绿色发展工作方案(送审稿)》《关于推进泾源县2022年肉牛养殖"出户入园"建设实施方案(送审稿)》《泾源县2022年中蜂特色产业绿色发展工作方案(送审稿)》《泾源县建设全区特色产业绿色发展示范县2022年度实施方案(送审稿)》《泾源县创建农村人居环境整治提升示范县2022年实施方案(送审稿)》《泾源县开展第八个五年法治宣传教育的实施方案(2021—2025)(送审稿)》;研究大额资金有关事宜、《泾源县2022年督查检查考核工作计划(送审稿)》。

【2022年第8次常委会会议】3月21日,王荣同志主持召开县委2022年第8次常委(扩大)会议。会议传达学习习近平总书记在中共中央政治局常务委员会会议上的重要讲话精神,孙春兰同志在国务院联防联控机制电视电话会议上的讲话精神,陈润儿同志在自治区应对新冠肺炎疫情工作指挥部听取汇报时的讲话精神,听取全县疫情防控工作汇报,安排下一步工作;传达学习中共中央办公厅、国务院办公厅印发《关于更加有效发挥统计监督职能作用的意见》,研究贯彻意见;研究审议《关于泾源县监察委员会向县人大常委会报告专项工作实施方案(送审稿)的请示》《2022年全县组织工作要点(送审稿)》《2022年全县宣传思想文化工作要点(送审稿)》《2022年全县统战工作要点(送审稿)》《2022年全县政法工作要点(送审稿)》;听取十四届县委巡察工作汇报,研究审议《中共泾源县委巡察工作规划(2022—2026)(送审稿)》;研究审议政府党组提交的《泾源县2022年城乡居民收入提升行动实施方案(送审稿)》《泾源县2022年争项目争资金工作方案

(送审稿)》《泾源县2022年招商引资方案(送审稿)》《泾源县2022年基础教育质量提升行动实施方案(送审稿)》《泾源县推进2022年生态经济产业发展实施方案(送审稿)》《泾源县建设全区生态保护修复示范县2022年工作方案(送审稿)》《泾源县2022年六盘山重点生态功能区生态保护修复营造林工程工作方案(送审稿)》《泾源县2022年健康泾源建设暨全民健康水平提升行动实施方案(送审稿)》《关于发放泾源县行政事业单位工作人员2022年度住房补贴的通知》《泾源县落实中央生态环境保护督察通报典型案例整改方案(送审稿)》。

【2022年第9次常委会会议】4月6日,王荣同志主持召开十五届县委2022年第9次常委会(扩大)会议。会议传达学习习近平总书记关于安全生产重要指示精神和全国、全区安全生产电视电话会议精神,听取第一季度全县安全生产工作汇报,研究部署安全生产工作;传达学习中央第四生态环境保护督察组督察宁夏情况反馈会精神及宁夏回族自治区中央生态环境保护督察报告,传达学习自治区党委领导重要批件阅办单《梁言顺同志批示清样》,听取泾源县整改落实情况汇报,研究部署下一步工作;传达学习自治区党委书记梁言顺来固调研讲话精神和市委2022年第12次常委会会议精神,研究贯彻意见;传达学习《自治区应对新冠肺炎疫情工作指挥部办公室关于进一步加强新冠肺炎疫情输入防范应对工作的紧急通知》,安排部署近期疫情防控相关工作。

【2022年第10次常委会会议】4月13日,王荣同志主持召开十五届县委2022年第10次常委会(扩大)会议。会议传达学习习近平总书记参加首都义务植树活动、在北京冬奥会冬残奥会总结表彰大会上的重要讲话精神,《信访工作条例》《中共宁夏回族自治区委员会关于新时代坚持和完善人民代表大会制度加强和改进人大工作的实施意见》,研究贯彻意见;传达学习自治区《党委和政府及有关部门生态环境保护责任》《冼国义同志批示清样》,研究贯彻意见;传达学习全区禁毒工作电视电话会议精神,听取全县禁毒工作情况汇报,研究贯彻意见;研究审议政府党组提交的《泾源县创建国家森林城市2022年工作方案(送审稿)》《泾源县创建国家卫生县城实施方案(送审稿)》《泾源县建设全区环境污染防治示范县2022年工作方案(送审稿)》《泾源县2022年全域旅游示范县创建工作实施方案(送审稿)》《泾源县2022年文化旅游产业发展实施方案(送审稿)》《泾源县2022年服装箱包产业发展实施方案(送审稿)》《泾源县2022年新能源、绿色食品产业发展实施方案(送审稿)》《泾源县深化应急管理综合行政执法改革实施方案(送审稿)》。

【2022年第11次常委会会议】4月21日王荣同志主持召开十五届县委2022年第11次常委会会议。会议传达学习习近平总书记在海南考察时重要讲话精神;通报2021年度自治区和固原市效能目标管理考核结果,研究审议县委督查检查考核领导小组《泾源县2021年度乡(镇)、部门(单位)效能目标管理考核结果的请示》;研究干部有关事宜。

【2022年第12次常委会会议】4月27日

王荣同志主持召开十五届县委2022年第12次常委会(扩大)会议。会议传达学习习近平总书记在中央全面深化改革委员会第二十五次会议上的重要讲话精神、赵乐际和杨晓渡同志在全国巡视工作会议暨十九届中央第九轮巡视动员部署会上的讲话,全区第一季度经济形势分析会视频会议精神和市委常委会会议关于第一季度全市经济形势分析的安排部署,分析当前经济形势,研究部署下一步工作;传达学习自治区党委应对新冠疫情工作领导小组第25次会议精神和周例会制度,听取全县疫情防控工作进展情况汇报,研究部署下一步工作;传达学习自治区《关于进一步加强全区安全生产工作的若干措施》,听取全县安全生产、森林草原防灭火、道路交通安全工作汇报,安排部署五一期间有关重点工作;研究审议《2022年泾源县全面从严治党、党风廉政建设和反腐败工作主要任务分工方案(送审稿)》《泾源县关于新时代加强和改进思想政治工作实施方案和任务清单(送审稿)》《泾源县深化拓展新时代文明实践工作方案(送审稿)》《泾源县事业单位管理岗位职员等级晋升工作实施方案(送审稿)》《泾源县中小学教师"县管校聘"改革工作实施方案(送审稿)》《泾源县乡村振兴基金设立方案(送审稿)》《县处级领导干部2021年度考核优秀等次建议人选的请示》。

【2022年第13次常委会会议暨县党的建设领导小组2022年第1次会议】5月9日,王荣同志主持召开十五届县委2022年第13次常委会(扩大)会议暨县党的建设领导小组2022年第1次会议。会议传达学习习近平总书记在4月29日中共中央政治局会议、中央财经委员会第十一次会议、5月5日中共中央政治局常务委员会会议、十九届中共中央政治局第三十八次集体学习、中国人民大学考察时的重要讲话精神和致首届全民阅读大会举办、首届大国工匠创新交流大会的贺信精神及《中共中央、国务院关于加快建设全国统一大市场的意见》精神;传达学习习近平总书记对湖南长沙居民自建房倒塌事故作出的重要指示精神和全国、全区、全市自建房安全专项整治电视电话会议精神,研究贯彻意见;传达学习《中华人民共和国土地管理法》《中华人民共和国土地管理法实施条例》《闲置土地处置办法》,听取土地权改革、耕地保护和建设用地管理工作汇报,研究部署有关工作;传达学习《关于深入实施新时代人才强区战略的意见》,研究贯彻意见;听取全域创建食品药品安全区和创建国家食品安全示范城市工作汇报,安排部署有关工作;研究审议《泾源县2021年度巩固拓展脱贫攻坚成果同乡村振兴有效衔接考核评估反馈问题整改落实方案(送审稿)》《泾源县关于巩固拓展党史学习教育成果推动党史学习教育常态化长效化工作实施方案(送审稿)》《泾源县创建铸牢中华民族共同体意识示范县实施方案(送审稿)》《关于调整县委班子成员工作分工的请示》《关于调整规范撤销有关议事协调机构的请示》。

【2022年第14次常委会会议暨县委网络安全和信息化委员会第4次会议】5月18日王荣同志主持召开十五届县委2022年第14次常委会(扩大)会议暨县委网络安全和信息化

委员会第4次会议。会议传达学习习近平总书记在庆祝中国共产主义青年团成立100周年大会上的重要讲话精神,全区新时代文明实践中心建设观摩推进会精神,研究贯彻意见;传达学习自治区《关于4起违反中央八项规定精神典型问题的通报》、固原市《关于4起违反中央八项规定精神典型问题的通报》,通报全县干部职工纪律作风建设督查情况,研究部署下一步工作;传达学习《冼国义同志批示清样》,研究部署下一步工作;听取16个乡村振兴示范村建设情况汇报,研究部署下一步工作;召开县委网络安全和信息化委员会第4次会议;研究审议《关于调整县委常委党建工作联系点的请示》《关于开展2022年软弱涣散基层党组织整顿工作方案(送审稿)》;研究《关于提名王荣同志为固原市第五届人民代表大会代表候选人建议人选的请示》。

【2022年第15次常委会会议】5月27日,王荣同志主持召开十五届县委2022年第15次常委会(扩大)会议。会议传达学习习近平总书记在中央政治局会议分析研究当前经济形势和经济工作时的重要讲话精神、5月26日自治区党委常委会会议精神,全国稳住经济大盘电视电话会议精神、自治区稳经济保增长促发展电视电话会议精神、固原市稳经济保增长促发展电视电话会议精神;分析当前全县经济形势,安排部署稳经济保增长促发展工作。县委各常委参加,人大常委会班子成员、政府不是县委常委的副县长、政协班子成员、法院院长、检察院检察长、园区管委会主任和县直各有关部门主要负责同志、乡镇党委书记列席会议。

【2022年第16次常委会会议】6月2日,王荣同志主持召开十五届县委2022年第16次常委会(扩大)会议。会议传达学习习近平总书记在5月27日中共中央政治局会议上的重要讲话精神,中央和自治区党委政协工作会议精神、自治区《关于贯彻落实中央和自治区党委政协工作会议精神情况的督查调研通报》,研究审议《关于自治区党委督查调研贯彻落实中央和自治区党委政协工作会议精神反馈问题整改方案(送审稿)》;传达学习区、市党委学习贯彻习近平总书记在庆祝中国共产主义青年团成立100周年大会上的重要讲话精神座谈会精神和冼国义同志在全市群团工作调研座谈会上的讲话精神,研究贯彻意见;传达学习自治区十二届人大六次会议、固原市五届人大二次会议精神、张雨浦同志调研固原经济社会发展情况,研究贯彻意见;研究部署"端午节"期间有关重点工作;研究审议政府党组提交的《泾源县人民政府重大行政决策事项目录(送审稿)》《泾源县2022年闽宁协作资金项目实施方案(送审稿)》《泾源县贯彻落实国务院安委会全面加强安全生产"十五条硬措施"实施方案(送审稿)》《党委和政府及有关部门生态环境保护责任(送审稿)》;研究政府党组提交的大额资金有关事宜。

【2022年第17次常委会会议暨县委统一战线工作领导小组2022年第1次会议】6月7日,王荣同志主持召开十五届县委2022年第17次常委会(扩大)会议暨县委统一战线工作领导小组2022年第1次会议。会议传达学习

习近平总书记在中共中央政治局第三十九次集体学习时的重要讲话精神、《中国共产党政法工作条例》和固原市《关于对全市贯彻落实〈中国共产党政法工作条例〉情况督查的通报》，研究部署下一步工作；传达学习6月6日平安宁夏建设协调小组工作调度会议精神，研究贯彻意见；传达学习《固原市县处级以上领导干部请假报告制度》和《固原市加强退出领导岗位干部管理实施办法》，研究部署下一步工作；研究审议政府党组提交的《泾源县稳经济保增长促发展守底线40条政策措施（送审稿）》《泾源县2022年支持扩大消费实施方案（送审稿）》《泾源县促进房地产业平稳健康发展若干措施（送审稿）》。

【2022年第18次常委会会议】6月16日，王荣同志主持召开十五届县委2022年第18次常委会（扩大）会议。会议传达学习自治区第十三次党代会精神、固原市委常委会（扩大）会议精神；围绕学习宣传贯彻落实自治区第十三次党代会精神交流发言；通报全县干部职工纪律作风建设督查情况；研究干部有关事宜。

【2022年第19次常委会会议】7月2日，王荣同志主持召开十五届县委2022年第19次常委会（扩大）会议。会议传达学习习近平总书记在中共中央政治局会议审议《关于十九届中央第八轮巡视金融单位整改进展情况的报告》、在中共中央政治局第四十次集体学习时的重要讲话精神，听取2022年上半年全县党风廉政建设和反腐败工作汇报，研究部署下一步工作；听取2022年上半年全县组织工作汇报，研究审议《党委书记抓基层党建述职评议考核反馈问题整改落实情况报告（送审稿）》，研究部署下一步工作；听取全县2021年度巩固拓展脱贫攻坚成果同乡村振兴有效衔接考核评估反馈问题整改情况汇报，研究部署下一步工作；研究干部有关事宜。

【2022年第20次常委会会议】7月8日，王荣同志主持召开十五届县委2022年第20次常委会（扩大）会议。会议传达学习习近平总书记视察宁夏重要讲话和重要指示批示精神，习近平总书记在庆祝香港回归祖国25周年大会暨香港特别行政区第六届政府就职典礼、湖北武汉考察时的重要讲话精神，东西部科技合作工作推进会、科技部与自治区政府部区工作会商会议精神，研究贯彻意见；传达学习自治区《关于加强和改进新时代市县政协工作的实施意见》，研究贯彻意见；听取中央依法治国办法治政府建设实地督察反馈问题整改情况汇报，研究部署下一步工作；听取吸引社会资本参与生态保护修复重点改革、用水权改革工作情况汇报，研究部署下一步工作；研究审议《关于审定2021年度乡镇、县直部门（单位）科级领导班子和领导干部考核结果的请示》；听取十五届县委第一轮巡察综合情况汇报，研究部署下一步工作。

【2022年第22次常委会会议】7月20日，王荣同志主持召开十五届县委2022年第22次常委会（扩大）会议。会议传达学习习近平总书记在新疆考察时的重要讲话精神、致全球重要农业文化遗产大会贺信和给参加海峡青年论坛的台湾青年回信精神；传达学习梁言顺、张雨浦同志在建设黄河流域生态保护和高质量发展先行区推进会上的讲话精神，

研究贯彻意见;研究审议《中共泾源县委员会工作规则(送审稿)》《中共泾源县委员会常务委员会议事决策规则(送审稿)》《泾源县科级领导干部请假报告制度(送审稿)》《泾源县加强退出领导岗位干部管理实施办法(送审稿)》;通报外出招商考察情况;听取法治政府建设工作情况汇报,研究部署下一步工作;听取全县"在编不在岗"专项整治加强干部作风纪律建设工作情况汇报。

【2022年第23次常委会会议】 7月29日,王荣同志主持召开十五届县委2022年第23次常委会(扩大)会议。会议传达学习习近平总书记在省部级主要领导干部"学习习近平总书记重要讲话精神,迎接党的二十大"专题研讨班上的重要讲话精神,《习近平谈治国理政》第四卷、习近平总书记就研究吸收网民对党的二十大相关工作意见建议作出的重要指示和给种粮大户的回信精神,宁夏回族自治区妇女第十二次代表大会精神,研究贯彻意见;传达学习全区上半年经济形势分析会精神,听取县政府党组上半年全县经济运行情况汇报,研究部署下半年经济工作;传达学习全区违规收送红包礼金和不当收益及违规借转贷或高额放贷专项整治工作动员会精神,研究贯彻意见;传达学习市委五届五次全会精神。

【2022年第24次常委会会议暨县委应对新冠肺炎疫情工作领导小组第27次会议】 8月5日,王荣同志主持召开十五届县委2022年第24次常委会(扩大)会议暨县委应对新冠肺炎疫情工作领导小组第27次会议。会议传达学习习近平总书记在7月28日中共中央政治局会议和党外人士座谈会上的重要讲话精神,习近平总书记在中共中央政治局第四十一次集体学习时的重要讲话精神;传达学习习近平总书记在中央统战工作会议上的重要讲话精神,听取全县统战领域重点工作情况汇报,研究部署下一步工作;传达学习中央八项规定、自治区加强作风建设"八条禁令"和市委"十项规定"精神;传达学习全国、全区深入推进农村户厕问题摸排整改"回头看"会议精神,听取全县农村厕所革命推进落实情况、农业面源污染防治工作汇报,研究部署下一步工作;传达学习市委人才工作会议精神,研究贯彻意见;研究审议《中国共产党泾源县委员会关于深入学习宣传贯彻自治区第十三次党代会及固原市委五届五次全会精神的实施意见(送审稿)》《关于广泛开展习近平总书记视察宁夏重要讲话和重要指示批示精神"大学习、大讨论、大宣传、大实践"活动方案(送审稿)》《泾源县推动县域经济高质量发展的实施意见(送审稿)》《泾源县县乡残联换届工作实施方案(送审稿)》;召开县委应对新冠肺炎疫情工作领导小组第27次会议,传达学习区市党委应对新冠肺炎疫情工作领导小组会议精神、自治区应对疫情工作指挥部第27次周例会(扩大)电视电话会议精神、听取全县近期疫情防控工作汇报;研究干部有关事宜。

【2022年第26次常委会会议】 8月18日,王荣同志主持召开十五届县委2022年第26次常委会(扩大)会议。会议传达学习习近平总书记重要文章《全党必须完整、准确、全面贯彻新发展理念》、全区重大项目建设观摩推

进会精神,研究贯彻意见,听取全县1—7月份重要经济指标运行情况汇报;传达学习冼国义同志到泾源县调研座谈会精神,研究贯彻意见;听取全县行政应诉案件情况汇报,研究部署下一步工作;研究审议《泾源县创建党建引领乡村治理试点县工作方案(送审稿)》《关于对王学良等考核优秀等次公务员进行奖励的请示》。

【2022年第27次常委会会议】8月29日,王荣同志主持召开十五届县委2022年第27次常委会(扩大)会议。会议传达学习习近平总书记在辽宁考察时的重要讲话精神;学习《中华人民共和国档案法》;传达学习全区违规收送红包礼金和不当收益及违规借转贷或高额放贷专项整治工作专题会议精神,宣讲专项整治有关政策,研究部署下一步工作;传达学习自治区征兵工作会议精神,安排部署泾源县征兵工作;传达学习全区巡视工作会议暨十三届自治区党委第一轮巡视动员部署会精神、《全区2022年1—7月扩大有效投资和重点项目建设推进情况的"晒比促"通报》,研究部署下一步工作;听取全县安全生产、疫情防控工作汇报,研究部署下一步工作;研究政府党组提交的大额资金有关事宜。

【2022年第28次常委会会议暨县委审计委员会第8次会议】9月7日,王荣同志主持召开十五届县委2022年第28次常委会(扩大)会议暨县委审计委员会第8次会议。会议传达学习习近平总书记在8月30日中共中央政治局会议上的重要讲话精神、对四川甘孜泸定县6.8级地震作出的重要指示精神;传达学习中央全面深化改革委员会第25次、26次会议精神,自治区党委全面深化改革委员会第18次、19次会议精神,全区全面深化改革推进落实会议精神,自治区"六权"改革推进会精神,研究贯彻意见;听取全县重点项目进展情况汇报,研究部署下一步工作;通报赴江西省、浙江省等地招商引资情况,研究任务分工;研究审议《贯彻落实自治区党委办公厅〈关于加强和改进新时代市县政协工作的实施意见〉任务分工方案(送审稿)》及有关制度办法、《泾源县关于供水改革调整城乡用水价格标准通知(送审稿)》《泾源县特色产业发展提质增效行动方案(送审稿)》《泾源县肉牛全产业链高质量发展实施意见(2022—2025年)(送审稿)》《泾源县机关事业单位工作人员请销假管理办法(暂行)(送审稿)》;研究部署"中秋节"期间有关重点工作。

【2022年第29次常委会会议】9月30日,王荣同志主持召开十五届县委2022年第29次常委会(扩大)会议。会议学习习近平总书记在9月9日中共中央政治局会议、中央全面深化改革委员会第二十七次会议上的重要讲话精神,在第五个"中国农民丰收节"到来之际作出的重要指示精神;传达学习自治区《关于4起违反中央八项规定精神典型问题的通报》《知识产权强国建设纲要(2021—2035年)》《关于加强新时代老龄工作的实施意见》,研究贯彻意见;传达学习《冼国义同志批示件》,听取自治区督导组、"三察(查)一体"暗访组督导检查生态环保反馈问题整改情况汇报;听取县政府党组关于1—8月份全县经济运行情况汇报,研究部署下一步工作;研究审议《关于加强新时代廉洁文化建设的实施

方案(送审稿)》《泾源县特色产业发展提质增效行动方案(送审稿)》；听取全县疫情防控、安全生产工作汇报，研究部署"国庆节"至党的二十大期间有关重点工作。

【2022年第30次常委会会议】10月13日，王荣同志主持召开十五届县委2022年第30次常委会(扩大)会议。会议学习《习近平谈治国理政》第四卷(习近平法治思想章节286页)；听取全县行政诉讼案件化解情况汇报、涉党政机关执行案件情况汇报；传达学习中央有关文件，梁言顺同志批示精神，固原市《关于印发〈对泾源县委巡察工作开展指导督导情况的反馈意见〉的通知》；研究审议《固原市委巡察工作指导督导组对泾源县委巡察工作指导督导反馈意见整改方案(送审稿)》；听取十五届县委第二轮巡察综合情况汇报，研究部署下一步工作。

【2022年第31次常委会会议】10月27日，王荣同志主持召开十五届县委2022年第31次常委会(扩大)会议。会议传达学习中国共产党第二十次全国代表大会精神、中国共产党第二十次全国代表大会关于十九届中央委员会报告的决议、中国共产党第二十次全国代表大会关于《中国共产党章程(修正案)》的决议、中国共产党第二十次全国代表大会关于十九届中央纪律检查委员会工作报告的决议、习近平总书记在参加党的二十大广西代表团讨论时的重要讲话精神、习近平总书记在党的二十大闭幕会上的重要讲话精神、中国共产党第二十届中央委员会第一次全体会议、10月25日二十届中共中央政治局会议精神，宁夏代表团全体会议精神、自治区党委传达贯彻党的二十大精神会议精神、中国共产党第十九届中央委员会第七次全体会议精神；听取近期自治区"四防"领域督查反馈问题整改情况汇报；研究审议《泾源县贯彻落实第二轮中央生态环境保护督察报告整改方案》《泾源县文明素养提升行动工作方案(送审稿)》《泾源县共青团基层组织改革工作实施方案(送审稿)》《关于补选县第十八届人民代表大会代表的请示》

【2022年第32次常委会会议暨县委人才工作领导小组2022年第2次会议】11月2日，王荣同志主持召开十五届县委2022年第32次常委会(扩大)会议暨县委人才工作领导小组2022年第2次会议。会议学习习近平总书记在二十届中共中央政治局第一次集体学习、带领中央政治局常委瞻仰延安革命纪念地、在陕西延安和河南安阳考察时的重要讲话精神；传达学习自治区党委十三届二次全会精神，研究贯彻意见；听取县政府党组关于前三季度全县经济运行情况汇报，分析调度第四季度经济工作；研究审议《关于召开泾源县文学艺术界联合会第三次代表大会的请示》《泾源县文学艺术界联合会第三次代表大会主席团、大会执行主席、大会秘书长和代表资格审查领导小组建议名单》《关于泾源县文学艺术界联合会换届有关人事安排的请示》《关于审定县第三届文学艺术界联合会主席、兼职副主席预备人选建议名单的请示》《关于召开泾源县残疾人联合会第八次代表大会的请示》。

【2022年第33次常委会会议】11月9日，王荣同志主持召开十五届县委2022年第33

次常委会(扩大)会议。会议学习习近平总书记在第五届中国国际进口博览会开幕式上的重要致辞精神、《中共宁夏回族自治区委员会关于学习宣传贯彻党的二十大精神的意见》及固原市委五届六次全会精神;研究审议《中共泾源县委员会关于学习宣传贯彻党的二十大精神的实施意见(送审稿)》《中国共产党泾源县第十五届委员会第四次全体会议方案(送审稿)》《泾源县2023年计划实施的重点项目》。

【2022年第34次常委会会议】11月10日,王荣同志主持召开十五届县委2022年第34次常委会会议。会议听取中国共产党泾源县第十五届委员会第四次全体会议各分组对《中共泾源县委员会关于学习宣传贯彻党的二十大精神的实施意见(讨论稿)》《中共泾源县第十五届委员会第四次全体会议公报(讨论稿)》审议情况汇报。

【2022年第35次常委会会议】11月21日,王荣同志主持召开十五届县委2022年第35次常委会(扩大)会议。会议学习习近平总书记视察军委联合作战指挥中心时的重要讲话精神,习近平总书记在11月10日中共中央政治局常务委员会会议上的重要讲话精神,全国新冠肺炎疫情防控工作电视电话会议精神,11月15日自治区党委常委会会议暨应对新冠肺炎疫情工作领导小组会议精神,研究贯彻意见;传达学习贯彻党的二十大精神中央宣讲团报告会精神,十三届自治区党委外事工作委员会第一次会议精神、自治区相关文件精神,研究贯彻意见;听取县人大常委会党组、政府党组、政协党组、法院党组、检察院党组工作汇报;研究审议《2022年度泾源县效能目标管理考核方案(送审稿)》;研究干部有关事宜。

【2022年第36次常委会会议】12月6日,王荣同志主持召开十五届县委2022年第36次常委会(扩大)会议暨县委全面深化改革委员会2022年第二次会议。会议学习习近平总书记对河南安阳市凯信达商贸有限公司火灾事故的重要指示精神、向发展中国家科学院第16届学术大会暨第30届院士大会致贺信精神和给中国航空工业集团沈飞"罗阳青年突击队"的队员们的重要回信精神,自治区党委常委会《关于坚定维护以习近平同志为核心的党中央集中统一领导的若干规定》《关于贯彻落实中央八项规定及其实施细则精神的若干意见》,自治区党委统战工作会议、全区宗教工作会议精神,研究贯彻意见,宁夏工作研究第十一期刊登《关于泾源县巩固拓展脱贫攻坚成果同乡村振兴有效衔接专项监督的调研》,研究贯彻意见,固原市有关文件精神,研究贯彻意见;研究干部有关事宜。

【2022年第37次常委会会议】12月22日,王荣同志主持召开十五届县委2022年第37次常委会会议。会议研究干部有关事宜。县委各常委参加会议,人大、政协主要负责同志列席会议,县委办负责同志列席会议。

【2022年第38次常委会会议】12月22日,王荣同志主持召开十五届县委2022年第38次常委会(扩大)会议。会议学习习近平总书记在12月6日中共中央政治局会议和党外人士座谈会上的重要讲话精神,出席二十国集团领导人第十七次峰会、亚太经合组织第

二十九次领导人非正式会议时的重要讲话，在《湿地公约》第十四届缔约方大会开幕式、"杂交水稻援外与世界粮食安全"国际论坛上的致辞；传达学习中央经济工作会议精神，市委五届七次全会精神，固原市"两会"精神，研究贯彻意见；研究审议《县委十五届五次全体会议报告(送审稿)》《中国共产党泾源县第十五届委员会第五次全体会议方案(送审稿)》《关于调整县委班子成员工作分工的请示》。

【2022年第39次常委会会议】 12月23日，王荣同志主持召开十五届县委2022年第39次常委会会议。会议听取中国共产党泾源县第十五届委员会第五次全体会议各分组对《王荣同志代表县委常委会向全委会所作的报告》《中共泾源县第十五届委员会第五次全体会议公报(讨论稿)》审议情况汇报。县委各常委参加会议，人大、政协主要负责同志列席会议。

【2022年第40次常委会会议】 12月23日，王荣同志主持召开十五届县委2022年第40次常委会(扩大)会议。会议学习习近平总书记对非物质文化遗产保护工作作出的重要指示精神，自治区党委人大工作会议精神；研究审议"两会"《关于召开泾源县第十八届人民代表大会第二次会议的请示》《关于召开政协第十四届泾源县委员会第二次会议的请示》《县人大常委会工作报告(送审稿)》《泾源县十八届人民代表大会第二次会议选举办法(草案)》《县人民政府工作报告(送审稿)》《关于2022年国民经济和社会发展计划执行情况与2023年国民经济和社会发展计划(草案)的报告(送审稿)》《2022年财政预算执行情况和2023年财政预算(草案)的报告(送审稿)》《县政协常委会工作报告(送审稿)》《政协第十四届泾源县委员会第二次会议选举办法(草案)》《政协泾源县委员会2023年度协商工作计划草案(送审稿)》《政协十四届委员会常务委员会关于十四届一次会议以来提案工作情况的报告(送审稿)》《县人民法院工作报告(送审稿)》《县人民检察院工作报告(送审稿)》；研究审议县委组织部关于"两会"组织工作有关事宜；研究大额资金有关事宜。

【2022年第41次常委会会议】 12月30日，王荣同志主持召开十五届县委2022年第41次常委会(扩大)会议。会议学习习近平总书记在中央政治局民主生活会上的重要讲话、《谱写新时代中国宪法实践新篇章》(习近平总书记署名文章)、习近平总书记对爱国卫生运动作出的重要指示、习近平总书记给中国东方演艺集团的艺术家的回信，中共宁夏区纪委机关、中共宁夏区委组织部《关于开好2022年度县以上党和国家机关党员领导干部民主生活会的通知》精神，中央农村工作会议精神，自治区党委十三届三次全会暨党委经济工作会议精神，研究贯彻意见；传达学习自治区新冠疫情防控工作电视电话会议精神及市委2022年第41次常委会会议暨市委应对新冠肺炎疫情工作领导小组会议精神，听取全县疫情防控工作汇报，安排部署有关工作；听取县总工会、团委、妇联、残联、科协、工商联、文联、红十字会工作汇报；研究审议《泾源县融媒体中心媒体深度融合发展改革方案(送审稿)》；传达学习《中共中央纪委关于印发〈关于做好2023年元旦春节期间正风肃纪

工作的通知〉》精神,安排部署元旦期间有关重点工作。

组织工作

【概况】2022年,泾源县组织工作坚持以习近平新时代中国特色社会主义思想为指导,深入学习贯彻习近平总书记视察宁夏重要讲话和重要指示批示精神,紧扣学习宣传贯彻党的二十大和自治区第十三次党代会精神,聚焦加强党的创新理论武装、提升干部政治能力和专业能力、激励干部担当作为、抓党建促乡村振兴和基层治理、实施人才强县战略五个重点,以开展"三大三促三抓"行动为抓手,打破思维定式,摆脱路径依赖,在理念、机制、载体等方面创新优化,抓基层、打基础,促规范、促提升,推动各项工作上台阶。

【理论武装】坚持把学习贯彻习近平新时代中国特色社会主义思想作为首要任务,巩固党史学习教育成果,开展习近平总书记视察宁夏重要讲话和重要指示批示精神"大学习、大讨论、大宣传、大实践"活动,抓实干部政治能力和专业能力提升两大工程,统筹实施换届后各级领导班子成员培训、新时代基层干部主题培训等培训项目31个,分级分类抓好党员干部和科级领导干部集中轮训和专题培训,培训党员干部9200余人次,开展庆祝建党101周年"九个一"活动,各级党组织书记讲党课300余场次,引导广大党员干部固本培元、强基铸魂,用党的创新理论武装头脑、指导实践、推动工作,政治判断力、政治领悟力、政治执行力不断增强。

【干部政治素质考察】落实《领导干部政治素质考察办法(试行)》,结合干部考察考核、巡视巡察、优秀年轻干部调研等,采取"无主题谈话、无定向推荐、无任用考察"方式,开展领导干部政治素质反向测评,考察干部政治立场、政治态度、政治觉悟、政治能力,近距离接触干部,多角度了解干部,注重听取群众口碑,客观评价干部政治表现和工作实绩,动态建立30岁、35岁、40岁左右优秀年轻干部信息库,加强结构测算分析,做好动态培养配备。

【干部选拔任用】牢固树立"讲政治重品行、讲担当重才干、讲实干重实绩"的导向,注重选用在乡村振兴一线、重点项目建设、重大工作推进中敢于担当、能打硬仗的干部,建议县委选拔任用晋升干部3批次158人,34名80后优秀年轻干部和5名90后政法单位干部走上了领导岗位,58名干部晋升了职级,推动形成"既出好成绩,又出好干部"的良好局面。制定了《泾源县乡镇、部门领导班子及领导干部2021年度考核暨乡镇换届后领导班子运行情况调研评估工作方案》,成立4个考察调研评估组,对全县7个乡镇、50个县直部门科级领导班子、科级领导干部及优秀年轻干部政治能力、工作实绩及存在的问题进行了调研考察。推进公务员队伍建设"三强一高"工程,统筹推进各序列114名公务员职级晋升,组织开展全国全区"两满意"评选推荐,1名基层公务员被评为全国"人民满意的公务员",激励广大干部新时代新担当新作为。

【干部管理监督】制定印发了《泾源县科级领导干部请假报告制度》《泾源县加强退出领导岗位干部管理实施办法》,严格执行谈心谈话、提醒、函询、诫勉等制度，落实经济责任和自然资源资产离任审计规定，开展违规办理、持有因私出国（境）证件和身份证件、工程建设政府采购等重点领域突出问题、国家工作人员投资经商办企业等专项整治，38名因私出国（境）干部进行提醒谈话。开展"占编不在岗"专项整治，组建13个工作专班，促进退出领导岗位的干部作用发挥。开展国有企业单位干部人事档案专项审核"回头看"，巩固干部人事档案审核等成果。

【抓党建促乡村振兴】制定印发了《关于开展基层党建提升行动推进全县党的建设高质量发展的实施方案》，开展基层党建提升行动，深化"一抓两整"示范县乡创建，创建示范乡镇6个，示范村76个，整顿软弱涣散党组织4个，新建村级组织活动场所2个，改建2个，改造提升13个。实施"六盘先锋"党建品牌创建行动，分领域成体系在各领域打造各具特色的标杆型党建品牌示范点13个、成长型党建品牌示范点25个，以标杆带整体，以先进带后进，形成"全县一品牌、一乡一亮点、一村一特色"党建示范格局。实施村干部队伍"源泉工程"，推行"导师帮带制"，结成"帮带对子"213个，开展现场教学活动326场次，开展村"两委"负责人履职能力培训7期510人次，搭建党组织书记"擂台赛"，梯次培育致富带头人1295名。做好驻村第一书记和工作队选派工作，实现全县驻村（社区）工作队全覆盖。发展壮大村级集体经济，96个行政村集体经济收入实现稳步增长。

【基层治理】推进党建引领乡村治理试点县建设，构建运行、治理、服务、支撑"四个体系"，推行党建引领乡村治理"5223"、"1+1+3"、网格化管理等模式、机制，搭建"有事大家说""板凳会"等议事平台，引入AAAAA级管理理念，结合星级基层服务型党组织创建标准，分别制定AAAAA级示范村、AAAA级先进村、AAA级达标村考评标准，依托小微权力"监督一点通"平台、"法律明白人"培养工程、村级"1+X+N"警务工作模式、道德红黑榜、乡村振兴信息化大数据平台等载体，促进自治、法治、德治、智治"四治融合"，创建AAAAA级示范村10个、AAAA级先进村20个，提升党建引领乡村治理效能，推动形成共建共治共享的乡村治理格局，建设充满活力、和谐有序的善治乡村。

【基层党建】开展机关党建"提质增效"行动，对标"五型"模范机关创建20条措施，破解党建与业务"两张皮"问题。开展学校医院党建"红色领航"行动，深化"双培双带"机制，落实医疗人才"组团式"帮扶机制，开展党员业务标兵评比活动，党建引领师德师风、医德医风取得新成效。开展城市党建"融合互促"行动，落实城市党建"四联四化"机制，建强用好"联合党委"和"双报告、双报到"两项机制，创新开展"五心"服务型党组织创建，推动基层治理更加精细、更加有效。开展非公企业和社会组织党建"引领赋能"行动，成立"小个专"综合党委，撤销"空壳"党支部2个，新增纳入党内统计非公企业9家，推动党建与企业生产经营融合发展。开展新业态新就业群体党建"扩面提质"行动，建立台账，建立新业态新就业群体"暖心驿站"2个，破解新就业群体和新业态党建工作难题。

【人才工作体系建设】学习贯彻习近平总书记关于做好新时代人才工作的新理念新战略新举措,坚持党管人才原则,实施人才强县战略,健全人才"引育留用"全链条机制,深化人才"培养、管理、评价、使用、流动"五项制度改革,形成上下衔接的人才规划和配套政策体系。开展人才大调研,摸清各类人才底数,六类人才总量达到7322人。加强人才库动态管理,建立人才工作联席会议制度,细化成员单位工作职责,优化工作运行机制。

【人才培养工程】聚焦乡村人才振兴,制定乡村人才振兴重点任务清单,细化工作措施15条,打造集美村、羊槽村、轻工产业园区人才工作服务示范点,在重点村组引领建设农民田间学校(培训基地)。注重产业人才培育,"田间地头式"开展中蜂养殖、肉牛繁育、旅游服务等专题培训班3期,培训农村实用人才1200余人。统筹协调科技、农业、卫健等部门,采取"外聘专家+行业骨干+土专家+田秀才"模式,组建6支专家服务团队,深入基层一线开展指导服务活动。

【人才集聚平台建设】围绕特色产业发展,引进各类人才168人,建成电商、物流、特色食品加工平台13个,带动就业1000余人。实施"人才回归六盘"工程,用好贷款激励等政策,鼓励在外人才返乡创业。用好医疗人才"组团式"帮扶和县中托管教育帮扶项目,促进全县教育卫生水平提升。优化人才发展环境,重点打造"创业、引进、服务"三个人才平台,落实好高层次人才优待政策。加强人才服务保障,解决好人才引进、使用、管理方面急难愁盼问题。强化人才激励表彰,做好各类人才推荐、评选、表彰工作,营造识才爱才敬才用才的良好氛围。

宣传工作

【概况】2022年,泾源县宣传思想文化工作坚持以习近平新时代中国特色社会主义思想为指导,全面贯彻落实《中国共产党问责条例》和全国宣传部部长会议精神,紧扣主题主线,守正创新,扎实践行"举旗帜、聚民心、育新人、兴文化、展形象"使命任务,为奋力描绘好建设先行区和继续建设美丽新宁夏的泾源画卷提供坚强思想保证和强大精神动力。

【理论武装】聚焦学习宣传贯彻习近平新时代中国特色社会主义思想和习近平总书记视察宁夏重要讲话和重要指示批示精神首要政治任务,实施习近平新时代中国特色社会主义思想铸魂工程,开展习近平总书记视察宁夏重要讲话和重要指示批示精神"大学习、大讨论、大调研、大实践"活动,教育引导全县干部群众深刻领悟"两个确立"的决定性意义,树牢"四个意识",坚定"四个自信",做到"两个维护"。坚持党委(党组)理论学习中心组学习制度、"第一议题"制度,强化领导干部讲党课、专题调研制度,健全完善党委(党组)"个人自学+主题领学+专题研讨+辅导报告"学习机制,以"四促四学"方式推动学习入脑入心、走深走实,把学习收获转化为推动泾源高质量发展的新思路、新举措、新方法。2022年,全县各级党委(党组)中心组开展集中学习380余次,举办专题辅导班23次,培训班3期,举办《习近平谈治国理政》(第四卷)读书班2期,"奋进新征程 建功新时代"理论征文56篇。强化各党组织"例会学习+主题党日+我来讲"学习机制建设,夯实学习内容,拓展学习形式,监督用好"学习强国"平台,组织《习近平谈治国理政》(第四卷)学习,教育全县党员干部坚定理想信念,提高政治素质,自觉做习近平新时代中国特色社会主义思想的坚定信仰者、忠实实践者,全县各级党组织开展各类学习活动3000余次。强化"六讲五化"宣讲机制和宣讲队伍建设,组织开展党的二十大、习近平总书记视察宁夏重要讲话和重要指示批示精神、铸牢中华民族共同体意识、自治区第十三次党代会精神等"百场万人"主题宣讲活动,教育群众听党话、感党恩、跟党走,汇聚全县人民凝心聚力谋发展的奋斗力量,年内开展基层理论宣讲580余场次。巩固拓展党史学习教育,印发《泾源县关于巩固拓展党史学习教育成果推动党史学习教育常态化长效化工作实施方案》《泾源县2022年为民办理实事清单》,开展红色教育实践活动,解决群众在巩固拓展脱贫攻坚成果同乡村振兴有效衔接中遇到的急难愁盼问题。

【党的二十大宣传教育】坚持新闻、文艺、社会"三个宣传"与群众性文化活动、新时代文明实践活动相结合,宣传展示泾源县发生的翻天巨变,汇聚强大奋进力量。举办喜迎党的二十大"强国复兴有我"群众性主题宣传教育活动暨"弘扬时代新风 深化拓展文明实践 推进移风易俗浸润行动"启动仪式,以"喜迎二十大 永远跟党走 奋进新征程"为主题,组织开展宣讲报告会、社会主义核心价值观主题演讲比赛、文化旅游节、文艺演出、广场文化演出、全民健步走、广场舞大赛、书美影展、送书下乡、优秀电影展播等各类群众性庆祝活动400余场次,覆盖群众10余万人次。组织全县5000余名党员干部在268个场所收听收看了党的二十大开幕盛况,安排部署各级党组织学习党的二十大精神,县内媒体在网上推送中央及区市重要理论文章100余篇,撰写反映泾源干部群众热议党的二十大新闻稿件18篇,制作短视频29条,在全社会迅速掀起了热议二十大的热潮。围绕"喜迎党代会 献礼二十大"主题,通过擎天柱、电子屏、宣传栏、海报等形式悬挂(播放)宣传标语1400余条(幅),各主流媒体撰写泾源县10年成就新闻稿件10篇,短视频6条,县内媒体开设"非凡十年""二十大时光"专题,撰写新闻稿件12篇,制作短视频20条,汇聚起了建设社会主义现代化美丽新宁夏的泾源画卷强大精神力量和浓厚社会氛围。

【新时代宣传教育】组织主题宣传、形式宣传、政策宣传、成就宣传、典型宣传。以电视新闻、宣传宣讲、推送原文、图解、短视频等形式全方位、多层次、立体式开展党的二十大、全国"两会"、自治区第十三次党代会等中央及区市县重大会议的宣传报道,让党的创新理论"飞入寻常百姓家",让党的惠民政策传遍千家万户。坚持围绕中心,开展"走进泾源、亲近自然——泾源县2022年稳经济保增长促发展旅游推介会""宁夏·泾源蜂蜜第二届宣传推介会""宁夏六盘山肉牛——泾源县第六届黄牛节推介会"、乡村文化旅游节、冰雪文化旅游体育节、"泾源乡味"特色美食大赛等特色产业宣传推介活动,在中央及区市主流媒体刊(播)反映泾源干部群众奋进乡村振兴的新闻稿件1000余篇,(其中中央电视台7篇,人民日报62篇,新华社37篇),宣传了以生态文旅为牵引的泾源特色产业。发挥闽宁项目资金支撑作用,以泾源全域旅游、泾源黄牛肉、土蜂蜜为主要内容,制作20秒广告分别在中央电视台17频道、厦门卫视连续30天播出22次;制作2部短片,在央视网、央视新闻网、官方短视频播发平台等10个新媒体平台播出,制作10分钟反映杨岭村巨变的微纪录片在央视、宁夏、福建等省级媒体及所属新媒体平台同时播出,制作10集泾源特色旅游纪录片在厦门市新媒体平台播放,以直播形式在宁夏电视台经济频道推介泾源特色农产品3次,提升了泾源县特色农产品的知名度和美誉度,助推了"1+3+X"特色产业发展,开启了泾源文旅品牌传播新格局,拓展了泾源县生态文旅产业的广度和深度,向全国观众展示了泾源独特的文化旅游魅力。

【"铸牢中华民族共同体意识"教育】以"集中学习+研讨交流"、专题辅导、宣讲宣传、广场文化演出、专题培训班、演讲比赛等形式,开展"传承党的百年光辉史基因、铸牢中华民族共同体意识"教育、感恩教育、认同教育、法治教育、文明教育和"脱贫小康感党恩、振兴共富跟党走"等主题教育200余场次,全县干部群众和中小学生在有形的活动中受到了潜移默化的教育,在全县激荡起劳动创造幸福、奋斗成就梦想的思想观念和价值导向,激发了群众乡村振兴的内生动力和自我发展能力。

【精神文明建设】对标新标准、新办法、新体系,坚持以查促改、以查促管,提升五个文明创建水平和复检验收质量。召开自治区文明城市复验验收工作推进会3次,定期不定期深入点位督查,提升文明城市创建水平。坚持把文明乡村、文明单位创建与"四德教育"、乡村振兴内生动力、基层治理、文明实践相结合,完成8个区市文明单位、2个区市文明村镇复检验收,推动全县干部群众的文明素养与建设全国旅游示范县、自治区级文明城市目标相匹配。

【文明乡风建设】印发《泾源县实施文明素养提升行动实施方案》,健全完善提升文明素养工作机制,举办红白理事会骨干成员、"法治乡村"培训班,组织开展移风易俗广场文化演出、移风易俗宣讲和"送法下乡"活动130场次;把6万元彩礼,50元礼金,10桌规模等条款写入村规民约;开展农村环境卫生综合整治,压实基层党组织和村民自治组织工作责任,推动《村规民约》和《红白理事会章程》落地落实;评选表彰"好媳妇、好公婆、文明家庭、文明庭院、移风易俗示范户"等先进典型1400余人,深化"五大文明行动"养成教育成效,提升群众思想道德水平,简约适度、绿色低碳、健康文明的生活方式正在形成。

【新时代文明实践工作】印发《泾源县深化拓展新时代文明实践工作方案》,在原有工作机制、工作原则的基础上,建立县直部门与包扶挂点村结对共建、活动共联制度、强化了保障措施、考核督查和宣传推广制度。举办"文明泾源 闽宁同行——泾源县首届志愿服务项目大赛"和全县新时代文明实践所(站)建设互学互观互评活动,完成10个新时代文明实践站提质改造,围绕红色教育、文艺文化、助困助残、服务特色产业发展、服务闽宁协作项目等主题建成新时代文明实践基地9个,新时代文明实践广场5个,新时代文明实践公园1个。县级领导带头参加志愿服务活动,全县各级各类志愿服务队伍开展文明实践活动1400余场次,覆盖群众10余万人次,"零距离"的贴心服务,传播了理论好声音,唱响了美好新生活,彰显了文明新风貌,传递了文明正能量。

【文化文艺】以泾源特色农产品为依托,挖掘全国"绿水青山就是金山银山"实践创新基地文化,完成老龙潭革命烈士纪念亭提升改造,提升改造4个文化示范点,隆重推出宁夏首部实景花儿歌舞剧《柳毅传书》,在中央电视台、厦门卫视、宁夏电视台和互联网10余个新媒体平台持续宣传推介泾源特色农产品,通过线上线下、直播带货等形式开展全域旅游、特色农产品、特色美食推介活动70余场次。以春节、清明节、中秋季等传统节日为切入点,举办农民篮球运动会、趣味运动会、邻里节,组织开展"开展迎新春 庆佳节 送文化"、文化进万家、送书下乡、流动红书包等各类文化活动近200场次。

【宣传思想队伍建设】开展"讲政治、担使命、守纪律"活动,加强政治机关意识教育,加强宣传思想系统理论武装,落实"三会一课"制度和主题党日活动,丰富党内组织生活形式,贯彻落实好党风廉政建设、推动全系统旗帜鲜明讲政治。在全县宣传思想文化系统开展抓学习、比思想,提升履职尽责能力;抓作风、比担当,提升干部队伍形象;抓载体、比落实,提升宣传思想成效;抓导向、比创新,提升引领发展能力;抓典型、比亮点,提升示范带动效能;抓考评、比质量,提升目标管理质效"六抓六比六提升"活动,着力打造一支政治过硬、本领高强、求实创新、能打胜仗的宣传思想工作队伍、推进宣传思想战线全面从严治党,涵养风清气正的政治生态。

统战工作

【概况】2022年,统战工作在区市党委统战部门的关心指导下,在县委和政府的坚强领导下和县委统一战线工作领导小组各成员单位的密切配合下,坚持以习近平新时代中国特色社会主义思想为指导,深入学习贯彻习近平总书记关于做好新时代党的统一战线工作的重要思想、关于加强和改进民族工作的重要思想和关于宗教工作的重要论述精神,坚持稳中求进总基调,聚焦"五个示范县"建设,全面落实中央及区市统战工作会议部署要求,推进各项工作落细落实,为助力全县经济社会高质量发展,全面建设社会主义现代化美丽新宁夏的泾源画卷凝聚了智慧和力量。

【政治引领】坚持以深入学习贯彻习近平新时代中国特色社会主义思想为统领,以学习贯彻党的二十大和自治区第十三次党代会精神为主线,在全县统一战线各领域开展"喜迎二十大"主题教育活动,举办统一战线各界主题学习班,召开座谈交流会议,开展各类各层次理论法规政策宣讲,开展线上线下铸牢中华民族共同体意识教育宣讲,实现干部群众学习教育全覆盖。清明节前夕,组织统一战线各界代表人士赴老龙潭烈士纪念亭开展"缅怀革命先烈、赓续红色基因"活动，教育引导广大统战成员铭记初心使命、主动担当作为，为全县经济社会发展贡献力量。落实统一战线意识形态工作责任制，统筹做好涉统战领域舆情应对处置和舆情引导，突出做好线下民族宗教基础工作，维护了全县统一战线领域和谐。组织全县统战系统意识形态联席会议3次。坚持把防风险除隐患作为重点，建立全县统战领域风险隐患防范"日分析研判、周调度化解"工作机制，结合实际制定印发实施方案和责任清单，明确目标任务和防范措施，全面靠实齐抓共管的责任。召开全县统战领域风险隐患分析研判会，民族宗教工作联席会议。召开县委统一战线工作领导小组会议，安排部署全年统一战线工作，将年度任务分解到各成员单位，凝聚齐抓共管的工作合力。

【民族团结进步创建】制定印发《中共泾源县委员会关于贯彻落实〈关于以铸牢中华民族共同体意识为主线推进新时代民族工作高质量发展的实施意见〉的实施方案》《泾源县创建铸牢中华民族共同体意识示范县实施方案》《泾源县2022年铸牢中华民族共同体意识示范县创建工作安排》以及相应的责任清单、任务清单，召开创建铸牢中华民族共同体意识示范县推进会，推动铸牢中华民族共同体意识示范县创建。在县城街道显眼位置、乡村文化广场、公交车、LED电子屏等制作铸牢中华民族共同体意识主题宣传橱窗、半永久性标语等200余处，折页2000份，各类宣传品10000余个，推送主题短信20000条。

做好迎接全国民族团结进步示范县复审复验工作，政府主要领导主持召开复审复验推进会，安排部署，印发了《泾源县巩固提升全国民族团结进步示范县复验工作实施方案》以及《关于做好2022年民族团结进步示范单位推荐创建工作的通知》《泾源县2022年民族团结进步示范点建设方案》等文件，全面靠实创建单位责任，坚持清单化推进落实，各项工作取得了良好成效。推进民族团结进步"七进"活动，申报推荐全国民族团结进步示范乡1个，区级民族团结进步示范点5个。组织各创建单位开展民族团结进步创建互观互检活动2次，民族团结进步创建专项督查3次。坚持把宣传教育贯穿创建工作全过程，邀请"寻美·固原""寻美·宁夏"视频拍摄活动，对全县民族团结进步示范村冶家村、集美村等进行拍摄，全面展示泾源县民族团结、产业发展、生态建设、乡村振兴等方面取得的成绩。全县民族团结进步创建典型材料在华兴时报发布。开展"砥砺奋进绽新声"音频作品展演活动，录制民族团结进步小故事10篇，拍摄典型人物先进事迹3人，展现武汉疫情期间泾源县护士刘玉梅驰援武汉的感人事迹。组织开展民族团结进步月活动，召开民族团结进步月启动会议，举办主题演讲比赛、线上网络答题、主题征文、社区邻里节、红色教育、主题党日等丰富多样的活动，营造了全县各族干部群众共居共学共事共乐的良好社会氛围。

【统战工作】做好无党派人士、新的社会阶层人士和自由职业人员等统战成员认定工作，严把认定条件、严格资格审查，全县认定无党派人士9名，新的社会阶层人士16名，自由职业人员5名。召开"万企兴万村"启动大会,指导村企签订协议结对帮扶,助力乡村振兴。开展"工商联+"活动,联合检察院、法院等开展活动。围绕泾源县产业发展、营商环境改善等方面提交提案议案。开展全县华侨华人、归侨、侨眷、留学人员、港澳台人员及国内亲属普查工作,建立人员信息库。开展华人华侨和留学生家属等统战人员的走访、慰问、座谈"三个一"活动,密切联系驻集美村、羊槽村的台籍青年。争取自治区民委少数民族发展资金,统筹整合主要用于肉牛、中蜂等特色产业发展,助力乡村振兴。完成"健康饮茶·送茶入户"项目,为困难群众发放低氟"边销茶"。

【自身建设】开展"让党中央放心、让人民群众满意""五型"模范机关创建工作,推动党史学习教育成果常态化长效化机制。落实"三会一课"、主题党日、双评双定等各项制度,做好与香水社区、六盘山镇大庄村党建工作联合共建活动,加强党员日常教育管理。落实党风廉政建设责任制,开展"转作风抓落实提效能年"活动,召开专题会议,印发年度工作要点,签订党风廉政建设承诺书和目标管理责任书,确保党风廉政建设各项工作落实落细。严格执行中央八项规定及其实施细则精神、自治区八条禁令和市委"十项规定",开展廉政专题学习,讲廉政党课,开展知识测试。开展"两个"违规专项整治活动,召开组织生活会,开展专题学习,撰写心得体会,观看廉政警示教育片,领导干部全部签订专项整治承诺书。实行班子成员包抓联系乡镇制度,落实重点任务"周汇报、月清单、季小结"工作机制,有效调度推进各项工作任务落准落实落细。落实信息编发"三审三校"等制度,向区市报送统战工作信息,及时反映全县统一战线各领域工作实况。全年报送统战信息112期,信息报送排名全市、全县前列。

政策研究

【概况】2022年,在区市党委领导和改革办指导下,泾源县始终坚持以习近平新时代中国特色社会主义思想为指导,认真学习党的二十大精神,深入贯彻习近平总书记关于全面深化改革的重要论述与视察宁夏重要讲话和重要指示批示精神,全面落实自治区第十三次党代会、十三届二次全会和市委五届五次、六次全会精神,聚焦先行区建设,围绕"六权"改革、"六大提升行动"、特色产业发展、社会治理以及党的建设等改革重点,进一步解放思想、强化组织领导、完善制度机制、提升改革成效,推动了重点领域和关键环节改革任务落实落细。

【改革责任落实】优化调整县委深化改革委员会,明确县委副书记任改革办主任,增设专职副主任,改革专项小组由9个调整为12个,新增碳排放权和用能权改革专班,每个专项小组和改革专班全部由县级领导牵头,并配套制定重要改革方案制定、重要改革任务推动落实、专项小组"三个工作细则",为全面深化改革提供了组织保证。县委和政府高度重视改革工作,县委常委会会议11次、政府常务会议12次、县委深改委会议2次,传达学习党中央和区市党委全面深化改革有关精神，研究部署我县深化改革工作。县委深改委专题研究制定《县委全面深化改革委员会2022年工作要点》《推进落实2022年全区改革任务清单》《推进落实2022"四权"改革任务清单》《关于贯彻落实自治区第十三次党代会精神继续推进全面深化改革的实施意见》《鼓励和规范改革先行试点办法》《关于深入推进全县改革试点工作的实施方案》等文件，专题听取12个改革专项小组和"六权"改革推进落实情况汇报，推动了各项改革任务落实落细。县委和政府把深化改革工作纳入年度县委督查计划和重点工作"周报告"制度的重要内容，先后研究审定有关深化改革工作文件40余份，县委常委会专题通报改革进展，不定期听取"六权"改革推进落实情况。县委和政府主要负责同志分别调研改革工作10次、8次，一线推动协调解决土地、项目、资金、人员等具体问题。县委副书记、改革办主任带队督查改革任务落实，抽查重点改革主责单位27个，指导改革办建立改革任务推进落实清单，对改革任务推进缓慢的书面通报、电话提醒、现场督导，确保了各项改革任务走深走实。

【经济体制改革】制定《2022年持续优化营商环境工作任务清单》，落实水电天然气等重点领域"基准价+上下浮动"市场化价格机制。编制《关于促进园区体制机制改革和高质量发展的实施方案》，实施工业园区亩均效益提升行动，加快推进园区绿色化转型。深化"放管服"改革，市场监管、不动产、投资项目在线审批平台等行业审批系统与"163"审批平台实现信息共享。推广应用"我的宁夏"App，引导办事企业和群众更多使用移动政务服务渠道，推动更多政务服务事项"网上办、掌上办"。

【国有资产管理改革】制定《泾源县国有企业改革行动实施方案》，组建泾源县国有资本投资运营集团公司，统一管理县属四家国有企业，拟定公司章程，完善企业党组织、董事会、经理层议事规则和创新激励机制。出台《泾源县国有企业"三重一大"制度实施管理办法》等文件，完善企业国有产权、资产转让、企业增资、资产对外租赁，建立机构选聘、资产评估管理等制度，规范决策行为，落实决策责任，防范决策风险，确保国有资产保值增值。

【农村改革】制定肉牛和中蜂特色产业绿色发展扶持政策，实施高素质农民培育项目。印发《泾源县第二轮土地承包到期后再延长30年试点工作方案》，确定中庄村和何堡村为试点村，对接地块核实。开展农业生产托管社会化服务，7家企业和村集体托管生产土地7.36万亩。开展种业振兴行动，建设玉米、马铃薯等农作物示范园区200亩，涉及品种近20个。制定《泾源县支持农产品加工业高质量发展实施意见》，众天蜂业蜂蜜生产、盛飞豪牛肉加工完成技术改造。建立肉牛品种改良和选育繁育机制，开展种子安格斯胚胎移植500枚，引进纯种安格斯基础母牛1000头。加强耕地管理，完成粮食生产功能区划定。

【科技体制改革】组织申报各级各类科技创新项目86项，评审立项实施51项，新认定国家科技型企业2家，区市科技型企业10家、宁夏中药材技术创新中心1家。实施自治区县域科技成果引进单一示范推广项目5项、重大科技成果转化项目1项。宁夏大学10名教授作为乡村振兴科技指导员，开展科技服务。出台科技支持产业发展、助力"六大提升行动"实施措施，引进2家科技服务中介机构。组织召开全县政企银座谈会，引导3家企业申请"宁科贷"贷款698万元。

【**文化体制改革**】制定《泾源县深化拓展新时代文明实践工作方案》，全县7个乡镇、99个行政村（社区）新时代文明实践中心（所、站）实现全覆盖。印发《关于新时代加强和改进思想政治工作实施方案》《精神文明创建三年行动计划》，建立任务清单，完善文明创建动态管理机制。落实文化强区建设，完善公共文化政策体系，结合各类涉文化项目的实施，推动改革任务落实。

【**社会保障体制改革**】制定《泾源县事业单位管理岗位职员等级晋升工作方案》等配套制度，与全国统筹信息系统实现联通运行。实施企业年金制度，机关事业单位养老保险职业年金参保4291人、新增63人。健全部门信息比对和数据共享机制，发放各类社会救助资金7608.72万元，涵盖"三类"人群424户635人。建成县乡社会工作服务体系，备案社区社会组织58家，排查"僵尸型"社会组织22家，注销15家、激活7家。婚姻登记业务实现全区通办。

【**教育领域改革**】完成"县管校聘"改革，中小学更名10所、撤销28所，1022名在编教师全部竞聘上岗。创建自治区"互联网+教育"标杆校5所、智慧校园试点校11所，建成思政课名师工作室2个，打造特色学校24所、特色班级126个。实施二中、五幼、高级中学综合建设等项目，义务教育、普通高中阶段教育"大班额"全部消除，人均占有体育场地面积达5.6平方米。常态化推行"五位一体"控辍保学联控联保长效机制，义务教育控辍保学实现动态清零。建立校外培训机构责任督学挂牌督导制度，医教联合体覆盖面达到100%。

【**医药卫生体制改革**】推广三明医改经验，制定《泾源县推动公立医院高质量发展实施方案》，成立县医疗健康总院，将县人民医院等11所医疗卫生机构纳入医共体，科学制定院内绩效分配办法。实施县医院急救救治能力提升项目，县医院中医楼、独立感染楼和标准化PCR实验室建成投入使用，预检分诊、发热诊室、核酸采样点实现乡镇全覆盖，中医药服务患者占门诊就诊率35%以上。实施全民健康水平提升行动，深化"不合理检查、不合理用药、不合理治疗"专项整治，推进"互联网+医疗健康"一体化平台建设，家庭医生电子化签约6.7万人。

【**司法体制改革**】推进民事诉讼制度改革，完善公益诉讼制度，刑事案件律师辩护实现全覆盖，推行法官村官"双助理"工作机制和涉党政机关案件诉前"函告制"，探索建立六盘山法庭"123+微法庭"多元解纷新路径。健全检察官办案责任制，常态化开展案件评查，保障检察官办案自主权。建立刑事侦查责任制，建成执法办案管理中心，智能化改造7个办案区，推动执法质量提升。完善行政权力运行监督机制，推进县乡村"一站式"调解中心建设，建立"多元调解+立案速裁"工作模式,力争将矛盾纠纷化解在基层。

【生态文明体制改革】巩固拓展"绿水青山就是金山银山"实践创新基地成果,深化"2433"造林模式,完成生态修复营造林8万亩、历史遗留废弃矿山修复1580亩、山水林田湖草生态保护修复2164亩,森林覆盖率超过42.24%。坚决打好蓝天、碧水、净土保卫战,推进"散乱污"企业整治和煤改电、煤改气及清洁能源应用,落实黄河流域生态保护警示片披露问题整改,全县空气质量优良天数比例达到97.5%,国控出境断面水质稳定保持在Ⅱ类标准。建设高标准农田1.2万亩,高效节水灌溉5000亩,落实耕地地力保护11万亩,回收残膜7万亩705余吨,化肥使用量连续5年实现负增长。

【党的建设制度改革】创建"六盘先锋"党建品牌,打造不同领域、不同类型党建品牌示范点28个。深化社区"联合党委"运行机制,建立"六盘义警"义务巡防队,搭建"有事大家说""板凳会"等议事平台,争创党建引领乡村治理试点县。制定《关于大力推进新时代人才强县战略的实施意见》,推行"才聚泾源1594计划"。调整设立市场监管、农业综合、文化市场、交通运输4个综合执法机构,优化调整编制44名,设立7个乡镇综合执法办公室。完成文物保护工作机构改革,完成县委党校(行政学院)办学质量评估。

【纪检监察体制改革】制定《加强对"一把手"和领导班子监督责任清单》等文件,健全派驻机构十一项制度,建立纪检、巡察与审计"三类监督"联席会议制度,推行"纪检监察室+乡镇纪委+派驻纪检监察组"片区协作工作机制,化解基层工作人员不足、案源不均等问题。制定《关于开展农村集体"三资"管理领域侵害群众利益不正之风提级监督试点工作方案》,探索建立试点村提级监督"1234"工作机制,打通基层监督"最后一公里"。加强巡察信息化建设,推进巡察全覆盖。

【其他领域改革】将县委国家安全委员会办公室和外事委员会办公室职能调整到县委办公室,增设国安委办公室专职副主任。制定《泾源县共青团基层组织改革工作实施意见》,残联、文联、红十字会相继完成换届,工会换届确保年内完成。组建县乡应急救援队伍和半专业应急救援队伍,完成5大灾种以及承载体、综合减灾能力和历史灾害普查,建立"1+17"应急指挥救援体系,提升应急指挥救援能力。制定《县乡村宗教事务管理责任清单和负面清单》,深化"感恩、认同、法治、文明"主题教育,积极创建铸牢中华民族共同体意识示范县。

【用水权改革】完成农业、工业、养殖业用水权确权,实现农业用水确权到村管理到户、工业和规模化养殖业用水确权到户。推进水价综合改革,建立用水权基准价,完成取水口计量设施安装,实行"阶梯水价、超定额累进加价"制度,收取工业用水有偿使用费0.78万元。深化水资源税改革,调整"末端征税"为"取水端征税",征收水资源税18.67万元。健全用水权投融资机制,制定金融支持用水权改革实施方案。《水资源价值评估研究报告》完成编制、通过评审,正在对接争取国家和自治区生态补偿政策、项目和资金支持。

【土地权改革】完成全县17895宗农村宅

基地"房地一体"确权登记,实现应确尽确、应颁尽颁。建立农村集体建设用地数据库,完成525宗权籍调查和现场航拍,154宗符合确权登记的全部登簿缮证。稳慎化解历史遗留问题,逐乡逐村核实10349宗暂不符合确权登记发证条件的农村宅基地,分批分次解决17个老旧小区576套住宅不动产登记难题。国土空间总体规划形成初步成果,"三区三线"完成矢量数据审核,园子村、冶家村等14个村完成实用性规划编制,沙源村"多规合一"试点批准实施。编制耕地"进出平衡"实施方案,自治区下发耕地变化图斑完成核查举证和整改上报。因地制宜盘活土地资源,结合2022年秋季高标准农田建设,清退苗木2.4万亩用于特色产业发展,发挥"藏地于林"的优势。

【排污权改革】完成全县工业、农业、生活源的二氧化硫、氮氧化物、化学需氧量、氨氮4项主要污染物排放现状调查和评估,核定企业初始排污权,确权登记二氧化硫27.36吨、氮氧化物72.34吨、化学需氧量150.02吨、氨氮18.558吨。开展第二批次登记管理类企业以及新增企业初始排污权核算工作,核查企事业单位38家,新增初始排污权重点管理企业1家(集中供暖公司),政府储备权企业3家,储备二氧化硫10.368吨,氮氧化物3.175吨。实施排污许可管理,强化排污许可执法监管,落实环保信用评价制度,增强企业环境治理主体责任。

【山林权改革】完成全县7个乡镇96个行政村48.8万亩林地地类界线落界,2.7万余宗林地原始资料完成电子矢量化录入和群众签字确认,举办林权类不动产证颁发仪式。落实森林保险制度,统筹资金34.32万元,17.16万亩国家和地方公益林实现政策性参保。落实林长制,构建县乡村三级林长体系,建立"林长+警长"联合协作、"林长+检察长"公益诉讼机制。编制闽宁碳汇林建设方案,完成绿化造林8万亩,外销各类苗木2000余万株。发展经济林产业,间作套种山桐子5000余亩、道地中药材7000余亩,棚育露栽羊肚菌34.3亩、香菇54万棒。

【用能权和碳排放权改革】加强与自治区发改委、生态环境厅等单位对接沟通,跟进了解自治区相关改革方案重点、具体举措等,确保自治区实施方案下发后,快速有效开展工作。成立用能权和碳排放权改革专项小组,建立政府分管副县长包抓、发改局和生态环境局牵头、各责任单位联动协作的责任体系。谋划开展全县能源、煤炭消费情况摸底工作,与中国建材集团洽谈商定实施森林碳汇核算开发利用项目,争取将泾源县纳入全区用能权改革试点和碳汇改革试点。

【改革试点】引进宁苗生态园林和上海能源科技公司,探索建立燕家山"生态修复+一二三产业"融合发展、青龙山"生态修复+低碳能源"绿色发展新模式。燕家山项目完成投资2770万元,实施生态修复900亩,种植六盘山特色花灌木和叶用枸杞等200余万株。青龙山流域项目完成投资1100万元,实施生态造林2000亩,县城部分单位和集美村等重点村完成光伏项目设施布设,社会资本参与生态保护修复试点改革取得阶段性成效。

史志工作

【概况】2022年是进入全面建设社会主义现代化国家、向第二个百年奋斗目标进军新征程的重要一年，也是地方志工作抢抓机遇、寻求发展之年。泾源县党史和地方志研究室在区、市史志研究室的指导和县委、政府的领导下，坚持以习近平新时代中国特色社会主义思想为指导，认真学习贯彻党的十九届六中全会精神、自治区第十三次党代会精神、党的二十大精神，开展党史学习教育，牢固树立增强"四个意识"、坚定"四个自信"、做到"两个维护"，围绕中心工作确定目标任务，赓续血脉、传承文脉，坚持顺应新时代、记录新时代、服务新时代，担当起"为党立言、为国存史、为民修志"的职责，推动史志工作稳步开展。

【理论学习】深入学习领会习近平总书记、李克强总理关于地方志工作的重要指示精神，学习党的十九届历次会议精神、自治区第十三次党代会精神、党的二十大精神和习近平总书记的重要讲话精神，学习《中国共产党宣传工作简史》《习近平关于档案工作、历史学习与研究、文化遗产保护重要论述摘编》，学习中国地方志工作办公室党组书记高京斋《大力弘扬伟大建党精神 全面提升年鉴事业服务新时代水平》等有关讲话批示精神，学习《宪法》《民法典》《合同法》等法律法规和各项规章制度及工作条例。认真学习贯彻理论知识，深刻领悟党的创新理论，加强意识形态建设，不断提高政治判断力、政治领悟力、政治执行力，确保政治方向不偏，始终在思想上政治上行动上同以习近平同志为核心的党中央保持高度一致。坚持用理论武装头脑、指导实践，推动史志工作有效提升。

【年鉴编修】一年一鉴是地方志研究室的常态性工作，任务重、要求高，每个环节都需付出大量的人力和物力。县委、政府高度重视史志工作，年初申请财政经费10万元，从2022年2月由县委办公室发文开始，编辑工作稳步进行，历经文字、图片资料的收集、整理、存档，年鉴的编辑、修改、审核、校对等环节，完成了《泾源年鉴（2022）》60余万字的编纂、校对及出版印刷工作。

【扶贫志编修】扶贫志主要记述泾源县进行脱贫攻坚的伟大斗争，展现了泾源人民艰苦奋斗、顽强拼搏的精神风貌，县委、政府对此高度重视。县委常委会专题传达习近平总书记关于编纂中国扶贫志的重要批示精神和区市党委有关安排部署，建立"季安排、月调度、周推进"工作机制；召开全县扶贫志编纂推进会，制定《扶贫志编纂工作方案》《扶贫志编纂进度安排》和《扶贫志篇目大纲》，下发《关于做好泾源县扶贫志编纂工作通知》，明确组织领导、任务分工、时间步骤、保障措施、63个成员单位及分管领导和工作人员、资料收集范围、"三个一批"收集机制和完成时限。9月中旬召开泾源县扶贫志编纂工作业务培训会，邀请固原市地方志研究室副主任杨永成开展理论辅导、专家组张家铎开展业务辅导，确保编纂工作高质高效推进。按照"详近略远"原则，建立"部门初审、编写组会审、社会专家评审、编审委员会终审"审核机制，保障编纂工作有序推进。11月25日，泾源县扶贫志全面完成了资料收集及大纲审定工作，正式进入编纂环节，年内已完成20余万字的编纂任务。

【史志研究整理】 贯彻落实中央和区、市、县有关党史工作的方针，征集、整理、编纂县委重要党史资料，搜集、整理和研究有关中共党史、中共地方党史的信息资料。每日收集、整理县委及各领导的工作和县内重要活动，编辑《县委工作动态》12期。联系档案馆等单位，收集、整理《中国共产党泾源历史大事记（2020—2025）》《中国共产党泾源历史（1978—2012年）》的相关资料。开展《脱贫攻坚口述史（宁夏卷）》（泾源部分）征编工作，累计向区党委党史研究室报送脱贫攻坚口述实录7篇。响应区党委党史研究室工作要求，开展中华版本普查工作。收集、整理有关抗击新冠肺炎疫情的口述史资料和文献资料，为编写《泾源县防控新冠肺炎疫情工作文献选编》《泾源县防控新冠肺炎疫情工作大事记》做好准备。收集整理真实记录泾源县党的建设、政治建设、经济建设和文化建设的相关资料，发挥史志研究的工作职能。

【宣传教育】 组织党史学习教育活动，通过线上线下方式，为机关、社区、农村、学校等开展宣传宣讲，全年开展党史学习教育宣讲9次，受众1000余人（次）；以主题党日为载体，以泾源县老龙潭革命烈士陵园、大湾乡杨岭村村史馆为阵地，通过实地重游的方式，用平实的语言、生动的事例、真挚的情感，重温先辈们抛头颅、洒热血、保家卫国的革命精神，让党员干部切实感受到今日的美好生活来之不易，将坚定不移跟党走，矢志奋进建新功，把牢正确的政治方向，推动党的创新理论走实走深。5月18日，在泾源县广场举办了"5·18"地方志宣传日活动，通过展板、宣传折页、赠送志书等方式向广大群众宣传地方志相关知识、地方志研究室的工作、地方志与广大人民的联系、地方志与经济社会发展的关系等等，提高了群众读志用志意识及对地方志工作的认识。

【信息化建设】 利用现有的基础设施，加快推进信息化建设。对地方志书、年鉴进行数字化处理，已完成现存所有志书、年鉴的数字化备份工作。完善图书资料，全年为县域各单位提供各类资料查阅服务20余次，得到了各单位的一致认可。对接区图书馆、区党校图书馆、泾源县图书馆，发放志书、年鉴、史话等书籍200余本，达到了"存史、资政、育人"的效果，推动了地方志工作发展。

机构编制

【概况】 2022年，坚持以习近平新时代中国特色社会主义思想为指导，认真学习贯彻习近平总书记关于党和国家机构改革、做好新时代机构编制工作的一系列重要论述，落实中央和区市县党委和政府关于机构改革工作的安排部署，坚持优化协同高效原则，推进机构编制工作向纵深发展，为服务全县经济社会发展、助推乡村振兴提供体制机制保障。

【《条例》及配套法规制度学习】 把握新时代机构编制工作的目标方向和根本任务，在县委常委会、理论学习中心组学习、编委会、党校培训班上先后学习了自治区党委书记、编委主任梁言顺同志在自治区党委机构编制委员会第七次会议上的讲话和自治区党委编委印发的《关于加强机构编制违规违纪违法行为预防教育的实施意见》《关于统筹使用各类编制资源的实施意见》《机构编制管理评估办法（试行）》《机构编制监督检查工作办法》《机构编制违规违纪违法行为处理和问责规则（试行）》《宁夏回族自治区事业单位机构编制管理办法（试行）》等法规制度，与党校沟通对接将《条例》及配套法规制度纳入本年干部培训课程，组织各部门（单位）领导干部开展机构编制理论政策学习。

【机构编制优化】修订印发了《泾源县文学艺术界联合会机构编制规定》《泾源县工商业联合会机构编制规定》，将县委国安办、外事办机构职能整体调整至县委办公室，为县委办核增1名副科级领导职数专门用于设置国安办专职副主任，为禁毒办核增专职副主任1名，增强了工作合力。针对区市对医药卫生体制改革的要求进行研判，通过征求区市及县卫生系统意见，印发了《关于在医药卫生体制改革工作中明确机构编制事项的通知》。对轻工产业园区、文物所等单位提出的机构编制事项请示深入开展调研，充分研判论证，广泛征求意见，及时调整优化。对教育、发改、农业农村、自然资源申请的机构调整优化事项分项调研、分类论证、分步实施。在全县中小学教师"县管校聘"改革中，为教育局调整核增1名副科级领导职数，按照优化协同高效原则对28所空壳学校进行撤销，对10所学校名称进行规范，新设学校1所，在全县教职工1077名编制总量内，按班师比、师生比等相关标准对全县53个中小学教职工编制重新进行核定，对在职教职工全部实行备案管理。

【机构编制监管】为认真落实机构编制监督检查和管理评估，印发了《关于进一步规范机构编制管理工作有关事项的通知》《关于开展"三定"规定执行情况监督检查工作的通知》，对全县35个党政事业单位机构设置、职能履行、人员编制等情况开展了监督检查，共发现各部门（单位）机构设置方面问题14项、职能履行方面问题37项、编制管理方面问题61项，第一时间下发整改通知书督促各单位整改落实。结合县委巡察工作，对泾河源镇、六盘山镇、科技局、审批局开展了机构编制专项巡察，第一时间将巡察发现问题反馈给县委巡察办，督促被巡察单位按期整改，确保机构编制问题整改落实到位。根据全县机构编制工作实际，研究制定《关于开展机构编制执行情况和使用效益评估的通知（审议稿）》，梳理制定了评估指标7类40条，拟订机构编制执行情况和使用效益自评报告模板4项，梳理机构编制执行情况和使用效益评估材料清单12项，并对农业农村局、自然资源局、水务局、卫生院及三所中小学进行了试点评估，取得了较好成效。

【机构编制信息管理】按照区市统一安排部署，开展新版宁夏机构编制信息管理平台测试运行工作。同时，按照新版系统确定的信息数据，事先谋划、提前决策，对标新版系统制定的信息数据，印发了《关于做好行政事业单位人员信息录改工作的通知》，对全县所有机关事业单位在编人员信息全面开展核查,梳理汇总33个单位2940条信息数据,先后两次对机构编制实名制库数据进行核实修改,保证数据信息准确、全面。同时,强化事业单位法人事中事后监管,对78个法人事业单位年度报告开展"事业单位在线"公示,按照"双随机、一公开"原则,对13个事业单位登记管理情况进行了实地核查,推进事业单位登记管理服务标准化。

【乡镇机构改革评估】 按照区、市关于开展乡镇(街道)机构改革评估工作要求,紧盯评估工作各项指标任务,研究评估指标,制订评估方案,成立了由县委常委、组织部部长为组长,改革牵头部门负责同志为成员的领导小组,对乡镇机构改革任务落实情况全面进行大起底、大检查、大整改,按照"以评促改、以评促建"的原则,对全县7个乡镇软硬件环境进行了监督检查,通过实地察看、民主测评、查阅资料、座谈交流等方式,掌握各乡镇机构改革完成情况,了解改革成效,并逐一对照指标任务,梳理存在问题,并召开会议向乡镇党委书记、分管领导、5办4中心负责人现场反馈问题,提出意见建议。共梳理反馈各类问题106条,提出整改意见103条,下发整改通知书34份,并督促限期整改落实到位,巩固提升乡镇机构改革成果。8月份,全面接受固原市乡镇机构改革评估,并取得全市第一的成绩。

【自身建设】 把学习贯彻习近平新时代中国特色社会主义思想作为根本任务,深入学习党的二十大精神、自治区十三次党代会精神,强化理论武装,按照新时期好干部标准,把讲政治的要求全面融入机构编制工作。坚持每周开展2次集中学习,每两周开展1次交流研讨,干部每月撰写1篇心得体会,每季度开展1次小结评估的"1211"工作机制,牢固树立党的机关、政治机关意识,推进"五型"机关创建,巩固县级文明单位成果。强化作风建设,践行党的群众路线,毫不松懈纠正"四风",着力打造过硬干部队伍,为全县经济社会发展提供体制机制保障。

巡察工作

【常规巡察】 全年开展常规巡察3轮次,巡察县管党组织9个(5个乡镇、4个部门)、村级党组织67个。第一轮轮巡察工作于2022年2月下旬启动,县委成立2个巡察组共抽调干部20名,对泾河源镇和六盘山镇及所辖的34个村进行了常规巡察。3月初两个巡察组分别进驻被巡察乡镇,5月上旬撤组,现场巡察45个工作日,发现问题135条(其中涉及镇党委层面24条,村级党组织93条,以立行立改方式反馈18条)。第二轮巡察工作于2022年6月下旬启动,成立3个巡察组共抽调干部21名,完成对兴盛乡、黄花乡、大湾乡以及下辖的33个村级党组织的巡察任务。6月底进驻,8月底撤组,现场巡察40个工作日,发现问题271条,其中:乡党委层面103条;村级方面168条;发现问题线索1条;以立行立改方式反馈问题24条。第三轮巡察于2022年10月下旬启动,县委成立四个巡察组共抽调干部24名,完成对县农业农村局、民政局、住建局、文旅局(其中县农业农村局与彭阳县交叉巡察)4个党组织的巡察任务。11

月下旬进驻,现场巡察40个工作日,发现问题128条。截至年底,前两轮巡察反馈问题整改率91.6%。

【巡察问题整改情况督查】 2022年10月28日,县委书记王荣同志带领县委分管领导和巡察办负责人,采取不发通知、不打招呼、不听汇报、不搞陪同、直奔基层、直插现场的方式,深入2个乡镇3个村组、1个扶贫车间、1户脱贫户家中,对第二轮巡察反馈的7个重点难点问题整改情况进行督查,现场了解整改进展情况,查看被巡察单位是否真查真改,向被巡单位传递县委主要领导高度重视巡察整改工作的信息和导向。

【信息化建设】 录入了十五届县委第一轮巡察数据,将第一、第二轮巡察数据录入到巡视巡察网络平台,并完成对系统单机的数据配置任务。

【帮扶工作】 坚持每月入户走访帮扶的东山坡村60户脱贫户,宣传党的二十大精神、一号文件精神和泾源县惠民政策,记录收入台账,填写有关表册,增进感情、提高满意度。

【理论武装】 学习贯彻习近平新时代中国特色社会主义思想主题教育,先后学习了习近平总书记在党的十九届六中全会上的重要讲话精神,党的二十大报告、二十大党章修正案、《习近平谈治国理政》第四卷,习近平总书记关于巡视工作重要论述。学习贯彻习近平法治思想,将《习近平法治思想学习纲要》《民法典》作为日常学习内容,增强法制意识和法律知识,做到学法、懂法、用法,树立依法行政的意识。全年累计参加全县领导干部专题学习班2期、参加全区巡察干部专题培训班6人次,组织单位开展集中学习32次、撰写心得体会10篇、理论文章5篇。

党校工作

【概况】 2022年,县委党校以习近平新时代中国特色社会主义思想为指导,围绕贯彻落实区市县委决策部署,把握党校姓党根本原则和从严治校根本方针,抓住迎接办学质量评估主责主线,聚焦党校主业主课和教职工素质能力提升中心任务,补短板、强弱项、激活力,党校(行政学校)工作得到加强。

【政治建设】 坚持"党校姓党"根本原则,抓好政治建设,把政治标准和政治要求贯穿党校工作始终,始终高扬党的理想信念旗帜,坚定捍卫"两个确立",坚决做到"两个维护"。牢牢把握正确的政治方向,全年安排意识形态工作4次。紧跟党的理论创新步伐,做好讲话、会议精神、重要思想进课堂、进头脑工作。管好课堂阵地,严把课堂教学内容关,坚持党校课堂讲纪律,无"杂音"。

【理论学习】 制定理论学习计划,落实第一议题制度、二五学习制度。围绕学习贯彻习近平新时代中国特色社会主义思想主题教育和习近平总书记视察宁夏重要讲话和重要指示批示精神,中央民族工作会议精神,自治区第十三次党代会精神,中央和区、市、县有关会议精神,《习近平谈治国理政》(第四卷)《改革开放简史》《中国共产党宣传工作简史》等内容,组织理论学习37次,开展交流研讨8次,交流发言50余人次。

【支部建设】 坚定党办党校、为党办校的立场和方向，强调干部职工的党校意识、党员意识、党性意识，发挥党组织的动员力、向心力和凝聚力，着力建设坚强有力的政治机关、政治学校。制定《县委党校（行政学校）建设"五型"模范机关提高党的政治建设质量实施方案》《中共泾源县委党校党支部2022年党建工作安排》，召开专题会议研究部署党建工作4次、民主生活会组织生活会3次、支部主题党日10次、党员大会5次。常务副校长带头履行第一责任人职责，带头落实讲党课制度，按照要求推动"三会一课"、组织生活会、民主评议等制度落实落细。

【理论宣讲】结合习近平总书记视察宁夏重要讲话和重要指示批示精神、铸牢中华民族共同体意识、自治区第十三次党代会精神等主题，校教职工精心备课，主动承担宣讲任务，深入县老干部局、县妇联、县法院开展多层次宣讲。全年累计开展宣讲15场次，覆盖750余人次，将党的创新理论传递到基层。

【干部培训】全年举办干部培训班8期，培训5981人次，同比增长79%。其中全县农村党员冬季轮训暨抓党建促乡村振兴示范培训班1期3500人；泾源县乡村妇联主席履职能力提升培训班1期120人；全县新时代基层干部主题培训班2期231人；泾源县新时代基层干部主题培训暨抓党建促乡村振兴专题培训班1期142人；全县科级领导干部学习贯彻自治区第十三次党代会精神培训班1期1377人，泾源县新时代基层干部抓党建促乡村振兴闽宁协作专题培训班1期，培训390人，党校干部培训主渠道主阵地作用得到释放。

【网络培训】采取"月通报、月督促、月提醒"机制，定期督促参训人员及时参加网络培训。全县参训人员765人（公务员732名，事业领导干部33人），参学率100%。

【党校师资培训】组织教师参加"网上党校"十九届六中全会精神解读、全区党校（行政学院）系统学习贯彻党的第十二大精神师资培训班培训2场，打磨现有课程2个（《十九届六中全会精神解读》《自治区十二届十三次、十四次会议精神、固原市第五次党代会、泾源县第十五次党代会精神》）。鼓励年轻教师参与县内活动，参加由团委举办的"新时代国家安全观"主题演讲比赛，校职工王艳、明雪分别获一、二等奖。

【理论研究】参与2022年度全区党校系统智库课题立项，课题《泾源县加快铸牢中华民族共同体意识示范县的实现路径》成功立项并列入2022年度全区党校系统智库课题。组织教职工撰写理论文章，参与论文征集6次，提交论文26篇。校干部职工王艳撰写《习近平总书记关于全过程人民民主的重要论述研究》，入会全区党校（行政学院〔校〕）系统学习宣传贯彻党的二十大精神理论研讨会。

【驻村帮扶】按照县委统一要求，选派1名副校长、1名工作人员分别任驻村第一书记和队员，对帮扶人员进行了重新调整，选派7名帮扶责任人，完成六盘山镇农林村39户建档立卡户的"四查四补"、政策宣讲、脱贫手册填写、年度家庭收入核算等工作任务，协助开展了荒山造林、60岁以上老年人养老保险认证等工作，为全县巩固脱贫攻坚和乡村振兴有效衔接工作开展作出了贡献。组建以党校主要负责人为组长，分管负责人为副组长、其他帮扶干部职工为组员的宣讲队,深入村部、农户家中、田间地头,深入宣讲重要讲话、重要会议精神以及相关政策知识,激励广大脱贫群众致富信心和决心。对接宁夏第四建筑工程有限公司第一分公司捐赠价值6700余元的大米、食用油,勉励脱贫户要深入学习党的二十大精神,增强信心,艰苦奋斗,努力创造美好幸福的新生活。

【从严治党】把旗帜鲜明讲政治融入党校(行政学校)工作全过程和各方面,坚持"严"的主基调,落实从严治党主体责任清单,严肃党内政治生活,增强党内政治生活的政治性、时代性、原则性、战斗性。落实从严治党"两个责任",班子成员"一岗双责",一体推进"三不腐"机制,深化运用监督执纪"四种形态",落实党风廉政建设和反腐败工作。利用"廉政教育警示周"时间节点,通过组织教职工收看警示教育片等形式,加强廉政教育,警示党员干部严守党纪国法,知敬畏、存戒惧、守底线。完善"三重一大"事项集体决策、领导干部带班值班、请假销假制度等多项内部制度,并发挥校委会集体决策、领导干部示范引领、全体教职工主体责任作用,推动内部制度落实落地落细。延伸监督触角,狠抓"八小时外"监督,组织教职工签订"八小时外"廉洁自律承诺书,强化教职工"慎言、慎行、慎微、慎独"意识,对日常发现的苗头性和倾向性问题及时提醒和纠正。持续纠治"四风",营造风清气正的政治生态,组织开展违规收送红包礼金和不当收益及违规借转贷或高额放贷专项整治工作。

档案工作

【概况】2022年,泾源县档案馆在县委、政府的正确领导下,在区、市、县档案主管部门的指导下,按照县委政府的统一安排部署,以习近平新时代中国特色社会主义思想为指导,全面贯彻落实党的十九届四中、五中全会精神及党的二十大精神,深入贯彻落实习近平总书记关于档案工作的重要指示批示精神,紧紧围绕四个"好"的目标要求,以实施新修订的《档案法》为牵引,以推动档案事业创新发展、高质量发展为主题,全面推进档案治理体系和档案资源体系、档案利用体系、档案安全体系建设,围绕中心服务大局,档案工作运行更加有序,档案执法标准化,规范化建设进一步加强,全县档案工作水平不断提升。

【理论学习】学习贯彻十九届四中、五中、党的二十大、自治区第十三次党代会习宣传精神,学习习近平总书记对档案工作的重要指示批示精神,县委、政府的各种会议,法律法规信息等内容。教育引导全体职工学理论、学政治、学业务,充实和提高政治理论水平和业务工作的能力。坚持以习近平新时代中国特色社会主义思想为指导,把学习贯彻党的创新理论作为干部思想教育的重中之重,结合党史学习教育,以科学理论武装头脑、指导工作、推动实践。学习习近平总书记对档案工作的重要批示精神。加强党对档案工作的领导,贯彻实施好新修订的档案法,推动档案事业创新发展,特别是要把蕴含党的初心使命的红色档案保管好、利用好,把新时代党领导人民推进实现中华民族伟大复兴的奋斗历史记录好、留存好,更好地服务党和国家工作大局、服务人民群众。

【档案执法监督检查】 档案局、馆分设后,县委办(档案局)牵头抓总,统筹协调,档案馆配合并落实各项工作任务。在每年两次保密工作和档案工作联合监督检查中,档案馆派出两名业务技术人员跟进指导,提高了各部门档案工作力度,党管档案的优势得到发挥。

【档案归集整理】 按照《宁夏回族自治区精准扶贫文件材料归档范围和整理规范》以及《自治区党委办公厅关于做好新冠肺炎疫情期间档案工作的通知》(〔2020〕22号)文件要求,档案馆成立了档案工作专班,档案工作人员全部上阵,对"两类档案"涉及单位的档案整理移交情况进行了督查,完成了两类档案的移交工作。

【档案科学化管理】 为推进档案科学化管理,提高档案查阅便捷化服务水平,在全县各建档单位推行档案数字化建设,促进数字档案系统应用,提高查阅利用服务效率。按照国家规定,向社会开放档案。优化服务,精简查阅流程,单位和个人凭介绍信或者工作证、身份证等合法证明,可随时查阅利用档案,为全县机关单位和人民群众提供更加便捷优质的服务。全年共接待查阅利用者200多人次,提供案卷利用700余卷。

【档案工作宣传】 开展宣传,明确任务职责,确保档案文化魅力不弱化。利用"6·9"国际档案日等时间节点,通过展板展示,印刷宣传手册、制作宣传手提袋、扶贫进村入户及利用公众号等方式开展宣传活动,宣传讲解档案法律法规,提高了全体公民的档案法治观念和档案意识,使广大群众认识到档案的重要性,促进了档案事业持续健康稳定发展。

【档案风险管控】 落实档案安全工作责任,县委主要负责同志协调推动解决档案库房建设,县委办公室和档案局主要负责同志实地对档案馆库房建设及安全措施进行了检查。落实档案安全责任制度,落实档案安全检查、隐患排除、应急管理等制度规定,健全防火、防水、防爆、防盗、防灾、防泄密等方面工作预案,加强档案风险管控、应急管理体系和能力建设。对馆库各项档案安全保管设备设施进行安全隐患排除整治,完善改进工作措施,确保档案实体和信息资源的绝对安全。根据固原市档案局检查反馈意见,对档案馆馆舍进行了重新布局,将二号库房搬迁至档案馆文史展厅隔壁,并加装了防盗门,楼道安装了门禁系统,确保了档案的安全管理。

【荣誉档案的收集整理】 荣誉档案是极其珍贵的国家档案资源,是集中反映地方经济社会发展历史轨迹和突出成绩的有效证明,具有较高的保存价值。根据固原市委办公室下发的《关于征集接受荣誉档案的通知》要求,档案馆组织人员对全县各部门、各乡镇所获得的集体荣誉和个人荣誉进行了征集,共征集到全县符合文件要求的集体荣誉证书19份,个人荣誉证书59人94份。

机要工作

【概况】 2022年,泾源县密码和电子政务内网工作坚持以习近平新时代中国特色社会主义思想为指导,贯彻落实习近平总书记重要指示批示精神,按照中央、自治区和市县党委关于密码的会议精神和决策部署,以落实"密码通信双提升"和"规范管理年"等活动为抓手,着力提升干部能力水平,确保中央到区市县党委政令安全畅通。

【组织领导】中共泾源县委、县密码和电子政务内网领导小组高度重视密码和电子政务内网工作,确保全面加强党对密码工作的绝对领导。2022年4月1日,泾源县召开全县密码和电子政务内网工作协调小组扩大会议,研究制定了《2022年全县党政机关机要密码工作要点》,签订密码安全保密承诺书,层层压实密码安全保密责任。在十五届2022年第17次县委常委会扩大会议上传达学习习近平总书记重要讲话和重要指示批示精神、有关文件精神,研究贯彻意见,确保重点工作任务有力有序推进。

【督导检查】为加强密码工作依法依规管理,推动职能转变和规范管理,组建联合检查工作专班,联合县委保密办先后两次对全县各机关单位密码电报使用和管理情况进行专项检查,并对各单位密码电报专管人员及时进行信息更新和登记备案,未发现有密码电报违规使用和丢失泄密情况。并现场对密码安全知识技术进行简单讲解,提高了各单位专管人员专业知识技能,压实了安全保密责任。

【服务保障】全年在译传办理各类电报、传输处理电子政务内网文件、服务保障全县各类视频会议测试工作过程中实现零延误、零差错,完成各级领导到泾源县调研等重大活动应急通信服务保障工作;对电子政务内网分级等保测评反馈问题进行整改落实;每月进行一次4G应急密码通信演练,加强系统日常维护和管理,规范操作流程,确保设备稳定运行,为各级领导活动和各类会议开展提供技术支撑和服务保障,提升快速反应能力和服务保障水平,为密码通信设备安全,设施优化升级提供保障。

【宣传教育】组织全体干部参加区级《密码法》线上公开课学习。在"4·15"全民国家安全教育日、"12·4"国家宪法日等活动中结合工作实际面向社会公众组织开展密码安全、密码普法宣传活动,印发《密码法》宣传彩页2000份、悬挂密码安全宣传横幅2条、发放密码普法教育抽纸300盒。联合县委网信办、融媒体中心等单位,在微信公众号"泾源发布"、"泾源县融媒体中心"、泾源县电视台持续推动为期一周的密码安全知识、宣教视频及密码安全标语普及宣传,同时要求各单位在LED电子显示屏循环播放密码安全标语,提升机关单位和社会公众的密码安全意识。

保密工作

【概况】2022年,泾源县保密工作坚持以习近平新时代中国特色社会主义思想为指导,坚持总体国家安全观,贯彻落实学习党的二十大精神、习近平总书记视察宁夏重要讲话和重要指示批示精神、自治区第十三次党代会精神,贯彻落实中央、区市县党委关于保密工作的会议精神和决策部署,整体推进思想政治建设、教育管理、依法治密、服务保障、网络管理等方面工作,依法治密工作进展顺利,保密意识不断加强,队伍素质稳步提升,推动全县保密工作步入新阶段。

【重要会议】2022年,在第12次、第36次县委常委会上传达学习中保委通报、固原市微信泄密专项整顿"回头看"专项检查要求,并安排部署全县保密工作。在县委理论学习中心组第4、第6次集中学习(扩大)会议组织集中学习《保密法》《密码法》和观看警示教育片。在4月1日和11月2日两次召开全县保密和机要密码工作会议,对相关工作全面安排部署,将保密工作纳入年度考核。

【督导检查】开展全县保密专项检查2次,组织机关单位保密自查3次,印发通知文件7份。两次检查以通报指出隐患为重点,并采用听取汇报、现场核对、技术检查等多种方式进行,现场反馈问题,开展业务指导,要求限期整改。通过督导检查和自查整改,压实主体责任、完善保密规章制度、规范定密工作、加强文件管控等,提高了保密意识,强化了保密防护措施。

【宣传教育】4月中旬到5月中旬,组织开展全县保密宣传教育月活动,各机关单位积极参与"保密故事大家讲"主题讲述活动,共征集到23个保密故事微视频,并推选出5个优秀作品上报自治区党委保密办,1个作品被推送至"宁夏保密"微信公众号进行展播。持续进行新媒体宣传,在《泾源发布》微平台连续推送保密知识30期,制发保密法宣传彩页1000份和宣传抽纸盒300个,在电视台、微信公众号等平台播放、发布保密公益宣传片、保密常识宣传文章等10余次,增强了保密法治意识和保密法纪观念。

网络安全和信息化工作

【概况】2022年,县委网信办坚持以习近平新时代中国特色社会主义思想为指导,贯彻落实习近平总书记关于网络强国的重要思想,学习宣传贯彻党的二十大精神,贯彻落实党中央及区市县各项决策部署,强化网络安全防护,提升舆情应对能力,建设网络良好生态,推进网络安全和信息化各项工作任务落实落细并取得成效。

【思想政治建设】坚持党的基本方针、基本立场,开展党的二十大和习近平总书记视察宁夏重要讲话和重要指示批示精神"大学习、大讨论、大宣传、大实践"活动,巩固拓展党史学习教育成果,传承红色基因,赓续红色血脉,深刻领悟"两个确立"的决定性意义,增强"四个意识"、坚定"四个自信"、做到"两个维护",在思想上政治上行动上同以习近平同志为核心的党中央保持高度一致。通过集中学习、讲党课、读书班、研讨交流和干部自学等多种形式,利用"学习强国""法宣在线"等网络学习平台,学习贯彻落实习近平新时代中国特色社会主义思想、党的二十大精神、习近平总书记关于网络强国的重要思想和习近平法治思想,特别是习近平总书记视察宁夏重要讲话和重要指示批示精神,学习《党章》《关于新形势下党内政治生活的若干准则》《习近平新时代中国特色社会主义思想学习纲要》等党内法规和理论书籍,集中学习17次,专题研讨6人次,激发全体党员干部理论学习的热情和干事创业的激情,增强网信工作的科学性、前瞻性、创造性,为新时代网信事业发展注入动力和活力。

【网络宣传引导】坚持正确的政治方向、舆论导向和价值取向,巩固壮大以政务新媒体为主导、自媒体参与的网络传播矩阵,提升网上正面宣传的传播力、引导力、影响力和公信力,凝聚社会共识。以各专项活动为抓手,重点围绕学习宣传贯彻党的二十大精神、疫情防控、网络安全、食品药品安全、预防电信网络诈骗、扫黄打非、禁毒等活动,发挥新媒体传播优势和正面引导作用,传播泾源声音,讲好泾源故事。配合开展"中国有约""网络中国结""网络达人浪固原"等网上主题宣传,推动网络空间文化培育、道德建设、行为规范和生态治理等工作的开展,展示泾源经济社会发展取得的新成效、干部群众干事创业的新风貌。

【网络综合治理】落实网络日常巡查机制,借助网信专网技术平台,加大对属地备案接入网站、"两微一端"、移动应用程序的动态管理和依法治理,检查属地新媒体平台信息内容,重点排查文字、图片、音频、视频等各类不良信息和虚假谣言,坚决杜绝违法违规有害信息网上传播,集中解决整治各类网络违法问题,规范新媒体账号运营传播秩序。全年约谈处置自媒体账号2个,移交公安机关行政处罚1人,清理整改属地违规信息670余条,建设风清气正网络家园。

【网络安全防护】完善网络安全漏洞事件预警通报机制,常态化开展网络安全风险隐患排查整改,加大对重点网站、重要信息系统、关键基础设施监测力度。全年共处置一般性网络安全事件21件,及时消除网络安全风险隐患。对全县各重点部门(单位)开展网络安全检查,以查促改,压实网络安全主体责任。开展2022年网络安全宣传月、网络安全宣传周活动,多维度、立体化、系统性地开展网络安全宣传,面向广大群众普及网络安全知识,增强网络安全意识,提升网络安全防护技能,营造全社会共筑网络安全防线的浓厚氛围。

【队伍建设】坚持把政治关、思想关、学习关作为网信干部队伍建设的总抓手,将网信工作融入到为民服务当中,提升网信队伍理论素养和业务能力,打造信念过硬、政治过硬、责任过硬、能力过硬、作风过硬的网信铁军,担负职责使命,当好公仆,做人民的勤务兵。

泾源县人民代表大会

综　述

【概况】2022年，在县委的坚强领导和区、市人大的悉心指导下，泾源县人民代表大会常务委员会以习近平新时代中国特色社会主义思想为指导，深入学习贯彻中央及自治区党委人大工作会议精神，履行宪法和法律赋予的各项职权，发挥职能作用，为促进全县经济社会高质量发展作出了应有贡献。

【政治理论学习】坚持以习近平新时代中国特色社会主义思想为指导，学习贯彻落实党的十九大、十九届历次全会精神、中央及自治区党委人大工作会议精神，开展习近平总书记视察宁夏重要讲话和重要指示批示精神"大学习、大讨论、大宣传、大实践"活动，将习近平总书记视察宁夏重要讲话和重要指示批示精神同自治区第十三次党代会、市委五届五次全会和县委十五届三次全会精神结合起来，对标对表，指导实践，推动工作。学习宣传贯彻党的二十大精神，把握精髓要义，深刻领悟"两个确立"的决定性意义，增强"四个意识"，坚定"四个自信"，做到"两个维护"，不断提高政治判断力、政治领悟力、政治执行力，始终在思想上政治上行动上同以习近平同志为核心的党中央保持高度一致。

【干部任免】规范人事选举和任免程序，落实宪法宣誓制度。全年依法依规选举和任免国家机关领导人员、组成人员69人。

【人大监督】贯彻中央、区市县党委决策部署，做到县委工作重心在哪里，人大工作就跟进到哪里，力量就汇聚到哪里，作用就发挥到哪里。县人大常委会依法履行职责，紧盯事关全局、事关根本、事关长远的问题，人民群众十分关心、迫切要求、急需解决的问题，选准切入点，找准用力点，开展排污权有偿使用和交易改革推进工作、农村人居环境整治示范县建设工作、《中华人民共和国乡村振兴促进法》贯彻执行工作、苗木解困及提质增效工作、基础教育质量提升行动及教育"双减"政策落实工作、全县城乡居民收入提升行动工作、全县生态建设及生态修复保护工作、全域旅游示范县建设工作、全县重点项目进展情况、肉牛产业发展情况、全县城乡养老工作、县人民法院民商事审判工作、县人民检察院刑事检察工作、县十八届人大一次会议议案建议办理工作等14项视察、检查，听取和审议了县人民政府专项工作报告，提出建设性审议意见70条。针对产业发展存在的问题提出《泾源县人民代表大会常务委员会关于泾源县苗木解困及提质增效工作的意见》，转交县人民政府研究办理。

【法律学习宣传与监督】坚持主任会议、常委会会议学法制度。《中华人民共和国地方各级人民代表大会和地方各级人民政府组织法》修订后，县人大常委会多次通过党组会议、理论学习中心组学习、举办培训班等方式进行了学习宣传。审议通过了县人民政府提交《关于深入开展第八个五年法治宣传教育的决议(草案)》，对《中华人民共和国乡村振兴促进法》贯彻执行情况、县人民法院民商事审判工作开展情况、县人民检察院刑事检查工作开展情况进行了检查，听取和审议了相关报告，进行了满意度测评，并提出审议意见。

【议案建议督办】县十八届人大一次会议闭幕后，及时将代表意见建议转交县人民政府办理，按月了解、督办人大代表意见建议办理工作。在县人大常委会第七次会议上听取和审议县人民政府十八届人大一次会议议案建议办理工作报告，根据视察情况及县人民政府工作报告，提出了3条审议意见转交县人民政府研究办理，压实了责任，加大议案建议办理力度，提高了议案建议办结率和群众满意度。

【代表服务】县人大常委会分批次组织开展了区市县乡(镇)四级人大代表培训，培训人大代表546人。常委会班子成员深入各乡(镇)开展调研督导，加强对乡(镇)人大工作的指导。全年召开主任会议15次、常委会会议7次，组织人大代表参加政府常务会议28次，邀请代表参加人大常委会7次，各类视察检查14次，进一步拓宽代表知情知政渠道，增强代表履职为民的责任感。落实常委会组成人员联系人大代表、人大代表联系群众的"双联系"制度，制订下发了工作方案，建立了工作台账，持续跟踪督办代表"双联系"活动开展情况，全区代表履职平台基础数据采集工作处于区市前列。

【党的建设】按照全县党建工作的总体要求，人大常委会党组会议专题研究党建、意识形态、民族团结、党风廉政建设等重点工作，坚持抓经常、抓基础、抓规范、抓提升。

【作风建设】修订完善人大常委会议事规则等制度13项，强化制度执行，坚持把纪律规矩挺在前面，严格遵守党章党规党纪和中央八项规定及其实施细则精神，打造政治坚定、服务人民、尊崇法治、发扬民主、勤勉尽责的人大队伍。

重要会议

【十八届人大常委会第二次会议】2月23日，泾源县第十八届人大常委会第二次会议召开。县人大常委会主任李白虎，副主任于雷、陈宝、马津垠、拜春霞和委员共27人出席了会议。县人民政府、县监察委员会、县人民法院、县人民检察院及政府办、财政局、农业农村局、住房和城乡建设局、固原市生态环境局泾源分局主要负责人，拟任职人员，各乡镇1名县人大代表人列席了会议。会议听取和审议县人民政府关于全县排污权有偿使用和交易改革推进工作的报告，审议了县人大常委会视察组关于全县排污权有偿使用和交易改革推进工作的视察报告，听取和审议了县人民政府关于全县农村环境整治示范县建设情况的报告，审议了县人大常委会视察组关于全县农村环境整治示范县建设情况的视察报告。会议通过了人事任免议案。

【十八届人大常委会第三次会议】4月24日，泾源县第十八届人大常委会第三次会议召开。县人大常委会主任李白虎，副主任于雷、陈宝、马津垠、拜春霞和委员共28人出席了会议。县人民政府、县监察委员、县人民法院、县人民检察院及政府办、发改局、农业农村局、财政局、教育体育局、卫生健康局、自然资源局、乡村振兴局的负责人各乡镇2名县人大代表列席了会议。会议听取和审议了县人民政府关于《中华人民共和国乡村振兴促进法》贯彻执行情况的工作报告，县人民政府关于苗木解困及提质增效工作的报告，县人民政府关于全民健康水平提升行动及健康泾源建设工作的报告，县人大常委会检查组关于《中华人民共和国乡村振兴促进法》贯彻执行情况的检查报告，县人大常委会检查组关于全县苗木解困及提质增效工作的检查报告。会议通过了县人大常委会关于我县苗木解困及提质增效工作的决定，县人大常委会视察组关于全县全民健康水平提升行动及健康泾源建设工作的视察报告，《泾源县人民代表大会常务委员会规范性文件备案审查暂行办法》。

【十八届人大常委会第四次会议】5月23日，泾源县第十八届人大常委会第四次会议召开。县人大常委会主任李白虎，副主任于雷、陈宝、马津垠、拜春霞和委员共29人出席了会议。县人民政府、县监察委员会、县人民法院、县人民检察院及县委组织部的负责人各乡镇2名县人大代表列席了会议。会议审议了《关于提名补选泾源县出席固原市第五届人民代表大会代表的议案》《泾源县第十八届人大常委会第四次会议选举办法》。补选王荣同志为出席固原市第五届人民代表大会代表

【十八届人大常委会第五次会议】6月28日，泾源县第十八届人大常委会第五次会议召开。县人大常委会主任李白虎，副主任于雷、陈宝、马津垠、拜春霞和委员共27人出席了会议。县人民政府、县监察委员会、县人民法院、县人民检察院及县政府办、发改局、农业农村局、财政局、教育体育局、文化旅游广电局、人力资源和社会保障局、自然资源局、乡村振兴局主要负责人，各乡镇2名县人大代表列席会议。会议审议通过《泾源县人民代表大会常务委员会组成人员守则》《泾源县人民代表大会常务委员会组成人员履职管理办法》《泾源县人民代表大会常务委员会关于提高常委会会议审议质量的若干规定》。会议听取和审议了县人民政府关于基础教育质量提升行动及教育"双减"政策落实工作的报告，县人大常委会视察组关于基础教育质量提升行动及教育"双减"政策落实工作的视察报告，县人民政府关于全县城乡居民收入提升行动工作的报告，县人大常委会视察组关于全县城乡居民收入提升行动工作的视察报告，县人民政府关于全县生态建设及生态保护修复工作的报告，县人大常委会视察组关于全县生态建设及生态保护修复工作的视察报告，县人民政府关于全域旅游示范县建设工作的报告，县人大常委会视察组关于全域旅游示范县建设工作的视察报告。会议审议通过了《关于深入开展第八个五年法治宣传教育的决议》，表决通过了关于接受邵富牛辞去泾源县第十八届人民代表大会代表职务的决定。会议通过人事任免议案。

【十八届人大常委会第六次会议】8月24

日，泾源县第十八届人大常委会第六次会议召开。县人大常委会主任李白虎，副主任于雷、陈宝、马津垠、拜春霞和委员共28人出席了会议。县人民政府、县监察委员会、县人民法院、县人民检察院及县政府办、发改局、财政局、农业农村局、民政局主要负责人，本次会议拟任职人员，各乡镇2名县人大代表列席会议。会议通过了《泾源县人民代表大会常务委员会专项工作满意度测评办法》《泾源县实施宪法宣誓制度办法》。会议听取和审议了县人民政府关于2022年上半年国民经济和社会发展计划执行情况的报告，县人民政府关于2021年财政决算和2022年上半年财政预算执行情况的报告，县人大常委会关于2021年财政决算的审查报告，县人民政府关于提请调整2022年公共财政预算的议案，县人大常委会关于调整2022年公共财政预算的审查报告，县人民政府关于全县重点项目建设进展情况的报告，县人民政府关于全县肉牛产业发展情况工作的报告，县人民政府关于全县养老服务工作开展情况的报告，县人大常委会视察组关于全县重点项目建设进展情况的视察报告，县人大常委会视察组关于全县肉牛产业发展情况的视察报告，县人大常委会检查组关于全县养老服务工作开展情况的检查报告，县监察委员会关于开展廉政教育工作情况的报告。会议通过人事任免议案。

【十八届人大常委会第七次会议】10月21日，泾源县第十八届人大常委会第七次会议召开。县人大常委会主任李白虎，副主任于雷、陈宝、马津垠、拜春霞和委员共26人出席了会议。县人民政府、县监察委员会、县人民法院、县人民检察院及县政府办、发改局、财政局主要负责人，本次会议拟任职人员，各乡镇2名县人大代表列席会议。会议审议了县人民政府关于2021年度县本级预算执行和其他财政收支情况的审计工作报告，县人民政府关于2020年度本级预算执行和其他财政收支审计查出问题整改情况的报告，县人民政府关于国有资产管理工作的报告，县人民法院关于民商事案件审判工作的报告，县人民检察院刑事检察工作的报告，县人民政府第十八届人大一次会议议案建议办理工作的报告，县人民政府关于县第十八届人大常委会第三、第五次会议审议意见办理情况的汇报，县人大常委会关于县人民法院民商事审判工作的检查报告，县人大常委会关于县人民检察院刑事检察工作的检查报告。会议通过人事任免议案。

【十八届人大常委会第八次会议】12月8日，泾源县第十八届人大常委会第八次会议召开。县人大常委会主任李白虎，副主任于雷、陈宝、马津垠、拜春霞和委员共25人出席了会议。县人民政府、县监察委员会、县人民法院、县人民检察院及县财政局、生态环境局主要负责人，本次会议拟任职人员，各乡镇1名县人大代表列席会议。会议审议了县人民政府关于环境污染防治工作情况的报告，县人民政府关于年度环境状况和环境保护目标完成情况的报告，县人大常委会关于环境污染防治工作情况的视察报告，县人大常委会关于备案审查工作的报告。会议通过了县人民政府关于提请调整2022年地方政府性基金预算的议案,通过《泾源县第十八届人民代表大会代表履职暂行办法》。会议通过李刚、任永峰、王真辞去市人大代表职务,补选杨晓曦、尹鹏、孙岩为泾源县出席固原市第五届人民代表大会代表。会议通过人事任免议案。

【十八届人大常委会第九次会议】 12月25日,泾源县第十八届人大常委会第九次会议召开。县人大常委会主任李白虎,副主任于雷、陈宝、马津垠、拜春霞和委员共24人出席了会议。县人民政府、县监察委员会、县人民法院、县人民检察院及县财政局,各乡镇1名县人大代表列席会议。会议研究审议了《泾源县第十八届人大二次会议议程》《代表资格审查报告(送审稿)》《县人民政府工作报告(送审稿)》,泾源县人民政府《关于2022年国民经济和社会发展计划执行情况与2023年国民经济和社会发展计划草案的报告》《泾源县2022年财政预算执行情况和2023年财政预算(草案)的报告》《泾源县第十八届人大一次会议议案建议意见办理结果的报告》《县人大常委会工作报告(送审稿)》《县人民法院工作报告(送审稿)》《县人民检察院工作报告(送审稿)》《大会具体日程(草案)》《主席团、秘书长建议名单(草案)》《主席团常务主席和主席团召集人建议名单(草案)》《执行主席分组名单(草案)》《副秘书长建议名单(草案)》《议案审查委员会建议名单(草案)》《计划预算审查委员会建议名单(草案)》《各代表团团长、副团长名单(草案)》《列席人员建议名单(草案)》《大会选举办法(草案)》。

【第十八届人民代表大会第二次会议】 12月27—30日,泾源县第十八届人民代表大会第二次会议在县人民会堂召开。大会应到代表166名,实到132名。会议听取和审议泾源《县人民政府工作报告》《泾源县人大常委会工作报告》《泾源县人民检察院工作报告》《泾源县人民法院工作报告》。审议了《泾源县十八届人大一次会议议案执行和代表意见建议办理结果的报告》。审查和批准《泾源县2022年国民经济和社会发展计划执行情况与2023年国民经济和社会发展计划的报告》《泾源县2022年财政预算执行情况和2023年财政预算的报告》。会议补选了泾源县监察委员会主任,泾源县人民检察院检察长。

泾源县人民政府

综 述

【概况】2022年是党的二十大胜利召开之年,也是全面开启社会主义现代化新征程的关键之年,全县上下坚持以习近平新时代中国特色社会主义思想为指导,深入学习宣传贯彻党的二十大和习近平总书记视察宁夏重要讲话和重要指示批示精神,在区市党委、政府和县委的坚强领导下,在县人大、政协的监督支持下,统筹疫情防控和经济社会发展,攻坚克难、勇毅前行,经济社会发展迈出了坚实步伐。出台落实稳保促政策措施40条、支持扩大消费措施11条,累计退减免缓税6524户次5370万元,落实小微企业纾困转贷资金2566万元,开展系列促销活动28场次,投放消费券8万张257万元,带动消费1000余万元,培育奖补市场主体170家34万元,发放援企稳岗补贴54家27.2万元、公益性岗位人员服务补贴522人700万元。全年地区生产总值比上年增长3.1%;固定资产投资(不含农户)比上年下降4.6%;社会消费品零售总额比上年增长0.1%;地方一般公共财政预算收入增长5.74%;地方一般公共财政预算支出增长12.93%;城镇和农村常住居民人均可支配收入分别增长4.4%、7.8%;金融机构各项存贷款余额分别增长3.06%、10.88%。

【产业发展】坚持产业融合发展,"1+3+X"产业体系全面确立。实施"旅游+"战略,推进全域旅游补短板建设,完成乡村旅游示范点工程,国家级全域旅游示范县初审验收,"5·19"旅游日活动、"全域旅游"全媒体访谈、"稳保促"旅游推介会、第三届杨岭乡村文化旅游节、泾源乡村音乐节精彩绽放,宁夏卫视"两晒一促"幸福号大篷车走进泾源活动影响广泛,大型室外实景花儿歌舞剧《柳毅传书》广受好评,羊槽村入围第二批宁夏特色旅游村。全县接待游客102.94万人次,实现旅游综合收入7.9亿元,成功创建全国首批"避暑旅游目的地"。坚持"优质+高端"双轮驱动,种植优质高效饲草9.7万亩,建成"出户入园"示范场14个,引进安格斯基础母牛2100头,补栏育肥牛1.78万头,肉牛饲养量达到10.4万头。探索建立"企、社、园"联农带农利益联结机制,引进山东胜伟集团建设肉牛良种繁育基地,六盘山活畜交易市场投入运营。举办第六届黄牛节,"泾源黄牛肉"品牌价值达到32.5亿元。推行"1+10"养殖模式,建成标准化蜂场9个,全县蜂群达到3.5万群。举办第二届泾源蜂蜜宣传推介会,10个中蜂养殖合作社入围全国名特优新农产品名录,2家合作社取得无公害蜂蜜产地认定。发展生态经济,腾退苗木2.3万亩,发展柴胡、黄芪等道地中药材7000亩、林下香菇54万棒,套种林下山桐子5000余亩。培育绿色食品,羊肚菌、平菇种植初显成效,兴盛乡千亩冷凉蔬菜示范基地建成投产，发展冷凉蔬菜1.1万亩。探索发展新能源，共享储能电站一期工程开工建设，集美村分布式光伏发电项目并网发电。发挥闽宁协作区域资源优势，扶持箱包企业8家，带动就业730余人，产值突破1亿元。

【项目建设】牢固树立"项目为王"理念，全年实施重点项目62个，落实招商引资项目19个24.95亿元，增长12.5%，"双争"到位资金20.8亿元，增长4%。真好佳食品、源润农业科技、六盘源实业入驻园区，源牛农牧、盛飞豪供应链相继投产，园区产值突破1亿元。省道313沿川子至泾源段、瓦亭至和尚堡公路建成通车，改造提升农村道路60.1公里，维修农村水毁公路5.2公里。农村饮水管网提升改造二期工程有序推进，"互联网+城乡供水"用户端计量提升改造工程调试运行，颉河流域坡改梯综合治理项目顺利竣工，城乡供水维修改造及地质灾害点自来水入户工程全面完工，水系连通及水美乡村建设试点县评估获得全国优秀等次。

【脱贫成效巩固】坚持"四个不摘"，做好"四个衔接"，统筹整合各类资金2.7亿元，实施项目36个，培育打造乡村振兴示范村16个。强化动态监测帮扶，落实"一户一策"287户1081人，新纳入监测对象187户745人，消除风险37户143人。深化"四查四补"，排查解决各类问题288条。加强金融帮扶支持，新增小额信贷1.83亿元，贷款覆盖率78.5%。盘活运营帮扶车间43家，带动就近就业1334人。村集体经济不断壮大，全年实现收入624.5万元。深化闽宁对口协作和央企定点帮扶，投入资金6340万元，实施帮扶项目52个，惠及群众36992人。强化消费帮扶产销对接，外销各类农特产品1.82亿元。精准落实各项增收措施，全县脱贫人口人均纯收入同比增长15.57%，全面实现"两个高于"目标。

【城乡建设】推进城市更新行动，县城基础设施补短板项目全面完工，县城雨污分流二期竣工验收，7个老旧小区改造完成，消防救援大队新营区建成入驻，集中供热锅炉房迁建二期投入使用。西苑人家、八方隆三期、金域华庭B区、新兴佳苑一期基本建成，新增房产开发面积9.5万平方米。推进农村人居环境整治，乡镇基础设施补短板项目全面完成，乡村振兴示范村污水治理工程建成投用，改造农村卫生厕所3008户，完成危房改造42户，巩固提升幸福农家"123"菜园5000座，发放菜苗128万株，打造人居环境整治示范村16个，建设美丽宜居村庄4个，6个村被评为第六批中国传统村落。

【生态建设与环境保护】巩固拓展国家"绿水青山就是金山银山"实践创新基地成果，严控"四尘"污染排放，"散乱污"企业整治持续开展，推进冬季清洁取暖项目有序，煤改电工程全面完成，环境空气质量优良天数比例高于95%。香水河县城段生态缓冲带修复工程加快推进，大湾片区坡耕地水土流失综合治理顺利完成，泾河支流水生态修复工程全面竣工，县城污水处理厂污泥处理项目投入运行，完成行政村污水改造66个，地表水环境质量居全区第一。建设高标准农田1.2万亩，实施高效节水田间灌溉5000亩，落实耕地地力保护11万亩，回收残膜700余吨。

推进历史遗留废弃矿山生态修复，治理农村地质灾害隐患41处，杨岭村山水林田湖草生态保护修复工程取得明显成效，吸引社会资本参与生态修复2400余亩，完成营造林8万亩，森林覆盖率达到42.24%。荣获"中国天然氧吧"称号，荣登"2022美丽中国深呼吸小城"榜。

【社会事业】 集合财力80%以上用于改善民生，12件民生实事全部办结，提升了群众幸福感获得感。强化易地搬迁后续扶持，安排资金1.46亿元，开展9类22项工作，泾河社区建设项目竣工验收，馨苑小区劳务移民安置区基础设施全面提升，集美、羊槽等重点移民村建设成效明显，移民就业率达到93%。强化就业创业促进增收，培训劳动力1910人，新增城镇就业623人，培育创业实体204个，创造新岗位202个，发放创业担保贷款2000万元，创业带动就业1023人，完成农村劳动力转移就业2.93万人，实现工资收入7.2亿元。强化基础教育质量提升，第五幼儿园开工建设，新建泾源县第二中学，高级中学综合教学楼主体完工，兰大庄幼儿园基本建成，城关二小投入使用。落实国家"双减"政策和"五项管理"措施，开展课后服务，"县管校聘"改革全面完成，1022名在编教师全部竞聘上岗，7所中小学入围区级传统特色学校，县内高考中考创历史新高。强化全民健康水平提升，县医院急救救治能力提升工程加快实施，医疗救治能力提升项目投入使用，"互联网+医疗健康"医共体信息化平台初步建成，3个家庭健康细胞创建通过自治区验收。强化社会保障服务，老年养护院建设加快推进，实施临时救助2737人次524万元，发放各类社会救助补助资金8857万元，城乡居民养老保险、医疗保险参保率均达到97%以上。强化居民文明素养提升，全县新时代文明实践中心（所站）建设全覆盖，开展文明实践志愿服务2000余场次，评选移风易俗示范户、最美庭院等身边典型先进1400余人。维修村级文化广场7个，提升文化示范点4个，完成广场文化演出7场次，整理泾源民间故事80余万字，获批第五批市级非遗项目名录2个。轻工产业园区运动场、大庄村文体广场全面建成，全民健身中心广场、泾河社区多功能运动场完成改造，宁夏青少年高山滑雪锦标赛成功举办，泾源"赶牛"入选2022中华体育文化优秀项目。

【改革创新】 推进创新驱动发展战略，实施科技创新项目51个，新认定国家高新技术企业1家、国家科技型中小企业2家、区市科技型企业10家，蜂蜜检测中心CMA通过认证。深化"放管服"改革，实施政府权责清单制度，拓展推进163政务服务模式一体化。国有资本投资运营集团公司组建运行，县属四家国有企业实现统一管理。统筹推进"三统三分"农业经营体制改革，流转土地1025亩。"六权"改革压茬推进，农业用水确权到村、工业和规模化养殖业用水确权到户，农村"房地一体"确权登记颁证全面完成，94家固定污染源完成排污许可证核发，48万亩林地地类界线全面落界，燕家山引进社会资本参与生态保护修复试点改革成效明显，成功吸引宁夏大学等3所高校和科研院所共建"六盘山区生态修复与林草产业研究实验基地"

等3个基地。

【社会治理】落实总体国家安全观，纵深推进"十大专项行动"。平安建设不断深入，社会治安持续向好，公安局荣获平安宁夏建设先进集体，香水派出所荣获"全国优秀公安基层单位"。落实党建引领基层治理"1+1+3"工作机制，创新社区治理"1+N"工作模式，"5223"乡村文明实践积分卡经验在农业农村部干部培训班上授课交流。开展铸牢中华民族共同体意识示范县创建活动，新时代宗教工作新局面更加巩固，申报全国及自治区民族团结进步示范单位6个，全市宗教治理观摩现场会在泾源县召开。推进双拥创建，军地军民共建取得新成效。学习贯彻《信访工作条例》，开展信访矛盾大排查大化解行动，积案化解取得明显成效。安全生产专项整治巩固提升行动持续发力，"两危"专项整治深入推进，自建房安全专项整治取得实效，食品药品安全区创建成效明显，自然灾害综合风险普查全面完成，消防安全大检查圆满收官，全县安全生产形势总体平稳。

【自身建设】加强政府系统党的建设，学习宣传党的二十大精神，开展贯彻落实习近平总书记视察宁夏重要讲话和重要指示批示精神"大学习、大讨论、大宣传、大实践"活动，"四个意识"更加牢固、"四个自信"更加坚定、"两个维护"更加自觉。严格落实中央八项规定及其实施细则精神，认真履行党风廉政建设"一岗双责"，开展卫生健康领域、国有产权土地矿业权交易等领域专项治理，开展违规收送红包礼金和不当收益及违规借转贷或高额放贷专项整治，驰而不息纠正"四风"。牢固树立过紧日子思想，"三公经费"支出持续下降。学习宣传贯彻习近平法治思想，开展"八五"普法，创建政府系统会前学法制度，行政争议化解中心挂牌成立，"一村一法律顾问"实现全覆盖。落实县委工作部署，接受人大、政协和社会各界监督，人大代表议案建议、政协委员提案办复率均达100%。推行绿色低碳节能办公，11个单位入选国家级节约型机关。支持工青妇、红十字等群团组织开展工作。邮政、气象、通信等工作取得新成绩。

常务会议

【第4次常务会议】1月18日，县委副书记、政府县长马晓红主持召开十八届县人民政府第4次常务会议。会议传达学习了习近平总书记在省部级主要领导干部学习贯彻党的十九届六中全会精神专题研讨班开班式上的重要讲话精神，习近平总书记对"三农"工作重要指示精神、中央农村工作会议精神，中共中央、国务院《关于做好2022年全面推进乡村振兴重点工作的意见》，全国乡村振兴局长会议精神，自治区党委农村工作会议精神，李克强对全国根治拖欠农民工工资暨农民工工作电视电话会议作出重要批示精神，全国安全生产电视电话会议、全区安全生产电视电话会议暨自治区安委会2022年度第一次全体（扩大）会议、2022年全市安全生产和消防工作暨市安全生产委员会第一次全体（扩大）电视电话会议精神，自治区应对疫情工作指挥部专题会议精神和《宁夏回族自治区2022年综合运输春运疫情防控和运输服务保障总体工作方案》，固原市2022年信访工作联席会议第一次会议精神，习近平总书记关于国家粮食安全重要论述，自治区党委办公厅、人民政府办公厅印发《关于改革完善宁夏粮食储备体制机制加强粮食储备安全管理的实施意见》，市委涉粮问题专项巡察反馈会议，《市委涉粮问题专项巡察泾源县委政府的反馈意见》精神，研究贯彻落实意见，安排部署了相关工作；审议了《泾源县落实固原市委涉粮专项巡察反馈意见整改方案》《泾源县2022年"两节"慰问活动工作方案》；研究了财政大额资金事宜。

【第5次常务会议】2月9日，县委副书记、政府县长马晓红主持召开十八届县人民政府第5次常务会议。会议传达学习了习近平总书记在中共中央、国务院春节团拜会上的重要讲话精神和在山西省考察调研、看望慰问基层干部群众时的重要指示精神，习近平总书记在十九届中央纪委六次全会上的重要讲话精神、自治区纪委十二届六次全会精神、固原市纪委五届二次全会精神，自治区"两会"及自治区人民政府第六次全体(扩大)会议精神、《宁夏回族自治区建设黄河流域生态保护和高质量发展先行区促进条例》，研究了贯彻落实意见；听取了2021年度全县重要经济指标运行情况通报，研究了工作推进举措；研究审定了《泾源县2022年肉牛特色产业绿色发展工作方案》《关于推进泾源县2022年肉牛养殖"出户入园"建设实施方案》《泾源县2022年优质高产高效玉米推广方案》《泾源县2022年农村厕所革命实施方案》《泾源县2022年中蜂特色产业绿色发展工作方案》《泾源县建设全区特色产业绿色发展示范县2022年度实施方案》《泾源县创建农村人居环境整治提升示范县2022年实施方案》《泾源县2022年巩固拓展脱贫攻坚成果同乡村振兴有效衔接实施方案》《泾源县2022年移民致富提升行动实施方案》；研究了泾源县行政事业单位工作人员2022年度住房补贴有关事宜，国有土地使用有关事宜。

【第6次常务会议】2月15日，政府县长马晓红主持召开县人民政府第6次常务会议。会议传达学习了国务院总理李克强对全国春季农业生产暨加强冬小麦田间管理工作会议作出的重要批示精神，自治区新材料产业高质量发展现场会精神，自治区推进新型城镇化工作领导小组会议精神；自治区党委人才工作会议精神，自治区党委常委、固原市委书记马汉成在全市领导干部学习贯彻党的十九届六中全会精神专题研讨班开班式上作专题辅导报告时的讲话精神，宁夏回族自治区实施《医疗保障基金使用监督管理条例》办法，研究了贯彻落实意见；听取了全县重点项目推进及固定资产投资任务落实情况汇报，安排部署了下一步工作；审议了《泾源县2022年服装箱包产业发展实施方案》《泾源县2022年新能源、新食品产业发展实施方案》《泾源县2022年城乡居民收入提升行动实施方案》《泾源县2022年争项目争资金工作方案》《泾源县2022年招商引资方案》；研究了城市公共汽车、农村道路客运票价和出租车运价服务费有关事宜；审议了《泾源县2022年健康泾源建设暨全民健康水平提升行动实施方案》《泾源县2022年文化旅游产业发展实施方案》《泾源县建设全区环境污染防治示范县2022年工作方案》《泾源县深化应急管理综合行政执法改革实施方案》；安排部署了近期重点工作。

【第7次常务会议】3月14日，县委副书记、政府县长马晓红主持召开十八届县人民政府第7次常务会议。会议传达学习了习近平总书记在中央党校（国家行政学院）中青年干部培训班开班式上发表的重要讲话精神、在中共中央政治局第三十七次集体学习时的重要讲话精神、2月25日中共中央政治局会议精神，中央全面深化改革委员会第二十四次会议精神，自治区党委常委会暨全面深化改革委员会第17次会议精神，《中共中央 国务院关于做好2022年全面推进乡村振兴重点工作的意见》《自治区党委 人民政府印发〈关于做好2022年全面推进乡村振兴重点工作的实施意见〉的通知》，陈润儿同志在全区领导干部学习贯彻党的十九届六中全会精神专题研讨班开班仪式上的讲话精神，自治区党委常委会会议暨推动黄河流域生态保护和高质量发展先行区建设领导小组会议精神，自治区政府第113次常务会议精神，自治区深入实施"四大提升行动"全面促进乡村振兴部署会精神，市委农村工作会议精神，《全国政府系统值班工作规范（试行）》，研究了贯彻落实意见；审议了《泾源县开展第八个五年法治宣传教育的实施方案（2021—2025年）》《泾源县2022年全域旅游示范县创建工作实施方案》《泾源县创建国家卫生县城实施方案》《泾源县公立医院高质量发展实施方案》《泾源县"绿水青山就是金山银山"实践创新基地2022年工作方案》《泾源县落实中央生态环境保护督察通报典型案例整改方案》《泾源县推进2022年生态经济产业发展实施方案》《泾源县建设全区生态保护修复示范县2022年工作方案》《泾源县2022年六盘山重点生态功能区生态保护修复营造林工程工作方案》《泾源县创建国家森林城市2022年工作方案》；召开了县应对新冠肺炎疫情防控工作指挥部第50次会议；安排部署了近期重点工作；研究泾源县老年养护院建设项目用地事宜、泾源县第二中学建设项目用地事宜、泾源县2022—2023年土地征收成片开发方案、泾源县2022年第一批次城镇建设用地事宜、泾源县2022年农民宅基地建设用地事宜，财政大额资金使用有关事宜。

【第8次常务会议】3月24日，县委副书记、政府县长马晓红主持召开十八届县人民政府第8次常务会议。会议传达学习了全国"两会"精神，习近平总书记在中共中央政治局常务委员会会议上的重要讲话精神和国务院、自治区关于疫情防控最新精神，全区反诈人民战争工作部署会议精神和全区禁毒工作电视电话会议精神，中央第四生态环境保护督察组督察宁夏反馈会议精神；听取了乡村振兴示范村建设、"四权"改革进展、全县耕地"非粮化""非农化"工作、肉牛和中蜂产业重点任务落实、春耕生产进展情况汇报，安排部署了下一步工作。

【第9次常务会议】4月11日，县委副书记、政府县长马晓红主持召开十八届县人民政府第9次常务会议。会议传达学习了习近平总书记在北京冬奥会冬残奥会总结表彰大会上的重要讲话精神、在参加首都义务植树活动时的重要讲话精神，中共中央政治局常务委员会会议精神，全国、全区、全市安全生产电视电话会议精神，《中华人民共和国地方各级人民代表大会和地方各级人民政府组织法》《中国共产党政法工作条例》，自治区党委书记梁言顺在固原市调研时的讲话指示精神，自治区党委书记梁言顺调研全区安全生产和社会稳定工作时的指示精神、暗访森林防火、疫情防控时的指示精神，自治区政府主席咸辉检查森林草原防火、河滩地整治、防沙治沙等工作时的指示精神，自治区党委全面依法治区委员会第六次会议精神，研究了贯彻意见；审议了《泾源县卫生健康领域突出问题专项治理工作方案》《2022年全县深化工程建设政府采购等领域专项治理开展国有产权土地矿业权交易等重点领域突出问题专项治理工作方案》《2022年巩固深化工程建设政府采购等领域突出问题专项治理工作要点》《2022年全县卫生健康领域突出问题专项治理工作要点》《2022年全县国有产权土地矿业权交易等重点领域突出问题专项治理工作要点》《泾源县中小学教师"县管校聘"改革工作实施方案（送审稿）》《泾源县城乡居民基础养老金提标方案（送审稿）》《关于做好2022年全面推进乡村振兴重点工作实施方案（送审稿）》《泾源县巩固提升全国民族团结进步示范县复验工作实施方案（送审稿）》《泾源县乡村振兴基金设立方案（送审稿）》《泾源县乡村振兴贷款风险补偿基金管理办法（试行）（送审稿）》《泾源县乡村振兴融资担保基金管理办法（试行）（送审稿）》《泾源县2022—2024年政策性农业保险实施方案（送审稿）》；召开了县应对新冠肺炎疫情防控工作指挥部第51次会议；研究了上划泾源县看守所、拘留所有关事宜，泾源县应急物资储备保障库项目建设用地有关事宜。

【第10次常务会议】4月24日，县委副书记、政府县长马晓红主持召开十八届县人民政府第10次常务会议。会议传达学习了习近平总书记在海南考察时的重要讲话精神、李克强总理有关重要指示批示精神及中央和区、市相关会议和文件精神；听取了全县一季度经济运行、重点项目建设和泾河流域生态环境突出问题整改情况汇报；安排部署"五一"期间疫情防控、安全生产和森林草原防灭火工作；审议了《泾源县创建铸牢中华民族共同体意识示范县实施方案（送审稿）》；研究了关于变更六盘山林业局机关团体用地土地用途事宜。

【第11次常务会议】5月7日，县委副书记、政府县长马晓红主持召开十八届县人民政府第11次常务会议。会议传达学习了习近平总书记近期重要讲话精神及中央和区、市相关会议精神，研究了贯彻落实意见；研究审议了《自治区2021年度巩固拓展脱贫攻坚成果同乡村振兴有效衔接考核评估反馈问题泾源县整改落实方案》等；听取泾源县全域创建"食品药品安全区"暨创建国家食品安全示范城市工作进展情况汇报；研究了泾源县2022年第二批次城镇建设用地有关事宜；安排部署了下一步工作。

【第12次常务会议】5月25日，县委副书记、政府县长马晓红主持召开十八届县人民政府第12次常务会议。会议传达学习了习近平总书记在庆祝中国共青团成立100周年大会上的重要讲话精神、李克强总理有关重要批示精神,近期中央和区市有关会议和文件精神;审议了《泾源县2022年闽宁协作资金项目实施方案(送审稿)》《泾源县贯彻落实国务院安委会全面加强安全生产"十五条硬措施"实施方案(送审稿)》《泾源县党委和政府及有关部门生态环境保护责任(送审稿)》《泾源县人民政府重大行政决策事项目录(送审稿)》《泾源县163政务服务模式一体化实施方案(送审稿)》《2022年泾源县政府购买公办幼儿园保育教育服务(民生实事)工作实施方案(送审稿)》《关于固原市2021年困难群众救助补助资金审计问题整改落实情况的报告》;召开了全县经济运行形势分析会暨"六稳""六保"专题会,泾源县应对新冠肺炎疫情防控指挥部第54次会议;研究了国有土地使用有关事宜,财政大额资金使用有关事宜。

【第13次常务会议】6月1日,县委副书记、政府县长马晓红主持召开十八届县人民政府第13次常务会议。会议传达学习了近期习近平总书记重要讲话精神和李克强总理在云南考察时的讲话精神,中央和区、市相关会议文件精神,自治区政府主席张雨浦来固原调研精神,研究了贯彻意见;审议了《泾源县稳经济保增长促发展守底线40条政策措施(送审稿)》《泾源县2022年支持扩大消费实施方案(送审稿)》《泾源县促进房地产市场平稳健康发展若干措施(送审稿)》;研究了关于开展2013—2020年扶贫项目资产确权颁

证移交有关工作事宜;安排部署了端午节期间安全生产和疫情防控工作;研究了2022年第一批次集体农用地转为集体建设用地事宜,第二中学建设项目建设用地事宜,老年养护院建设项目建设用地事宜,兴盛乡集污及污水处理项目建设用地事宜,依法收回泾源县住建局大型停车场部分国有建设用地使用权事宜,泾源县农村集体建设用地确权登记发证有关事宜。

【第14次常务会议】6月18日,县委副书记、政府县长马晓红主持召开十八届县人民政府第14次常务会议。会议传达学习了习近平总书记在四川考察时的重要讲话精神,李克强总理考察交通运输部并主持召开座谈会时的讲话精神,国务院常务会议精神,《全区政府系统值班工作规范》;听取了2022年1—5月份全县经济运行情况汇报,全县巩固拓展脱贫攻坚成果同乡村振兴有效衔接反馈问题整改及大排查情况汇报,全县国家级全域旅游示范县创建推进情况汇报,全县稳经济保增长促发展守底线政策措施落实情况汇报,安排部署了下一步工作;审议了《泾源县自建房安全专项整治工作方案(送审稿)》《泾源县"三区三线"划定工作实施方案(送审稿)》;研究了泾源移动汇聚机房项目建设用地有关事宜。

【第15次常务会议】7月22日,县委副书记、政府县长马晓红主持召开十八届县人民政府第15次常务会议。会议传达学习了习近平总书记在新疆和湖北武汉考察时的重要讲话精神和李克强总理对全国安全生产电视电话会议作出的重要批示精神、自治区党委政府

上半年经济形势分析会精神、固原市委五届五次全会精神；听取了全县防汛工作汇报，安排部署了有关工作；研究了中石油龙潭街加油站雨蓬及油罐设备相关征收资产处置有关事宜，关于撤销什字中学及农村空壳小学事宜，撤销财政资金监管审核办公室有关事宜，国土使用有关事宜。

【第16次常务会议】8月2日，县委副书记、政府县长马晓红主持召开十八届县人民政府第16次常务会议。会议传达学习了习近平总书记在省部级主要领导干部"学习习近平总书记重要讲话精神，迎接党的二十大"专题研讨班上的重要讲话精神，在中共中央政治局会议、中央统战工作会议、中共中央政治局第四十一次集体学习时的重要讲话精神和国务院、自治区党委有关会议精神；审议了《泾源县推动县域经济高质量发展的实施意见（送审稿）》；听取了下半年及2023年重点项目谋划情况汇报；研究审议了《泾源县集体土地所有权变更调查和确权登记成果更新汇交工作实施方案（送审稿）》，研究了泾源县新民乡集污及污水处理项目建设用地有关事宜。

【第17次常务会议】8月19日，县委副书记、政府县长马晓红主持召开十八届县人民政府第17次常务会议。会议传达学习了《习近平谈治国理政（第四卷）》、新华社主题报道《习近平的山海情》，李克强总理关于二季度上半年经济形势和做好下一步经济工作的讲话、全区重大项目建设观摩推进会精神；听取了全县1—7月份经济运行情况汇报，安排部署了下一步工作；传达学习了自治区党委2022年第8次常委会会议、自治区人民政府第127次常务会议关于"有关纪律作风要求"的精神，自治区政府主要领导《批示清样》，冼国义同志来泾调研座谈会精神，中国共产党泾源县第十五届委员会第三次全体会议精神，自治区安全风险研判防控工作机制第一次会议精神，《固原市应急管理指挥部办公室关于做好山洪地质灾害防范应对工作的紧急通知》精神；听取了全县安全生产和燃气安全"百日专项整治行动"、夏季治安打击整治"百日行动"、化解信访突出问题"百日攻坚"专项行动进展情况汇报，全县2023年乡村振兴示范村建设谋划情况汇报，安排部署了下一步工作；审议了《泾源县特色产业发展提质增效行动方案（送审稿）》《泾源县肉牛全产业链高质量发展实施方案（2022-2025年）（送审稿）》《泾源县机关事业单位工作人员请销假管理办法（暂行）（送审稿）》《泾源县妇女发展规划（2021—2030）（送审稿）》《泾源县儿童发展规划（2021—2030年）（送审稿）》；研究了泾源县"学前教师""城乡社区""司法协理"等基层服务专项计划招募事宜；研究了泾源县供水改革调整城乡用水价格标准有关事宜，财政大额资金使用有关事宜；组织学习了《宁夏回族自治区促进民族团结进步工作条例》。

【第18次常务会议】9月6日，县委副书记、政府县长马晓红主持召开十八届人民政府第18次常务会议。会议传达学习了习近平总书记在辽宁考察时的重要讲话精神，习近平总书记对四川甘孜泸定县6.8级地震作出重要指示精神，国务院常务会议精神、全国深化"放管服"改革持续优化营商环境电视电话会议精神,《国务院办公厅关于进一步盘活存量资产扩大有效投资的实施意见》《国家发展改革委办公厅关于做好盘活存量资产扩大有效投资有关工作的通知》《中国农业发展银行盘活存量国有资产贷款模式政策指引》,自治区党委常委会(扩大)会议、自治区党委常委会会议精神,自治区人民政府第130次、131次常务会议精神,自治区党委全面深化改革委员会第十九次会议、自治区"六权"改革推进会精神,自治区总河长第6次会议、林长第1次会议精神,陈雍副书记在自治区移民致富提升行动工作会议上的讲话,自治区党委常委会会议暨审计委员会第八次会议精神;安排部署了中秋节、国庆节"两节"期间全县安全生产、防汛救灾、疫情防控、信访维稳等工作;听取了全县生态环保问题排查整治专项行动工作汇报,全县"六权"改革推进情况汇报,全县河长制和林长制工作情况汇报,全县移民提升行动工作汇报,全县2021年度中央预算执行和其他财政支出审计查出问题整改情况及全县社会救助专项治理工作开展情况汇报;组织学习了《优化营商环境条例》。

【第20次常务会议】10月15日,县委副书记、政府县长马晓红主持召开十八届人民政府第20次常务会议。会议传达学习了习近平总书记在中国共产党第二十次全国代表大会上所作的报告和习近平总书记参加党的二十大广西代表团讨论时的重要讲话精神,研究了贯彻意见;听取了2022年政府工作报告任务分解落实情况的汇报,泾源县优化营商环境工作推进情况的汇报,安排部署了下一步工作;研究审定了《泾源县人民政府工作规则(送审稿)》;研究审议了2023年全县计划实施重点项目、《泾源县2022年开发购买乡村公益岗位实施计划》;通报了近期政府系统值班情况,安排部署了下一步工作。

【第21次常务会议】10月21日,县委副书记、政府县长马晓红主持召开十八届县人民政府第21次常务会议。会议传达学习习近平总书记在中国共产党第二十次全国代表大会上所作的报告精神,研究了贯彻意见;听取了2022年政府工作报告任务分解落实情况的汇报、泾源县优化营商环境工作推进情况的汇报,安排部署了下一步工作;研究审定了《泾源县人民政府工作规则(送审稿)》;研究审议了2023年全县计划实施重点项目、《泾源县2022年开发购买乡村公益岗位实施计划》;通报了近期政府系统值班情况,安排部署了下一步工作。

【第22次常务会议】11月21日,县委副书记、政府县长马晓红主持召开十八届县人民政府第22次常务会议。会议传达学习了习近平总书记在中国共产党第二十次全国代表大会上所作的报告、新修订的《中国共产党章程》,中共宁夏回族自治区第十三届委员会第二次全体会议精神,党的二十大精神中央宣讲团报告会,11月3日自治区党委常委会会议、中国共产党固原市第五届委员会第六次全体会议、中共泾源县第十五届委员会第四次全体会议精神,自治区党委统战工作会议、宗教工作会议精神,研究了贯彻意见;听取了政府常务会议第16—18次议定事项落实情况,民生实事及人大议案、政协提案办理情况汇报,1—10月份全县经济运行情况汇报,巩固拓展脱贫攻坚成果同乡村振兴有效衔接自治区第三方评估反馈问题整改情况汇报,安排部署了下一步工作;研究审定了《泾源县人民政府常务会议工作规则(送审稿)》《泾源县民宿经济发展实施意见(送审稿)》《关于促进园区体制机制改革和高质量发展的实施方案(送审稿)》;研究了关于公开招聘泾源县文物所、泾源县融媒体中心聘用编制人员有关事宜,关于轻工产业园区真空冷凝燃气锅炉资产处置事宜,关于泾源县三馆一中心资产划拨事宜,泾源县第三幼儿园项目建设用地有关事宜,依法收回县城部分公共设施国有土地使用权事宜,2022年政府预备费安排使用有关事宜。

【第23次常务会议】12月23日,县委副书记、政府县长马晓红主持召开十八届县人民政府第23次常务会议。会议传达学习了近期中央及区市重要会议精神;研究了即将提请泾源县第十八届人民代表大会第二次会议审议的《政府工作报告(送审稿)》《关于2022年国民经济和社会发展计划执行情况与2023年国民经济和社会发展计划(草案)的报告(送审稿)》《关于2022年财政预算执行情况和2023年财政预算(草案)的报告(送审稿)》;听取了疫情防控"新十条"贯彻落实情况汇报,安排部署了有关工作。

专题会议

【全县重点项目建设工作推进会】1月13日,县委副书记、政府代县长马晓红主持召开全县2022年重点项目建设工作推进会。会议听取了重点项目实施单位工作进展情况汇报,对全县下一阶段重点项目建设进行了全面安排部署。李静、杨志副县长出席会议,各重点项目实施单位负责人参加会议。

【新冠肺炎疫情防控工作指挥部第49次会议暨春节期间重点工作专题部署会】1月30日,县人民政府县长马晓红主持召开应对新冠肺炎疫情防控工作指挥部第49次会议暨春节期间重点工作专题部署会。会议传达学习了自治区党委应对新冠肺炎疫情工作领导小组第22次会议精神及固原市应对新冠肺炎疫情工作指挥部疫情防控工作专题会议精神,对全县春节期间安全生产、疫情防控、信访维稳安保及重点项目建设工作作出了全面安排部署。

【审议"十四五"规划专题会】2月24日,县人民政府副县长杨志主持召开审议"十四五"规划专题会。会议审议了发改局、交通局、水务局、生态环境局、医疗保障局提交的"十四五"发展规划。发展和改革局、公安局、民政局、财政局、自然资源局、住房和城乡建设局、交通运输局、水务局、农业农村局、文化旅游广电局、应急管理局、行政审批服务管理局、医疗保障局、轻工产业园区管委会、固原市生态环境局泾源分局、商贸中心等单位负责人参加了会议。

【泾源县社会保障服务提升行动暨养老、低保提标工作推进会】3月22日,县人民政府副县长李静主持召开了泾源县社会保障服务提升行动暨养老、低保提标工作推进会。会议研究讨论了《泾源县社会保障服务提升行动实施方案(送审稿)》《泾源县城乡居民基本养老保险提标方案(送审稿)》,关于提高泾源县城乡居民最低生活保障和特困人员救助供养标准及孤儿养育津贴标准等方案和事宜,安排部署了下一步工作。县公安局、民政局、财政局、人社局、卫健局、审计局等单位负责人参加会议。

【全县安全生产及森林草原防灭火工作专题会议】3月24日,县人民政府县长马晓红主持召开全县安全生产及森林草原防灭火工作专题会议。会议传达学习了习近平总书记对东航客机坠毁作出的重要指示和李克强总理重要批示精神,李克强总理对森林草原防灭火工作作出的重要批示精神,全国森林草原防灭火工作电视电话会议及全区2022年消防工作暨森林草原防灭火工作会议精神;听取了全县安全生产、森林草原防灭火及消防安全工作情况汇报,安排部署了近期全县安全生产、森林草原防灭火及消防安全等工作。政府各副县长、政府各组成部门及各乡镇人民政府主要负责人参加会议。

【"五一"期间保畅通保安全工作专题会议】4月28日,县委常委、政府副县长李刚主持召开"五一"期间保畅通保安全工作专题会议。会议通报了近期全县道路交通安全形势和《自治区公安厅关于G70福银高速隧道封闭维修施工交通组织情况的复函》,研究讨论了《G70福银高速维修封闭期间G312线、G344线疏导保畅应急预案》,安排部署了"五一"节前道路交通安全工作。

【全县自建房安全专项整治工作专题会议】5月7日,政府县长马晓红主持召开全县自建房安全专项整治工作专题会议。会议传达学习了习近平总书记对湖南长沙居民自建房倒塌事故作出重要指示精神和李克强总理重要批示精神,全国、全区、全市自建房安全专项整治电视电话会议精神。安排部署了全县自建房安全专项整治工作。

【全县安全生产专题会议】6月7日,县委副书记、政府县长、县安委会主任马晓红主持召开全县安全生产专题会议。会议学习贯彻了习近平总书记关于安全生产的重要论述和重要指示精神,传达学习了全区安全生产事故警示通报暨自治区第十三次党代会期间安全防范工作视频会议精神;听取了县住建局关于全县总建筑施工领域安全生产有关情况说明,并就进一步做好自治区党代会期间及近期全县安全生产等有关工作进行了安排部署。

【泾源县困难群众救助补助资金审计发现问题专项治理工作专题会议】6月24日,县人民政府副县长李静主持召开了泾源县困难群众救助补助资金审计发现问题专项治理工作专题会议。会议对全县困难群众救助补助资金审计发现问题专项治理工作进行了详细安排部署。各乡镇、民政局、残联负责人参加会议。

【巩固拓展脱贫攻坚成果同乡村振兴有效衔接工作推进会议】7月24日,政府县长马晓红主持召开2021年度巩固拓展脱贫攻坚成果同乡村振兴有效衔接反馈问题及大排查大整改自查问题整改工作推进会议。会议通报了2021年度巩固拓展脱贫攻坚成果同乡村振兴有效衔接反馈问题及大排查大整改自查问题整改工作问题整改落实情况,安排部署了相关工作。

【胭脂峡景区项目现场协调专题会议】6

月21日,县人民政府副县长李静主持召开了胭脂峡景区项目现场协调专题会议。会议安排部署了胭脂峡景区周边已建成民宿和游客中心管理运营有关事宜。县委常委、县人民政府副县长杨璞出席了会议,财政局、文化旅游广电局、水务局、住建局、黄花乡、县旅游公司、县国有资产投资运营集团、羊槽村相关负责人参加会议。

【泾源县困难群众救助补助资金审计发现问题专项治理工作专题会议】7月26日,县人民政府召开了泾源县困难群众救助补助资金审计发现问题专项治理工作专题会议。会议传达学习了区市相关文件,对困难群众救助补助资金审计发现问题专项治理工作作了再安排、再部署。县委副书记、政府县长马晓红出席会议并讲话,县人民政府副县长李静主持会议。县纪委监委、教育体育局、公安局、民政局、财政局、人力资源和社会保障局、住建局、卫健局、审计局、乡村振兴局、医保局、残联及各乡镇主要负责同志,各乡镇民政助理员、社会救助核查员,全县各养老服务机构负责人参加会议。

【王洛宾文化园景区托管运营专题会议】8月12日,县人民政府副县长李静主持召开王洛宾文化园景区托管运营专题会议。对王洛宾文化园托管运营有关事宜作出了详细安排部署,决定将王洛宾文化园经营管理权交由县国有资产投资运营集团,并由县国有资产投资运营集团委托宁夏六盘山旅游演艺有限公司集中统一经营和维护。县财政局、文化旅游广电局、审计局、县国有资产投资运营集团、县旅游公司相关负责人参加会议。

【泾源县生态环保问题排查整治专项行动会议】8月25,县委副书记、政府县长马晓红主持召开泾源县生态环保问题排查整治专项行动安排部署会议。会议传达学习了自治区党委督查室督查工作通报《自治区党委和政府部署开展生态环境问题排查整治工作》《中共固原市委办公室 市人民政府办公室关于印发〈全市生态环保问题排查整治专项行动方案〉》等文件精神,安排部署了泾源县生态环保问题排查整治专项行动工作。政府各副县长、政府各组成部门及各乡镇人民政府主要负责人参加会议。

【泾源县道路交通安全专题会议】9月6日,县委副书记、政府县长马晓红主持召开泾源县道路交通安全委员会第四次全体会议。会议传达了梁言顺同志关于"9·5"交通事故批示和《固原市道路交通安全委员会关于深刻汲取道路交通事故教训全力开展事故预防工作的紧急通知》精神,通报了"9·5"道路交通事故情况和全县道路交通安全形势,安排部署了近期全县道路交通安全工作。

【泾源县化解涉党政未结案件专题会议】11月8日,县委副书记、政府县长马晓红主持召开化解涉党政未结案件专题会议。会议听取了全县涉党政旧存未结案件及2022年涉党政未结案件有关情况汇报,对化解涉党政未结案件进行了全面安排部署。任伟、张怀彪、尹鹏、李洪涛同志出席会议,各相关单位负责人参加了会议。

【泾源县储备林基地建设项目和国有建设用地使用权专题会议】12月13日,县委常委、政府副县长任伟主持召开储备林基地建设项目和国有建设用地使用权有关事宜专题会议。会议研究审定了《泾源县国家储备林基地建设项目投资框架协议》《关于泾源县"三馆一中心"国有建设用地使用权分割变更登记的请示》《关于审定国有建设用地使用权协议出让方案的请示》。县纪委监委、发改局、财政局、自然资源局、文旅局、审计局、审批局及县国有资本投资运营集团有限公司负责人参加会议。

信访工作

【概况】2022年，泾源县信访工作以护航党的二十大为主线，紧扣"推动、预防、化解、保障"四项举措，实现信访总量、越级访、集体访、重复访和信访积案存量"五下降"，矛盾纠纷排查准确率、初信初访化解率、信访积案化解率和信访事项群众满意率"四提升"。完成了党的二十大、北京冬残奥会、全国"两会"及自治区第十三次党代会期间信访安全保障工作，泾源县被中央信联办评为2022年度全国信访工作示范县。

【组织领导】坚持把信访工作作为夯实党的执政基础和维护社会和谐稳定的重要抓手，构建"党委统一领导、政府组织落实、信访联席会议协调、信访部门推动、各方齐抓共管"信访工作格局，压实"三级书记抓信访"工作责任。县委常委会6次、政府常务会议9次、信访专题会1次、信访工作联席会议4次，传达中央和区市党委有关会议精神，研究信访重大问题、推进信访积案化解。县委和政府主要领导、分管领导主动担当、履职尽责、亲自包抓、亲自协调、亲自推动信访积案化解，带头落实县级干部每日接访制度，及时下访、阅批群众来信。乡镇、部门周排查、全县月通报、月研判、月调度，形成了各级领导接待、阅批群众来信来访常态化、制度化。制定印发《解决当前信访突出问题的工作方案》，成立4个督导专班，不定期开展督导检查。紧盯党的二十大和全国"两会"等重要节点，完善信访安全保障方案预案，开展信访突出问题"百日攻坚"专项行动，对重点信访案件建立问题、责任、整改"三个清单"，加强"三级网格"作用发挥，强化各部门协调联动，形成各司其职、齐抓共管的工作格局。今年以来，县级领导共接待办理群众来访27批65人次，批阅群众来信4件次，人民网留言等网上投诉35件次。

【信访预防和排查】坚持预防和排查互促互进，在推进工作中抓重点、抓关键，用真心、尽全力、暖民心，力争将信访问题化解在萌芽状态、力求把信访问题化解在基层一线。制定《泾源县重大行政决策社会稳定风险评估实施办法》，把社会稳定风险评估作为出台重大决策的前置程序和刚性门槛，最大限度减少因决策而引发的矛盾和问题。发挥乡（镇）信访工作联席会议机制作用，推进党建引领基层治理"1+1+3"工作机制落实，落实"抓小、抓早、抓苗头"和"不推、不拖、不压、不上交"的要求，从源头入手，全方位排查化解各类矛盾纠纷，做到小事不出村、大事不出乡、矛盾不上行。坚持"信、访、电、网、微"一体化推进，规范化、制度化办理，做到来信专人看、来访专人接、电话专人听、网络举报专人办、微信举报专人管,抓好信访问题"受理、办理、答复、送达、录入、督办、回访"等7个环节,确保流程规范、受理及时、答复到位、群众满意。

【信访机制建设】针对"钉子案""骨头案"、集体访、进京越级访等重点信访件、重点信访人,整合资源、多元化解、合力攻坚。创新领导接访、信访接待、司法调解"三级联动"机制,搭建县级"综治+信访+法律援助+诉前调解"、乡级"党支部+信访中心+三个清单"、村级"村委会+警务室+法律顾问+五老人员"的三级联动联调平台,形成问题联治、矛盾联调、工作联动、平安联创的基层治理格局。全面梳理信访积案,推行"三色"预警管理,建立完善未化解台账、倒流台账、责任台账"三个台账"和重点信访事项"一人一案、一案一档、逐一销号"制度,落实"五个一"和"五定五包"要求,结合"我为群众办实事"实践活动,在全国"两会"、自治区第十三次党代会及党的二十大前先后组织开展大走访活动,提前"筛底子",开展有针对性的预防和化解工作。把"事要解决"作为推动信访问题化解的最终目标,围绕群众急难愁盼问题,坚持县、乡领导每日坐班接访,及时就地处理一批信访问题,包案领导定期深入乡村一线,面对面、点对点约访、下访信访人、督查督办信访案件,化解一批信访问题;对"一重点、两重复"信访事项,县委和政府主要领导包案,多部门集中"会诊",召开协调会、听证会、见面会,做到问题不解决不放过、矛盾不调处不放过、信访人不息诉息访不放过。对已化解完成的,定期落实回访制度,持续跟踪信访人的思想状态、行动状态,做到稳知动向、行知轨迹,确保案件化解不反复、不倒流。

【信访责任保障】县委和政府高度关注信访工作,打出队伍建设、资金保障、依法打击、《条例》宣传、督查督办"组合拳"。县、乡(镇)信访工作组织、机构、人员、场地、制度"五到位"。县级层面建立健全由县委副书记担任信访工作联席会议召集人,全县7个乡(镇)均建立由党委书记兼任信访工作联席会议召集人,覆盖率达到100%;乡(镇)信访中心与综治中心合署办公,壮大了全县信访工作力量;县级建立标准化"三区两室"信访接待大厅,乡(镇)均设立信访接待室,行政村设立矛盾纠纷调解室;建立和完善《泾源县党政领导干部接待信访群众工作制度》《泾源县特殊疑难信访事项领导干部包案制度》等10余项制度,确保信访事项有人抓、有人管、有地方办。开展《信访工作条例》宣传,采取举办专题讲座、制作展板、悬挂横幅、印制彩页、实物宣传、"两微一端"等多方式,"板凳会"、"小院讲堂"等"村言村语",实现了《条例》宣传全覆盖、无盲区。县信联办、政法委等6部门联合发布了《关于依法打击信访活动中违法犯罪行为的通告》,营造了办事依法、遇事找法、解决问题用法、化解矛盾靠法的良好法治环境。县信联办、"两办"督查室紧密协作、相互配合,建立督查专班,每季度对信访件办理督查督办,形成督查专报,送县委和县政府主要负责同志、分管领导进行阅批。对重视程度不高、履行责任不到位、化解力度不大的单位进行通报问责,确保全县信访渠道畅通、信访秩序稳定、信访服务利民,走出一条通民心、接地气、解民忧、帮民富的信访工作新路子。

机关事务管理

【概况】坚持以习近平新时代中国特色社会主义思想为指导,深入贯彻落实党的十九大、十九届历次全会精神及自治区党委十二届十三次、十四次全会精神,贯彻落实区、市、县决策部署。坚持围绕中心、服务大局,以构建"大服务、大保障、大后勤"新型服务体系为目标,按照"管理规范、保障有力、服务到位"的要求,公务接待、公车管理、党政机关办公用房管理、公共机构节能和后勤服务保障各项工作取得了一定的成绩。

【理论武装】坚持"二五"学习制度,采取集中学习讨论、开展研讨交流等不同形式,深入学习习近平总书记视察宁夏重要讲话和重要指示批示精神以及党中央决策部署,做到深学真悟笃行,夯实思想基础。结合开展学习教育实践活动,组织学习党的十九大、十九届历次全会和习近平总书记视察宁夏重要讲话和重要指示批示精神,增强"四个意识"、坚定"四个自信"、做到"两个维护",坚持以人民为中心,开展大学习大讨论活动,深化思想认识,加强学习成果转化。利用领导班子集中学习和个人自学等方式,通过组织党员干部开展学习,保证党员干部学习不"断档",思想不"滑坡"。

【公务接待】坚决贯彻落实中央八项规定精神、自治区"八条禁令"精神及市、县关于公务接待相关规定,严格标准、严格要求、严格审批手续,坚决贯彻落实对口接待规定,没有出现违规、超范围、超标准接待,公务接待符合规定。

【公车改革】将公车平台公务用车车辆资产及编制统一划转至泾源县机关事务服务中心,成立泾源县公务用车服务平台,集中纳入统一管理、统一调配。车改后其他各单位保留的公务用车编制在原单位,由原单位自行使用、管理。严格落实责任,规范集中管理车辆使用行为,科学组织汽车保养、年检以及更新,更好的为用车单位做好保障工作。加强对租赁公司的培训和引导,强化其职业道德、优质服务等行业行为规范。加大监管力度,规范市场秩序。

【节约型机关创建】实施示范创建工程,已创建完成第二批1家、第三批2家、第四批1家国家级节约型公共机构示范单位。全县党政机关、事业单位节水型公共机构创建截至目前分别达到52个和121个,节水型公共机构覆盖率分别达到100%和89%,完成了85%的目标值。根据(宁机管发〔2020〕31号)文件要求,2020年泾源县创建完成自治区节约型机关的单位有21家,超过了创建20%的目标值。2022年申请创建自治区节约型机关的单位有16家。

【办公用房管理】贯彻落实《宁夏回族自治区党政机关办公用房管理办法》,党政机关办公用房管理信息化、标准化、规范化进一步提升。全县各单位办公用房使用管理符合规定,办公用房资源合理配置和节约集约使用。

政协泾源县委员会

综 述

【概况】县政协及其常委会坚持以习近平新时代中国特色社会主义思想为指导,学习宣传贯彻党的二十大精神,学习贯彻习近平总书记关于加强和改进人民政协工作的重要思想和习近平总书记视察宁夏重要讲话和重要指示批示精神,围绕县委、政府中心工作履职尽责,奋力开拓创新、勇担时代使命,践行全过程人民民主,协商议政出新出彩,凝聚共识常做常新,服务大局有力有效,圆满完成县政协十四届一次会议确定的各项目标任务,为推进泾源高质量跨越式发展贡献了政协智慧和力量。

【政治建设】常委会坚持以党的政治建设为统领,把牢正确政治方向,引导政协参加单位和政协委员坚决维护习近平总书记党中央的核心、全党的核心地位,坚决维护党中央权威和集中统一领导,始终在政治立场、政治方向、政治原则、政治道路上同以习近平同志为核心的党中央保持高度一致。坚持"党委有号召、政协有行动,党委有部署、政协有落实",自觉将政协工作置于县委领导下开展,把县委重大部署转化为政协履职实践。整改自治区党委督查调研贯彻落实中央和自治区党委政协工作会议精神反馈问题,县委出台《贯彻落实自治区党委办公厅〈关于加强和改进新时代市县政协工作的实施意见〉任务分工方案》等一系列文件,从总体要求和制度保障等方面对政协工作给予全面支持,县政协严格落实县委《关于明确政协协商于党委政府决策之前和决策实施之中事项的实施意见》,坚决做到"党委想什么政协议什么、政府干什么政协帮什么",落实县委《关于政协协商成果办理和反馈办法》《县党政部门向县政协通报重要情况制度》,修改制定协商工作规则、提案工作规则等制度23项,把县委对政协工作的要求落实到全过程各方面,提升工作科学化、制度化、规范化水平。政协党组发挥在政协工作中的领导核心作用,落实重大工作、重要事项、重大活动向县委请示报告制度,落实县委全会、县委常委会会议等工作要求,向县委请示事项13次、提交报告7份,邀请县委和政府领导出席政协活动21次,确保政协各项工作始终与县委同频共振、同轴共转、同向共进。

【理论武装】中共二十大后,及时召开政协党组会、主席会传达学习,专门召开常委会集中学习,制定具体实施方案,掀起学习宣传贯彻热潮。按照"党组作表率、常委作标杆、机关作榜样"要求,把深入学习贯彻习近平新时代中国特色社会主义思想作为理论武装的重中之重,把学习党的二十大精神融入习近平总书记视察宁夏重要讲话和重要指示批示精神"大学习、大讨论、大宣传、大实践"活动统筹推进,学习自治区第十三次党代会精神及区市县党委全体会议精神,有计划地组织开展研讨活动、读书活动，不断以"跟进学"强化"跟着走"，推动学习贯彻大会精神走深走实、见行见效。全年开展党组理论学习中心组15次、常委会专题学习4次、机关干部集中学习32次，专题研讨9次。主席、各副主席和委员参加区市县的研讨班、培训班等8期200余人次。通过加强思想建设，广大政协委员和机关干部深刻领悟"两个确立"的决定性意义，"四个意识"更加牢固、"四个自信"更加坚定、落实"两个维护"更加坚决。

【党的建设】贯彻新时代党的建设总要求，坚持以党的政治建设为统领加强政协系统党的各项建设，强化政协党组织在政协工作中的政治领导力、思想引领力、群众组织力和社会号召力。县政协党组认真履行全面从严治党主体责任和党组成员"一岗双责"，完善党组议事规则和决策程序，专题研究部署意识形态、党风廉政建设等重点工作。探索建立党组成员联系常委、党员委员联系党外委员、主席会议成员联系界别、专委联系委员的联系制度，推进4个专委会功能型党支部建设，将51名中共党员委员按照界别纳入专委会功能型党支部，构建形成"政协党组+机关党组+机关党支部+专委会功能型党支部"上下衔接的政协党组织体系，推动党建与政协履职工作深度融合、相互促进，实现了党的组织对党员委员的全覆盖、党的工作对政协委员的全覆盖。召开党组会议19次，专题组织生活会、民主生活会4场次，开展专委会功能性党支部活动16场次，党组成员在政协机关、联系包抓乡镇（村组）开展主题党课讲授6场次，党组领导力号召力、机关执行力战斗力、委员凝聚力向心力明显提升，真正把党的政治优势、组织优势转化为政协履职优势。

【政治协商】常委会高度重视全体会议这一协商履职最高形式，站在全局的高度精心筹备。会前动员政协各参加单位和广大政协委员，紧扣全县经济社会发展中心工作，深入基层了解社情民意，开展调查研究，组织撰写提案。十四届一次全会期间，各界别委员就"一府两院"等报告协商讨论，发表意见建议，县委、政府主要领导深入各讨论小组与委员面对面交流，共谋发展大计、共话发展新篇，委员们围绕乡村振兴、产业发展、教育医疗、城市建设等方面讲实情、献良策，提出意见建议21条，许多意见建议得到县委、政府高度重视和有关部门采纳，推动了相关工作落实。注重发挥常委会会议在政治协商中的重要作用，围绕政协自身建设和具有综合性、全局性、前瞻性的重大问题进行专题协商，全年共召开常委会会议5次，其中专题议政性会议2次，听取国民经济和社会发展计划、财政预算执行、十四届一次全会提案办理情况、纪委监委和法检"两院"等工作情况通报2次。开展"有事好商量"专题议事活动4场次，邀请界别委员、政府分管领导和部门负责人就城市管理、互联网+城乡供水等内容开展协商，鼓励引导委员和党政部门之间、委员和委员之间进行互动交流的方式协商议政、达成共识，推动解决相关问题。召开主席会议和提案办理协商会，就盘活旅游驿站、社区阵地建设、规范停车场设置进行协商，着力把政协协商优势转化为社会治理效能。常委会坚持把对口协商作为履行职能的重要抓手，各专委会根据年度协商计划安排，主动加强与对口部门的联系协作，邀请对口部门通过线上线下广泛议政，参加视察调研和考察5次，提出合理化意见建议15条，各对口部门对提出的意见建议及时给予办理答复和反馈。

【民主监督】 常委会认证履行民主监督重要职能，寓监督于调研、视察和提案办理等履职全过程，着力构建协商式监督新格局。出台《政协泾源县委员会民主监督员选派办法》，推进特邀监督员工作程序化、规范化建设，支持委员履行职责。注重发挥班子成员和政协委员在民主监督中的主体作用，参与法检"两院"、公安机关举办的庭审活动和开放日活动，参与全县水价听证、煤炭询价等工作，政协班子成员和政协委员列席县委、政府各类重要会议100余人次，扩大特邀监督工作覆盖面。注重发挥提案督办监督作用，采取"县委领导领衔督办、政府领导重点督办、政协领导全面督办、部门具体承办"的四级联动提案办理模式，对肉牛产业发展、城乡自来水保障、居民小区绿化亮化等事关全县经济社会发展和民生事业改善的8件重点提案和十四届一次会议以来的43件提案、50件社情民意信息，采取视察督办、跟踪督办、召开提案交办督办会等方式，推动办理落实。全年提案办复率100%，实效率86.1%，委员满意度达到90%以上。

【参政议政】 常委会始终把参与县委政府中心工作作为履行职能、服务发展的大事来抓，坚持参政参在"点子上"，议政议在"关键处"，献策献在"必要时"。按照县委安排部署，班子成员参与全县重点工作的推动落实，到所联系的部门、乡镇、村组、社区和企业指导工作，帮助梳理解决困难和问题，围绕全县乡村振兴、疫情防控等工作开展督导检查，就招商引资、产业发展等内容参与讨论，在参与中议政、在服务中建言。利用区市政协平台，反映社情民意信息，就乡村振兴、生态建设等内容向区市政协建言，为推动全县经济社会高质量发展献计出力。

【团结、民主】 常委会牢牢把握团结和民主两大主题，把凝聚共识、汇聚力量摆到更加重要位置，坚持大团结大联合，加强对外交流联系，凝聚改革发展的强大合力。发挥人民政协统一战线组织功能，坚持一致性和多样性统一，寻求最大公约数、画出最大同心圆。注重发挥工商联、宗教界委员的重要作用，引导鼓励支持他们参与政协履职活动。贯彻党的民族宗教政策，班子成员带头到基层联系点开展党的民族宗教政策宣讲，引导宗教与社会主义社会相适应。加强同各界群众的联系，健全班子成员联系界别委员制度，走访离退休老干部，慰问困难群众，汇聚社会正能量。广泛团结各族各界人士，求同化异，凝心聚力，围绕群众思想认识困惑点、利益关系交织点、社会矛盾易发点，协助县委和政府做好宣传政策、解疑释惑、理顺情绪、化解矛盾的工作。加强沟通联系，以相互学习促进共同进步。配合全国和区市政协就生物多样性、生物固碳、历史移民、农村人居环境等内容开展视察调研13次，配合区市政协围绕生态环保领域人才建设开展联合调研2次。先后接待安徽省政协及周边县（区）到泾源县考察交流6批次。围绕招商引资、产业发展、自身建设等工作，组织委员前往浙江温州市、福建厦门市和西吉县、隆德县考察学习。结合全县宣传、文史、机制创新等工作,在区市政协主席座谈会、工作座谈会、经验交流会上作了交流发言,展现了工作新风貌。

【精准帮扶】常委会把助力乡村振兴作为服务发展的重中之重,始终以更坚定的决心、更明确的目标、更有力的举措,全力以赴、全力跟进。通过动员政协委员和机关干部深入乡村振兴一线,紧盯群众的操心事、烦心事、揪心事开展精准帮扶。围绕群众最关心、最迫切需要解决的产业发展和教育、医疗等事关民生事业的实际问题,建言献策,推动巩固拓展脱贫攻坚成果同乡村振兴有效衔接,促进群众持续稳定增收。扛实压紧领导包抓和机关帮扶责任,班子成员带头到各自联系乡镇、村组指导帮扶,第一书记和驻村队员驻村帮扶,10名机关干部定期入户帮扶,通过开展协商建言、入户帮扶、生活帮助、技术指导等方式,为群众办好事实事30余件,密切与群众的接触联系,以为民谋利、为民尽责的实际成效取信于民,画出民心民愿的最大同心圆。

【疫情防控】常委会认真落实习近平总书记关于新冠肺炎疫情防控工作重要指示精神,坚决落实区市县党委和政府安排部署,为全县守牢疫情防控"南大门",体现了政协担当。全区"9·20"疫情暴发以来,县政协第一时间作出安排部署,发出《致全县政协委员的一封信》,班子成员多次深入所联系乡镇和包抓村组社区,调研了解基本情况,精准开展疫情防控,推动防疫政策落地落实。全县政协委员和机关干部闻令而动、各尽所能,中共界和乡镇委员深入一线当先锋、作表率,开展上门服务、宣传疫情政策,经济工商界委员慷慨解囊、捐资捐物,医疗卫生界委员奔赴抗疫前线开展核酸检测、医疗救治等工作。政协上下众志成城,以实际行动展现新时代政协委员的家国情怀。

【文史工作】健全文史资料、新闻宣传等经常性工作制度,推进文史资料编辑和信息宣传工作。落实自治区政协文史工作座谈会精神,组织部分机关干部赴西吉县学习考察文史工作,借鉴经验,筹备《泾源文史资料》第五辑,制定编纂方案。协助自治区政协、泾源县党史和地方志研究室编撰《全区政协志》和《泾源县扶贫志》。拓展和加强政协宣传思想工作新平台,充分利用《华兴时报》、"履职通"App、"泾源发布""泾源政协"微信公众号、委员工作群等载体,及时发布政协创新工作、履职动态和理论文章等信息100余篇,全方位多渠道发出人民政协好声音,凝聚起团结奋斗的政协力量。

【自身建设】贯彻落实党中央和区市县党委政协工作会议精神,探索创新工作机制,健全完善委员学习培训制度。建立委员履职服务平台,畅通知情问政渠道,通过邀请委员列席常委会会议、参加视察调研等方式,促进委员知情明政,提高履职能力。创新协商载体,搭建"委员会客室"、委员"履职通"网络议政平台,收集意见建议54条,调动委员履职建言的积极性和主动性。制定委员学习计划和培训计划,开展委员读书活动和履职培训,提升委员履职能力。严格委员履职管理,修订县政协《委员履职工作规则》《委员履职考核办法(试行)》等制度,建立健全委员履职档案和委员履职评价及评先选优机制,对履职中表现突出的15名委员进行表彰,依章依规督促10人退出委员资格,激发广大委员履职尽责的责任感和紧迫性。修订完善《专门委员会通则》,规范专委会履职方式。制定协商议政质量评价办法,健全协商议政成果采纳、反馈制度,推动协商会议成果、提案、社情民意信息相互贯通,制定提案办理协商办法、优秀提案和先进单位承办办法,评选优秀提案8件、优秀承办单位4个,通过制度创新和实践创新,推动专委会工作上水平、见实效。以专委会为依托,调整设立10个界别委员工作室、委员联络室和委员会客厅,建立乡镇委员联络小组,推进政协协商向基层延伸。坚持不学习就不调研、不调研就不协商,围绕党的创新理论和群众关心关切的热点难点问题,召开协商前培训会3次,邀请政府有关部门开展专题协商活动4场次,提出意见建议12条,为泾源县经济社会发展添智增力。贯彻党中央和区市县党委关于解决形式主义突出问题为基层减负精神,落实党风廉政建设"两个责任",开展违规收送红包礼金和不当受益及违规借转贷或高额放贷专项整治活动,发挥先进典型示范引领和反面典型警示教育作用,加快机关内部作风转变,教育引导机关党员和干部勤政务实、清正廉洁。开展"五型"机关创建,统筹推进节能型机关、健康机关、无烟机关建设,完善人员分工、经费管理等内控制度,优化领导干部职责分工,提升机关的服务能力和工作水平,打造"信念过硬、政治过硬、责任过硬、能力过硬、作风过硬"的新时代政协干部队伍。

重要会议

【政协十四届二次全体委员会议】2022年12月27日至29日,政协泾源县委员会在人民会堂召开十四届二次会议。会议期间,共举行大会3次。会议听取审议了常委会工作报告和提案工作情况的报告,听取审议了县人民政府关于县政协十四届一次会议以来委员提案办理情况的报告,列席了泾源县第十八届人民代表大会第二次会议,听取并讨论了政府工作报告和其他有关报告,补选了李刚同志为政协泾源县第十四届委员会主席,审议通过了政协泾源县委员会2023年度协商工作计划、政协泾源县第十四届委员会第二次会议提案审查情况的报告、政协泾源县第十四届委员会第二次会议政治决议。大会收到发言材料12份,5名委员作了大会发言,7名委员作了书面发言。大会对提案办理先进单位、优秀提案和优秀委员进行了表彰。大会共收到提案95件,经审查立案88件(并案18件),立案率为92.6%。县委书记王荣在开幕大会上作了讲话,县政协主席李刚作了闭幕讲话。

【十四届常务委员会第1次会议】2022年3月11日在县行政中心325会议室举行。应到常委会组成人员27人,实到27人。李光明主席主持了会议。会议传达学习了党的十九届六中全会精神、全国"两会"精神、自治区党委十二届十三次全会精神、区市"两会"精神等,审议通过了《泾源县政协常委会2022年工作要点》和泾源县政协部分规章制度,通过了有关人事任免,李光明主席作了总结讲话。

【十四届常务委员会第2次会议】2022年6月24日在县行政中心225会议室举行。应到常委会组成人员27人,实到24人。会议传达学习了中央和自治区党委政协工作会议精神、《中国共产党政治协商工作条例》、自治区第十三次党代会精神、中共中央办公厅《关于加强和改进新时代市县政协工作的实施意见》，通过了有关委员辞呈，围绕我县城市管理开展了协商议政，李光明主席作了总结讲话。

【十四届常务委员会第3次会议】2022年10月28日在县行政中心423会议室举行。应到常委会组成人员27人，实到24人。县政协副主席于清海主持了会议。会议传达学习了习近平同志在省部级主要领导干部"学习习近平总书记重要讲话精神，迎接党的二十大"专题研讨班上的重要讲话精神、《习近平谈治国理政》（第四卷）、固原市委五届五次全会精神、关于印发《贯彻落实自治区党委办公厅〈关于加强和改进新时代市县政协工作的实施意见〉任务分工方案》的通知、《关于明确政协协商于党委政府决策之前和决策实施之中事项的实施意见》《县党政部门向县政协通报重要情况制度（试行）》《关于政协协商成果办理和反馈办法（试行）》《泾源县十四届主席会议成员联系常委和委员、常委联系委员、中共党员委员联系党外委员工作制度》《政协泾源县委员会常务委员会组成人员述职办法（试行）》，会议听取了全县2022年上半年国民经济和社会发展计划执行情况的通报、全县2022年上半年预算执行情况的通报，审议了《关于我县医疗共同体信息化建设情况的视察报告》，审定了政协有关制度，研究增补委员事宜，李光明主席作了总结讲话。

【十四届常务委员会第4次会议】2022年12月2日在县行政中心423会议室举行。应到常委会组成人员27人，实到24人。会议传达学习了党的二十大精神、自治区党委十三届二次全会精神、自治区党委统战工作和全区宗教工作会议精神、自治区政协十一届三十一次常委会会议精神、市委五届六次全会精神、市政协五届四次常委会会议精神、县委十五届四次全会精神，会议听取了县纪委监委、法院、检察院2022年工作情况通报和县人民政府关于十四届一次会议提案办理情况的通报，研究了增补委员事宜和有关人事任免事项，会议通过了李光明同志辞去县政协主席职务的请求。

【十四届常务委员会第5次会议】2022年12月24日在县行政中心423会议室举行。应到常委会组成人员26人，实到22人。县政协副主席于清海主持了会议。会议传达学习了党的二十大精神、中央经济工作会议精神、自治区政协十一届107次主席会议精神、市委五届七次全会精神、市政协五届二次会议精神、县委十五届五次全会精神，协商通过了召开县政协十四届二次会议的决定和有关事项，协商讨论了县人民政府向县十八届人代会第二次会议提交的三个报告；协商讨论了政协两个报告；协商通过了政协2023年度协商工作计划（草案），十四届常委向常委会进行了述职。

【十四届常务委员会第6次会议】2022年12月28日在县行政中心326会议室举行。应到常委会组成人员26人，实到25人。会议听取了各讨论组讨论情况的汇报，协商通过大会《选举办法》（草案），协商提出县政协十四届委员会主席候选人建议名单。

【十四届常务委员会第7次会议】2022年12月29日在县行政中心326会议室举行。应到常委会组成人员26人，实到24人。会议听取了各讨论组讨论情况的汇报，听取了各讨论组关于本次会议《选举办法》(草案)和县政协十四届委员会主席候选人建议名单协商酝酿情况的汇报并确定了正式候选人,协商通过了本次会议提案审查情况的报告和政治决议,提出了总监票人和监票人建议名单,通过计票人名单。

【十四届常务委员会第8次会议】2022年12月29日在党人民会堂贵宾厅举行。应到常委会组成人员26人,实到25人。会议确认了县政协十四届二次会议选举投票结果。

专门委员会

【提案和委员联络委员会】做好县政协十四届一次会议的筹备工作,完成了提案工作报告的起草,委员提案的征集、初审、复审,提案审查报告(草案)的撰写等各项工作。做好提案督办工作,县政协十四届一次会议期间共收到委员提案93件,经审查立案43件,作为社情民意处理的21件,及时转交县委办、政府办,并加强联系沟通将提案全部分解到承办单位,同时从43件提案中筛选了8件重点提案,由县委、政府、政协主要领导和分管领导领衔督办,同时跟踪督办3次,使委员提案得到很好的办理和落实。开展《宁夏政协志》泾源卷第一节、第二节、第三节资料收集、整理、修改、数据核对等工作,提交的近6万字的政协资料通过了自治区政协编辑的审定。完成了《政协泾源县委员会各参加单位和委员履职考核办法(试行)》起草工作,对5个政协参加单位、147名政协委员履职考核进行了细化量化,25名常委向十四届常委会提交了述职报告,148名委员填写了《泾源县政协委员履职量化考核评分表》,由各专委会对委员职责情况进行评分,经考核调整不合格委员10名,对表现突出的15名委员进行了表彰,调动了政协委员履职尽责、建言献策、民主协商的积极性和主动性。做好政协十四届二次会议的准备工作,及早下发提案征集通知,从提案的内容、格式提出具体要求,同时编辑提案征集选题46条,方便了委员提提案、提好提案。十四届二次会议期间收到委员提案95件,经提案审查委员会审查立案88件(并案18件),提案质量较上次会议得到较大幅度的提高。全年开展功能型党支部活动3次,完成了功能型党支部的换届,成功举办了委员读书基地揭牌和2022年委员读书活动,组织委员集中学习了自治区第十三次党代会精神、中国共产党政治协商条例、《关于加强和改进新时代市县政协工作的实施意见》、自治区党委政协工作会议精神等内容,同时组织10名委员作发言,提高了委员履职尽责、建言为民的责任意识。

【政协经济委员会】坚持政治理论学习不放松,采取自学、参加政协党组学习、功能型党支部学习等形式,认真学习党的二十大精神、自治区第十三次党代会精神、县委第五次党代会精神、全国全区两会精神以及《中国共产党政治协商工作条例》《关于加强和改进新时代市县政协工作实施意见》,学习习近平总书记在庆祝中国人民政治协商会议成立65周年大会上的讲话精神、习近平总书记在中央政协工作会议暨庆祝中国人民政治协商会议成立70周年大会上的讲话精神,参加区市县政协组织的培训班,通过学习,提高了政治素养,深刻领会了"两个确立"的决定性意义,增强"四个意识"、坚定"四个自信"、做到"两个维护",把握了人民政协性质定位,为做好新时代人民政协工作奠定了坚实的政治理论基础。加强专门委员会建设,在县行政审批局组建设立经济、农林、工商联界别委员工作室、联络室、会客室。依托委员工作室,面向界别群众收集社情民意,反映界别群众的意见诉求,开展学习和履职活动,影响带动界别群众统一思想、凝聚共识。发挥功能型党支部战斗堡垒作用、党员委员的先锋模范作用,组织功能型党支部开展活动3次,党员会员撰写学习体会文章8份。6月10日,组织部分经济、农林、工商联界别委员对县域"互联网+城乡供水"项目建设情况进行了专题视察。配合区市先后开展了生态保护领域人才队伍建设情况、维护生物多样性、提升全区生态环境质量、加强人才队伍建设、农村环境整治和污水处理、全区生物固碳的现状和潜力等专项调研视察。

【教科文卫体委员会】根据县政协《2022年年度协商计划》和《县政协党组2022年工作要点》,围绕全民健身计划实施情况,先后对荷花新城社区全民健身中心、泾河社区多功能运动场、卧龙山体育公园、宁夏娅豪国家滑雪场、泾河源镇全民健身馆、泾河源镇河北村健身广场、新月村多功能运动场、龙脊山红色沥青健身步道全民健身计划开展情况进行了专题视察。围绕"互联网+医疗健康"医共体信息化平台建设推进情况,组织部分政协委员对县人民医院医疗共同体信息化建设情况进行了视察,并形成了调研报告。搭建委员履职平台,探索政协有事好商量议政平台,利用委员会客室、委员联络室打造资政建言的民主共事"大家庭"。开展"委员大讲堂"活动、界别协商等形式,为委员认真履职提供服务,形成良好工作氛围。开展"委员大走访"活动,及时了解委员工作、生活情况,听取委员意见建议,密切感情关系。做好与相关职能部门的联系,听取工作,建言献策,助力推进县委、县政府重点工作的落实。落实机关各项工作制度,改进工作,开展疫情防控、乡村振兴、为民办实事等工作,加强团结,严格遵守各项法律法规,完成政协领导交办的其他工作和任务。

【社会治理委员会】通过专委会会议、功能型党支部学习等形式,认真学习党的二十大精神、习近平总书记重要讲话精神、自治区第十三次党代会精神、县委第五次党代会精神,积极参加区市县政协组织的培训班。按照县政协2022年度协商计划和重点工作安排,组织部分政协委员围绕城市基础设施补短板项目、老旧小区改造项目、城市排水工程项目、集中供热二期项目,对全县城市管理工作进行专题视察,形成了视察报告。通过委员会客室、委员联络室等议政平台,组织委员开展界别活动。配合区市政协开展的各项调研视察。走访委员,了解基层情况,收集社情民意信息。

重要活动

【调研】3月12日,自治区政协常委、政协人口资源环境委员会副主任王杨宝一行来泾源县开展"生态保护领域人才队伍建设"三级联合调研。5月10日,自治区政协副主席许宁一行围绕"从铸牢中华民族共同体意识,看当代移民对宁夏的历史作用和所形成的历史经验"到泾源县调研,市政协主席余建雄、副主席剡小平参加调研,县委书记王荣、政府县长马晓红、政协主席李光明、副主席于清海陪同调研。5月12日,固原市政协副主席虎久强一行到泾源县调研人才队伍建设工作并召开座谈会,政府副县长李静、政协副主席于清海陪同调研。5月24日,市政协副主席王政权带领调研组到泾源县围绕"实施农村人居环境改造提升计划建设美丽宜居乡村"开展专题调研。6月21日,自治区政协副主席王紫云一行到泾源县调研生物固碳现状和潜力工作,市政协副主席虎久强参加调研工作,县政协主席李光明及相关部门负责人陪同调研。8月4日,市政协副主席杨银梅带领部分市政协委员到泾源县调研全民健康水平提升行动开展情况,县人民政府副县长李静、县政协副主席孙阿娜及相关部门负责人陪同调研。8月23日,市政协副主席王政权带领部分市政协委员到泾源县调研移民致富提升行动开展情况,县委常委、政府副县长杨璞,县政协副主席孙阿娜及相关部门负责人陪同调研。

【视察】6月8日,政协副主席孙阿娜带领部分政协委员对全县城市管理工作进行专题视察,并形成了视察报告。6月10日,县政协组织部分政协委员对互联网+城乡供水情况进行专题视察并召开了座谈会,县人民政府副县长杨志、政协副主席于清海参加视察活动。9月8日,县政协组织部分县政协委员围绕医疗共同体信息化建设情况开展监督性视察并召开了座谈会。

【考察学习】3月18日,彭阳县政协副主席赵坤一行考察泾源县政协工作和乡村治理工作,副主席于清海陪同。6月6日至12日,县政协主席李光明,县委常委、副县长陈晓忞率考察组赴浙江省温州市瑞安市和福建省厦门市海沧区、同安区就政协创新工作经验做法和招商引资工作进行了考察学习,县轻工产业园区管委会主任禹兴昌和部分政协委员参加考察活动。6月8日,永宁县政协副主席张文霞带队考察泾源县民族团结进步创建工作,县政协副主席于清海陪同。7月6日,中宁县政协副主席张光旭一行到泾源县考察旅游示范县建设工作。7月29日,安徽省政协副主席牛立文带领考察组考察泾源县新时代生物多样性保护工作,自治区政协人口资源环境委员会专职副主任杨学林、固原市政协副主席杨耀峰参加考察活动。

【委员读书活动】4月22日,县政协举办"书香政协"揭牌仪式暨2022年委员读书活动启动仪式和委员大讲堂暨委员读书分享交流活动。县政协党组书记、主席李光明,县委常委、统战部部长、政协党组副书记杨继宏,县委常委、政府副县长杨璞,政协副主席孙阿娜、于清海参加活动,部分政协委员和机关全体干部职工参加活动。

【界别委员联络活动】6月10日,县政协在县审批管理局举行经济农林工商联社会福利和社会保障界委员工作室、联络室、会客室揭牌仪式,并开展了界别委员活动,县人民政府副县长杨志为委员联络室、会客室揭牌。

【主题党日活动】6月29日,县政协机关党支部联合各专委会功能型党支部赴西吉县将台堡、隆德县杨家店村等红色教育基地开展主题党日活动，并考察学习了西吉县政协文史资料工作和隆德县政协工作向基层延伸情况。县政协主席李光明参加活动。7月28日，县政协组织机关党支部、各专委会功能型党支部和部分政协委员联合开展习近平总书记视察宁夏重要讲话和重要指示批示精神"大学习、大讨论、大宣传、大实践"主题党日活动暨国防教育知识专题讲座，县委常委、人武部部长陈志东，县人武部政委李强参加活动。

纪委监委

综　述

【概况】2022年，县纪委监委在市纪委监委和县委的领导下，全县各级纪检监察机关履行党章和宪法赋予的职责，围绕中心、服务大局，深入正风肃纪、反腐惩恶、深化改革、加强治理，一体推进不敢腐、不能腐、不想腐，干部清正、政府清廉、政治清明、社会清朗的政治生态巩固提升。

【政治引领】坚持把党的政治建设摆在首位，落实"第一议题"制度，把习近平新时代中国特色社会主义思想作为思想理论建设重中之重，把学习宣传贯彻党的二十大精神作为首要政治任务，开展"大学习、大讨论、大宣传、大实践"活动，以上率下"全员学"、线上线下"多样学"、融入工作"常态学"，列专题、分领域抓实研讨，分层次、全覆盖深化培训，广大纪检监察干部忠诚核心、紧跟核心、维护核心的政治自觉和真抓实干、狠抓落实、堪当大任的责任使命更加坚定，围绕"国之大者"履职尽责的思想自觉、政治自觉和行动自觉不断增强。

【政治监督】坚持党中央重大决策部署到哪里，政治监督就跟进到哪里，围绕贯彻落实习近平总书记重要讲话重要指示批示精神、党中央重大决策和区市县部署安排，制定党员领导干部约谈提醒和政治督察制度，运用"室组地"监督机制跟进监督12轮次，推动整改问题84条；围绕黄河流域生态保护和高质量发展先行区建设、统筹推进常态化疫情防控和经济社会发展、巩固拓展脱贫攻坚成果同乡村振兴有效衔接，运用"政治监督+"机制开展专项督查53轮次，推动整改问题132条，切实保障政令畅通、令行禁止。严把选人用人政治关、廉洁关，共回复党风廉政意见881人次。

【腐败惩治】坚持不敢腐、不能腐、不想腐一体推进，以零容忍态度反腐惩恶，受理信访举报76件次，处置问题线索107件，立案55件，处分52人，查处了工程建设、政府采购和农村集体"三资"领域严重违纪违法案2件2人。开展工程建设、政府采购、卫生健康、粮食购销等重点领域专项治理，推动整改问题3698条，健全完善制度19项。制定加强新时代廉洁文化建设实施方案，正本清源、固本培元，发挥廉洁文化的教育示范引领作用。以

"5+6+N"模式常态化开展廉政警示教育122场次,发出监察建议15份,做深做实查办案件"后半篇文章"。

【"四风"纠治】坚持态度不变、力度不减、尺度不松,运用"节前提醒+节中督查+节后反馈"机制推动整改"四风"问题23条。制定廉政档案管理办法,为3029名党员领导干部和监察对象建立廉政档案。开展违规收送红包礼金和不当收益及违规借转贷或高额放贷专项整治,督促上交不当收益14.34万元,坚决防止由风及腐。开展农村集体"三资"和群众身边腐败及作风问题专项治理,建立提级监督"1234"工作机制,健全完善制度22项,推动整改问题40条。推进基层小微权力"监督一点通"服务平台建设,制定平台运营管理规范,平台访问量达117万余人次,受理群众反映问题115件,更好维护群众切身利益。

【政治巡察】总结分析十四届县委巡察经验做法,统筹编制十五届县委巡察工作五年规划,修订巡察工作流程,开展常规巡察3轮次,涉及党组织9个,发现各类问题236条,移交问题线索3件;发挥巡察"显微镜"作用,通过"巡乡带村"方式延伸巡察村级党组织67个,受理信访件4件,发现各类问题261条。做实巡察整改日常监督,建立清单、动态管理、跟踪问效、挂账销号,召开联审会议2次,开展督查3次,下发通报2期,听取整改汇报3次,反馈问题整改率达92%,巡察整改"后半篇文章"成效显现。

【从严治党】坚决扛起全面从严治党协助职责和监督责任,对全面从严治党年度任务进行分工并监督落实,开展党委(党组)"一把手"述责述廉,促进"两个责任"贯通协同、一体落实。精准运用"四种形态"批评教育、帮助和处理党员干部126人次,开展"七种谈话"152次643人,对29名受处理处分干部开展回访教育,激励干部担当作为。健全完善政治生态定期分析研判机制,科学分析、精准研判,营造良好政治生态。加强对困难群众救助补助资金、惠民惠农财政补贴资金"一卡通"管理情况和农村乱占耕地建房专项整治试点工作的监督,确保惠民惠农领域政策落地落实。

【纪检监察体制改革】制定《关于进一步发挥改革效能有力推进纪检监察监督巡察监督与审计监督贯通协同高效贯彻落实意见》,深化运用"室组"联动监督、"室组地"联合办案、"四项监督"统筹融合、纪法有效衔接等机制,推动各类监督信息互通、措施互补、成果共享。各派驻机构运用"六个强化"工作举措开展督查85次,推动整改问题42条,督促建立完善制度34项。制定村监会监督实施方案及工作清单,编印村务监督工作应知应会手册,细化工作职责和监督方式,打通监督执纪"最后一公里"。依法依规向县人大常委会报告专项工作,推动监察机关依法履行职责。

【自身建设】落实《中国共产党纪律检查委员会工作条例》,制定纪委常委会工作规则,提高常委会议事决策民主化、科学化、规范化水平。制定党建品牌创建方案,打造"党旗飘飘扬正气"党建品牌,推进"五型"模范机关创建。落实新时代纪检监察干部监督工作实施意见,采取"3项自我监督+7项他人监督"方式,从严教育管理监督干部。开展"高素质专业化队伍建设年"和"执纪执法形象"

专项整治活动,制定全年业务培训方案,举办"读书+讲课+研讨+测试"学习班和主题演讲、读书荐书及理论征文等"十个一"系列活动,提升干部能力素质形象。

重要会议

【泾源县第十五届纪委第三次全体会议】2023年2月20日,中共泾源县第十五届纪律检查委员会第三次全体会议召开。县委书记王荣出席会议并讲话。县委副书记、政府县长马晓红,县人大常委会主任李白虎及其他在家的县级领导出席会议。全会由县纪律检查委员会常务委员会主持。会议传达了二十届中央纪委二次全会、自治区纪委十三届二次全会、市纪委五届三次全会精神,总结了泾源县2022年纪检监察工作,安排了2023年工作任务。县委常委、纪委书记、监委主任杨晓曦代表县纪委常委会作了题为《以党的二十大精神为指引,发扬彻底自我革命精神,纵深推进全面从严治党》的工作报告。会议审议通过了县纪委十五届三次全会工作报告和全会公报。

【全区领导干部廉政警示教育暨年轻干部党性教育大会】3月23日上午,在泾源县行政中心325视频会议室召开全区领导干部廉政警示教育暨年轻干部党性教育视频会议。会议由自治区统一安排,陈润儿同志讲话,咸辉同志主持,艾俊涛同志通报2021年查处的全区党员领导干部违纪违法典型案例。县委、人大、政府、政协领导班子成员,县人民法院院长、县人民检察院检察长,各乡镇、部门(单位)主要负责同志参加会议。

【全县领导干部廉政警示教育周暨"四项教育"启动大会】3月24日,泾源县召开全县领导干部廉政警示教育周暨"四项教育"启动大会。会议书面传达学习习近平总书记在十九届中央纪委六次全会上发表的重要讲话,中央、区市县纪委全会精神;观看《交易之警》警示教育片,安排部署全县廉政警示教育周活动暨"四项教育"工作,通报近年来全县纪检监察机关查处的党员干部违纪违法情况。县委副书记、县政府县长马晓红同志讲廉政教育党课暨集体提醒谈话。县委、人大、政府、政协领导班子成员,县人民法院院长、县人民检察院检察长,各乡镇、部门(单位)主要负责同志参加会议。

【全面从严治党工作专题辅导班】3月25日,泾源县召开全面从严治党工作专题辅导班。自治区纪委监委党风政风监督室二级调研员李进德同志围绕全面从严治党工作作专题辅导报告。在家的县级领导,纪委常委、派驻纪检组组长;乡(镇)党委、政府主要负责同志、纪委书记,各部门(单位)主要负责同志参加辅导班培训。

群众团体

泾源县总工会

【概况】2022年，县总工会在县委和上级工会的领导下，以习近平新时代中国特色社会主义思想为指导，以学习宣传贯彻落实新修订的《中华人民共和国工会法》为契机，围绕发展和谐劳动关系、维护职工合法权益这条主线，突出开展维权机制建设、困难职工帮扶、基层工会建设和建功立业活动四项重点工作，坚定不移地走中国特色社会主义工会发展道路，深化产业工人队伍改革，团结动员全县广大职工，为推动泾源县高质量发展和黄河流域生态保护先行区建设作出了新的贡献，桥头公园户外劳动者服务站点被中华全国总工会评为最美户外劳动者服务站点。

【政治引领】把握工会工作正确的政治方向，把深入学习贯彻习近平新时代中国特色社会主义思想，贯彻落实党的二十大精神、习近平总书记视察宁夏重要讲话和重要指示批示精神、自治区第十三次党代会精神作为加强政治引领的第一任务，牢固树立增强"四个意识"，坚定"四个自信"，做到"两个维护"。组织职工开展习近平总书记视察宁夏重要讲话和重要指示批示精神"大学习、大宣传、大讨论、大实践"活动，下基层、进企业对党的理论、方针、政策进行宣传、宣讲，教育引导广大职工增强对党的创新理论的政治认同、思想认同、情感认同，坚定不移听党话、矢志不渝跟党走。

【思想建设】弘扬劳模精神、劳动精神和工匠精神，做好劳模事迹、劳模精神宣传，讲好劳模故事，宣传劳模事迹。举办了"喜迎党的二十大"宣传活动，组织职工收看了党的二十大开幕式盛况，聆听了习近平总书记代表十九届中央委员会所做的工作报告，组织职工进行专题学习。全年组织干部政治理论、重大会议精神、重要领导讲话学习48次，组织干部职工下基层、进企业宣传、宣讲4次，组织干部职工收看自治区第十三次党代会盛况，聆听、学习、讨论了梁言顺代表自治区十二届委员会所作的工作报告。2022年6月17日，联合宁夏理工学院，在人民广场举办了"喜迎二十大，争创新业绩、奋进新征程"广场文化演出。

【组织建设】2022年新建工会组织6家，发展会员185人。其中组建新业态（快递业）工会联合会1家，覆盖企业5个，发展农民工会员50人。

【职工之家建设】推进"职工之家建设"，使工会服务更贴心，让"家"更温暖。整合资源，采取自建、合建、援建方式在行政中心、轻工业园区、新民乡、荣盛建筑有限公司、泉祥户外纺织品有限公司等单位建设"职工之家"5个。

【劳模服务管理】为1名全国劳模、2名省部级劳模申报了特殊困难补助金。"两节"期间走访慰问劳动模范4名。投入2万元建立劳模创新工作室2个,组建了2支劳模创新工作团队,吸收科技、教育创新人才8名。组织劳模下基层、进企业开展大国工匠精神、先进事迹及党的理论政策、国家法律法规宣传4场次。

【职工就业服务】针对疫情影响,组织开展线上就业服务活动,帮助解决职工就业难、企业招工难问题。2022年在微信公众号、朋友圈、微信群等平台发布企业用工信息3期,提供就业岗位300多个。

【困难职工帮扶】完善职工援助帮扶机制,加大对就业困难和生活困难职工的帮困送温暖工作力度,落实服务职工实事项目,确保"娘家人"的关怀不缺失、服务不断档。2022年,投入帮扶资金11.78万元,帮扶建档立卡困难职工31名。

【工会班助学】在县高级中学开设工会班3个,资助困难家庭学生75名,发放资金19.5万元。

【送温暖活动】"两节"期间,筹措资金16.05万元,慰问310名企事业单位困难职工、节日值班人员及6名患大病职工。三八妇女节慰问一线女工50名,并发放价值3000元的慰问品。六一儿童节深入县第三小学、华兴小学、泾水小学、龙潭小学、冶家小学与广大师生共庆六一并进行了慰问,慰问学生600名,发放价值1.8万余元的书包、保温杯、洗漱礼包等慰问品。开展爱心助考,关爱进军营等活动,并发放价值2.24万元的慰问品。宁夏"9·20"疫情发生后,邀请县委、政府主要领导对公安干警、消防战士、县市场监管局和卫健局一线抗疫人员、医院和乡(镇)卫生院医护人员进行了走访慰问,送去了牛奶、方便面、香肠等慰问品,价值5.535万元。慰问受疫情影响较为严重的县汽车站、公交公司2个企业51名困难职工,发放慰问金3.8617万元;慰问大货车司机20名,快递员、外卖员42名。

【"四送"活动】2022年1月21日,组织开展了"迎新春 送万福 进万家"活动,免费为职工群众写春联、送福字500余幅。投入资金5.91万元,购买饮料、18吨西瓜等向广大户外劳动者送去了夏日清凉。

【女工权益维护】开展女职工维权行动月系列活动。围绕女职工"四期"保护,艾滋病、乳腺癌、宫颈癌预防宣传3场次,发放宣传资料1000余份。举办女职工劳动权益保护知识讲座一期,培训女职工40名。对101名女职工进行了"两癌"筛查。

【工资集体协商】按照《宁夏回族自治区工资集体协商管理办法》,加强对非公企业工资集体协商工作的指导。全年发出要约书40份,下发提示函25份。举办协商培训班2期,培训30多人。集中宣传3场次,进企业宣传6次,开展工资集体协商专项合同执行情况监督检查4次。新签、续签集体合同、工资专项集体合同41份,覆盖企业47家,覆盖职工2455名;其中企业单独签订39份,行业性2份,覆盖企业8家。

【产业改革】结合泾源县乡村振兴、特色农业、旅游业、新型加工业及现代服务业等发展需要,制定出台了《新时期泾源县产业工人队伍建设改革方案》,聚焦全县产业工人队伍技能提升、职业发展、公共服务、维权服务,履行工会牵头职能,推动产业工人队伍建设改革向纵深发展、向基层延伸。

【劳动领域安全工作】2022年与21家企业签订了目标管理责任书,确保了"五个坚决",防范和化解了劳动领域政治安全风险。深化工会协调劳动关系体系建设,加强和指导园区、行业以及企业内部等劳动争议调解组织建设,夯实基层工作基础。强化群体性劳资纠纷排摸和预防化解工作。加大对工业园区和重点行业层面的工作指导和监督检查,对区域内可能存在劳资矛盾隐患的非公企业,重点关注受疫情影响而拖欠工资和社会保险、大规模裁员和倒闭的企业,梳理风险隐患,对排查出的矛盾问题按照应急预案流程积极应对,最大限度把劳动争议解决在基层。

【财务经审工作】2022年向机关事业单位工会组织拨经费101.5万元。落实"过紧日子"要求,加强工会财务资产管理工作,推进"四位一体"立体经审监督体系建设,确保工会经费更多地用在服务职工和基层建设上。聘请第三方对县本级工会经费预决算及预算执行情况进行审计,县审计局对2021年度工会经费、困难职工帮扶救助、送温暖、劳模慰问等专项资金进行了审计,提出审计意见建议2条,全部整改落实到位。

共青团泾源县委员会

【概况】坚持以习近平新时代中国特色社会主义思想为指导,深入学习贯彻习近平总书记关于青年工作的重要思想,坚决贯彻落实习近平总书记在中国共产主义青年团成立100周年大会上的重要讲话精神,聚焦共青团的根本任务、政治责任、工作主线,坚决贯彻落实区、市团委和县委、政府决策部署,把握大势、敢于担当、善于作为。西部计划志愿者团支部荣获全国"五四红旗团支部",县第一中学原团委书记丁筱莲荣获全国"优秀共青团干部",团县委荣获全区"未成年人思想道德建设工作先进单位",六盘山镇大庄村团支部荣获全区"五四红旗团支部"。

【思想政治引领】深入学习贯彻习近平总书记重要讲话精神,教育引导全县广大青少年树立正确的理想、坚定的信念,团结带领广大青少年坚定不移感党恩、听党话、跟党走。坚持党对共青团的领导,把学习习近平总书记在庆祝中国共产主义青年团成立100周年大会上的重要讲话精神作为首要政治任务,组织各单位、各乡镇、各级团组织和团员青年收看大会直播,县委3次在常委会、理论学习中心组会议上传达学习会议精神,印发学习宣传贯彻方案,召开学习贯彻座谈会,反复研学习近平总书记重要讲话精神。全县各级团(队)组织跟进,落实"第一议题"制度,开展专题学习、交流研讨、主题团(队)日活动200余场,做到全县各级团(队)组织学习习近平总书记重要讲话精神全覆盖,引导青少年学深悟透、学思践悟。开展主题教育实践活动,常态化开展党史学习教育,"青年大学习""红领巾爱学习"参学率稳步提升;开展"喜迎二十大 奋进新征程"开学第一课活动,加强青少年爱国主义教育;开设"泾源青年讲团史"栏目,发布微团课51期;发出"文明祭扫 绿色清明"等倡议书2次,唱响文明新风;"学雷锋"志愿服务活动形式多样,被宁夏新闻网宣传报道;发挥党团队衔接育人机制,利用"五四"、"六一"等节点开展集中入团(队)示范活动2次;开展"民族团结进步月"系列活动,围绕"今昔对比看变化 知史感恩共产党",举办党史团史大讲堂2期,铸牢中华民族共同体意识。维护青少年领域政治安全,落实意识形态工作责任制,建立青年网络文明志愿者队伍,定期研究意识形态工作;联合县国安办等部门举办国家安全知识竞赛、演讲比赛;深化风险监测预警,联合县委网信办组织青年网络文明志愿者开展舆情实战演练2次。落实意识形态审批报备和新媒体信息发布"三审三校"制度,审批原创微信200余期、抖音30期、微博40期,被各级媒体转载报道23期,"泾源共青团"微信公众号、"青春泾源"政务微博分别荣获固原市优秀政务微信、政务微博。

【中心工作】坚决贯彻落实习近平生态文明思想,围绕建设黄河流域生态保护和高质量发展先行区及"五个示范县"建设,开展青春建功行动,打造"青"字号品牌工程。开展生态建设青春建功行动,加大生态环保宣传力度,组织志愿者在黄花乡等2个乡镇开展生态环保知识宣传;开展植树、国土绿化、巡河护河、净滩净山、垃圾分类等主题志愿服务活动20余次,全力守好泾源绿水青山。开展产业发展青春建功行动,成立旅游志愿服务队,参与国家级全域旅游示范县创建工作;落实宁夏银行青年创新创业贷款500万元,为有梦青年圆梦;实施农村青年电商培育,通过搭建平台、技能培训、导师结对等方式,帮助13名青年创业。开展乡村振兴青春建功行动,强化对西部计划志愿者调度,探索"志愿者团队+乡村振兴"服务模式,为7个乡镇派出47名大学生志愿者组成的志愿服务团队;举办泾源县电商青年创新创业大赛,开展电商创业就业培训、招聘会等活动3场次;完成"乡村振兴健康服务项目",对43名基层医护人员进行专题培训;招募130名大学生组建志愿服务队,开展思想引领、亲情陪伴、自护教育等暑期志愿服务活动;助力乡村人居环境整治,参与志愿者1000余人次;联合泾河源镇举办青年歌手大赛,唱响"泾源好声音"。开展基层治理青春建功行动,招募疫情防控志愿者,开展"敲门行动",关心走访孤寡老人30余人,累计走访1200余户3000余人;开展疫苗接种志愿服务活动14次,服务人群10000余人次;结合返家乡社会实践活动,组织500余名志愿者参与防范电信诈骗宣传等活动,受益群众6000余人。

【青年服务】聚焦青少年普遍性发展权益,开展"我为青年办实事"活动,提升联系服务青年工作实效,巩固和扩大党执政的青年群众基础。贯彻落实青年发展规划,落实《宁夏回族自治区中长期青年发展规划》,建立健全服务青年发展各项制度,开展青少年权益维护、预防青少年违法犯罪宣讲等活动4场次;组织青年政协委员参与政协调研活动,发挥参政议政作用;深化青少年模拟政协提案,1份模拟政协提案作品入围全国评审;组织青年参与创新创业大赛、青年职业技能竞赛,为青年敢于有梦、勇于追梦、勤于圆梦创造良好条件。深化"我为青年办实事"工作,开展"爱心助学 青春暖冬"活动,为1000余名青少年发放价值20万元的爱心冬衣;投入资金14.4万元,建设"快乐小屋"21个,被新华网等4家媒体相继报道;完成幻方助学计划项目申报,为175名建档立卡学生搭建助学桥梁;争取宁夏青基会支持,向泾源县高级中学等3所学校捐赠图书8400册,价值6.7万元;募集13.27万元的疫情防控物资,慰问青年先锋岗等疫情卡点38个;举行"爱心助考 护航梦想"高考志愿服务活动,募集100余辆爱心车辆在高考期间免费接送考生。加强青少年权益维护工作,利用微信、微博、抖音等平台及时发布防疫工作指南,关爱青少年防疫工作;关心留守儿童成长,在泾河源镇等4个乡镇开展慰问留守儿童活动;开展"放飞微梦想 圆梦微心愿"志愿服务活动,为110名少年儿童圆梦;加强青少年法治宣传教育,深化预防青少年违法犯罪工作,开展总体国家安全观、防灾减灾、禁毒宣传等活动7次,推进"青春护航"行动。

【组织建设】把强基层、增活力作为共青团改革再出发的攻坚点,以党带团,抓点带面,夯实共青团、少先队的基层组织基础。加强自身建设,以政治建设为统领,严格执行重大事项请示报告等制度;启动全县共青团系统"对标学习自查提升"活动,增强共青团组织的引领力和共青团员的先进性;与县委组织部联合下发《关于开展主题团(队)日活动的通知》3期;推进"三强九严"工程,开展"双评双定"、"评星定级"、"三会一课"、主题党(团)日等活动10余次,打牢党建带团建的组织基础和思想基础,推进党团队一体化建设;落实党内关怀和结对帮扶制度,集中慰问瓦亭村党员50余名,解决群众急难愁盼问题3件。推进基层建设,贯彻落实习近平总书记"青年在哪里团组织就建在哪里"重要讲话精神,加强基层团的建设;抓实基层团组织换届工作,完成全县7个乡镇团委换届工作,基层团建经费、团干部津贴等全部兑现;坚持"重点任务+基础工作"模式,发展团员315人,建立行业团支部1个,让基层团组织干有方向、抓有方法;开展基层团组织规范化建设,"智慧团建"系统录入规范,"三会两制一课"逐渐标准。完善全团抓学校机制,履行全团带队职责,落实《关于全面加强新时代少先队工作的实施意见》,强化少先队辅导员政治和业务能力建设;开展规范化分批入队仪式,举办县级示范活动1场次,少先队工作日趋规范化;开展"红领巾奖章"争章活动,为15名少先队员、7个集体颁发三星章,3名少先队员获得四星章。

泾源县妇女联合会

【概况】坚持以习近平新时代中国特色社会主义思想为指导,深入学习贯彻党的二十大精神、习近平总书记视察宁夏重要讲话和重要指示批示精神、自治区第十三次党代会精神、自治区第十二次妇代会精神和固原市第五次党代会精神,贯彻落实区、市妇联各项决策部署要求,以联系妇女、服务妇女、引导妇女、维护妇女儿童合法权益为根本任务,谋划新思路、新举措,履行引领、服务、联系基本职能,凝心聚力、奋发进取,团结引领广大妇女担当新使命、展现新作为,推进妇女儿童工作高质量发展,完成了年度各项工作任务。

【思想政治建设】认识新形势下加强妇女思想政治引领工作的重要意义,把思想政治引领贯穿于妇联工作的各方面、全过程,坚持以党的创新理论教育引领妇女听党话、感党恩、跟党走。制定《泾源县妇联2022年教育培训工作实施方案》,举办泾源县妇联系统学习贯彻党的十九届六中全会精神专题辅导班,参加学习110余人。制定《泾源县妇联关于深入学习宣传贯彻自治区第十三次党代会精神的通知》,深入乡(镇)、村(社区)开展自治区第十三次党代会精神宣讲会8场次,参加学习380余人。开展自治区妇女第十二次代表大会精神宣讲会8场次,把妇代会精神传达到妇女群众身边,交流心得体会,推动大会精神走深走实。组织召开习近平总书记视察宁夏重要讲话和重要指示批示精神"大学习、大讨论、大宣传、大实践"活动,不断提高政治判断力、政治领悟力、政治执行力,在服务和融入新发展格局中贡献巾帼力量。利用妇女节、儿童节、暑假等重要节日节点组织开展多形式、全覆盖的"巾帼大宣讲""巾帼心向党 喜迎二十大"群众性宣传教育活动、妇女健康知识、防诈骗知识、家庭教育、妇女维权、安全教育、和谐婚姻家庭、移风易俗、巾帼家政"好宁嫂"进乡村等普法宣传宣讲学习培训24场次,利用"泾源女儿"微信公众号和泾源县乡村妇联工作群发布推送党的理论及相关政策140余条。召开基层妇联主席履职能力提升培训会,对各乡(镇)、村(社区)妇联主席、部分执委等130人从组织能力、服务能力、办事能力等方面进行了培训,提高了妇联干部服务妇女群众的能力。

【妇女发展】推进"巾帼脱贫行动""乡村振兴巾帼行动""创业创新巾帼行动""城乡居民收入提升巾帼行动",促进妇女发展。加大农村妇女创业担保贷款政策落实力度,优化经办流程,提供精准服务,发放农村妇女创业担保贷款199户2308万元。围绕市场需求和产业发展,动员有劳动能力和就业愿望的妇女参加中式烹饪、家政服务、育婴员、中式面点等职业技能培训,培训妇女999人,占培训人数的52%;选派六盘山镇2名女农民参加

2022年全区高素质产业带头人示范性培训班,提高妇女就业能力。大力宣传就业创业扶持政策和先进典型,发放各类宣传资料5000余份,多方收集用工信息,线上线下举办招聘活动21场次(其中"直播带岗"2场次),提供就业岗位3394个,拓宽妇女就业渠道。

【美丽庭院建设】调动各部门、各战线、各方力量的积极性、主动性和创造性,形成强大合力,推动家庭参与基层社会治理,引领文明风尚。印发《关于深入开展"美丽庭院"创建工作的实施方案》(泾妇发〔2022〕5号),组织召开"美丽庭院"工作安排部署会,引领广大妇女参与"美丽庭院"建设,全面提升美丽乡村。年内全县共建设"美丽庭院"6103户,评选出10个示范村、650户示范户,兑换积分1.4万余分,授牌表彰50户,以庭院"小美"促进乡村"大美"。

【健康家庭创建】创建自治区级"健康家庭"3户、市级"健康家庭"13户、县级"健康家庭"200户、乡(镇)级"健康家庭"1000户,推进精神文明和乡风文明建设,提升基层治理和人居环境质量。

【家庭教育指导】成立县级家庭教育指导服务中心,组织开展以"送法进万家 家教伴成长"为主题的家庭教育宣传和主题实践活动,解读《家庭教育促进法》,联合福建省厦门市海沧区妇联开展儿童关爱服务活动家庭教育讲座、安全教育讲座,帮助家长依法带娃。家庭教育指导服务被宁夏新闻网、人民日报宣传报道。

【亲子阅读活动】组织开展"书香飘万家"和"共享阅读 相伴成长"家庭亲子阅读活动,共收到视频音频类作品102件,并在"泾源女儿"微信公众号展播,受到广大家长好评。

【维权关爱行动】利用"三八"维权周、儿童节等节日节点开展妇女儿童法律知识宣传,发放宣传资料3000余份;8月份集中在各乡(镇)开展"巾帼心向党 喜迎二十大·巾帼在行动——送法到家"普法宣讲活动8场次,380余人参加活动,帮助广大妇女群众树立了正确的家庭婚姻观念,提高了妇女群众的法治意识和法治素养,为预防和正确处理家庭矛盾纠纷、构建和谐美满家庭奠定了基础。制定婚姻家庭矛盾纠纷排查预防化解制度,县、乡、村三级妇联联合开展拉网式排查,对婚姻家庭中出现的问题及时化解,严格执行每月初自下而上报告汇总矛盾纠纷排查化解情况制度,梳理归类、总结经验;发挥12338妇女维权热线和婚姻家庭矛盾纠纷人民调解委员会作用,年内处理信访案件11件,信访处理率达100%。组织召开专题会议研究部署困境妇女儿童摸排工作,联合县民政局、残联等部门和乡(镇)全面摸排妇女儿童侵权案件问题线索和困境妇女儿童贫困原因、生活状况等,通过定期走访、主动联系等方式建立完善困境妇女儿童信息台账,坚持一人一档,动态管理,做到"全覆盖、零遗留、真见底"。开展困境妇女儿童关爱服务,全年累计向291名困难妇女儿童发放救助金39.3万元,其中争取闽宁协作社会帮扶项目资金向200名特殊困难妇女儿童发放困难救助金20万元,向15名困难"两癌"患病妇女发放救助金15万元,向6名困难单亲母亲发放救助金0.3万元,向20名困难妇女群众发放救助金4万元;

联合宁夏义工志愿服务联合会固原工作站到新民乡、泾河源镇走访慰问困难妇女儿童50人;利用寒暑假、春节等节点,开展儿童关爱服务、巾帼家政服务等活动14场次,为全县困难妇女儿童送去妇联"娘家人"的关爱。宁夏新闻网、学习强国宣传报道了泾源县妇女儿童关爱服务工作。

【组织建设】坚持"党建带妇建、妇建促党建"的原则,把妇联工作纳入党建工作同安排同部署,推进组织建设,夯实基层基础。加强妇联干部队伍建设,坚持"党政所急、妇女所需、妇联所能"定位,深化妇联组织建设,提高村级妇联主席工资待遇,实施"基层妇联亮牌服务"行动,按照"六有"标准试点建设规范化"妇女之家"3个,打造"网上妇女之家",激发基层妇联组织活力,解决好妇女群众急难愁盼问题,把党的温暖和关怀送到妇女群众心坎中。提高基层妇联执委素质水平,年初召开基层妇联主席履职能力提升培训会暨2022年重点工作部署会议,对泾源县各乡(镇)、村(社区)妇联主席、部分执委共计130人就提升妇联干部组织能力、服务能力、办事能力等方面开展培训,提高了妇联干部服务妇女群众的能力。争取项目资金助力发展,落实"基层妇联领头雁行动计划"和"两个带头人"工程,争取实施"提升基层妇女参政议政能力和妇联组织力"项目4个点4万元,提高了基层妇女参政议政能力和妇联组织力。实施"双培双带"项目,为2名妇女致富带头人争取10万元以扶持发展产业。

【"两规划"工作】为推动落实《中国妇女发展纲要(2021—2030年)》《中国儿童发展纲要(2021—2030年)》《宁夏回族自治区妇女发展规划(2021—2030年)》《宁夏回族自治区儿童发展规划(2021—2030年)》《固原市妇女发展规划(2021—2030年)》和《固原市儿童发展规划(2021—2030年)》以及泾源县妇女儿童发展规划的目标,在泾源县妇儿工委办牵头,各成员单位主动担当、密切协作下,起草了泾源县"新两规",多次征求意见建议并修改完善,提请政府第17次常务会议审议并通过。9月1日正式颁布实施《泾源县妇女发展规划(2021—2030)》和《泾源县儿童发展规划(2021—2030)》,"两规划"明确了主要任务和要求,是指导泾源县未来10年妇女儿童发展的指导性文件。

泾源县科学技术协会

【概况】深入学习宣传贯彻党的二十大精神,按照泾源县委、政府安排部署和区市科协工作要求,结合泾源县发展实际,坚持以习近平新时代中国特色社会主义思想为指导,围绕习近平同志"必须坚持科技是第一生产力、人才是第一资源、创新是第一动力"这一要求,推进全县全民科学素质和科学普及工作,提高了全县公民科学素质水平,为乡村振兴提供了科技支撑。

【思想政治建设】旗帜鲜明讲政治,深刻理解和把握"两个确立"的重大意义,在科技引领中增强"四个意识"、坚定"四个自信"、做到"两个维护"。坚持将全县科技工作者紧密吸引在科协组织周围。加强党的政策宣传和引导,把科技工作者引领到服务科技发展与服务乡村振兴上来。提升广大科技工作者政治素养和政治理论水平,使广大科技工作者积极开展党的方针政策学习宣传,在全县开展科技指导培训,确保党的二十大精神在全县科技工作者当中开花结果,服务发展大局。

【组织建设】为增强服务泾源发展大局的质量和水平,县科协充分发挥职能作用,在基层组织建设上下功夫,完善组织建设,为全县科技引领发展提供保障。推进基层科协组织力"3+1"工作,实现县乡科协兼职副主席"三长"全覆盖。全县各级科协团结引领各领域科技工作者发挥专业特长和优势,带动卫生、农业等各领域资源向农村社区倾斜,为基层群众提供形式多样、内容丰富的科技类公共服务产品,展现了新时代科协新气象新作为。

【培训交流】为发挥农村专业技术协会在培养"三农"工作人才中的作用,助力乡村振兴战略,提升基层农村专业技术协会服务能力,提升农民和基层科技志愿者的种养殖技术水平,2022年7、8月份县科协带领两名专家进村入户进行为期一个多月的农业实用技术培训,共培训350余名种养殖户及有意愿种养殖的农户,统筹推进新型农业经营和服务主体能力。按照群众需要什么,科协提供什么科学技术的要求,2022年12月14日县科协在乡镇配合下,聘请固原市菌菇种植和中蜂养殖专家,围绕菌菇种植和中蜂养殖过冬对黄花乡和泾河源镇种养殖户进行了理论技术培训,同时深入现场进行技术手把手指导培训,接受培训人数达到110人次。开展交流活动,组织"三长"、"土专家"等技术骨干、创业致富带头人、种养殖大户进行座谈交流,围绕加强基层农技协建设、发挥科普示范基地辐射作用、引导农民依靠科技致富、适应新形势、加强自身建设、提高工作水平等方面进行交流,共同协商、共同解难、共同促进;由解忧电商专职讲师授课,讲解如何从"小白"变身"电商达人";在云上沙龙分享环节由泾源县香水镇园子村的伍六十和香水镇上桥村的马胡赛为大家分享养牛、养蜂的经验，学员们能够把所学知识与实践结合，学以致用，现场氛围热情高昂。2022年5月21日至28日，开展了以"走进，你我同行"为主题的科技活动周。会同县科技局、农牧局、卫健局、广电局及各乡镇先后开展各类科技宣传60余场次。

【科普行动】发挥资源优势，培育壮大泾源特色产业，促进泾源县经济发展。组织申报"基层科普行动计划"项目，以加强协会和社区自身建设为抓手，以技术培训、推广、开发为手段，以增加会员收入、做大做强特色产业为目标，上联科研院所、下带千家万户，横联各类客商，带领农民把千家万户的小生产与千变万化的大市场有机联合起来，取得了经济社会效益，使协会成为科普惠农工作的主力军。围绕泾源县中心产业，开展2023年度科普项目编制申报工作，2022年共申报科普项目2个，总投资30多万元。

【帮扶工作】县科协帮扶六盘山镇刘沟村，通过组织实施，帮扶成效明显。以生态宜居为关键，促进人与自然和谐共处，人居环境明显改善；以乡风文明公约为保障，凝聚村庄正能量，促进乡风文明全面发展；以疫情防控为抓手，把牢人民群众安全关，确保疫苗接种全部落实；以科普宣传培训为基调，拓展了村民产业发展新视角。

【党风廉政建设】落实全面从严治党要求，落实党风廉政建设"三个清单"责任制，坚持把纪律挺在前面，推进党风廉政建设各项工作。加强理想信念教育，保持清醒头脑和政治定力，反对形式主义、官僚主义，推进不敢腐、不能腐、不想腐，营造风清气正的环境。

泾源县残疾人联合会

【概况】在泾源县委、政府的领导和区市残联的指导下，泾源县残疾人联合会着力打造党建、管理、队伍、工作业绩"四个一流"，抓好"我为群众办实事"，推进残疾群众民生保障、残疾人事业全面发展和残联系统自身建设，巩固残疾人脱贫攻坚成效显著、保障服务体系日趋完善、生活发展水平不断提升，增强了残疾人追求美好生活的信心，让残疾群众感受到了党和政府对残疾群体的关心和关爱，坚定了广大残疾群众听党话、感党恩、跟党走的信心与决心。全县有持证残疾人3868人，其中一、二级重度残疾人2246人，三、四级残疾人1622人。

【残疾人服务】争取自治区残联残疾人无障碍改造项目，为泾源县的重度困难残疾人家庭实施改造坡道、低位灶台、卫生间、闪光门铃等无障碍改造，完成130户困难残疾人无障碍改造，户均补助5000元。对全县26名脑瘫、智障、孤独症、听力等残疾儿童进行集中康复训练，确保每名残疾儿童每月训练不少于17天，每年康复训练不少于10个月，并对参加训练的残疾儿童及陪护家长全部免食宿费、训练费，以减轻残疾儿童家庭负担，调动残疾儿童家庭的积极性，确保残疾儿童身体功能通过康复训练得到最大的恢复效果；为36名7~14岁的残疾儿童进行送康复训练上门服务，确保每年上门不少于4次，每次不少于3小时康复训练。2022年成立泾源县残疾人托养中心，引进第三方服务机构为13名残疾人提供生活照料、生活自理能力训练、社会适应能力训练、运动功能训练、职业康复与劳动技能等训练。联系固原市精神病院为60多名精神病患者按季度免费发放精神病治疗药物，补助资金5.7万元。截至10月底，为符合适配要求的81名残疾人适配假肢、轮椅、护理床、坐便椅、纸尿裤、洗浴椅、耳背式助听器、洗浴椅、防压疮座垫等113件器具，折合资金22.2万元。实施"爱心接力 循环使用"共享轮椅免费借用公益项目，在泾源县六盘山国家森林公园、野荷谷、老龙潭3个AAAA级旅游景区和县人民医院、体育馆建设"爱心接力 循环使用"共享轮椅免费借用站，为残疾人和有需求的老年人临时出行提供方便。为满足残疾人就近康复训练的需求，在两个村建设社区康复站，投放康复跑步机、按摩椅、台阶训练器、股四头肌训练椅等康复器材。

【残疾人保障】实施残疾人"两项补贴"政策，低保家庭中的残疾人每月享受110元的困难残疾人生活补贴，一二级重度残疾人每月享受120元的护理补贴；截至10月底，享受困难残疾人生活补贴2417人，重度残疾人护理补贴1931人。实施残疾人托养项目，对110名居家托养残疾人每人补贴托养资金1500元，共补助16.5万元。完成残疾人就业保障金年审及征收工作，按照《宁夏回族自治区残疾人就业保障金征收使用管理实施办法》，对全县行政、事业单位及各企业残疾人就业保障金进行了年审，与县财政局、税务局等部门密切协作，完成了保障金的足额征缴，共征收行政事业单位残保金323.3万元，为推进残疾人各项工作发展奠定了坚实基础。

【阳光助残小康计划】按照区、市、县政府2022年为民办实事要求，对县辖区内70户已经配套特色种养业的残疾人脱贫不稳定户、边缘易致贫户、低保户家庭每户给予一次性补助4000元，帮助发展产业，增加收入，使每个残疾人家庭每年增加收入5000~8000元。

【残疾人就业】全年残疾人职业技能培训160人，农村实用技术培训70人，全县60名就业创业残疾人每人发放补助资金2000元，共发放12万元。对接人社部门落实不少于10%的公益性岗位安排残疾人就业政策，行政事业单位公益性岗位安置残疾人18名。

泾源县文学艺术界联合会

【概况】按照年初确定的文化文艺工作既定任务，结合区、市、县党委、深改委确定的各级文化体制改革目标，泾源县文学艺术界联合会履行推进文联改革的政治责任和主体责任，增强改革动力，加强衔接，推进换届工作，文艺工作取得了新进展。

【文联改革】围绕《中国文联深化改革方案》（厅字〔2016〕46号）、《宁夏回族自治区文学艺术界联合会深化改革方案》（宁党办〔2018〕30号）、《固原市文学艺术界联合会深化改革方案》（固党办136〔2018〕号）文件要求，研究制定《泾源县文学艺术界联合会深化改革方案》，修订完善文联和协会章程，采取"专职+兼职"模式，优化文联机构配备。县委常委会议审议通过并印发了《泾源县文学艺术界联合会深化改革方案》（泾党办发〔2022〕2号），宁夏文联黄明旭书记、庾君副主席、雷忠副主席相继分别带队调研督导泾源县文联深化改革工作推进情况和文艺人才队伍建设情况，助推基层文联深化改革工作有力推进。完善充实了全县文艺人才库，新纳入各门类文艺人才200余人。起草印发了《关于加强文艺家协会管理的意见》《泾源县文联所属文艺家协会换届工作实施意见》《2022年泾源县文联所属文艺家协会换届工作指导方案》《关于做好各文艺专业协会会员发展工作的通知》等文件。编印了《泾源县文学艺术界联合会所属文艺家协会换届工作指南》，制定了8个文艺家协会的《章程（草案）》（征求意见稿），为各文艺家协会规范协会管理提供借鉴参考依据。

【文联换届】起草了《泾源县文学艺术界联合会章程（草案）》《泾源县文学艺术界联合会第三次代表大会委员会委员选举办法（草案）》《泾源县文学艺术界联合会第三次代表大会代表资格审查报告》《泾源县文联第三次代表大会关于修改章程的决议（草案）》《泾源县文联第三次代表大会关于工作报告的决议（草案）》，选出了92名文代会代表；开展了32名文联委员候选人推选审查工作，完成了文代会程序审核。2022年11月22日，泾源县文学艺术界联合会第三次代表大会召开，县委书记王荣出席并讲话，固原市文联党组书记、主席杜彦荣到会指导并致辞，会议由县委常委、宣传部长田鹏飞主持，县领导拜春霞、李静、于清海出席会议。大会审议通过了《泾源县文学艺术界联合会第三届委员会工作报告决议》《泾源县文学艺术界联合会第三次代表大会关于修改〈泾源县文学艺术界联合会章程〉的决议》，选举杨风帆为文联主席，王文清、白莹、张昕、杨树新为副主席，马金瑞为秘书长。

【协会换届】2022年3月4日，泾源县启动了县属各文艺家协会换届动员部署会，邀请县纪委第五派驻纪检组到会指导，组织县作协、书协、美协、民协、剧协、摄协、音协、舞协8个协会负责人集中学习换届工作流程内容和完成时限，提出换届具体要求。4月底，8个协会相继完成了换届工作，表决通过了本协会《章程》，选举出新一届协会理事会主席团。

【文艺创作】贯彻中央关于闽宁协作的重要部署，深化闽宁合作，探索做好《山海情》的"后半篇文章"，开创以"艺"协作新篇章，争取闽宁协作项目支持，实施"闽宁文艺双向交流活动、促进泾源县文化旅游建设提升"重点文艺项目，项目内容包括举办泾源县"喜迎二十大 礼赞新时代 奋进新征程"书画摄影展、开展闽宁文艺双向交流互学互鉴及萨克斯器乐演奏进景区进乡村进社区"三进"惠民志愿服务活动、研发"泾源剪纸"非遗项目宣传册、编撰《闽宁协作访谈录》。举办了2022年"喜迎二十大 礼赞新时代 奋进新征程"书画摄影展，购置5支萨克斯组建起"泾源县萨克斯器乐小分队"，设计印制了"宁夏泾源非遗剪纸宣传册"。历时半年整理采访25年来12批21名援宁干部在泾挂职的事迹并创作编撰了10万余字的《闽宁协作访谈录》。2022年5月，泾源籍作家王文清的戏剧作品《丁香花开》荣获宁夏回族自治区第十届文学艺术奖优秀作品二等奖，泾源籍农民女作家马慧娟创作的报告文学类作品《走出黑眼湾》荣获宁夏回族自治区第十届文学艺术奖优秀作品二等奖；2022年8月初，王文清获评固原市第三批"六盘英才"表彰；县作协主席白莹的作品屡次被《黄河文学》等区内外刊物刊登。作协会员李存慧、白莹参加了"宁夏青年作家（散文）培训班；作协会员白莹、伍三权参加了《朔方》在固原举办的改稿班。坚持办好泾源县唯一的纯文学杂志《老龙潭》，在稿件选用上，侧重本土作家和文学新人的推荐和培养，每期坚持征集县内学生文艺作品，鼓励文学新人接续创作，多点发力、点面带动，推出更多具有泾源特色、泾源风格、泾源气派的精品力作，已发行2022年《老龙潭》季刊3期。坚持在文艺活动中提升艺德艺才，发现人才，艺有所扶，支持县音协举办了"泾源好声音"选拔赛、县剧协策划举办第五届秦腔大赛、县作协结集出版《闽宁协作访谈录》、县书协广泛参加各类赛事、县民协举办乡土剪纸人才培训、县摄协开展主题采风创作等活动。2022年1月配合县委宣传部，会同县文旅局、总工会等单位在六盘山镇集美村开展了2022年"情暖泾源 文明迎新"新时代文明实践志愿服务主题活动，组织文艺工作者累计为群众书写并发放春联800余对、"福"字500多个、书法作品十余幅。2022年3月会同县文旅局（文化馆）在宁夏鹰鹏纺织服装有限公司、泾河源镇庞东村、下秦村等开展学雷锋月"文化进万家"志愿服务活动，为群众拍全家福、送书法、话家常。2022年5月配合宁夏文联赴六盘山镇和尚铺村开展了"我们的中国梦——文化进万家"惠民活动。

泾源县红十字会

【概况】2022年，泾源县红十字会围绕泾源县委、政府的决策部署，贯彻落实区、市红十字会各项工作要求，弘扬"人道、博爱、奉献"的红十字精神，开展宣传动员工作，深入推进红十字各项事业，开展应急救护培训、帮困和送温暖等活动，各项工作取得了一定的成绩。

【思想政治建设】深入学习贯彻党的十九届历次全会精神、习近平总书记视察宁夏重要讲话和重要指示批示精神、习近平总书记对红十字事业的重要指示批示精神以及中国红十字会第十一次全国会员代表大会、自治区第十三次党代会精神、固原市第五次党代会精神、县第十五次党代会精神，学习《中华人民共和国红十字会法》《中国红十字会章程》及"三救三献"等相关业务知识,增强了政治性、先进性、群众性。

【组织建设】 建立健全机构,2022年4月,在泾源县委、政府的重视和市红十字会的指导下,召开泾源县红十字会第一次会员大会,选举产生了泾源县红十字会第一届理事会理事、监事会监事、常务理事、会长、常务副会长、副会长、监事长、副监事长。扩大基层组织覆盖面,形成全县红十字会基层组织网络,七个乡镇、县卫健等企事业单位,在系统内建立县红十字会基层组织。

【应急救护培训】 加强师资队伍,泾源县先后选派教体、卫生健康等部门(单位)共计41人,参加自治区红十字会举办的应急救护师资培训班。加强应急救护培训工作,截至11月共开展普及性培训4期,培训710人次,救护员(初级)培训26期,培训831人次。

【人道资源动员】 探索人道资源动员工作的新方法、新途径,争取厦门市红十字会、厦门市残疾人就业服务中心、厦门市同安红十字会、厦门市卫生健康信息学会及爱心企业对泾源县红十字事业的大力支持,定向捐赠休闲鞋、服装等物资5批,价值总计121.86万元。

【人道救助活动】 开展送温暖活动。携手宁夏利康莱食品有限公司泾源分公司、宁夏鸿远盛旅游文化服务有限公司、宁夏六盘山蔷薇汽车服务有限公司定向慰问小区、村(社区)工作人员。携手县闽宁办及爱心企业为全县疫情防控工作人员发放休闲鞋180双,并发放牛奶、水果等慰问品。携手泾源县融资担保公司为全县20个小区送炭。为县疫情指挥部争取N95口罩、防护服等抗疫物资,慰问一线疫情防控医护人员,发放休闲鞋50双。

【困难群众慰问】 联合帮扶单位为困难群众发放休闲鞋1752双。携手县闽宁办开展"喜迎二十大 忠诚保平安"山海情暖公安干警慰问活动,发放休闲鞋87双。

【无偿献血活动】 推进无偿献血知识"进学校、进农村、进社区、进企业",提高无偿献血普及率。2022年9月15日至16日,联合固原市中心血站,在县体育场开展无偿献血活动,无偿献血141人次,献血量48100毫升,首次招募造血干细胞志愿者,造血干细胞血样采集99人。

【人道文化建设】 利用微信、媒体,打造"网上红十字会",录制抖音视频8条,发布微信公众信息6篇。扩大"天使阳光"14岁以下心脏病儿童救助基金及"小天使"14岁以下白血病儿童救助基金网络宣传。开展多种形式的志愿服务活动,利用"5·8"世界红十字日、助残日、防灾减灾日,先后根据区市县公益活动主题,开展应急救护、无偿献血、造血干细胞捐献及遗体器官捐献、疫情防控、生命健康志愿者宣传服务活动。

【红十字文化传播】 利用各类传统节日和纪念日,组织开展形式多样的青少年红十字主题活动。在泾源县高级中学、第一中学、第一小学、第二小学等学校开展国际红十字日、应急救护培训工作,开展红十字运动基本知识、应急救护、生命安全、"三献"知识普及等志愿服务。

【帮扶工作】为发展壮大帮扶村村集体经济,同香水镇党委、政府争取资金,谋划产业发展,为杨家村修建羊场1处,投入生产母羊120只,改建蘑菇菌棚4个。完成40户脱贫户、1户监测户、121户一般户第二轮大排查,对发现的问题及时整改。

经济管理

宏观经济管理

【国民经济和社会发展计划执行情况】全年实现地区生产总值231868万元，比上年增长3.1%，其中第一产业增加值30876万元，增长3.9%；第二产业增加值37896万元，下降6.5%；第三产业增加值163097万元，增长5.2%；三次产业结构为13.3∶16.3∶70.4，与上年同期相比，第一产业比重下降0.1个百分点，第二产业比重下降1.4个百分点，第三产业比重上升1.5个百分点。全社会固定资产投资（不含农户）比上年下降4.6%；全年实现社会消费品零售总额81981.3万元，比上年增长0.1%；地方财政一般公共预算收入8753万元，增长5.74%；地方一般公共预算支出234939万元，增长12.93%；城镇常住居民人均可支配收入31056.1元，比上年增加1299.5元，增长4.4%；农村常住居民人均可支配收入12816.3元，比上年增加928.1元，增长7.8%；全县金融机构各项存款余额398534万元，比上年增长3.06%；全县金融机构各项贷款余额354337万元，比上年增长10.88%。

【农业经济】种植业增长支撑点增多。遏制耕地"非农化"，防止"非粮化"，建设高标准农田1.2万亩，高效节水田5000亩，种植优质高产高效玉米8.5万亩、紫花苜蓿1.2万亩；兴盛乡千亩清凉蔬菜示范基地建成投产，蔬菜种植面积增加1.1万亩。畜牧业稳步发展。坚持"优质+高端"双轮驱动，推进"扩栏补母"和"万千百十"肉牛扩量工程，建设"出户入园"示范场14个，引进安格斯基础母牛2100头、育肥牛1.78万头，冷配改良3.1万头，肉牛饲养量10.4万头。中蜂养殖规模扩大。推行中蜂养殖"大手连骨干拉小手"网格化服务机制，建成标准化蜂场9个，分蜂扩繁14377箱，蜂群养殖规模稳定在3.5万群，年产蜂蜜27万公斤，产值达到4000万元。生态经济成效凸显。发展道地中药材7000亩，建成闽宁菌菇、皇达生物2个菌菇产业园，羊肚菌、平菇等优质食用菌种植初显成效；实施燕家山生态修复及生态经济发展项目，完成修复2400余亩，新增特色花灌木和经果林600余亩。

【工业经济】落实领导包抓企业服务机制，建立重点企业保供"白名单"。集中供热锅炉房迁建及供热管网扩建二期、"泾源黄牛肉"食材加工生产销售、蜂王浆生产加工销售及肉牛养殖精深加工4个重点工业技改项目顺利投产，众天蜂业顺利培育入规。引导企业通过设备上新、技术改造、产品研发提高产值，8家服装箱包企业全年实现产值亿元以上，产量达到1464万件（套），带动就业697人。园区载体作用日益凸显，累计入园企业达到19家，产值突破1亿元。清洁能源项目进展顺利，中能建绿源共享储能项目开工建设,集美扶贫车间、兴盛及卡子村"出户入园"等分布式光伏项目并网发电。

【文旅产业】以创建国家全域旅游示范县为抓手,重点实施乡村旅游示范点、全域旅游补短板建设项目,完成A级景区申报评定和国家级全域旅游示范县初审验收,盘活运营王洛宾文化园、娅豪国际滑雪场,承办宁夏青少年高山滑雪锦标赛,推出《柳毅传书》实景剧,筹办"稳保促"旅游推介会、"两晒一促"等系列活动,全县接待游客102.94万人次,实现旅游综合收入7.9亿元。

【商贸服务】制定支持扩大消费"11条"措施,投入促消费资金257万元,刺激消费市场释放潜力,带动消费1000余万元。建立限上规上零售批发服务业企业培育库,培育限上规上企业(大个体)3个。组织开展"网上年货节"、首届电商网购节、"6·18年中嗨购"、线上直播等系列活动,实现新业态带动新兴服务业发展。全年实现社会消费品零售总额81981.3万元,比上年增长0.1%。

【项目建设】政府投资类项目占据主导,树立"项目为王"理念,建立县级领导包抓重点项目、"六个一"工作推进及周通报、月调度等机制,强力推进重点项目建设。全年62个重点项目全部开工,完成投资12.5亿元,落实"双争"资金20.8亿元;省道313沿川子(宁甘界)至泾源段公路续建工程、百万移民致富提升村级道路、农村水毁公路等项目建成通车,香水社区综合养老服务中心改造项目、乡村旅游示范点项目、兴盛蔬菜基地等项目投入使用,农村饮水管网提升改造、杨岭特色农产品加工销售基地等项目基本建成。围绕"1+3+X"产业发展,主攻龙头型、强链补链产业项目、绿色发展项目、科技创新项目,依托闽宁对口帮扶桥梁,先后赴福建、山东、北京等地开展小分队招商,共计"请进来"44批146人次,"走出去"8批29人次,通过落实"1+N"招商机制及"专班招、专班跟、专班落""保姆式"服务机制,先后落地安格斯牛良种繁育基地建设、绿源共享储能等优质项目19个,到位资金24.95亿元。

【乡村振兴】以巩固拓展脱贫攻坚成果同乡村振兴有效衔接为重点,落实"四个不摘"要求,紧盯"三类人群",落实好"三项机制",解决好移民产业、就业和社会融入三件事,坚决守住不发生规模性返贫的底线。统筹整合各类涉农资金2.7亿元、闽宁协作资金4820万元,实施各类基础设施、产业扶持、民生改善类项目81个。加强金融帮扶支持,为脱贫人口发放菌菇、肉牛、中蜂等产业培育小额信贷资金1.83亿元。深化央企定点帮扶,争取资金1520万元落实帮扶项目7个。发挥消费帮扶产销对接作用,外销各类农特产品1.82亿元。实施基层组织提升、特色产业提质、环境整治塑形、干部作风转变和能力素质提升"四项行动",培育示范村16个,打造集美、羊槽等移民重点产业村5个。创建党建工作示范乡镇6个,示范村72个,建成集体经济项目15个,新建村级组织活动场所2个、改造提升13个,培育致富带头人1190名。

【城市基础设施建设】推进城市更新行动,老年养护院项目已完成主体建设,应急物资储备保障库项目已提前完工,"互联网+供水"用户端计量提升改造工程已投入使用,铺设管道2.93公里,新建检查井28座,改造水厂2座,安装智能水表910块,7个老旧小区改造全面完成,西苑人家一期、八方隆三期、金域华庭B区3个商业开发项目稳步推进,集中供热锅炉房迁建项目(二期)已投入使用。

【农村人居环境整治】推进农村人居环境整治提升五年行动,实施农村卫生厕所、畜禽粪污资源化利用、秸秆综合利用等项目,完成农村卫生厕所改造3008户,拆除房屋院落108处,清理农村垃圾13353吨、畜禽粪污18308吨。完成下黄村、羊槽村、下金村、张台村4个高质量美丽宜居村庄建设任务,实施农村低收入群体危房改造42户,巩固提升幸福农家"123"菜园5000座,发放菜苗128万株。

【绿色低碳助力转型】落实党中央及区市关于坚决遏制"两高"项目盲目发展部署要求,把好项目审批关,全年没有实施任何"两高"项目。推进重点领域节能,紧盯规上工业、园区节能,统筹推进建筑、交通、商业、公共机构等领域节能任务落实,实行阶梯电价、阶梯水价和煤改电、清洁取暖等节能措施,实现单位能耗降低2.5%的目标。

【生态保护】推进林业生态建设和生态保护修复,筑牢六盘山绿色屏障,守好黄土高原天然水塔。实施六盘山重点生态功能区生态保护与修复营造林、香水河县城段生态缓冲带修复等重点工程项目,统筹推进山水林田湖草综合治理、系统治理、源头治理,完成六盘山重点生态功能区生态修复营造林8万亩,栽植各类苗木600万株,森林覆盖率达到42.24%。

【生态治理】巩固拓展国家"绿水青山就是金山银山"实践创新基地成果,围绕"提气、降碳、强生态,增水、固土、防风险"目标,推进"四尘"同治、"五水"共治、"六废"联治,坚决整治环保突出问题,坚决打赢蓝天、碧水、净土保卫战。开展"散乱污"企业整治,推进煤改电、煤改气工程,推广清洁能源应用,环境空气质量优良天数比例高于95%。县城污水处理厂污泥脱水项目成效明显,泾河出境断面水质稳定保持在Ⅱ类标准。农田残膜回收率达到90%以上,全县土壤污染已全面消除。

【重点领域改革】深化"放管服"改革,实施政府权责清单制度,推进163政务服务模式一体化。"县管校聘"改革全面完成,1022名在编教师全部竞聘上岗。国企改革稳步推进,国有资本投资运营集团公司组建运行。"六权"改革有序推进,重点领域用水计量设施安装全覆盖,"农房一体"权籍调查实现应登尽登,94家固定污染源完成排污许可证核发,48万亩林地地类界线落界全面完成,燕家山引进社会资本参与生态保护修复试点改革成效初步显现,用能权和碳排放权正在进行前期准备和谋划,改革赋能高质量发展作用更加有力。

【科技创新】围绕实施创新驱动发展战略,以科技项目为抓手,着力优化科技发展环境,R&D经费投入达700万元。新认定国家高新技术企业1家、国家科技型中小企业2家、区市科技型企业10家。组织申报各级各类科技创新项目86项,实施51个,落实"宁科贷"项目3个,解决了科技型企业融资难问题。组织开展科技特派员"大学习大轮训",提升创新意识和服务能力,全县科技特派员达到199人，实施科技特派员项目17项。

【经济环境】贯彻落实优化营商环境条例，改善发展环境。以"让群众少跑腿，让企业少跑路"为原则，推行"一件事一次办"，开展"三减一提升"活动，"三减"后，压减办理环节137个、压减申报材料142份、压减办理时限1207个工作日，办事群众满意度保持在99.3%以上。按照全区"四级四同"标准，更新梳理政务服务事项1420项，审批服务事项网办率稳定在85%以上。完善矛盾纠纷多元化解机制，审结各类合同纠纷案件1269件。落实"非禁即入"，落实《泾源县稳经济保增长促发展守底线40条政策措施》，完成退减免缓税5370万元。转贷纾困资金2566万元，最大程度为市场主体纾困解难。

【惠民行动】实施城乡居民收入提升行动，在全区率先启动职业技能培训，举办各类培训班46期1910人。完成农村劳动力转移就业2.93万人，实现工资收入7.2亿元。新增城镇就业623人，培育创业实体204个，创造新岗位202个，发放创业担保贷款4173万元，创业带动就业1023人。完成城镇常住居民人均可支配收入31056.1元、农村常住居民人均可支配收入12816.3元，分别增长4.4%、7.8%。实施移民致富提升行动，安排资金1.46亿元，开展9类22项工作任务，实施6大类20个项目，劳务移民安置区基础设施改造提升（二期）竣工结算，泾河社区建设主体封顶，重点移民村建设成效明显；围绕旅游服务、肉牛中蜂养殖、服装箱包加工举办移民技能培训25期395人，转移、带动、安置移民村人员就业1500余人。实施社会保障服务提升行动，累计发放各类社会救助补助资金8857余万元，发放临时救助资金524万元，向困难群众、退役军人等发放慰问金124.2万元，城乡居民养老及医疗保险参保率分别达到97.3%和97.97%。

【科教文卫】实施基础教育质量提升行动，落实国家"双减"政策和"五项管理"措施，推行"控辍保学联控联保"长效机制；泾源第二中学、泾源高级中学综合教学楼建设项目主体封顶，泾河源镇兰大庄幼儿园建设项目顺利建成，义务教育薄弱环节改善与能力提升智慧教学设施提升项目全面完成；落实教育惠民政策，实施覆盖学前幼儿至大学生各阶段资助政策，惠及幼儿、学生达到26724人（次），落实资金3091余万元。坚持把公共文化服务基础设施建设作为文化事业繁荣发展主抓手，建成了"泾源文化云"数字化服务平台；组织开展"4·23送书下乡暨阅读进乡村"、"情暖泾源 文明迎新"送春联、剪窗花等志愿服务活动；举办"喜迎二十大 奋进新征程"乡村文化旅游节、公益性艺术培训班等活动；创演大型室外实景剧《柳毅传书》，丰富了城乡群众的精神文化生活，文化服务实现提质升级。实施全民健康水平提升行动，加快实施医疗救治能力提升项目，县域医共体信息化平台全面建成，初步形成"1+2+7+96"的卫生系统信息网；落实重点场所防控措施，坚持"人、物"同防，推进疫苗接种。

市场监督管理

【思想政治建设】坚持以习近平新时代中国特色社会主义思想为指导，深入贯彻落实党的十九大、十九届历次全会精神和习近平总书记视察宁夏重要讲话和重要指示批示精神，坚决捍卫"两个确立"，增强"四个意识"、坚定"四个自信"、做到"两个维护"，以党的政治建设为统领，深化模范机关创建，开展"转作风抓落实提效能年"活动，开展主题党日活动9次，讲党课4次，交流发言22人次，"双评双定"9次，微信公众号推送信息187条。开展党风廉政建设，筑牢思想防线，增强纪律规矩意识，专题学习15次，交流发言4人次，专题辅导1次，观看警示教育片4次。加强干部队伍教育管理，开展"大学习、大讨论、大宣传、大实践""四项教育"及违规收送红包礼金和不当收益及违规借转贷或高额放贷专项整治等活动，强化责任担当，营造风清气正的政治生态，党组中心组学习14次，干部职工集中学习58场次，交流发言88人次，专题辅导7次。

【专项整治】以"双创"工作为抓手，开展食品、药品、医疗器械、化妆品专项整治，检查经营户4000余户次，督促完成风险隐患整改189处，共查办食品药品案件42件，罚款27.3万元。指导14家食品生产企业完善"一品一码"追溯体系，7家食品生产企业已投保。对193家食品销售者进行风险分级评定，督促5家超市建立进销货电子台账，备案食品701个。实施餐饮质量安全提升、"文明餐桌"等专项整治，65家学校食堂全部实行"互联网+明厨亮灶"智慧监管，589户餐饮单位全覆盖完成"明厨亮灶"。外卖平台入驻餐饮全部实行外卖餐食封签、无接触配送。建成阳光药店31家，占比94%。开展食品安全保障11次2600多人。完成食品药品抽检963批次。

【质量监督】开展燃气相关产品、电动自行车、重点工业产品质量等整治，对9家涉嫌销售不符合《产品质量法》的产品依法予以查处。加强计量监管，对7个乡镇11个基层卫生院的78台医用计量器具进行上门检定及校准。检查检测机构3家，抽查设备10台，对1家检测机构罚款1万元，约谈1家。完成重点产品抽检39批次。

【安全管理】以特种设备、城镇燃气等为重点，加强隐患排查治理，严防安全事故发生，共检查特种设备使用单位152家次181台套，消除安全隐患30处，开展安全宣传28场次，召开安全生产暨消防工作例会4次，举办特种设备使用单位能力提升培训班1次，开展电梯应急救援演练38次。

【优化营商环境】推进"证照分离"改革，加强企业信用风险分类管理，开展2021年度年报公示工作，年报率95.97%，配合相关单位查询企业信用信息400余条。深化"双随机、一公开"监管，下发29项抽查任务，抽取

211户市场主体。截至10月31日,全县共有各类市场主体5933户,本年新增629户。推进公平竞争政策实施,通过对发放消费券政策措施公平竞争审查、存量政策措施梳理自查、各成员单位互查等措施,预防和纠正了排除、限制竞争行为,全年共审查文件及政策措施18份。推进法治政府建设,落实行政执法"三项制度"。推进平台经济常态化监管,开展大数据定向监测,对网络销售商发布的商品信息、广告等进行监测,结合全国互联网广告监测平台线索反馈,查处广告违法违规行为。开展涉企违规收费整治,对6家校外培训机构,5所幼儿园,3所中小学校进行检查,规范教育收费行为。

【综合执法】聚焦关系群众健康安全的重点商品、贴近群众生活的服务行业、农村与城乡结合部的重点市场、制售假冒伪劣产品多发的重点区域,开展2022年"铁拳""保健品"行业清理、打击非法制售防护产品、粮食购销领域腐败问题专项整治行动,开展打击整治养老诈骗专项行动,打击涉老"食品""保健品"领域涉诈违法违规行为,检查经营户4000余户次,发放宣传资料4000余份,曝光典型案例4件。开展疫情期间价格监测,加强明码标价监管,打击哄抬物价等违法行为,给予警告处罚3户。共查办各类案件70件,罚没款35.26万元。

【消费维权】加强消费维权机制建设,维护消费者合法权益。开展"3·15"消费者权益保护日系列宣传活动,发送短信2.7万条,销毁假冒伪劣商品30余类约2吨价值5万元。12315平台共受理办结18件,为消费者挽回经济损失2.9万元,受理办结12345便民热线投诉举报137件。

【优化市场创新环境】完善知识产权保护运用转化机制,开展知识产权创造、保护和运用活动,开展第22个"世界知识产权日"宣传周活动,对全县有知识产权质押融资意向的企业开展调查问卷填报,畅通了县域中小企业知识产权质押融资渠道,共办理侵犯注册商标专用权案件3件,地理标志专用权案件1件;全县共有注册商标594件,专利授权37件,其中发明3件,实用新型29件,外观设计5件。实施质量提升行动,完善质量基础设施体系,规范认证检测市场秩序,开展质量基础设施"一站式"服务建设,开展调研4次,召开座谈会3次,走访养殖场1家,生产加工企业3家,销售门店18家,征求意见建议6条;确立泾源县轻工业园区为质量基础设施"一站式"服务站,在园区监管窗口设立质量基础设施"一站式"服务窗口;在宁夏盛飞豪供应链管理有限公司设立质量基础设施服务点,开展进企业帮扶4次。

财 政

【收支情况】截至12月底,泾源县一般公共预算收入完成8753万元,增长5.74%。其中税收收入4052万元,下降2.83%;非税收入4701万元,增长14.44%。年内全县一般公共预算支出234939万元,比去年同期增长12.93%。

【落实一揽子政策措施】落实中央及自治区各项减税降费政策,完成退、减、免、缓税6524户次5370万元。

【支持中小微企业发展】筹措资金1000万元设立中小微企业转贷基金,帮助中小微企业获得金融机构转贷支持,累计为县域内9家中小微企业纾困转贷2566万元,缓解了中小微企业资金周转困难。推行应收账款融资,降低信贷门槛,创新金融支持中小微企业方式,推进金融机构应收账款融资业务推广,推动中小微企业充分利用自身资源进行融资,已完成授信1000万元。创新金融服务,助力全域旅游,推广实施"民宿贷",向冶家村204户农户发放"民宿贷"1942万元,推动乡村旅游高质量发展。加强政银企联动,落实稳保促政策,通过召开政银企座谈会,促成县域金融机构为7家中小微企业签约授信3100万元。

【金融担保】提高担保效率,降低融资成本。提高政府性融资担保机构担保效率,泾源县融资担保公司与县域内金融机构签订了《批量担保合作协议》,约定20万元以下贷款免担保免抵押免收担保费,降低平均担保费率为0.8%。

【政府采购】落实政府采购预留,激发企业活力。加强政府采购需求管理,落实预留采购份额、价格评审优惠等措施,降低中小企业参与政府采购门槛,完成政府采购项目58个,预算资金10480.31万元,其中有29个项目为中小企业整体预留,涉及4338万元,占所有政府采购项目预算资金的41%。

【收支管理】通过开源节流、增收节支,应对预算平衡压力,保持财政收支平稳运行。固本培元抓收入,把财源建设作为财政工作的重点,培植财源、开拓财源、涵养财源,夯实财政增收基础。建立财税联席会议制度,定期分析研判收入形势,完善县域全覆盖的"房土"税源动态管理清册,确保税收应收尽收。严格非税收入预算管理,坚持执收单位开票、代理银行收缴、人民银行入库的收缴分离和收支两条线。严格以票控收,在全县学前教育收费推行电子票据。有保有压抓支出,牢固树立"过紧日子"常态化思想,压减一般性支出和非急需、非刚性支出,保障"三保"支出,把有限的资金用在民生保障和县域经济发展亟需的支出上,全年民生领域支出18.59亿元,占一般公共预算支出的80.2%。

【助推乡村振兴】创新财政支农机制,发挥统筹整合财政涉农资金聚合效应，紧盯乡村振兴有效衔接这个重点，推动乡村宜居宜业、产业高质高效、农民富裕富足。保持财政投入只增不减，全年整合使用财政涉农资金26990.38万元，涉及农业生产发展、基础设施建设等3大类36个项目。围绕产业发展布局，推进产业融合发展，用于产业发展资金16771.82万元，占统筹整合使用财政涉农资金的62.14%，确保财政支持政策总体稳定。撬动金融资本支持乡村振兴，投入资金3750万元设立乡村振兴基金，支持乡村产业发展和基础设施建设，以乡村振兴基金为支点，以县融资担保公司为杠杆，撬动金融机构新增担保贷款37746.68万元，解决了养殖大户、新型农业经营主体融资难问题。将金融支持产业发展工作与整村授信、小额信贷紧密结合，精准对接支持脱贫户产业发展，脱贫人口小额信贷余额5056户2.88亿元，覆盖率78.5%，脱贫人口小额信贷覆盖率居全区前列。完善农业风险保障体系，制定印发《泾源县2022—2024年政策性农业保险实施方案》，通过"财政补贴+投保人自筹"的方式，加大种植业、养殖业、森林及设施农业保险力度，全年财政保费投入804万元，赔付受灾农户456万元。

【金融服务基地建设】按照新型离柜式"炕头"金融服务站建设要求，以满足农户基本金融服务需求为目的，采取便民服务点与家门口服务站深度融合，建成金融服务站96个、助农取款点192个，实现金融服务站行政村全覆盖、金融服务县乡村全覆盖。

【风险管控】落实自治区"八个一批"控债措施，通过控制基建项目规模、压减一般性支出、盘活处置存量资产等方式，多渠道筹资消化债务，履行偿债责任，明确职责分工，健全完善地方政府性债务统计监测、风险预警、应急处置机制，守住不发生区域性系统性债务风险的底线。守住不发生金融领域风险底线，牢固树立全县金融领域风险防范"一盘棋"思想，建立处置非法集资联席会议制度、非法集资案件信息统计和报送工作制度等，强化督促检查和线索摸排工作机制，定期召开联席会议，会同相关部门开展督促检查，分析研判金融领域风险隐患，泾源县金融形势总体向好，未发生区域性、系统性金融风险。

【发挥保障职能】保障各项重点工作、重大项目及民生工程的资金需要，增强人民群众的获得感、幸福感。保障疫情防控，统筹疫情防控和经济社会发展，对防疫资金支付和物资采购开通"绿色通道"，优先调度防控资金，确保全县疫情防控工作扎实有序开展，累计安排疫情防控资金2610万元。创新财政支农机制，安排资金14471万元，支持肉牛、中蜂等特色产业发展，实施基本农田建设、安格斯基础母牛饲草料补贴、农村"厕所革命"整村推进、现代农业产业发展及农村产业融合发展等项目，推动农业增效农民增收。加快城乡一体化建设，安排资金12329万元，实施城市排水及雨污分流、老旧小区改造、保障性住房等项目，聚焦农村人居环境整治，实施美丽小城镇及美丽宜居村庄建设。推进生态文明建设，投入资金18573万元，打好蓝天、碧水、净土保卫战，实施黄河流域生态修复、重点湿地保护与能力提升、营造林建设、香水河生态缓冲带保护修复等项目。支持水利事业发展,安排资金4479万元,实施流域治理、水系联通、农村饮水巩固提升、高效节水灌溉等项目。支持交通网络建设,安排资金6052万元,实施乡村公路、田间道路、旅游道路、产业道路建设,道路水毁维修及农村公路养护工程等。推动教育均衡发展,安排资金15688万元,实施二中实验楼、二小宿舍楼建设等项目,支持义务教育薄弱环节改造、现代职业教育及学前教育。推进健康泾源行动,安排资金4139万元,深化县域公立医院综合改革试点,实施基本公共卫生服务、医疗救治能力提升和医疗卫生服务与保障能力提升等项目。支持全域旅游建设,安排资金2348万元,实施乡村旅游及旅游景区提升等项目。支持社会保障事业,安排资金18376万元,落实城乡低保、医疗救助、防灾救灾、优抚安置、高龄、特困供养、五保人员及孤儿养育等保障政策,扶持高校毕业生、退役军人、农民工等重点群体创业就业,支持职业技能培训、公益性岗位、农村妇女创业,实施老年养护院建设项目等。落实各项支农惠农政策,通过"一卡通"兑付退耕还林、精准造林、地力保护、农机购置补贴等各类惠农直补资金13025.27万元。

【体制改革】以建立现代财政制度为重点,深化财政体制改革,深化财政预算管理改革,完善预算编制体系,推行零基预算和跨年度预算平衡机制,实行财政资金项目化管理,完善财政资金项目库。强化绩效管理,对全县所有50万元以上的项目预算绩效目标与部门预算同编制、同审核、同批复,开展项目绩效自评,在下达预算指标同时下达绩效自评表。加大重点项目绩效评价力度,聘请中介机构对县城集中供热等17个2021年重点项目及统筹整合财政涉农资金使用情况开展了绩效评价,涉及资金3.4亿元。加大财政"沉睡"资金清理盘活,对预算单位连续两年未使用完的专项转移支付资金、执行一年未使用完的部门预算,全部收回财政统筹用于亟需的民生保障、社会事业及县委和政府确定的重点项目。严格执行政府投资建设项目工程招标控制价审核,全年由第三方中介机构审核政府投资建设项目工程招标控制价预算资金10.66亿元,核定资金10.47亿元,核减1902万元。规范国有资产处置行为,合理配置和有效利用国有资产,制订印发行政事业单位国有资产使用和处置管理办法,累计处置国有资产681.5万元,其中通过调拨、调剂等方式盘活闲置资产481.48万元;报废处置超过使用年限且无法使用的资产200.02万元。

税 务

【政治建设】把党的政治建设摆在首位,以"三个持续"为切入点,把加强党的领导贯穿税收工作全过程、各领域。高站位组织,加强政治建设,推进政治机关建设,落实党委会议"第一议题"和党委理论学习中心组学习"第一主题"制度,组织党委理论学习中心组学习12次,专题党课10次,青年理论学习24次,提升上下践行"两个维护"的思想自觉、行动自觉。将学习贯彻党的二十大精神作为当前和今后一个时期的首要政治任务,建立"六学"机制,组织广大党员干部开展交流研讨160人次,举办"认真学习宣传贯彻党的二十大精神"主题演讲活动,获县委组织部、宣传部、统战部等部门充分肯定,形成齐动员、齐参与、齐收获的学习贯彻热潮。

【组织建设】 在市局党委"六盘红色税务"党建品牌引领下,提炼打造的"红色领航 税映六盘"党建工作品牌,被市局和县委组织部确定为党建品牌创建"双示范点"。实施"三强九严"工程,落实"三会一课"和主题党日制度,10名党员按期转正,新接收预备党员4名,党员占比由2021年的51%提升到56%;两个支部成功晋升四星级党支部,四星级占比由上年的25%提升到50%,党支部的向心力、凝聚力和战斗力增强。

【作风建设】 局党委班子严格遵守政治纪律、政治规矩,坚持民主集中制原则,落实议事规则和决策程序,重大事项集体研究、民主决策;班子成员严格遵守中央八项规定及其实施细则,落实领导干部个人重大事项报告制度,形成了班子成员互相信任、互相支持、团结干事的良好氛围。贯彻区局党委"一三五十"纪检工作思路,组织开展纪检干部综合素质提升行动,创新开展的"廉政教育大课堂"获得了固原市纪委监委和泾源县委、政府领导的肯定性批示。加强干部职工"八小时之外"监督管理,开展廉政谈话提醒3人次,走访地方公检法3次、纪委监委3次,保持了正风肃纪的高压态势。

【退税减税服务】 在泾源县融媒体中心公众号开设"退税减税政策专栏",阅读量超万人次;在办税服务厅设立"留抵退税绿色通道",专人对接人行专窗办理,退税资金从"纸上"落到企业"账上"均保持在1个工作日内。全年累计退税减税免税缓税5468万元。增值税留抵退税32户次661万元,"六税两费"减税退税3764户次1098万元,实施增值税小规模纳税人免征增值税3443户次1692万元,制造业中小微企业纳税人缓税29户次32万元,困难性缓税2户次1984万元。

【税收工作】 坚持组织收入原则,守牢不收过头税费的底线,结合区、市、县三级21户重点税源收入增减变化、62个重点工程项目施工及预缴进度等情况,采取日常辅导、纳税评估等措施,确保组织收入平稳有序运行。全年共组织各项收入3.76亿元,同比增长24.12%,增收7301万元。税收入库11585万元,同比增长2.97%,增收334万元,返加留抵退税后,税收收入12245万元,同比增长8.84%,增收994万元。社保费入库2.47亿元,同比增长35.1%,增收6409万元。

【税务行政执法】 落实税务行政执法"三项制度",行政处罚裁量基准执行率和行政许可办结率均达100%。加强税务执法内控建设,组织开展税费政策落实、风险应对和税务执法督察,整改疑点数据2批465条。推进留抵退税政策落实"回头看",开展自查自纠3次,进行增值税留抵退税风险分析18户,补缴税(费)金额5563元,转出进项税额46985元,化解了留抵退税风险隐患。开展"落实八五普法推进税法宣传"活动,营造"学法普法守法"良好氛围。

【税务征管】强化征管5C监控,建立"每日一体检"机制,上半年区局在对县级局评级评价中得到A+等次。提高风险分析应对质效,应对风险任务5批8条,任务准期完成率为100%。开展"全电发票"受票试点工作,完成辖区内4户重点企业、51户非重点企业"预先服"任务。六税两费应享未享退税进度排全区第二;企业所得税汇算率达100%;个人所得税汇算办结率达100%。强化社保费和非税收入征管,承接国有土地使用权出让收入等非税收入项目征管职责划转工作,推进森林植被恢复费、草原植被恢复费征收职责划转工作。

审 计

【审计项目】年初,拟定本年度审计项目28个(其中,署定项目1个、区定项目4个、自定项目23个)。截至10月26日,计划内项目已完成22个,正在推进5个,未开展1个,完成项目包括:署定项目1个、区定项目4个、自定项目17个(其中,县本级和部门预算执行审计3个、领导干部经济责任审计5个、自然资源资产审计2个、财政财务收支审计2个、政府投资审计5个)。

【审计委员会工作】按照审计管理体制改革的决策部署,将党的领导贯穿审计工作全过程、各环节,全年累计召开县委审计委员会3次,开展研究安排审计工作、优化调整人员结构、规范审计监督职能、强化审计整改落实、职能贯通协同等各项重点工作,起草印发了《关于建立健全审计查出问题整改长效机制的实施意见》《泾源县委审计委员会审计监督重大事项督察督办工作办法》《关于进一步发挥改革效能有力推进纪检监察监督巡察监督与审计监督贯通协同高效的贯彻落实意见》等规范性文件,优化审计部门职责、强化审计整改责任,为审计法定监督职责的履行奠定制度基础。

【请示报告工作】贯彻落实《市、县(区)党委审计委员会重大事项请示报告实施办法》规定,坚持"客观真实、规范有序、应报必报"原则,建立了"三查三审"制度,做好重大事项请示报告工作。年内累计报告请示5次,报送了《关于2021年度经济责任审计工作联席会议召开情况的报告》《泾源县委审计委员会办公室关于泾源县委审计委员会组成人员变动情况的报告》以及县委审计委员会第6次、第7次、第8次会议召开情况,通过执行请示报告制度规定,巩固审计管理体制改革成果。

【党风廉政建设】执行"双报到双报告"制度,将党建和党风廉政建设工作抓在日常、抓在经常。结合实际,制定了《泾源县审计局2022年度党支部工作计划》,建立了"全面从严治党三个清单",领导干部带头签订了《审计局2022年党风廉政建设责任书》《泾源县审计局个人工作岗位廉洁自律责任书》，结合实际，细化了《2022年个人岗位廉政风险点及防控措施一览表》，党支部负责带头履行"第一责任人"职责，党员领导干部履行"一岗双责"职责，确保责任到人、细化到点。开展载体活动，落实党内生活制度，以党员学习教育为主要抓手，开展"四项教育"、廉政警示教育周、"转作风抓落实提效能年"、违规收送红包礼金和不当收益及违规借转贷专项整治等载体活动，召开了2021年度民主生活会和组织生活会、违规收送红包礼金和不当收益及违规借转贷专项整治组织生活会等党组织生活会，每月结合实际拟定不同主题，召开支委会及"主题党日"，多途径开展党员教育工作，引导党员干部职工，树牢底线意识，履行好党员职责。积极发展党员，为了充实党支部人员力量，夯实党建工作基础，履行发展党员程序，经党支部培养，确定2名干部职工为积极分子，1名预备党员如期转正成为正式党员。年内，研究党建和党风廉政建设工作5次，开展纪律教育4次，利用违法违纪典型案例开展警示教育7次。

统　计

【业务能力提升】开展"三专三力"专项提升行动，实施政治能力和业务能力两个建设，开展大学习、大培训、大核查三项活动，推进党建引领、改革强基、"双基"固本、法治护航四项工程。制作印发了《新时代泾源统计基层基础规范化建设相关文件汇编》，包括自治区政府、自治区统计局、县人民政府出台的一系列文件，举办全县统计基层基础规范化建设培训班，分乡镇、分专业开展统计法律法规和统计业务知识培训班，增强全县统计人员法治意识，营造依法统计的良好氛围。年内共举办业务培训9次，培训近130人次。

【专项治理】召开统计领域突出问题专项治理暨纠治工作动员部署会，会上传达学习了《全区统计领域突出问题专项治理工作实施方案的通知》《全市统计领域突出问题专项治理工作方案的通知》《意见》《规定》《办法》等文件。结合泾源县实际，制定下发了《全县统计领域开展统计领域突出问题专项治理工作实施方案》《全县统计造假不收手不收敛专项纠治工作方案》，细化任务清单和责任清单，成立了由县纪委、监委副书记任组长，统计局局长任副组长的全县统计领域突出问题专项治理工作协调小组。

【统计法规宣传】组织统计人员学习相关《意见》《规定》《办法》及统计法律法规6次，开展培训会3次，培训100人次，使统计人员学法知法懂法，通晓报送统计数据的义务和重要性，提升统计工作人员依法统计、依法治统的意识与能力，提升依法统计的水平。加大宣传工作力度，在县城、乡镇显眼的地方张贴违法举报公告50张，并设立举报信箱，公布举报电话、邮箱。

【数据核查】加大数据核查力度，推进专

项治理工作。统计局成立了4个数据核查组对14家企业的统计报表、财务报表和纳税申报表等数据资料进行了现场核查,指出存在的问题,下发整改通知20份,责令企业按时整改,并建立完善统计台账,加强对统计法律法规知识的学习,提高企业对统计工作的重视程度。年内共开展统计数据质量核查4次,检查企业56家,联合固原市统计执法局执法检查企业3家,检查全县"四上"入库企业7家,退库项目9个。

【统计机构建设】加强各统计机构建设,制定下发了《进一步加强和规范统计工作严肃统计工作纪律的通知》,协调乡(镇)加强统计机构设置和人员配备,建立乡镇统计工作规范,加强基层统计人员的业务指导、管理和培训,定期举办"统计业务大讲堂"9期,分类开展统计人员业务培训,提高基层统计人员素质,充实统计力量,推进基层统计工作标准化、规范化建设。

【统计工作】指导、推动行政机关、企事业单位依法设置原始记录、统计台账和档案资料,按期完成农业、规上工业、商贸业、固定资产投资、能源等专业的月报以及核算、劳动工资、建筑业、法制等专业的季报,完成限下商贸业、社会综合等专业报表的上报工作,按期上报统计专报、统计分析。组织各专业人员对区统计局反馈的数据进行深入分析,尤其是加强对数据变动趋势的分析,发现问题、找出原因、提出建议,形成统计分析报告,年内共撰写统计分析10期、统计信息24期,全县主要经济数据10期、统计公报1期、统计月报10期,对全县经济动向进行了跟踪监测和快速反映,为县委、政府和有关部门提供了决策参考,服务全县经济健康运行。

审批服务管理

【"四级四同"改革】按照全区"四级四同"标准,更新梳理泾源县政务服务事项清单包含1420项。应进驻政务大厅38个单位,进驻37个单位,单位进驻率由原来的93.8%提高到97.36%,事项进驻率由原来的92.5%提高到98.07%,审批服务事项网办率稳定在85%以上。

【163审批平台】加快163审批平台投入运行,推行"一门、一窗、一网"通办。整合设置综合窗口,为15名"一窗通办"业务人员分配各专网系统登录账号及受理权限,将乡镇民生服务中心办理事项统一纳入网上办事大厅办理,全县实现网上办事大厅,手机终端、实体窗口和"家门口"服务站"四位一体"申办模式建设。企业和群众在办事过程中,分别压减办理环节137个,压减申报材料142份,压减办理时限1207个工作日,压减率分别为减环节23.87%、减资料21.68%、减时限25.81%,办事群众满意度保持在99.3%。

【电子证照扩大应用】为优化审批流程,提升政府服务效率,实现"让信息多跑路、企业少跑腿"。4月初,泾源县审批局向自治区政改办提交电子印章审批申请并顺利通过，4月29日核发首张《燃气经营许可证》电子证照。泾源县全域范围内建设项目用地预审和选址意见书、建设用地规划许可证、建设工程规划许可证、建筑工程施工许可证5个证书核发均实现电子证照功能，企业只需在宁夏工程建设项目审批管理平台上传相关电子材料即可完成申报、在线受理、审核等流程并通过宁夏政务网查看、下载并自主打印证照。

【政务服务】推进政务服务事项下沉，提升"就近办"能力和水平。紧扣城乡基层治理，聚焦基层党的建设、乡村振兴等重点工作以及群众关心关注的重点事项，为各乡镇发放基层审批服务事项目录、办事指南和办事流程。培训7个乡镇民生服务中心和96个"家门口"服务站办件人员，确保下沉事项接得住、能办理、一次告知、一次办成，让群众不出村就可办理身边"一揽子"事。推行企业开办全程网办，开办时限压缩至0.5个工作日；实行企业开办"零费用"为新开办企业首次刻制印章提供免费服务。推行企业经营范围全类登记，实行经营场所分离登记制度，放宽经营场所登记条件，推行"一址多照""一照多址""集群注册"。截至目前，市场准入共办理注册、变更、注销1151件，其中企业开办188件，个体开办292件，合作社开办13件。

【"一件事一次办"改革】对企业和群众办理的高频事项共梳理22项"一件事一次办"清单。整合涉及多部门事项的共性材料，推广多业务申请表信息复用，通过"一表申请"，推出第一批22项"一件事一次办"的特色服务。

【审批管理】压缩审批时限，在实现政府投资工程建设项目审批时限60个工作日基础上，优化流程、减少环节，一般社会投资工程建设项目审批时限已压缩至50个工作日，建立完善"全流程、全覆盖、时限短、流程优、成本低"的工程建设项目审批管理体系。落实政府投资既有建筑改造工程审批时限压缩至25个工作日，一般工业厂房建设项目审批时限压缩至50个工作日，带方案出让用地项目审批时限压缩至30个工作日；年内项目建设审批方面完成项目立项批复165件、用地规划38件、施工许可51件、竣工验收6件、发放电子证照29份、筹划"一张蓝图"系统应用。

【便民政务服务】完善12345统一热线服务系统，承接集中咨询、建议、投诉、反馈、评价、便民服务、"互联网+督查"等功能于一体的12345工单接收、分配、跟进反馈的便民服务热线工作，畅通政民互动渠道。年内共受理2560件事项，已办结2451件，办结率96%。

【特色审批服务】保障群众利益，开展特色审批服务。为方便群众办理苗木检疫证，保障苗农利益，泾源县审批服务管理局与自然资源局通力协作，为苗木经营主体提供"预约办""错时办""延时办"服务，24小时不打烊，由专人负责，节假日轮流值班，确保苗木检疫证即来即办、一次办好，保障苗木销售畅通。实现"即报即审、即审即批"，年内共办理苗木检疫证3800件次。

社会经济调查

【样本轮换工作】2022年正值样本轮换年，百万移民收入统计监测调查、住户调查、农作物对地抽样调查均开始新一轮样本轮换工作，泾源县调查队以强有力的措施确保样本轮换工作顺利开展。强化宣传力度，制定并印发了《2022年泾源县住户调查大样本轮换宣传工作方案》，与县融媒体中心和移动公司对接，采用"线上+线下"相结合的宣传方式，通过微信公众号、发送手机短信和张贴宣传海报的形式，宣传百万移民收入统计监测调查及住户调查大样本轮换工作，扩大宣传覆盖面，提高居民对统计调查工作的知晓度和认同感。做好建筑物清查工作，成立2个清查组，由队长带队深入乡镇、社区、村组开展建筑物清查工作，一栋一栋查看，一户一户核实，做到底数清、情况明、数据准。强化培训力度，选用责任心强、工作能力高的辅调员开展培训，培训人员从宏观调查制度和统计法律法规入手，运用通俗易懂的语言和生动的例子，讲解业务各项指标，并结合实际对入户摸底询问技巧提出意见建议，确保摸底工作顺利开展。强化摸底审核力度，工作人员对上报的摸底数据及时审核，向辅调员反馈核实发现的异常数据，通过下乡一对一指导的方式，提高摸底数据质量，为下一阶段工作开展打牢基础。强化开户调查力度，通过开展业务培训和分组调查的形式，深入农户家中讲解移民及住户调查的意义并询问相关情况，为新调查点的调查工作奠定基础。

【调查工作】住户调查实行"电子记账日审制"，畜禽监测调查实行"季度数据核查制"。完成住户及生态移民监测调查队内自查1次，畜禽及农产量调查自查2次。劳动力调查落实主要负责人"每月入户陪访"制度，做好数据采集核查，加强现场指导工作，定期开展业务培训，年内共召开劳动力调查培训会8次，月度例会8次，开展业务大讲堂4次，各专业培训会16次，参训人数累计300人次。

【生态移民监测工作】生态移民监测调查共涉及3个乡镇30户调查户。通过定期下乡入户了解移民家庭人口、务工收入、种养殖等情况，指导调查户如实记账，真实准确反映移民生产生活状况。加强与县级各部门沟通，向就业、农牧等部门了解移民增收致富政策，立足实际科学合理评估数据。

【业务培训】定期开展业务培训，宣传统计法律法规，增强调查员调查户法制意识。全年共开展线上指导和线下培训10余次，组织慰问生态移民调查员调查户2次。

【信息化建设】城乡住户调查电子记账覆盖率100%，住户及农民工监测调查全部采用"e调查"开展，年报全部采用"e调查"采集数据，推进农作物遥感测量技术运用。

【法治建设】将统计法律法规作为干部教育、辅助调查员培训的必选课程，利用业务大讲堂、干部理论学习会议等，学习贯彻落实习近平总书记关于统计工作的重要指示批示精神和《意见》《办法》《规定》《监督意见》。连续两年订阅"法宣在线"课程，利用国家统计网络培训平台等新型媒介，开展线上学法。以各专业培训会为抓手，结合"12·8"《统计法》颁布日开展以"深入学习贯彻党的二十大精神 开启依法统计依法治统新征程"为主题的统计法治宣传，引导广大群众知法守法，营造浓厚的统计法治氛围。截至目前，共开展普法宣传17次，2人考取统计执法证，统计执法力量壮大。

【信息分析工作】围绕泾源县域经济发展，注重民生监测，明确调查重点，加强调研分析，信息、分析、工作动态等超额完成，采用率高于上年。全年共开展专题调研5次，累计向自治区统计局和自治区统计局宁夏调查总队报送信息、分析共计318篇（含政务信息187篇），其中69篇动态、6篇分析被自治区统计局采用，52篇动态、7篇分析总队内网采用，1篇动态、2篇分析被国家局内网采用，12篇分析获县级领导批示。通过挖掘数据变化规律，在变化中把握趋势，剖析原因，提出可行性建议，发挥统计调查"晴雨表"作用，以优质统计服务助推泾源县经济社会高质量发展。

投资促进服务

【概况】2022年，区、市下达泾源县招商引资目标任务27亿元，同比增长12.5%。为确保全面完成目标任务，制定下发《泾源县2022年招商引资工作方案》，分解下达24个县级领导任务6亿元，7个产业招商专班任务21亿元，立足县域"1+3+X"产业体系和资源禀赋，坚持不懈招大引强。1~11月，共实施招商引资项目19个，计划总投资56.44亿元，当年计划投资32.24亿元，到位资金28.62亿元，完成区、市下达目标任务的106%。新建泾源县共享储能、泾源县休闲食品生产销售、泾源县安格斯肉牛良种繁育基地建设、"泾源黄牛肉"食材加工生产、泾源县农林汽车驿站、泾源县现代农业产业园、泾源县智慧低碳城镇风光储、"泾源牛街"等10个项目，投资25.8亿元，到位资金24.8亿元。续建泾源县参与生态建设修复暨山桐子种植加工、建筑垃圾资源化再生利用、山泉水生产销售、医用口罩、汽车驿站、肉牛育肥及精深加工生产、户外装备研发生产销售一体化、智慧生活、现代中央厨房等9个项目，投资6.44亿元，到位资金3.82亿元。

【项目库建设】遵循从实际出发、可持续发展的原则，从推进产业集聚、人口集聚、产城融合发展以及县域经济社会高质量发展的要求出发，按照"十四五"及2021年招商引资项目库，根据客商投资需求和政策需求，谋划、调整招商引资项目，完善投资指南，制作招商引资宣传片，夯实项目推介基础。

【产业链增补】突出"选资""引智"理念，坚持增链、延链、补链、强链原则，主攻龙头型、强链补链产业项目、绿色发展项目、科技创新项目,突出纺织服装加工、水资源利用、泾源黄牛肉精深加工,引进带动能力强的项目,打通上中下游市场资源,形成产业集群。

【招商引资】围绕县域特色产业调整存量与做优增量定位,加大对投资规模在亿元以上项目的引进力度,以推动"泾源黄牛肉"育养加销标准化、规模化、产业化为核心,以推动山泉水利用为纽带,引进龙头企业,形成拳头产品,促进产加销特色产业发展。把饮用水生产和纺织服装加工等无污染产业作为重要产业培育,用好闽宁对口帮扶桥梁,推动"优质+高端"双轮驱动。对标林草林药间作模式,引进生态建设、林下经济龙头企业,做好"生态+"文章。贴合休闲避暑旅游、温泉开发、康养度假、冰雪运动旅游业态,引进旅游接待、消费体验标准化服务企业,夯实"旅游+"战略,实现引资项目由数量型向质量型转变。落实"1+N"招商机制,发挥全域旅游、生态建设等7个产业招商组作用,每个招商组制定一个方案、设计一批招商项目,每季度统一组织外出招商3次以上,全年引进项目21个以上。

【服务机制建设】落实项目"服务队长"责任制,由县级领导牵头,部门主要负责人担任"服务队长",按照项目签约、落地时限要求,完善工作推进措施,强化工作进展调度,协调解决工作难题,保障项目"专班招、专班跟、专班落"。

【项目督查考核】落实"月统计、季通报、年终考核"机制,将招商引资任务完成情况作为当年责任领导、责任单位、责任人考核奖惩的重要依据,对工作不力、措施不实、敷衍应付、影响营商环境导致招商项目推进慢、落地难的单位,在全县范围内实名通报,年终考核减扣相应赋分分值。同时,把考核情况与领导干部绩效考核挂钩,严格兑现奖惩。

法 治

法治政府建设

【政治引领】 抓好习近平法治思想学习贯彻,把习近平法治思想纳入全县培训计划,举办习近平法治思想专题培训班1场,县委常委会会议开展法治议题11次,政府常务会议会前学法13次,各乡(镇)、各部门(单位)、党委(党组)中心组学习习近平法治思想105场次。组织各乡(镇)、各部门(单位)全面排查2020年11月以来有关习近平法治思想的文件及学习、会议记录等,共排查7000余份,清理表述不规范记录、文件等12份。为各单位征订发放《习近平法治思想学习纲要》等读本300套,推动学习贯彻走深走实。印发《泾源县法治政府建设任务清单(2022—2025)》,将法治政府建设纳入年度效能考核、领导班子实绩考核。县委和政府分管领导分别带队对中央和自治区督察反馈问题整改情况进行督导,推进整改落地落细。年初召开了述职述责述廉述法会议,开展现场述法,推动述法常态化。召开县委全面依法治县委员会第五、第六次会议,安排部署中央依法治国办和自治区依法治区办督察反馈问题整改工作,确保重点工作落实有力有序。县委和政府主要领导认真履行第一责任人职责,多次对法治政府建设作出批示,对领导干部带头遵法学法守法用法、部门依法履行职能提出明确要求。

【政府职能】 坚持把法治政府建设作为重点任务和主体工程,统筹谋划推进,推动法治政府建设取得新进展、实现新突破。在县人民政府网站设立"法治政府建设年度报告"专栏,督促乡(镇)、部门(单位)严格履行职责,7个乡(镇)、30个部门(单位)通过县人民政府网站"法治政府建设年度报告"专栏公示法治政府建设年度报告。全面自查权责清单制定管理情况,对现有的清单事项依法进行调整,全县政府部门新增事项49项,取消21项,划出6项,调整2项,变更217项,合并1项。按照全区"四级四同"标准,更新梳理泾源县政务服务事项清单包含1420项。应进驻政务大厅38个单位,进驻37个单位,单位进驻率由原来的93.8%提高到97.36%,事项进驻率由原来的92.5%提高到98.07%,审批服务事项网办率稳定在85%以上。加快163审批平台投入运行,推行"一门、一窗、一网"通办。全县实现网上办事大厅、手机终端、实体窗口和"家门口"服务站"四位一体"申办模式建设。企业和群众在办事过程中,压减办理环节137个,压减申报材料142份,压减办理时限1207个工作日,压减率分别为减环节23.87%、减资料21.68%、减时限25.81%。办事群众满意度保持在99.3%。完善12345统一热线服务系统,共受理2560件事项,已办结2451件,办结率96%。完善"两个一站式"机制,加快办理涉企案件,提升执行案件效率,审结各类合同纠纷案件1269件,维护市场公平秩序,保护投资者合法权益。推行企业开办全程网办,开办时限压缩至0.5个工作日;实行企业开办"零费用",为新开办企业首次刻制印章提供免费服务;推行企业经营范围全类登记,实行经营场所分离登记制度,放宽经营场所登记条件,推行"一址多照""一照多址""集群注册"。市场准入共办理注册、变更、注销1151件,其中企业开办188件、个体开办292件、合作社开办13件。

【依法行政】执行《宁夏回族自治区行政规范性文件制定和备案办法》,坚持"立、改、废"原则,健全评估论证、公开征求意见、合法性审核、集体审议决定、公开发布等程序。执行《宁夏回族自治区重大行政决策规定》,把公众参与、专家论证、风险评估、合法性审查和集体讨论决定的法定程序贯穿于重大行政决策全过程,推进科学决策、民主决策、依法决策。梳理制定全县重大行政决策目录,确定全县重大行政决策事项4件。严把合法性审核关口,审核以县人民政府名义印发的规范性文件4件,重大行政决策2件,公告17件,其他一般文件及合同等40余件,提出法律决策意见3件。支持法律顾问参与重大决策制定、重点工作推进、重要合同签订,加强法律风险把控、及时纠正调整、堵塞漏洞。县乡政府及县政府部门聘请法律顾问32名,法律顾问审查合同、公告等150余份,提供法律咨询服务210余次,开展法治讲座39次,应邀参加有关会议21次。

【执法效能】督促各执法单位积极公布行政执法数据,各行政执法单位共办理行政许可3655件,实施行政处罚21352件,行政强制75件,开展行政检查5893次,进行行政确认802次,全部公开。编制《事项清单》《目录清单》,成立法制审核机构,明确法制审核人员,促进公正文明执法。组织各执法单位积极参加全区法治政府建设课堂3场次,利用法治督察对各执法单位和乡镇执法人员进行指导,督促各执法单位加强对执法人员的教育培训,开展法治教育培训41场次,提高执法人员法律素养和执法能力,推动执法规范化。对照《乡镇机构改革评估任务清单》,对各乡镇9项有关行政执法指标逐一评估,严格抓好整改,规范乡镇行政执法活动。对全县各行政执法单位持证人员进行全面核查,核查出工勤人员14名,全部清理。组织更换国家统一样式执法证件,换证305个。组织各单位优化行政执法人员结构,调整充实18名符合条件的优秀年轻干部到行政执法岗位上。

【行政权力制约监督】坚持县人大、政协领导、纪检监察机关和基层人大代表、政协委员常态化列席政府常务会议制度,重大事项提请县委常委会审定,执行向县人大及其常委会报告工作、接受询问和质询制度。2022年,泾源县人民政府共承办政协泾源县第十四届委员会第一次会议政协委员提案和社情民意59件,其中重点提案7件,其他提案32件,社情民意20件,所有提案和社情民意均办复完毕,办复率100%。坚持决策、执行、管理、服务、结果"五公开",全县通过各种公开渠道主动公开各类信息4816条,其中政务动态类信息730条，公示公告425条，重点领域301条，行政许可、处罚结果公开151条，政府预决算公开107条。公众通过政府网站查询信息70余万次。将习近平法治思想学习宣传、党政主要负责人履行推进法治建设第一责任人职责、规范性文件管理、重大行政决策制度、"三项制度"等工作列入政府督查内容，分别对各乡镇、县直部门及执法大队进行了全面督察，并将督查发现的问题以清单的形式向各责任单位反馈。推广运用宁夏行政执法监督平台，创新推进"互联网+"监管形式，丰富线上监管载体，规范执法流程，确保行政执法公平公正、公开透明。开展"双随机"抽查市场主体296户，检查结果均通过宁夏"双随机 一公开"监管平台和泾源县人民政府网站向社会公开，公示率达100%。

【社会矛盾纠纷化解】坚持和发展新时代"枫桥经验"，开展"调解九进、服务万家""调解促稳定、喜迎二十大"等活动，防范和化解矛盾风险，筑牢"第一道防线"。泾源县各基层调解组织累计开展矛盾纠纷摸排375次，受理矛盾纠纷408件，化解成功379件。开展"法援惠民生"活动，为农民工、妇女、残疾人、老年人、未成年人等群体提供法律服务，受理法律援助案件218件，办结251件（含2021年结转52件），解答法律咨询566人次。办理公证57件（继承权公证40件，声明书公证9件，委托书公证6件，其他2件）。落实"一村一法律顾问"制度，96个行政村和3个社区全部聘请了法律顾问。发挥乡（村）公共法律服务工作站（室）作用，加强公共法律服务终端设备维护，引导有法律服务需求的群众通过终端机获得法律服务，努力实现"数据多跑路，群众少跑腿"。组织村（社区）法律顾问进村入户开展法治宣传，开展"送法下乡"活动35次，解答法律问题，夯实基层治理基础。县委和政府高度重视行政应诉突出问题专项治理工作，县委常委会会议第一时间传达学习区市专项治理有关会议精神，及时安排部署，并明确要求对新增行政案件不出庭应诉的要严肃追责问责。印发《关于开展行政应诉突出问题专项治理的实施方案》，明确工作任务、推动工作落实。8月15日，县人民政府主要领导带头出庭应诉，起到了示范引领作用。10月13日、15日分别召开县委常委会会议和县政府常务会议，听取行政争议化解情况汇报，并对行政争议化解工作再安排、再部署。召开全县行政诉讼案件工作座谈会，分析存在问题，研究解决措施，推动依法行政，提高出庭应诉率。建立"一单六联"制度，县委和政府主要领导亲自对每一个案件进行批示督办，督促相关单位及时出庭应诉和化解纠纷。组织相关单位主要负责人赴吴忠、灵武学习行政应诉工作先进经验，提高行政应诉工作水平。成立泾源县行政争议协调化解中心，推动行政争议实质性、一站式化解。

【问题整改】县委和政府把整改工作作为一项重大政治任务，坚定政治担当，压紧压实责任，推进反馈问题整改落实。增强政治自觉，对照反馈的问题深刻反思、举一反三，将思想和行动统一到党中央、国务院对法治政府建设的重要部署上来，统一到区市党委和政府的具体要求上来，增强"四个意识"、坚定"四个自信"、做到"两个维护"，增强推动法治政府建设的使命感、紧迫感和责任感,扛起整改政治责任。成立整改工作领导小组,县委书记和县长担任整改工作领导小组组长,相关县级领导为副组长,部分单位主要负责人和各乡镇党委书记为成员,各单位协同配合,形成统筹推进、齐抓共管的工作格局。县委常委会第一时间组织传达学习,研究整改意见。召开县委全面依法治县委员会会议,审定整改方案,明确整改时限,压实整改责任。对有条件立即整改的,即知即改,对情况较复杂的,倒排工期,有序推进,确保任务有人落、问题有人管。针对中央依法治国办督察反馈的7个方面28条具体问题3个负面典型案例,全部完成整改。针对自治区党委依法治区办督察反馈的7类19个具体问题和2个问题典型案例,全部完成整改。

政 法

【政治建设】深入学习贯彻党的十九届六中全会、习近平总书记视察宁夏重要讲话和重要指示批示精神、自治区第十三次党代会精神,全面系统、及时跟进开展学习教育。开展习近平法治思想学习宣传,举办全覆盖政治轮训2次,教育引导广大政法干警高举旗帜、听党指挥、忠诚使命。坚决贯彻落实《中国共产党政法工作条例》和自治区党委《实施细则》,做好区、市党委督查反馈问题整改。落实请示报告制度、议事决策制度和政法委员述职制度,肃清流毒影响。召开政法委员全体会议3次,对政法各单位开展政治督察1次,县委政法委配合县委组织部做好政法单位干部提拔考察等工作,县委组织部调整政法系统干部57人。

【风险防范】将维护国家政治安全放在首位,以最高标准、最实举措、最严要求、最强措施,维护北京冬奥会、冬残奥会、自治区第十三次党代会、党的二十大等重要敏感节点期间全县社会大局和谐稳定。以维护政治安全"十大专项行动"为抓手,研判分析,防范化解政治安全领域风险隐患。保持高度负责的政治意识、服务大局的政治自觉,坚持一切围绕党的二十大维稳安保、一切服从党的二十大维稳安保、一切捍卫党的二十大胜利召开。做到思想到位、措施到位、责任到位,围绕"五大领域风险",打好"六大战役",以万全之策确保万无一失,以一域安全守护全局稳定,确保党的二十大前和召开期间没有发生群体访、进京赴银访、重大刑事案件、重大交通事故等影响社会安全稳定的事件,受到平安固原建设协调小组的表扬。

【平安泾源建设】成立平安建设督导专班,深入乡(镇)、村(社区),全方位压实责任,印发督办函32份,信访工作提醒函39份,推动各项工作落实见效。聚焦三个维度治理,在六盘山镇召开党建引领基层治理"1+1+3"工作机制观摩交流会,各乡(镇)功能性党支部做到"四个规范"(规范机构设置、规范上墙制度、规范三个清单、规范任务落实)。建立

"1个社区联合党委+N个网格党支部(单位)"工作模式。推行"综合指挥"App,平台累计排查化解各类矛盾纠纷7486件(2022年456件),排查化解各类问题600余条。推进扫黑除恶斗争常态化,以反诈人民战争和"云剑-2022""百日行动"等专项行动为载体,打击违法犯罪,共破获各类刑事案件33起,其中八类案件1起,盗窃案件19起,诈骗案件6起,抓获嫌疑人40人,追缴损失61.32万元,各类侵财案件发案、财损持续下降。在全县74所中小学幼儿园按照"一校一警"配备了警力,落实公安武警联勤武装巡防机制和"1、3、5分钟"快速反应处置措施,共出动车辆1350余辆,出动警力3200余人次,检查车辆2400辆、人员4800人次。建立健全应急预案,开展应急演练2次。开展道路交通安全整治,累计出动警力4000余人次,共查处各类交通违法行为17187起;开展道路交通安全大宣传,举办电动车驾驶人安全教育培训6期,开展安全宣传40余场次。依法严惩养老诈骗违法犯罪,坚持依法打击、整治规范、宣传教育"三箭齐发",联合开展各类主题宣传教育活动42次,发放宣传资料6.8万余份,提供法律咨询、现场答疑解惑2200余人次,发送手机短信7次,形成"不敢骗、不能骗、骗不了"的态势。开展预防溺水安全专项整治,推送各类预警信息165条,开展进校园宣传74次,发放一书、一信等宣传资料1.8万余份。深入7个乡(镇)、10座水库、42条人员活动频繁的河道、45所农村学校周边进行督导检查7次,开展巡逻检查210次。

【法治强基】 优化法治营商环境,开展预防金融领域风险宣传活动,依法保护各类市场主体,落实"少捕""少押""慎诉"的司法理念。落实"河长+检察长+警长"工作机制,加强生态环境公益诉讼,开展生态环境类违法犯罪打击整治,形成泾河流域生态环境和资源保护合力。开展规范行政应诉专项治理工作,组织有关人员赴银川、吴忠等地实地观摩学习1次,召开县委依法治县委员会司法协调小组会议2次,推动涉党政机关诉讼案件执行化解。加强县法学会建设,组织开展"双百"活动,探索推行首席法律咨询专家制度,由7个司法所长担任首席法律咨询专家。

【政法改革】 发挥县委政法委员会牵头抓总作用,加强统筹协调、组织推动、监督检查。常态化整治影响严格执法公正司法的顽疾问题,组织和配合开展2022年度案件评查工作,开展自评和交叉评查,推动自治区党委政法委5个方面14条共性问题整改落实。建立健全执法司法顽瘴痼疾排查整治工作"六项机制"责任清单,明确18条主要任务和责任分工。

【队伍建设】 坚持严管厚爱相辅,推进巩固全县政法队伍教育整顿成果推进全面从严管党治警,推动5个方面19项任务有效落实。坚持党管干部原则,突出政治过硬、业务过硬、责任过硬、纪律过硬、作风过硬的总要求,选好配强政法领导班子,落实关键岗位轮岗交流。执行新时代政法干警"十个严禁",落实过问干预案件"三个规定"等铁规禁令。加强干警履职保护和职业保障,落实各项爱警暖警政策和自治区司法人员合法权益因依法履行职务受到侵害的保障救济制度和不实举报澄清机制。宣传"双百政法英模"先进事迹,营造崇尚英模、学习英模、争当英模的浓厚氛围。提升政法宣传舆论工作水平,完善"三同步"工作机制。

公 安

【概况】围绕县委、县政府的安排部署和"疫情要防住、经济要稳住、发展要安全"的总体要求,以党的二十大安保维稳任务为主线,以"喜迎二十大、忠诚保平安"主题实践活动为载体,以夏季治安打击整治"百日行动"等专项行动为抓手,开展防风险、保安全、护稳定各项工作,实现了"五个严防、三个确保"的工作目标,夺取党的二十大安保维稳工作的全胜完胜。全县共接各类报警7150起,立刑事案件241起,立行政案件405起,全县政治安全和社会大局稳定。

【情报信息研判】密切关注影响社会稳定的突出问题,加强情报信息研判,常态化开展网上情报侦察,努力获取各类深层次、内幕性和预警性情报信息,共搜集上报各类情报信息613期,被公安厅采用171期。

【矛盾纠纷排查化解】依托矛盾纠纷"三色预警机制",组织动员各方力量,围绕重点项目建设、劳资纠纷、婚姻家庭、民间借贷等问题,开展矛盾纠纷大排查、大调处,对可能引发群体性事件和个人极端案事件的,分级分类开展风险评估和检测预警,实行"一事一方案""一人一专班",确保将隐患消除在萌芽状态。排查矛盾纠纷2880起,化解率97%,化解率同比上升10%。

【重点人员管控】对各类信访矛盾和隐患开展拉网式排查,对近三年来的28起敏感、重点警情进行回访,对全县39名肇事肇祸精神病人进行走访并与家属签订责任书,对全县352名治安重点人,全部按照一人一专班、一人一策的要求落实管控责任,实行局班子成员、派出所所长、民警三级稳控,在重点节点坚持每天一研判分析,确保管控措施落实到位。

【社会面整体防控】建立"情指勤舆"一体化实战化运行机制,纵向实行"1+8+N"指挥体系,依托各派出所、交警队二级指挥室和七个疫情检查站视频网络、全县四个出城卡口以及各乡镇视频系统,通过每日视频调度,适时调整街面巡防、侦查破案、重点管控警力重心,适时启动社会面高等级勤务。横向实行南北片区联动,落实"1、3、5分钟"快速反应机制,织密社会治安防控这张"网"。

【打击突出违法犯罪】开展夏季治安打击整治"百日行动",深化命案防控,依法严厉打击非法集资、"黄赌毒""盗抢骗"等违法犯罪。立侵财案件148起,破53起;立传统盗抢骗案件85起,破案35起,打击处理违法犯罪嫌疑人188人,挽回群众经济损失90余万元。部署开展全县"无诈乡镇、无诈街道、无诈村居和无诈单位"创建工作,组织全县干部职工下载注册"国家反诈中心App",开展形式多样的反诈宣传活动,筑牢电信网络诈骗的"防火墙"。立电信诈骗案件73起,破18起,财损共计357.42万元,同比下降365.12万元;查处赌博案件19起、查处违法人员164余人,收缴罚没款39万余元,收缴涉赌工具40余套。

【整治毒品问题】 以打击外流贩毒、防范制毒渗透、杜绝种毒活动扩散为重点,落实"清源断流",开展"禁毒收戒",加强涉毒重点人、重点行业管控,巩固毒品问题治理成效,查获吸毒人员1人,全县登记在册吸毒人员371人,社区戒毒康复执行率100%,戒断三年巩固率82.5%,全县毒品市场持续萎缩,毒情形势持续向好。

【严打经济金融领域犯罪】 加强涉金融领域行业活动监测预警,共受理经济犯罪案件16起,立案13起,破案14起(含年前5起),抓获犯罪嫌疑人14人,移送起诉3案7人。完成空壳企业清理任务的100%,注销和督促补报年报企业126家,开展背景审查3起。建设完成经侦大队轻工产业园区警务室1个,泾源经侦服务企业(警务云)工作群1个,核查经侦"云端"下发核查线索32条,全部核查反馈完结,核查反馈率达到100%。

【打击"食药环"违法犯罪】 开展"昆仑"专项行动,落实"河长制+警长制",依法严厉打击破坏生态环境、自然资源领域和出售假药劣质药违法犯罪行为,受理刑事案件10起,破获10起,其中非法狩猎案1起,危害珍贵、濒危野生动物案件6起,污染环境案件1起,销售有毒、有害食品案件1起,销售不符合安全标准食品案1起。开展"保健品"行业联合清理整治行动,共检查"保健品"场所266家,下发责令整改通知书10家,现场整改62家,向市场监督管理局转交行政案件2起。对全县主河段以及林区重点区域开展巡察,收集涉水领域的污染环境、矛盾纠纷和林区安全等线索信息,梳理分析,研究解决对策,维护好全县自然资源和生态环境安全。

【道路交通安全管理】 紧盯预防事故"减量控大"任务目标和全国安全生产三年行动工作要求,发挥道交委职能作用,加强农村"两站两员"建设,开展道路交通事故研判预警和事故多发路段隐患排查治理。共排查各类道路安全隐患33处,建立台账上报有关单位进行整改,侦办危险驾驶案34起(撤案2起),取保候审34案34人;立交通肇事案件7起,法院批捕2案2人,移送起诉25起;办理交通事故案8起、交通事故逃逸案2起;办理交通违法行政案件656起,其中饮酒驾驶案34起、醉酒驾驶32起、超载30%以上案件93起,无证驾驶、挪用、遮挡号牌等案件85起。

【公共安全隐患整治】 加强对物流寄递业、加油站、涉枪涉爆单位等行业场所的清查整治,定期对实名登记和寄递物流"三个100%"要求落实情况进行检查,发现问题隐患65处,全部整改到位,签订消防安全责任告知书100余份,发放宣传资料3400余张。对全县旅店业落实未成年人入住"五个必须"、实名登记、疫情防控进行检查,下发限期整改通知书10份。开展护校安园专项行动,推进校园安全专项整顿,加强"护学岗"和校园周边安全巡逻,排查整治校园周边安全隐患。

【基层治理】 把改革和加强派出所工作作

为"一号工程"和提升基层治理能力的重要抓手，集全警之力，聚全警之智，形成全警联动完成两年规划的工作格局。建成3个一级警务室，24个二级警务室和72个三级警务室，实现了警务室全覆盖。派出所增加民辅警48人，派出所总警力达到了53%，实现了警力全覆盖。积极向党委政府汇报，实现了派出所长进乡镇班子、社区民辅警进村两委班子全覆盖。成立两年规划实施领导小组，每月召开例会、每季度召开推进会，建立工作台账、掌握工作进度，建立责任明晰、所队同考的考评机制，对两年规划完成情况周核查、月考核、月通报晾晒，严格考评两年规划工作质效。狠抓"一所一品牌一亮点"建设，巩固发展"六盘义警"等工作经验，健全完善网社区警务工作机制。以"我为基层解难题"实践活动为契机，新建了森林派出所，对各基层所队基层设施进行了维护，争取将改革和加强派出所建设统筹纳入全县社会经济发展计划，对两年规划实施过程中车辆、装备、物资采购等方面认真评估预算经费和实际需求，为基层派出所提供必要的帮助和支持。机关各室队聚焦派出所负担较重的难题，对照业务工作，提出解决措施，为基层解难题提供有力保障。

【执法管理】牢固树立法治理念，健全完善执法制度，开展执法突出问题整治，加强全警执法教育培训，提高公安工作法治化水平和执法公信力。坚持"日巡查、月通报"的工作机制，每日对所办案件进行日常考评，共审核考评接报警7042条，行政案件382起，刑事案件273起，网上晾晒365期，通报执法质量考评情况及执法办案积分情况12期，发现各类执法瑕疵2000个，开展4次案件集中评查，评查行政案件1032起，刑事案件942起，开展法律知识测试12次。落实"365天×24小时"公安政务服务工作，推动"互联网+公安政务服务"，引导群众通过"24小时无人警局"、"宁警通"App不见面办理，在基层所队户籍、车管窗口实现"全天候、不打烊"办理服务。常态化开展执法培训，局领导带头，45岁以下民警全员参加高级执法资格考试，购买相关书籍定期开展统一辅导，鼓励民警参加司法考试，对通过考试的予以奖励，通过专项练兵、以战促训，以队伍高水平执法办案，带动全警规范化执法上台阶。组织开展"十大精品案件"、"十大瑕疵案件"评比活动，在展示案件办理优劣中取长补短，让先进再前进、后进赶先进。

【党史学习教育】用习近平新时代中国特色社会主义思想武装头脑，教育全警坚定理想信念，自觉践行习近平总书记重要训词精神和人民警察誓词，坚持"137"学习机制，组织集中专题学习、交流研讨16次，组织民警赴彭阳任山河红色教育革命基地进行革命传统教育，教育引导广大民警加强党性锻炼、党性修养，始终冲锋在前、能打硬仗。

【警示教育】严肃警风警纪，开展警示教育周活动，从小节抓起、从小事严起，严格执行公安部关于违规宴请饮酒的"六项规定"，坚决整治各类顽瘴痼疾，树立公安机关良好形象，锻造"三个绝对""四个铁一般"的泾源公安铁军。

法 院

【概况】始终坚持以人民为中心，紧扣"强主责、护稳定、迎二十大"工作主题，紧盯执法办案重点工作集中攻坚，完成各项目标任务。共受理各类案件4124件，审（执）结3802件，结案率为92.17%，员额法官人均结案200件。

【政治建设】坚持以习近平新时代中国特色社会主义思想为指导，把学习习近平法治思想、党的十九届历次全会精神及党的二十大精神作为首要政治任务，贯彻落实自治区第十三次党代会精神、市委五届五次六次全会、县委十五届三次四次全会精神，开展习近平总书记视察宁夏重要讲话和重要指示批示精神"大学习、大讨论、大宣传、大实践"活动及"深刻领悟'两个确立'决定性意义，坚决做到'两个维护'"主题教育，落实政治督察要求，扛起管党治党主体责任，增强"四个意识"，坚定"四个自信"，做到"两个维护"，始终在政治立场、政治方向、政治原则、政治道路上，同以习近平同志为核心的党中央保持高度一致，确保人民法院工作正确的政治方向。学习贯彻《中国共产党政法工作条例》及自治区党委《实施细则》，落实重大事项请示报告制度及党管意识形态工作责任制，把讲政治的要求贯穿于审判执行工作始终，努力把对党忠诚体现在服务大局、司法为民、公正司法的具体行动和实际成效上。

【服务保障工作】围绕全县中心工作，落实《关于为推动高质量发展提供优质司法服务和司法保障的意见》《关于为推进黄河流域生态保护和高质量发展先行区提供司法服务和保障的意见》等实施意见，围绕"五个示范县"创建目标，为全县巩固脱贫攻坚成果同乡村振兴有效衔接、生态环境保护、旅游产业等重点工作提供司法服务和保障。围绕"国家全域旅游示范县"建设目标，完善旅游速裁运行机制，设立"旅游速裁庭"和专业审判团队，在六盘山国家森林公园、周沟滑雪场、冶家村等景区及重点行政村设立"旅游速裁工作室"。审结涉旅游纠纷案件26件，聚焦"生态泾源、绿色发展"定位，与七部门建立自然资源执法司法衔接等八项机制，为六盘山生态环境保护、水源涵养等重点工作保驾护航，全力守护绿水青山。2021年以来，共审理固原市县辖区涉环境资源类案件21件。

【基层社会治理】发挥基层人民法庭地缘优势和"全国模范法官"引领示范作用，参与乡村治理，在探索推出"123+微法庭"工作模式的基础上，探索"无讼村居"创建，在和尚铺、杨岭、庞东、南庄等6个村挂牌试点。融入党建引领基层治理"1+1+3"工作机制，聚焦社会治理重点，完善社会治理体系，推进"塞上枫桥人民法庭"创建，开展法治宣传、巡回办案，做到矛盾不上交、纠纷早化解。开展防范电信网络诈骗和打击整治养老诈骗专项行动，开通线索征集渠道、公布举报方式，提升群众防范诈骗能力。充分利用"3·15"消费者权益日、"4·15"全民国家安全教育日、"6·5"环境日、"6·26"国家禁毒日、"12·4"国家宪法日等开展法律宣传与咨询,服务法治泾源建设。

【刑事审判】受理各类刑事案件61件,审结57件,结案率为93.44%,判处罪犯63人。其中判处十年以上有期徒刑1件1人,三年以上十年以下有期徒刑6件11人,三年以下有期徒刑、拘役、管制39件51人。依法严惩故意伤害、强奸、虐待等严重刑事犯罪9件10人。依法严厉打击危害公共安全犯罪,审结危险驾驶、交通肇事等犯罪21件22人。惩治诈骗、盗窃、赌博等侵犯公民财产权利和妨碍社会管理秩序犯罪,审结7件10人,其中喜某等利用麻将机多次组织多人聚众赌博,受到法律的惩处。依法严惩破坏环境资源犯罪,审结非法占用农用地等案件2件2人,审结张某危害珍贵、濒危野生动物刑事附带民事公益诉讼案,判处有期徒刑十二年并追缴违法所得。落实宽严相济的刑事政策,对轻微刑事犯罪及具有自首、立功情节的被告人依法从宽处理,判处宣告缓刑27人,免予刑事处罚1件1人。

【民事行政审判】受理民商事案件2315件,审结2185件,结案率为94.38%,其中调解、撤诉处理1118件,调撤率为56.52%。平等对待各类市场主体,促进社会诚信体系建设,优化营商环境,审结合同类案件1447件。依法保障民生权益,审结的原告刘某与被告某共享单车公司等产品责任纠纷案入选宁夏法院2022年度消费者权益司法保护十大典型案例,共审结涉民生类案件526件。保护劳动者合法权益,向县劳动仲裁委员会发出首份《劳动争议审查意见书》,审结劳动争议类案件46件。改革完善家事审判机制,建立专业化审判团队,通过圆桌审判、亲情调解、心理疏导等,最大限度弥合情感创伤、修复家庭关系,首次适用《家庭教育促进法》判处马某女与于某男离婚纠纷案件,在审理马某离婚案件中发出首份《人身安全保护令》,向"家暴"等违法行为"亮剑",审结婚姻家庭、赡养等家事案件308件。按照"保护合法权益、促进依法行政、优化司法环境、化解行政争议"的要求,开展"行政应诉突出问题专项整治",推进行政争议实质性化解,审结行政非诉案件15件。

【执行工作】落实中央、区市县《关于加强综合治理从源头切实解决执行难问题的意见》,完善"党委领导、政法委协调、人大监督、政府支持、法院主办、部门联动、社会参与"的综合治理执行难工作大格局。受理执行案件1723件(含旧存221件),执结1538件,执结率为89.26%,执行到位标的10650.21万元,"3+1"核心指标稳中向好。强化执行联动,加强联合惩戒,依法用足用好失信惩戒措施,严惩恶意失信被执行人,褒扬鼓励积极履行义务者,推动形成失信受限、守信光荣的良好氛围,执结的赫某与董某买卖合同纠纷案中,董某七旬老母替儿诚信履诺感动社会;先后纳入失信被执行人名单103人次,限制高消费551人次,拘留、罚款37人次。健全执行工作长效机制,加强执行指挥中心实体化运行,加大执行力度,集中开展"金秋风暴""涉民生案件执行"等专项活动,深挖涉案财产线索,以"总对总"网络查控平台为主,以传统线下查控措施为辅,全方位查控被执行人财产,完成网络查控5146次、线下查控2139次。拓宽财产处置渠道,依托网络司法拍卖处置涉案房产车辆等财产48件,成交额达6038.9万元。

【一站式建设】强化部门联动,针对医疗、金融等领域纠纷特点,打造"法院+金融机构(工会、医疗、电力)"等联动解纷机制,成立7家行业性调解中心。加强与人民调解委员会、司法所、派出所、律师的职能对接,建立"多元调解+立案速裁"工作模式,使大量矛盾纠纷在诉讼前端得到有效化解,向人民调解组织委派各类纠纷949件,诉前成功调解551件,调解成功率为61.84%,审查确认人民调解协议效力191件,推动诉源治理走深走实。优化一站式诉讼服务中心,完善诉服中心硬件建设,在立案大厅引入诉讼服务多功能终端机、自动阅卷机、诉讼风险评估机等自助导诉设备,为当事人提供智能引导和服务。应用人民法院在线服务、人民法院调解平台等九大信息平台,推进诉讼服务在线办理。受理网上立案353件、跨域立案9件、网上缴费1772件、电子集中送达75425份次。开展司法救助,彰显司法温情,为1件案件中的生活困难当事人发放救助金3万元,减缓免诉讼费12件1.87万元。

【司法责任制改革】推进以审判为中心的刑事诉讼制度改革,强化与侦查机关、公诉机关的协作配合,发挥庭审在查明事实、认定证据、保护诉权、公正裁判中的决定性作用,维护司法公正。完善审判团队及专业法官联席会议制度,就重大疑难复杂案件向主审法官及合议庭提供参考意见,全年召开专业法官联席会议19次,研究讨论案件44件。完善审判委员会工作机制,强化审判委员会研究法律适用、决定审判重大事项职能,促进裁判尺度统一和审判质效提升。

【审判监督管理机制】坚持放权与监督并重,压紧压实院庭长监督管理职责,构建与新型审判权力运行机制相适应的制约监督体系,确保公正司法。落实院庭长办案责任制,发挥示范引领作用,院庭长审理案件2559件,占审理案件总数的67.38%。建立完善干预过问案件记录、通报和追责制度,保障法官依法履职。成立法官考评委员会,强化员额法官业绩考评,完善员额法官进入和退出机制,发挥引导、激励和惩戒功能。

【司法公开平台建设】推进审判流程、裁判文书、庭审直播、执行信息全面公开,构建开放、动态、透明、便民的阳光司法机制。建成并运行9个庭审直播数字化法庭,实现开庭审理案件全程录音录像,部分重大疑难复杂或有影响力的案件在"中国庭审公开网"同步直播,增强庭审的透明度和公开度,共直播案件庭审142场次,依托"中国裁判文书网"公布裁判文书1818份。落实《人民陪审员法》,人民陪审员参与审理案件116件,发挥参与司法、监督司法的作用。

【队伍建设】组织干警参加业务学习、"法官讲坛"等培训24期400余人次,购置业务书籍1000余册。以"政治理论大学习、业务技能大提升、工作质效大提速、纪律作风大整顿"创先争优树形象等岗位大练兵为契机,以提升法官庭审驾驭能力为重点,通过开展庭审观摩、技能比武、实战化演练等,营造比学赶超、创先争优的浓厚氛围。推进"3331"工程,建立优秀年轻干部"成长档案",选拔7名青年干警走上领导岗位。深化"青蓝工程",发挥老带新、强帮弱的"传帮带"作用。开设体能训练室和图书阅览室,开展各类文化活动,丰富干警文体生活,缓解办案压力。组织开展了"强体魄、促团结、展新风"迎新春、"增信心、展风采、向未来"庆"三八"、"悦读书 悦分享"等文化活动,营造团结协作、拼搏向上的工作氛围。

【阳光司法】自觉接受人大监督,配合各项专项调研和执法检查,主动向县人大常委会报告专项工作,狠抓审议意见的落实。接受县政协民主监督,配合开展调研、协商等活动,通报工作情况、征询意见建议;邀请代表委员旁听重大案件庭审、现场监督执行等活动。依法接受检察机关法律监督,落实检察长列席审判委员会制度,认真办理检察建议。广泛接受社会监督,通过"法院开放日",邀请代表委员及群众、律师、当事人代表等实地观摩法院工作,提出意见建议,让社会各界更好地理解、支持法院工作。综合运用门户网站、微信公众号等平台,发布司法动态、典型案例,累计编发信息192期583条,各类媒体转发128条。"泾源县人民法院"微信公众号荣获固原市"优秀政务微信"。

检 察

【政治引领】做到一切检察工作"从政治上看",坚持讲政治与抓业务有机统一,不断提高政治判断力、政治领悟力、政治执行力。坚持党对检察工作的绝对领导,把学习宣传贯彻党的二十大精神作为首要政治任务抓紧抓实抓好,结合"大学习、大讨论、大宣传、大实践"活动,落实"第一议题"制度,召开党组会议33次,开展党组理论学习中心组学习14次,全院干警集中学习30次,专题研讨7次,通过中心组学习、政治轮训、主题党课等多种形式,学思践悟、知行合一,确保全体检察人员将党的二十大提出的新思想新论断新部署新要求融于心、铸于魂、践于行。深刻领悟"两个确立"的决定性意义,增强"四个意识"、坚定"四个自信"、做到"两个维护",始终从思想上政治上行动上同以习近平同志为核心的党中央保持高度一致。坚持一切检察工作"从政治上看",贯彻执行《中国共产党政法工作条例》和自治区《实施细则》,坚持讲政治、顾大局、谋发展、重自强,落实重大事项请示报告制度,接受政治督察、执法检查,把党对检察工作的绝对领导贯彻到政治、思想、组织各方面和决策、执行、监督各环节。加强意识形态工作,铸牢中华民族共同体意识,坚定不移走中国特色社会主义法治道路,始终保证检察工作正确的政治方向。

【刑事检察】受理审查起诉案件74件102人,起诉50件69人,不起诉24件33人。监督立案6件6人,监督撤案9件9人,纠正漏捕、漏诉2件2人。办理刑事抗诉案件1件,结合办案提出检察建议19件,自行补充侦查50件。推进社区矫正检察监督工作健康发展,办理案件18件,杜绝脱管、漏管、虚管的发生。加大财产刑执行的监督力度,办理案件24件,维护刑罚的严肃性和当事人合法权益,保障刑事执行的严肃性和权威性。

【民事检察】树立权力监督与权利救济相结合的民事检察思维,综合运用抗诉、再审检察建议等多元方式,办理民事生效裁判、调解书监督案件2件,维护当事人的合法权益。加强民事审判程序违法和民事执行活动监督,办理民事审判程序违法监督案件20件,办理执行活动监督案件25件。办理民事支持起诉案件33件,法院采纳支持起诉25件,促成双方当事人和解8件。深化虚假诉讼防治,与公安、法院建立线索移送、联合查办机制,加强对民间借贷、房屋买卖等重点领域的监督,纠正金融行业监管漏洞,绝不让"假官司"损害司法权威和公信力。

【行政检察】发挥行政检察"一手托两家"职能作用,以办理典型案件为引领,加强审判程序违法、执行活动违法和行政机关违法行使职权或者不行使职权的监督,促进依法行政。办理行政检察案件13件,针对行政机关不当履职提出检察建议8件。针对一些行政案件存在"案虽结、事难了"的情况,常态化开展行政争议实质性化解,与有关部门建立"检察+法院+行政机关"协作机制,通过监督纠正、促成和解、司法救助等方式,实质性化解行政争议案件,促进案结事了政和。

【公益诉讼检察】聚焦人民群众反映强烈的公益损害问题,办理公益诉讼案件77件,磋商结案42件,制发诉前检察建议35件,行政机关全部整改落实。参与环境整治,推动中央环保督察反馈问题整改。开展"公益诉讼守护美好生活""道路交通安全""二次供水"等专项监督,办理案件56件。深化"河长+检察长+警长""林长+检察长"机制,集中探索办理一批新领域公益诉讼案件。以"一山一河"保护和治理为重点,与甘肃省平凉市崆峒区人民检察院会签《关于建立"六盘山+泾河"跨区域生态环境资源保护检察协作机制的意见》,全力护航六盘山、泾河流域生态环境资源保护。

【维护社会大局】维护国家政治安全和社会大局稳定,投入平安泾源建设,严厉打击人民群众反映强烈的各类违法犯罪活动。共受理审查批准逮捕案件17件17人,审查移送起诉案件74件102人。推进"断卡""净网"专项行动,严惩电信网络诈骗犯罪,起诉3人。常态化开展扫黑除恶斗争,落实《反有组织犯罪法》,整治重点领域突出问题。开展羁押必要性审查专项活动,对在押人员进行社会危险性评估,依法变更强制措施3人,刑事案件审前羁押率同比下降20%。参与社区防疫,常态化开展疫情防控工作。

【助力乡村振兴】以巩固拓展脱贫攻坚成果同乡村振兴有效衔接为重点,严厉打击危害农村稳定、破坏农业生产和侵害农民利益的犯罪。聚焦产业振兴,加大对危害粮食安全、农资安全犯罪打击力度,开展专项行动,防止基本农田"非粮化",夯实农业发展基础。聚焦生态振兴,开展乡村人居环境综合治理、废旧残膜回收等公益诉讼专项行动,办理案件24件,助力美丽乡村建设。聚焦生活富裕,对存在因案致贫、因案返贫风险的困难群众、残疾人、留守儿童发放司法救助金17万余元。聚焦组织振兴,选派4名干部驻村,全体检察人员常态化开展帮扶工作,为加快建设乡村全面振兴样板县贡献检察力量。

【社会治理效能】 延伸检察监督触角,以检察履职助力县域社会治理体系和治理能力现代化。落实"少捕慎诉慎押"刑事司法政策,依法不捕7人,不诉31人。坚持"应用尽用"认罪认罚从宽制度,适用率85%,减少社会对抗,促进社会和谐。严惩破坏市场经济秩序、侵害企业合法权益的犯罪,依法不起诉涉案民营企业人员5人、监督撤案6件,助力打造公平公正透明的法治化营商环境。贯彻落实党建引领基层治理"1+1+3"工作机制,抓好最高检"一号到八号检察建议"贯彻落实,结合办案发出检察建议40份,推动重点行业领域源头治理。落实"谁执法谁普法"责任制,为群众上好法治公开课,开展普法宣传30次,让法治浸润人心。

【司法服务】 守护老年人"钱袋子",开展打击整治养老诈骗专项行动,开展专项宣传18次,发放宣传手册3000余份,发送防范养老诈骗短信9万条,提高老年人法治意识和识骗防骗能力。守护群众"舌尖上"的安全,联合行政机关对食品质量安全进行检查,办理食药安全领域公益诉讼案件4件。协助农民工讨薪维权,办理支持起诉案件33件,帮助讨薪11万余元。从严惩治侵害未成年人犯罪,依法办理未成年人刑事立案监督案件3件,监督撤案2件;对有严重不良行为的未成年人开展帮教、特殊预防、心理疏导,经帮教23人顺利回归学校、社会。抓好最高人民检察院"一号检察建议"贯彻落实,提出检察建议30件。推动强制报告、入职查询、犯罪记录封存等特殊制度落实,开展入职查询129人次。建成未成年被害人"一站式"办案中心,"法治副校长"进校园实现全覆盖,未成年人自护及法治意识明显提升。践行新时代"枫桥经验",用心用情落实"群众信访件件有回复"制度,用好12309检察服务中心,做好检察官接访服务。接待来信来访59件,检察长接访16次,全部做到7日内程序性回复、3个月内办理过程或者结果答复的信访工作要求。落实院领导包案办理首次信访制度,将矛盾化解在控申首办环节,降低再次申诉率和重复信访率。办理国家司法救助案件7件,发放司法救助金33万余元。

【从严治检】 以落实最高检"质量建设年"为契机,紧盯案件质量评价指标,发挥检察业务数据"风向标""指挥棒"的作用。开展专项培训25期600人次,组织公检法司人员和律师同堂培训3次28人,借助"外脑",聘请2名行业人员担任特邀检察官助理参与办案。深化检察改革,"四大检察""十大业务"工作格局基本形成,司法体制综合配套改革稳步推进,入额院领导直接办理案件196件。扛起全面从严管党治检政治责任,巩固拓展党史学习教育和政法队伍教育整顿成果。推进党风廉政建设和反腐败斗争,贯彻中央八项规定及其实施细则精神和新时代政法干警"十个严禁",严格执行自治区"八条禁令"和固原市"十项规定"。开展"违规收送红包礼金和不当收益及违规借转贷或高额放贷"专项整治,严格执行"三个规定"重大事项记录报告制度,记录报告重大事项14件,常态长效推动作风建设。教育引导全体检察人员以更高标准、更严要求、更足干劲办好案,锻造忠诚干净担当的高素质检察队伍。落实全过程人民民主,自觉接受人大法律监督、政协民主监督和社会各界监督。邀请人大代表、政协委员、行业和群众代表担任听证员,聘请特约检察官助理,对13件有重大争议或较大影响的案件召开公开听证会,邀请参与"检察开放日"、检察建议公开送达等活动6人次。利用新媒体平台、12309检察服务网拓宽公开渠道,公开案件信息113条,接待律师阅卷77次,辩护与代理预约77次。发布原创检察工作动态2300条,以公开促公正、以公平树公信,保障人民群众的知情权、参与权和监督权。

司法行政

【政治引领】发挥领导干部"头雁效应",推动会前学法制度落实,把习近平法治思想纳入全县培训计划,县委常委会坚持法治议题制度,开展政府常务会议会前学法,举办习近平法治思想专题培训班,督促各乡镇、各部门通过党委(党组)中心组学习等方式,抓好习近平法治思想学习贯彻。落实中央依法治国办和自治区党委依法治区办反馈问题整改,开展表述不准确文件清理,为各单位征订发放《习近平法治思想学习纲要》等读本300套。

【依法治县】坚持党对全面依法治县的领导,提请县委召开县委全面依法治县委员会第五、第六次会议,审议印发年度工作要点和整改方案等文件,安排部署2022年重点工作和法治督察反馈问题整改,推动任务落实落地。召开县委全面依法治县委员会执法、司法和守法普法协调小组会议共8次,研究解决问题,安排部署工作,推动任务落实。印发落实自治区"一规划两方案"措施,将法治建设纳入年度效能考核、领导班子实绩考核,落实法治督察、现场述法等制度,形成依法治县工作推进体系。

【依法行政】在县人民政府网站设立"法治政府建设年度报告"专栏,督促做好法治政府建设情况报告公开工作。对清单事项依法进行调整,全县政府部门新增事项34项,取消21项,划转9项,变更209项。按照全区"四级四同"标准,更新梳理事项1424项,乡镇公共服务事项123项,完成全县96个"家门口"服务站标准化建设,按照乡镇服务事项123项内容规范流程,梳理出村级办理事项48项。执行《宁夏回族自治区重大行政决策规定》,推进科学决策、民主决策、依法决策。梳理制定全县重大行政决策目录,确定全县重大行政决策事项4件。严把合法性审核关口,审核规范性文件4件,重大行政决策2件、公告17件、其他一般文件及合同等40余件，提出法律决策意见3件。落实行政执法"三项制度"，严把公示、记录、审核关键环节，统一公示行政执法信息，促进严格规范公正文明执法。开展"工人执法"专项整治，核查出工人14名，已全部清理。开展乡镇行政执法改革评估，规范乡镇行政执法活动。成立泾源县行政争议协调化解中心，建立"一单五联"制度，召开全县行政诉讼案件工作座谈会，组织相关单位主要负责人赴吴忠、灵武学习行政应诉工作先进经验。通过泾源县行政争议协调化解中心化解7批次15件涉党政机关民事案件，化解成功12件，失败3件，降低了涉党政机关民事纠纷数量。

【普法宣传】落实"谁执法谁普法"普法责任制，完善"四清单一办法"，依托"5·12""6·5"等载体做好法治宣传工作。举办全县"法治乡村"建设培训班，推进"美好生活民法典相伴"、"开学第一课"主题宣传，开展"送法下乡"活动，增强群众法治意识。开展各类宣传活动91场次，举办法治讲座36次。

【矛盾纠纷排查化解】坚持和发展新时代"枫桥经验"，开展"调解九进、服务万家""调解促稳定、喜迎二十大"等活动，防范和化解矛盾风险，筑牢"第一道防线"。共开展矛盾纠纷排查268次，排查调解各类矛盾纠纷344件，调解成功318件。

【法律服务】开展"法援惠民生"活动，为农民工、妇女、残疾人、老年人、未成年人等群体提供法律服务，受理法律援助案件187件，办结165件，解答法律咨询566人次。办理公证57件（继承权公证40件，声明书公证9件，委托书公证6件，其他2件）。全面落实"一村（社区）一法律顾问"制度，全县99个行政村（社区）法律顾问全覆盖。

【重点人群管理】开展社区矫正"规范管理年"活动，对社区矫正实施分级管理、分类教育和个别化矫正。落实"四知道一跟上"要求，摸清辖区内社区矫正对象底数，开展集中教育。邀请县检察院对社区矫正对象日常管理档案进行检查，发现问题13条，全部整改。开展适用前社会调查评估23起，现在矫人员30人，全部实施手机定位，定位率100%。

军事

泾源县人民武装部

【概况】 2022年在军区、军分区党委和泾源县委领导下，泾源县人民武装部党委深入学习宣传贯彻党的二十大精神，聚焦政治之年、大事之年特殊政治要求，按照上级决策部署和指示要求，科学统筹，真抓实干，完成了年度各项工作任务。

【思想政治建设】 把深入学习习近平新时代中国特色社会主义思想和习近平强军思想作为首要政治任务，把学习宣传贯彻党的二十大精神作为重大政治任务，采取集中学与自主学相结合的方式，每周利用半天跟进学习习主席最新讲话精神，常态学习《习近平新时代中国特色社会主义思想学习纲要》《习近平强军思想学习纲要》《习近平谈治国理政（第四卷）》《习近平强军思想学习问答》和党史学习教育等理论知识，集中听取"忠诚维护核心，矢志奋斗强军"主题教育授课辅导，开展《新形势下坚持和完善民主集中制的重大意义》专题辅导，组织"学习贯彻二十大，奋进强军新征程"主题党日活动。按照年度教育方案计划，开展纪律党课、形势政策教育、安全保密教育、节日战备教育、警示性法制教育、心理健康教育等活动，强化了全员的政治意识、大局意识、核心意识、看齐意识。结合"铸牢中华民族共同体意识"主题教育方案，在民兵队伍中开展专题授课，组织参观老龙潭战斗遗址，聆听红色故事、缅怀革命烈士，激发了民兵骨干筑牢红色基因、矢志奋斗强军的使命担当。结合"加强政治建设、严守政治纪律"专项巡视、条令法规学习季、微信失泄密整顿、深化基层风气整肃治理、"四严四整"教育整训和"守规矩、严纪律、树形象"作风纪律教育整顿等活动，传达学习了上级文件和会议精神，集中观看了《铁纪强军》《莫让微信成'危信'》《军队"网上保密教育长廊"》《家国密事之窃听》等警示教育片，组织召开了专题组织生活会，夯实了严守政治纪律的思想根基。

【练兵备战】 坚持聚焦主责主业，把工作重心放在备战打仗上，立起备战打仗的鲜明导向，坚持每季度定期开展议战议训，研究战备训练形势，传达学习了《民兵组织整顿工作实施办法（试行）》《关于印发宁夏回族自治区"十四五"时期民兵建设发展计划的通知》等文件精神，研究泾源县民兵组织整顿、民兵教练员集训暨比武竞赛、基层专职人民武装干部集训等方案计划。组织了部首长机关带乡镇专武干部参加开训动员，开展了摩托化机动、信息系统联试联调、战术基础动作、野炊制作、政治教育等课目训练，提升了首长机关接收预告号令、集结拉动、指挥所开设等组织指挥能力。围绕练兵备战组织按纲施训，组织了首长机关军事训练,参加军区组织的年度综合考核且成绩优良。采取集中学与分散学相结合的方式完成了军事理论学习,通过岗位自训完成了工作业务和应急应战业务训练。采取理论辅导、作业练习的方式组织基本技能训练,通过外聘教员组织了识图用图强化训练。结合参加上级演练考核,开展了课题训练。全年常态开展军事职业教育学习,人员均取得良好以上成绩,提升了首长机关业务工作能力。开展了前沿理论等研究动员,对照研究方向,收集资料、集思广益,上报研究成果和要讯。落实日常战备值班制度,组织战备值班业务培训和资格认证考核;加强节日战备值班,对接地方有关部门,了解掌握民社敌情,突出重要敏感时段;加强值班值守和情报信息报送,接受各级值班电话、视频抽查,县乡两级战备值班人员、装备状态良好;对照规范"四个秩序"标准,补充物资器材,建立电子档案,提高战备物资管理精细化水平。组织县高级中学、职业技术学校900余名新生开展军事技能训练,组织基干民兵会同县应急管理局、自然资源局、消防救援大队等单位(部门)开展2022年自然灾害暨交通事故应急演练、军地协同综合应急联演。

【民兵组织建设】坚持把民兵建设作为锚定打赢的实际举措,成立军地领导小组,制定下发民兵工作通知,协调军地召开民兵工作会议。着眼"十四五"民兵建设规划,聚焦应对强敌军事斗争动员准备,坚持"平战结合、一队多用、一专多能"要求科学编组,调整了应急、支援两种力量结构,优化配置布局,挖掘新质力量资源,编实了基干民兵和普通民兵队伍,预建民兵党支部和党小组,实现班排有党员、退伍军人,靠实装备预征预储。采取集中办公方式,统一规范各乡(镇)民兵软件资料,参加民兵数据实力会审,完成全县基干民兵档案及本级装备信息录入工作,走深了民兵整组每个步骤,民兵工作在军分区检查验收中位居第一。遴选民兵教练员分别参加军分区强化训练和军区比武竞赛,在集训赛考中取得了团体总分和"森林灭火教学法"双第一,轻武器实弹射击、抗震救援、单兵战术教学法3个第二名的好成绩。深化军地协调联动,参加县应急局"5·12"防灾救灾减灾应急演练,配合驻地开展疫情防控,组织森林防灭火演练等大项活动,提升了基干民兵服务地方经济社会建设的意识和能力,为支援保障作战、维护社会稳定、担负抢险救灾等急难险重任务奠定了基础。

【国防动员】参加了国防动员部开训动员视频会和全区"卫宁-2022A"演练,深入国防动员准备实战化研练,围绕对印自卫反击作战的使命任务,修订完善了作战方案和日常战备方案,并结合驻地自然灾害特点,修订完善了非战争军事行动方案,保障了备战打仗、应急救援能力的提升,深化了"卫宁-2022B"演练成果,密切军地协同。组织了服预备役退役军人应急动员征召演练,通过实演实训,熟练掌握了指挥流程,提高了动员支前能力,接受了军区检查考评。召开了泾源县人武部工作会议,组织县国动委成员单位,重点对综合潜力、国民经济动员潜力、交通运输动员潜力等多个方面进行深入调查,指导县国动委各成员单位开展潜力数据统计调查,摸清了全县可动员的实力数据。对重要防卫目标、国防工程和战场环境进行了勘察,研究上报国防动员存在的问题及对策。投入资金,为基层武装部更换制度牌,配备装备器材,组织专武干部集训,组织召开专武干部例会,承担新任职乡镇武装部长集训相关保障工作。组织召开兵役登记部署会,按计划统筹推进兵役登记,在全市率先完成了登记任务。坚持以"五率"量化考评为抓手,以规范工作程序为重点,以提高兵员质量为核心,以廉洁征兵为底线,筹划、组织了年度兵员征集任务,协调军地召开征兵工作会议,征集男兵,其中大学生占多数,确保了兵员征集公平公正,公开透明。

【安全管理】以教育筑牢安全意识,做到警钟长鸣,通过开展"条令法规学习季"、"四严四整"教育整训等活动,定期组织学习上级会议文件精神,组织理论测试,抓好驾驶员、值班员等岗位职责学习,组织安全常识考核,强化安全意识。定期召开安全形势分析会,结合驻地实际,分析研判形势,做好安全风险评估。通过抓阶段任务落实、抓对口工作落实、抓制度规范落实、抓职责督导落实,确保安全托底。落实设备、管理制度,每月对传真机等设施设备进行安全检查和维护保养。执行登记审批制度,全程监督管理,做到账物相符,杜绝出现失管失控问题,着力抓好重要场所监管、水电暖气安检等安全工作落实,开展安全隐患排查、组织安全警示教育,开展专题组织生活会,坚持问题整改底线思维,对查找出的问题能整改的立即改,不能整改的明确时限要求和责任人,建账销项,逐一落实。

【后装保障】聚焦主责主业抓好综合保障,落实财务管理规定,确保经费使用向练兵备战、全面建设和官兵生活聚焦,按照"四个秩序"规范抓建计划,完善设施建设,筹措经费重点为乡镇武装阵地、乡村振兴等提供保障。制定食谱,健全补充经济民主组成员,加强伙食费管理监督,杜绝跑冒滴漏。后勤人员多次参加上级组织的集中办公,开展财务检查和资产清查。着眼工程建设项目审核复查,按时完成反馈问题整改。围绕后勤重点行业领域整肃治理,梳理问题,拟制实施方案,明确任务分工,分步推进整治。推进资产可视化建设工作,管理营院内外有关工程建设,深化采购领域问题积弊专项整治,梳理资产可视化工作成效,完善年度资产情况报告,开展办公领域国产化替代排查。着眼人员补充实际,抓好内部基础设施完善,改善和提高人员食宿和工作条件,创造了拴心留人良好环境。

【定点帮扶】部领导带队到定点帮扶的六盘山镇李庄村调研座谈,围绕助力推进乡村振兴,与镇村干部讨论研究,确定在巩固养牛养羊养蜂产业基础上,拓展养牛产业规模,对新收购的养殖场进行改扩建,投入3万元对购羊进行帮扶补贴,提高村民收入,创收集体经济。落实帮扶产业收益分红机制,在村民推选、村党支部研究、县人武部会同镇村实地查看、组织公示基础上,组织召开了投入产业收益分红暨新年度帮扶启动仪式,对12户生活特别困难家庭每户分红2000元。围绕"建强支部,引领发展"组织了党课辅导,规范了村党务工作,村党支部被评为"四星级党支部",被列为全县16个示范村之一。对接县交通局、城建局绿化村路干道、铺设柏油路,打造宜居、宜业、宜游美丽乡村,提升群众幸福感,助力乡村振兴。按照军区关于积极推进"八一爱民学校"援建工作统一部署,推进帮扶学校泾河源镇上秦小学援建工作,投入帮扶资金,帮助打造了"国防教育文化长廊",开展"兵叔叔进课堂""党的二十大精神"宣讲等活动,组织捐赠国防宣传教育图书等活动,提升乡村教育质量。

【班子建设】按照民主集中制原则抓好党委班子建设,发挥核心领导作用。定期组织中心组带干部文职和职工,学习民主集中制理论和习近平新时代中国特色社会主义思想,提升班子成员理论素养和认知水平。坚持用党章、党委工作条例、党内监督条例和纪律处分条例规范党内生活,确保军政主官在分工负责、组织推进中的质量效益。坚持把搞好自查自纠和接受常规巡视,作为规范工作、转变作风、提升标准的有力抓手,把查纠一项事务、规范一类工作、建立一套机制作为目标牵引,在压紧压实责任中规范各项工作落实,做到既从党委机关抓起,又从基层单位严起,统筹党委、机关和基层工作运行,推进县乡两级人武工作全面建设健康发展。坚持与班子成员谈心谈话,对工作中的不同看法及时交流沟通,对个性差异问题做到互谅互让,营造了团结和谐、敬业干事的良好氛围,坚定了"扎根六盘、自觉奉献,拼搏创新、勇于争先"干事创业的精气神。

泾源县武警中队

【思想政治建设】学习领悟党的二十大精神,坚持以习近平强军思想为指引,坚持听党指挥、能打胜仗、作风优良的强军目标。坚持铸魂育人、教育先行,将政治教育作为引领思想、把控思想、净化思想的途径;以基础教材为依据,摒弃"杂、乱、多"的教育内容,根据实际,让不同层面的官兵走上讲台进行交流发言,用兵的声音打开兵的心扉,激发官兵学习的自主性、积极性。开展辩论赛、演讲赛等群众性教育活动,让官兵现身说法谈教育质效。将政治教育搬到训练场、图书室等场所,运用抖音短视频等多种教学手段,实行一堂课"双教员"模式,提升了教学水平,增强了官兵动脑思考能力,教育质效提高明显。提倡风清正气,抓好基层风气建设和党风廉政建设,干部自觉树形象、带风气,带头贯彻党的《廉洁自律准则》和《纪律处分条例》,坚持重大问题严格组织程序,在涉及官兵切身利益的敏感问题上,坚持公正、公平、公开的原则,尊重官兵意愿,坚持在民主测评的基础上进行集中决策。官兵自觉做到防微杜渐,不碰"高压线",不闯"红灯",做到"一碗水端平"。党员骨干能时刻围绕在党支部周围,按要求推进各项工作;对照党员"四个合格"标准,建设一支奋发有为的党员队伍;坚持党管干部原则,培养一支勤奋上进的干部队伍;围绕

"留住、配强、训精、管严、用好"的目标,带出一支敢于担当的党员队伍、干部队伍、警士队伍。

【执勤战备】狠抓执勤战备工作不放松,确保全年执勤战备工作安全无事故。抓好执勤战备教育,结合担负城市联勤武装巡逻任务,在疫情防控、重大节日和敏感时期开展任务职能和形势战备教育,增强官兵忧患意识、危机意识和使命意识。推动执勤战备建设,聚焦"迎接保卫党的二十大",落实各项战备制度,结合"修方案、学方案、推方案"活动,修订完善相关执勤战备方案。筑牢执勤战备防线,落实上级要求,健全常态战备机制,强化备战能力,树牢当兵打仗、带兵打仗、练兵打仗和随时准备打仗思想。保持良好战备状态,做好处突、反恐和抢险救援任务准备,确保快速有效处置突发状况,始终保持"箭在弦上、引而待发"之势。

【军民共建】响应"双拥共建"战略要求,推动军民融合,促进军政军民团结,发挥军民融合对中队建设发展的推动作用。坚持引进文化建设,与地方文化部门和艺术团体沟通联系,邀请专业人员担任中队兼职教员,通过请进来的方式,培养了一批有一定特长和才艺的军中文化骨干,带动了中队文化。共建共管激发热情,驻地党委、政府坚持把双拥工作纳入建设发展的总体规划,每逢"八一"、春节到部队看望慰问官兵,构筑拥军绿色通道,为中队解决实际困难,中队也参与驻地共建共学、军地信息人才共享、两用人才共育机制。中队与地方单位定期开展学习交流活动,注重当地文化,利用六盘山红色教育资源,瞻仰烈士纪念碑、感受革命气息、开展红色文化教育,让官兵接受红色教育,用文化交流促进文化融合。与学"雷锋精神"结合,开展解难帮困活动,建立固定的帮扶点,为困难群众办力所能及的事,形成军民鱼水情的优良传统。

农业　自然资源　水务

种植业

【耕地种植结构管控】落实耕地保护党政同责,制定印发《关于进一步防止耕地"非粮化"稳定粮食生产工作的通知》,强化耕地用途管控,遏制耕地"非农化"、防止耕地"非粮化",建设高标准农田1.2万亩、高效节水田间灌溉补短板工程5000亩。全年完成农作物播种面积11.85万亩,其中粮食作物种植面积2.18万亩,完成自治区下达任务的105%,全年粮食产量5390吨。

【农技示范应用】建立旱作节水农业示范区1个,主推全膜机械双垄沟播播种、病虫害综合防控等综合增产增效技术,实施测土配方与化肥减量技术11.26万亩,测土配方施肥技术覆盖率达到95%,玉米、马铃薯等作物新技术应用达到100%。

【蔬菜种植】全县种植清凉蔬菜1.1万亩,其中建设清凉蔬菜绿色标准示范园1个,种植露地大田清凉蔬菜1万亩,巩固提升幸福农家"123"小菜园5000座,示范推广蔬菜新品种和新技术,配套蚯蚓技术和秸秆生物堆技术,完成牛棚种植菌菇改造90户。

【农业防灾减损】加强与气象部门协调会商机制,及时发布灾害天气预警。围绕重点农作物,建立病虫害观测点24个,发布病虫害趋势预报10期。紧盯重要农时,落实落细农机管理服务,减少机收损失,完成机耕地11.85万亩、机播面积10.5万亩、机械收获面积1.5余万亩,全县耕种收综合机械化水平达到69.9%。鼓励种养户对肉牛、玉米进行投保,共承保肉牛11386头、承保玉米46933.2亩、承保蔬菜617亩。

【土壤污染管控和地力提升】落实耕地保护和补偿制度,补贴种粮面积96617亩,落实耕地地力保护面积109209亩;使用各类有机肥17.32万吨,实施面积11万亩,化肥使用量连续5年实现负增长。实施化肥农药零增长行动,建立农药包装废弃物回收点12个,配备专用回收箱10个,回收农药包装废弃物172公斤,回收率达到100%;推广病虫害绿色防控技术,全年农药使用量总量为2.15吨,较上年减少0.02吨,农药利用率达到41.8%;建立专业化统防统治示范区3个,农作物病虫害专业化统防统治覆盖率达到47.3%,农作物病虫害绿色防控覆盖率达到52.4%。加强农业投入品规范管理,强化对全县18家农药、化肥、兽药和农资店的管理,规范依法经营行为,维持市场秩序;建立"农户+农机作业组织+回收网点+加工企业"的残膜回收网络,依托2个残膜加工企业和各乡镇残膜回收网点,完成残膜回收面积7万亩,回收残膜705余吨,加工再生塑料颗粒143吨。

【农产品质量安全】加快泾源黄牛肉数字

身份和全程数字化追溯管理建设,建成以农产品质量安全监管平台为主体的泾源黄牛肉展厅1处,在全县54家种养企业推行食用农产品承诺达标合格证制度,建立"合格证+追溯码"、"合格证+检测"试点8家,组织开展全产链标准化基地1个,指导建设出口基地1家。围绕"治违禁 控药残 促提升"行动,结合全域食品药品安全示范区创建,联合开展执法检查20次,办结案件3起。组织农产品质量安全检验检测站开展"双认证"工作。打击私屠乱宰违法行为,加强对泾源黄牛肉店监督检查,保障上市肉品品质和质量安全。

【农产品品牌】制定了《泾源黄牛肉、泾源蜂蜜地理标志农产品管理办法》《泾源县地理标志农产品品牌示范店评选办法》,印发《2022年泾源地理标志保护工程实施方案》,举办了泾源蜂蜜第二届宣传推介会和宁夏六盘山肉牛—泾源县第六届黄牛节推介会,开展了"泾源蜂蜜、泾源黄牛肉"宣传口号征集活动,"泾源蜂蜜"品牌评定价值1.44亿元。成功申报蜂蜜绿色食品认证企业1家,申报认定中国农业良好规范(GAP)肉牛养殖企业2家,组织4家企业申报全国特质农产品,更新泾源黄牛肉、泾源蜂蜜全国名特优新农产品名录,支持5家农产品企业分别进入宁夏驻京办事处农产品展厅和宁夏名特优新农产品特产馆,对"泾源黄牛肉、泾源蜂蜜"产品形象进行了全方位提升。

【绿色食品加工产业】以推动农产品加工业高质量发展为主攻方向,紧盯肉牛产业和中蜂地方特色产业,组织申报全区科技领军企业2家,休闲农庄改造提升项目2家,推荐申报农村创业创新基地项目2家,绿色食品加工企业技术改造提升项目2家,支持鼓励农产品加工企业开发牛肉、蜂蜜系列精深加工产品,参加国内名特优新农产品系列展会。开展"832平台"管理建设工作,累计入驻平台企业18家,完成扶贫产品认定32个。

畜牧业

【肉牛产业】坚持"优质+高端"双轮驱动,以"万千百十"肉牛扩量提质工程为主线,聚焦打造优质肉牛良种繁育基地和高端肉牛生产加工基地,探索建立"企、社、园"联农带农利益联结机制,不断扩规模、强基地、延链条、树品牌、拓市场。打造标准化"50模式"家庭农场18家,新建肉牛养殖"出户入园"示范场14个。打造肉牛养殖标准化智慧牧场2家,新培育牛肉分割加工中心3家。截至2022年底,全县肉牛存栏53038头,出栏29373头,牛肉产量4650吨。

【饲草种植】全年种植优质高产高效玉米8.5万亩,复种一年生禾草1.2万亩,打造优质高产苜蓿种植示范基地2个,加工调制全株玉米青贮20.3万吨。

【肉牛改良】开设肉牛改良站(点)36个,采购优质肉牛冻精8万枚,冷配改良肉牛3.1万头,繁育成活犊牛2.4万头(其中安格斯犊牛1.2万头），引进良种安格斯基础母牛1741头，补栏育肥牛15216头，补贴保栏安格斯母牛16582头，落实"见犊补母"15680头。

【动物疫情防控】全县重大动物疫病应免尽免，免疫标识佩戴率和免疫密度均达到100%，免疫抗体合格率达到85%以上，开展畜间炭疽、布鲁氏菌及狂犬病免疫注射工作，开展动物疫病和人畜共患病流行病学调查30余次，组织4家养殖场开展兽用抗菌药使用减量化行动，常态化开展动物疫情排查消毒、病害动物无害化处理和兽用医疗废弃物收集处置工作。完成产地检疫动物12955头（只），报检动物产地检疫率100%，完成屠宰检疫牛2163头。

【畜禽粪污资源化利用】建设县级病害动物无害化处理收集堆放点1处，在养殖集中区建设畜禽粪污预处理中心2个、堆粪点9个。推行畜禽粪污收集利用"企、园、户"利益联结社会化服务机制，鼓励有机肥加工企业与有机肥加工厂、规模养殖场、村集体经济、养殖大户签订了畜禽粪污社会化服务回收利用协议，回收农户牛粪3125吨，开展以粪换肥892.6吨，全年生产加工有机肥27328吨，完成有机肥替代化肥面积11万亩。

中蜂产业

【中蜂养殖概况】按照"规模化发展、标准化生产、产业化经营、品牌化建设"工作思路，推行中蜂养殖"大手连骨干拉小手"网格化服务机制，培育大户、带动小户，推进中蜂产业绿色发展。改造提升中蜂良种繁育基地1处，购置优质种蜂群200箱，培育蜂王及王台10044只，新建标准化蜂场9个，分蜂扩繁14377箱，对49个标准化蜂场蜂蜜进行了成分检测，驱离外地转场意蜂4次，鼓励中蜂加工企业收购脱贫户蜂蜜20304.2公斤。与中国农科院蜜蜂研究所、福建农林大学动物学科签订了中蜂产业技术服务协议，成立了中蜂产业专家服务团，培训中蜂养殖从业人员200人。全县蜂群养殖规模稳定在3.5万群，年产蜂蜜27万公斤，产值达到4000万元。

【标准化蜂场建设】申请闽宁协作项目资金45万元，通过个人申报、乡镇推荐、蜜蜂产业中心审核、闽宁项目领导小组实地评估确定的方式，分别在先进村、庞东村、下金村、华兴村、李庄村、杨庄村、集美村、蒿店村、农林村建成标准化蜂场9个，每个蜂场以奖代补资金5万元，共支付项目资金45万元。新建蜂场养殖规模均达到120群以上，每个蜂场带动5户脱贫户发展中蜂产业，户均增收2000元。

【中蜂良种繁育】通过闽宁协作中蜂养殖标准化蜂场建设项目，改造提升了刘沟村中蜂良种繁育基地，购置200箱优质种蜂群，配套建设了技术培训室，购置了必要的人工育王培训设备和器材，聘请专人开展人工育王服务指导。全年培育蜂王及王台10044只，被146户养蜂户免费预约领取，为推进健康高效养殖发挥了积极作用。

【蜂产品检验检测】结合闽宁协作资金蜂产品检验检测项目实施,随机抽取标准化、规模化生产技术稳定的石沟阳洼中蜂养殖专业合作社和泾六盘蜂业专业合作社中蜂蜂蜜样本各1份,抽取众天蜂业生产加工的洋槐蜜样本1份,送秦皇岛海关技术中心,按照蜂蜜出口标准对135项指标进行了检验检测,通过检测数据结果对比"泾源蜂蜜"和意蜂蜂蜜的品质差异,为泾源蜂蜜品牌宣传推广提供质量参考依据。协议委托泾源县产业技术研究院,依据国家标准和"泾源蜂蜜"团体标准,对扶持建设的49个标准化蜂场当年生产的蜂蜜进行了抽样检验,并出具了检测报告,通过检测,为产业管理部门掌握各蜂场蜂蜜质量品质提供了参考依据。

【中蜂疫病防控和资源区保护】坚持预防为主,综合防治的原则,利用入户开展技术指导服务和项目检查验收的时机,宣传指导养蜂户落实常年饲养强群和定期消毒、疫病防治等关键技术措施,全面加强中蜂囊状幼虫病等疫病防控,确保了中蜂产业健康发展。就县域内禁止饲养意蜂等其他蜂种,加强宣传和监督检查,特别是对历年有饲养意蜂行为的个别养蜂户开展了专项教育,驱离外地转场意蜂四次900余群。在中蜂养殖区域加强禁止使用农药的宣传,为中蜂养殖提供安全保障。

农村工作

【农村基本经营制度】制定印发了《泾源县第二轮土地承包到期后再延长30年试点工作方案》,落实第二轮土地承包到期后再延长三十年政策。推进土地确权登记办证,全县确权土地面积117223块204074.44亩,其中村集体确权6750块10851.44亩,农户110473块193223亩,涉及农户20665户。

【农村土地制度改革】规范土地流转,向企业和种养大户流转土地面积8280.1亩,流转交易资金316.23万元,提高了农业生产规模化水平。推进农业集约化经营,通过公开方式遴选农业社会化服务组织6家,对全县玉米种植春耕、耙磨、覆膜环节开展服务托管,服务农户4304户、服务面积71809.2亩。

【农村集体产权制度改革】开展村集体经济清产核资,组织举办扶持壮大村集体经济培训班1场,对2021年村集体"三资"逐一进行了清查核实,对2016年以来全县村集体经济资金投入及运行情况进行了全面检查,聘请第三方公司对2019—2022年村集体经济项目进行全面绩效综合评价。全年全县村集体经济收入624.54万元,全县村集体经济收入累计达到3277.34万元。

【农村金融改革】为解决农民生产贷款难、程序繁杂问题,与农村商业银行签订了农村产权抵押贷款框架协议,向农业新型经营主体和种养殖户发放农村土地承包经营权抵押贷款54笔1000余万元,协调银行向养殖户发放贴息贷款1.5亿元、受益农户3143户。

【农村改厕】制定印发了《泾源县2022年农村厕所革命实施方案》，全年完成农村改厕3000座，农村常驻户卫生厕所普及率达到76.3%，建设"厕所革命"整村推进村7个，卫生厕所普及率达到80%以上，建立了1个厕所运维服务中心和2个乡镇服务站，对农村户厕开展社会化运维服务。

【农村污水治理】在全县15个示范村实施生活污水改造提升项目，建成7个乡镇级集中式污水处理终端，对生活污水进行集中处理，完成66个行政村的农村污水改造，对全县42条大小河流进行巡河管护，生活污水治理率达到40%。

【农村生活垃圾治理】打造县级农村生活垃圾和资源化利用示范村15个，打造卫生干净整洁环境优美人居村庄96个，组建851名农村保洁员清运队伍，采购摆放村级垃圾箱2500个，配备垃圾清运车49辆，建设集中垃圾填埋场33个、磁化低温裂解垃圾处理示范点1个，实现生活垃圾处置体系全覆盖。清理农村垃圾14528吨，整治秸秆97吨，残膜回收705吨，治理粪污20160吨，生活垃圾治理率达到95%以上。

【村容村貌提升行动】突出死角盲区，开展农村残垣断壁、生活垃圾、河道沟渠、乱堆乱放、农业生产废弃物清理攻坚活动，组织动员干部群众2.7万多人次，投入各类车辆及机械3051台次，清理残垣断壁116处，清理林带、沟渠66.3公里。

【基础设施建设提升行动】围绕村庄绿化美化亮化等重点开展了16个乡村振兴示范村建设。各村内存量危房和长期废弃的土坯房、残垣断壁全面消零，乱堆乱放现象全面清理，村庄、庭院整洁干净，村庄绿化覆盖率达到60%，村庄主干道路灯覆盖率达到100%，水电路等基础设施短板均已补齐。

【农村生态环境改善行动】以"四美"村庄为标准，依托幸福农家"123"工程，对村庄主干道进行绿化彩化，对公共区域破损的公园、花园和广场进行修补，对道路主干线破损的设施及时改造维修，对死树、花草及时清理补栽，对杂草、垃圾及时清理，实现房前屋后都有"小花园、小菜园、小果园"。

【农村居民收入】制定了《泾源县2022年农村居民收入提升行动实施方案》《泾源县2022年农村居民收入提升行动任务清单》，成立泾源县农村居民收入监测预警工作专班。组织各相关部门和乡（镇）定期召开农村居民收入工作推进会4次，对全县常住户每月收入进行采集监测，集聚要素，压实责任，组织召开金融助力乡村振兴洽谈会和"政、企、银"联农带农推进会各1场（次）。前三季度，全县农村居民人均可支配收入达到7752.2元，同比增长7.7%，其中工资性收入3624.3元，同比增长10.9%；经营净收入3122.6元，同比增长4.2%；财产净收入20.4元，同比增长11.9%；转移净收入981元，同比增长8.6%。全年农村常住居民人均可支配收入12816.3元，比上年增加928.1元，增长7.8%。

农业机械化服务

【农机装备情况】全县农机总动力达16.8万千瓦,拖拉机拥有量4663台,全年新增51台,有各类配套农机具9524台,机具配套比达1:2以上。

【农机化作业情况】全年完成机耕地11.85万亩,完成机播面积10.5万亩,其中机械覆膜8.5万亩,机播马铃薯1.5万亩,其他作物0.5万亩;完成机械收获面积1.5万余亩。全县耕、种、收综合机械化水平达到69.9%。

【高标准农田建设项目】2022年自治区农业农村厅下达泾源县1.2万亩高标准农田建设任务,泾源县落实1.2万亩建设任务,分两个项目实施。黄花乡向阳等村香水镇沙南等村高标准农田建设项目建设规模9300亩,建设内容包括增施有机肥27900吨,新建排水渠22条(6168米)、涵管34座、进底盖板209座,修建混凝土硬化路20条(9533米)、田间砂砾石道路28条(9050米),栽植红梅杏3000株、山桃4125株;已完成新建排水渠22条(6168米)、涵管34座、进底盖板209座,修建混凝土硬化路20条(9533米)。兴盛乡上黄等村高标准农田建设项目建设规模2700亩,建设内容包括增施有机肥810吨,新建排水渠1条(200米)、涵管4座、进底盖板15座,修建混凝土硬化路7条(3668米)、田间砂砾石道路10条(2997米),栽植山桃1500株;已新建排水渠1条(200米)、涵管4座、进底盖板15座,修建混凝土硬化路7条(3668米)。高标准农田已完成工程量的65%,已支付项目款936.17万元,项目款支付进度70%。

【高效节水农业项目】2022年自治区农业农村厅下达泾源县现代高效节水农业项目5000亩,泾源县落实高效节水农业项目5000亩。项目区位于兴盛乡,涉及红旗村、兴盛村、兴明村、红星村和下金村5个行政村。主要建设内容包括修建过滤器室2座(65.34m²),安装"自动反冲洗砂石+叠片式"过滤器2套、增压泵2套、自清施肥机(3通道,3*500L施肥桶)2套、首部系统信息化设备2套、电磁流量计2套、田间阀门自动化设备79套、75mm脉冲式电磁阀207套,安装球阀318个,铺设PE75mm管道35801米,安装滴灌带3538117米。建筑物工程包括各类阀井67座,管道镇墩80座,过路建筑物15处;架设10kv高压供电线路0.8km、380v低压输电线路1.1km,安装S11-90/10变压器2套、配电箱(屏)6面。项目概算总投资750万元,其中自治区配套资金413万元,中央财政衔接推进乡村振兴补助资金337万元。已完成1000亩蔬菜种植基地,已完成埋设180UPVC0.63MPa支管870米,铺设地面75PE支管2820米,铺设地面滴灌带378000米,已支付四个标段项目预付款416.1万元。

【农机技术推广】按照自治区下达的农业

机械化提升工程任务,结合县域实际,制定了《2022年泾源县清粪机械引进试验推广项目实施方案》,按照"农机部门+实施主体+示范点"的模式,以泾河源镇龙潭村村集体养殖场为依托,引进清粪机械进行试验示范。通过与自治区农机推广站介绍和网上查询比对等形式,与泾河源镇龙潭村集体研究决定引进沈阳岳刚机械设备有限公司生产的清粪机械3台(其中柴油机为动力的1.5立方1台、2立方1台;动力电池为动力的电动小型清粪车1台),配套清粪小铲车1台。通过清粪机械引进试验示范,以点带面,提级扩面,为全县肉牛产业发展提供装备支撑和服务保障。

【农机购置与应用补贴】2022年下达泾源县农机购置与应用补贴资金279.6926万元,其中中央补贴资金262万元,自治区补贴资金8万元,结转上年自治区农机购置补贴资金9.6926万元。按照"自主购机、定额补贴、县级结算、直补到卡"的购机补贴原则,全年共完成受理农户补贴申请850户942台,其中大中型拖拉机41台、耕整地及播种机械104台、饲草料加工机械788台、饲草料收获机械6台、农田废弃物收集设备2台、粮食作物收获机械1台;办理农机报废补贴8户9台,兑付补贴资金9000元,合计共兑付补贴资金279.472万元,其中中央补贴资金262.219万元,自治区补贴资金17.253万元。

【农机安全生产监管】开展农机安全源头治理,依法履行农机安全监管职责。做好拖拉机和联合收割机注册登记、驾驶人考试等管理工作,严把培训考试关、注册登记关、技术检验关,严格执行"一次性告制"、"限时办结制"等制度,规范工作人员执法服务行为,让前来办事的群众、农机手满意。落实"谁审核、谁签字、谁负责"的责任追究制度,杜绝"关系证、人情证"的发生,从源头上防范化解安全风险。落实先上牌、后办补的要求,实现了农机购置补贴与安全监理信息互联互通,使享受农机购置补贴的拖拉机和联合收割机的上牌率100%;对办理注册登记、定期检验的拖拉机和联合收割机免费发放粘贴反光贴,确保农机手夜间驾驶安全。已办理注册登记拖拉机51台,年度定期检验拖拉机联合收割机2135台,审验驾驶证256证,培训农机手404人次,考试办理拖拉机和联合收割机驾驶证96证,为拖拉机和联合收割机粘贴反光标识2186台,排查农机安全隐患13起,现已全部整改完成,为648户新购铡草机、粉碎机、全日粮混合机的农民进行了培训宣传和指导,淘汰报废不安全手扶拖拉机9台。

【农机安全技术宣传教育培训】围绕农机购置补贴、免费管理、农用残膜回收、农机化技术推广等重点工作,开展农机化安全技术推广培训。利用微信群将2022年《农机质量与监督》3.15专刊推送宣传给全县广大农民群众;与泾源县移动公司合作编辑"农机安全手机报",全年共编发32期;采取在人员汇集场所设立安全咨询台、进村集中举办农机新技术和农机驾驶操作人员培训班、田间地头指导培训等形式,发放《农机安全生产知识读本》《六小农机安全操作规程》《农业机械质量投诉监督管理办法》《农业机械产品修理、更换、退货责任规定》等宣传资料及用品,广泛开展农机化宣传,共开展农机安全宣传5场次,举办农机培训班26期。印制张贴《泾源县2022年农机购置补贴公告》210份,发放各类宣传资料1.3万余份,制作农机宣传展板4块,宣传横幅20条,接受群众咨询90人次,上报农机化信息16期。

【残膜回收工作】结合县情制定了《泾源县2022年农用残膜回收利用工作方案》和《泾源县2022年农用地膜残留监测工作方案》,依托香水镇上桥村和大湾乡牛营村残膜加工企业和各乡镇残膜回收网点,在全县范围组织开展农用残膜回收利用工作。共完成残膜回收面积7.5万亩,回收残膜705吨,加工再生塑料颗粒143吨;组织机械回收7000亩;基本实现田间地头无裸露残膜,村庄、林带无飘挂残膜,杜绝了随意焚烧、随地填埋等二次污染现象,农用残膜环境污染得到有效控制。

水 务

【农村饮水管网提升改造(二期)工程】农村饮水管网提升改造(二期)工程批复投资4000万元,到位资金2000万元。已完成供水管道38.02km,串巷入户管道共计长417.16km,配套建筑物1015座,完成工程量的100%。

【城乡供水维修改造及地质灾害点自来水入户工程】城乡供水维修改造及地质灾害点自来水入户工程批复投资1394.8万元,到位资金1000万元。对全县5个片区城乡供水水源地进行维护,已完成全部管网改造维修,完成工程量的100%。

【"互联网+城乡供水"项目-用户端计量提升改造工程】"互联网+城乡供水"项目-用户端计量提升改造工程批复投资1818万元,到位资金1000万元。共完成本项目建设任务的80%,其中网络部分包括自建光纤6500米,已完成2000米;租用网络23条,完成23条。自动化部分包括蓄水池81座,完成46座;分水口117座,完成51座。水表安装部分已完成智能水表安装共计20980套,完成率100%;其中农村水表安装共计10530套,在宁夏"互联网+城乡供水"管理服务平台已上线10530块;县城水表安装10450块,在宁夏"互联网+城乡供水"管理服务平台已上线10450块。机井泵站自动化监控完成4个,水厂接入2座;水源地监控23处核减21处,2处已完成;总控中心和监控中心各1处,已全部完成;分控中心4处,已全部完成;软件平台已全部完成。

【水土流失治理】实施泾源县颉河流域坡改梯综合治理项目,批复投资864.8万元,到位资金786万元。该项目已完成生产道路建设5.1公里,田间路建设3.5公里,梯田平整3709亩,旋耕机深翻完成4240亩,增施有机肥完成3964亩,管涵完成23座,过水路面完成1处,排水边沟完成1060米,完成项目建设任务的85%。项目的实施将有效减少坡地因雨水冲刷造成的水土流失，提高坡地的水源涵养能力，完善基础设施。

【兴盛川高效节水灌溉补短板工程】兴盛川高效节水灌溉补短板工程批复投资550万元，到位资金450万元。已更换原有φ315破损管道700m，更换原有φ280破损管道1700m，更换原有φ225破损管道900m，更换原有φ160破损管道200m，完成新建截潜坝1座，维修截潜坝1座，新建500m³蓄水池1座，完成分水阀井40个、过沟建筑物4处，完成280管道1490m，新增蔬菜基地地面50管1600米。已完成项目建设任务的75%。

【大湾片区高效节水灌溉补短板工程】大湾片区高效节水灌溉补短板工程批复投资760万元，到位资金500万元。已完成3座蓄水池维修（维修、清淤），完成新建取水口1座，配套控制测控一体化闸门，新建水过滤设施1套，水力浮球阀井1座，更换闸门1套；更换主管1.17km，更换干管5.55km，新建干管1.92km；完成配套建筑物，其中分水阀井17座，排气补气阀井3座，计量阀井14座，检查井6座，新建镇墩172座，沟道防护4处，穿路顶管5处，已完成项目建设任务。

【城乡供水保障】指导泾源县泾河水务投资有限责任公司成立城市片区、农村片区供水保障组、水质安全保障组三个工作专班，供水保障组常态化开展对全县水源地、水厂、蓄水池、城乡供水管网全面排查，对存在的问题建立台账，并由7个维修队24小时即报即修，对全县供水工程实行全面管护，加大主支管网巡查力度，及时维修管网破损情况，遏制跑、冒、漏现象发生，水源地、水厂值班人员加强24小时值班值守，保障农村供水工程良性运行；水质安全保障组每天按时按规定对城乡水质进行检测，全力保障城乡供水系统水质安全。农村饮水安全工程供水保证率达到95%以上，自来水入户率达到99.8%。

自然资源

【六盘山重点生态功能区生态修复营造林工程】按照"2433"林业生态建设机制，采用1.5米以上大规格针叶类苗木造林模式完成8万亩（其中人工造林1.4万亩，村庄绿化和庭院经济林0.1万亩，未成林抚育提升及退化林改造6.5万亩），栽植各类苗木600万株。

【地质灾害治理工程】共投资1000万元，对全县12个地质灾害隐患点实施工程治理，涉及群众42户199人，工程已全部完工。

【燕家山生态修复及生态经济发展工程】完成荒山修复2000亩，完成可利用土地修复面积900亩，种植六盘山特色花灌木400余亩、梦幻杨2万株、叶用枸杞200亩、菊芋100亩，建设观光果园20亩。

【杨岭山水林田湖草生态保护修复工程】共投资1941万元。完成泗河（杨岭村段）河道生态治理1.8公里、铺设供水管道0.4公里、节水灌溉面积360亩，完成山林生态修复工程面积总计1966亩，完成低效农田改良工程382亩以及杨岭村人居环境提升的全部工程。从低收入户中采购苗木4万株，每户增收1万元左右，带动当地就业约300人。

【沙塘林场基础设施建设项目】沙塘林场基础设施建设项目规划占地面积为27293㎡（约40.94亩），总建筑面积4959㎡，规划布局日光温室4383㎡（共6座，730.5㎡/座）、新建蓄水池1座576㎡、维修改造蓄水池2座2709㎡、雨水排水沟531米、土方平衡10000㎡、电气外线工程4383㎡、给排水及消防外线工程4383㎡、砂石道路1461㎡、土地改良31.45亩、2m苗木移栽600棵、3m苗木移栽800棵、引水管240m（采用dn300HDPE双壁波纹管），包含入水口1座、控制井（含闸阀）2座、蓄水池内出水口2处，项目已全部完工。

【生态经济产业发展情况】在移民迁出区和退耕还林地栽植黑果花楸5160亩，发展林下山桐子套种面积5000余亩，发展柴胡、黄芪等为主的道地中药材0.7万亩，发展林下香菇54万棒、羊肚菌34.3亩。按照坚决遏制耕地"非农化"，防止"非粮化"工作要求，共腾退苗木8655亩。

【矿山修复工作】按照"山、水、林、田、湖、草"综合治理的思路，采取自然修复与人工治理相结合的模式，实施泾源县历史遗留废弃矿山生态修复项目（二期）项目，已完成工程量的57%，完成修复面积0.6平方公里。

【不动产登记】截至9月30日，受理并颁发《不动产权证书》801本（其中颁发林权类不动产权42本、颁发农村集体建设用地154本、老旧小区219本）、颁发《不动产登记证明》199份，信息公开查询1477件人/次，司法机关查封登记33件，鉴证金融抵押11683.38万元，协助征缴契税约258.81万元，免收不动产登记费35.90万元。推进化解老旧小区历史遗留土地问题，老旧小区一、二批涉及的17个小区582套房屋已全部可以申请办理不动产登记，已办理219套房屋补换证登记。

【国土空间总体规划】国土空间总体规划已形成初步成果。按照自治区下达的"三区三线"控制数，结合泾源县实际划定耕地保有量11.6万亩，永久基本农田保护面积10.35万亩，生态保护红线面积547.25平方公里，城镇开发边界面积10.42平方公里（城镇开发边界内现状非建设用地面积2.0987平方公里），成果数据已上报待批。县城中心城区控制性详细规划已完成第一轮意见征求，沙塬村"多规合一"实用性村庄规划已批准实施，园子、冶家、蒿店、大湾、新旗、平凉庄、杨堡等14个村庄规划编制工作已完成专家审查。

【耕地保护】建立耕地及基本农田保护工作九项制度，实行耕地保护网格化管理，形成了县、乡、村、农户四级耕地保护责任体系。全年耕地动态监测监管系统下发泾源县疑似变化图斑共29个，经内业研判、外业核实，需限期落实整改6个，已下发整改通知书，已全部完成整改。

【执法监察与宣传情况】按照"月清、季核、年度评估"的要求开展，执法监管平台共下发图斑数330个，自然资源厅动态监测监管系统下发图斑数24个，共累计图斑数354个，年内已全部完成核查。全年共查处违法案件5起，移交县公安局1起，共追缴罚款

17.85万元，共出动执法力量巡查84次，发现违法行为14次，下发《责令停止违法行为通知书》14份，下发《责令改正违法行为通知书》14次，向各乡镇、单位下发抄告单5份。到全县7个乡镇共张贴宣传海报3000份，发放围裙、纸杯等宣传品2500个。

【森林草原防灭火工作】在森林草原防火期间，与甘肃省平凉市崆峒区各林场、华亭市以及固原市六盘山林业局各林场定期召开协商研判会议，开展联防联控工作，经过各方努力，边界未出现一例重大火情，联防联控工作初见成效。以新招聘的40名天保护林员为基础，从三个国有林场内天保和生态护林员中选拔经验丰富、素质过硬的护林员20名，组成60名半专业应急扑火队，从业务知识、机具操作、应急处置、实战演练等几个方面进行全面训练，形成了山有人巡、林有人护、火有人防、事有人管的工作格局。

【林业有害生物防治】制定了《重大林业有害生物防控预案》《野生动物疫源疫病应急预案》等重点方案，进行野生动物监测、宣传。累计监测鼢鼠130万亩次，累计发生面积23万亩次，防治面积15万亩次；松材线虫病监测面积11万亩，发生面积0亩；落叶松红腹叶蜂发生面积0.4万亩，防治面积0.4万亩。

【土地权改革】立足县域实际，突出生态优势，探索建立吸引社会资本参与生态保护修复机制，引进宁夏宁苗生态园林公司、上海能源科技发展有限公司等社会资本参与燕家山和青龙山流域生态修复治理，已完成燕家山生态脆弱区域修复2000亩，新修生产道路6.5公里，完成投资约2770万元，推进重点改革任务已显效。

【山林权改革】制定了《泾源县山林地资源划界与权属调查工作技术方案》，完成了全县7个乡镇96个行政村林地地类界线落界面积48.8万亩，完成2.7万余宗林地原始资料电子矢量化录入，以及林地调查成果一轮公示审核，14175户群众完成签字确认。在黄花乡杨槽村成功举办了全县首个林权类不动产证颁发仪式。筹资34.32万元对全县17.16万亩权属明晰、界限清楚的国家公益林和地方公益林实施了天然林政策性参保。

【林长制】编制《泾源县全面推行林长制实施方案》《泾源县全面推行林长制2022年工作要点》，设立县级总林长2名，县级副总林长12名，乡级林长7名，乡级副林长60名，村级林长99名，村级副林长390名。创新推出"林长+检察长"的工作机制，形成"制度共联、执法共治、生态共保"林业生态监管保护新格局。同步制定《泾源县县级林长联席会议制度（试行）》《泾源县县级林长工作制度（试行）》等十项工作制度，已完成县、乡（镇）级林长公示牌的制作设立，保障了林长制工作落地见效。

六盘山林业局

【森林防火】优化"12368"防灭火工作机制,推广坟头墓地网格化管理经验,倡导预约上坟祭祀、鲜花祭祀,移风易俗。修改完善应急处置预案,定人定岗定责,严防死守,紧盯紧看,强化技防设施应用,严禁火源入山入林。以"时时放不下"的责任感和"睁着眼睛睡觉"的警觉性,落实24小时值班和领导带班制度,强化人员值班备勤,规范值班值守,始终确保人员、设备处于"激活"状态,全年林区零火情。

【综合治理】推动构建主要领导亲自抓、分管领导具体抓、其他领导配合抓,齐抓共管、齐头并进的法治建设格局,抓禁毒宣传、矛盾纠纷化解,抓国家安全教育、非法集资排查,打防并举、标本兼治,全年办结固原市12345平台投诉件4宗,为林区生态文明建设营造了安定的政治环境、稳定的社会环境、公正的法治环境和优质的服务环境。

【"五项调查"】年内组织5批次、100人次、历时100天开展森林碳汇调查、森林覆盖率调查、森林资源综合监测调查、人工针叶林普查、外来入侵物种监测五项调查,六盘山森林覆盖率由64.5%提升至66.3%,进一步摸清森林资源底数,为六盘山生态建设高质量发展提供科学依据。

【森林质量提升】克服新冠疫情影响、气候干旱等诸多不利因素,在挂马沟、卧羊川等9个国有林场,分标段完成2021年度森林质量精准提升2.13万亩,推动"灌改乔"增绿工程,森林生态系统更趋稳定。

【林草产业】完成中央财政林木良种苗木培育项目,培育良种苗木257万株,保障了良种壮苗供应。完成二龙河国家华北落叶松良种基地建设,华北落叶松种子园续建,种质资源收集区移栽归整和补充完善,种质资源收集区和油松母树林病虫害防治,项目分区抚育管理、基地生产作业道路改造维修,华山松、华北落叶松和油松种子采集等工作。良种基地基础设施建设有效改善,生产能力进一步提升。

【野生动植物监测保护】成立宁南地区第一所野生动物收容救护中心并完善配套设施,野生动物监测保护、收容救护条件不断提升。开展"爱鸟周"活动、"清风行动",营造宣传氛围,强化监管措施,保障野生动植物及其栖息地安全。分三期更新调整红外线相机机位80处,260台次,获取3万余张有效影像资料,凸显生物多样性保护成效。

【有害生物防治】全年共发生林业有害生物15.23万亩,无公害防治3.61万亩,无公害防治率为100%;成灾面积0.05万亩,成灾率0.52‰;人工采集落叶松叶蜂虫茧44.23万枚,悬挂松褐天牛诱捕器42套,监测松材线虫病27.93万亩,遏制林业有害生物发展势头;开展松材线虫病普查,未发现松材线虫病疫情。

【天然林保护】 签订局场级责任书15份,场点级管护责任书71份,区划管护责任区71块,聘用管护人员338人,完成天保工程管护任务57.54万亩,完成国家级公益林管护任务41.08万亩,保护区涵养水源、调节气候、固碳制氧、净化空气生态效益更加明显,生态系统稳定性、持续性明显增强。

【林区基础设施改善】 争取自然保护区林业改革发展资金360万元,对二龙河等3个管护站、大水沟等5个管护点进行维修改造。对林区61公里管护道路进行维修提升,基层一线干部职工生产生活条件得到改善。

【助力乡村振兴】 选派2名第一书记、4名帮扶队员,组建2支驻村工作队,到西吉县西滩乡甘岔村、何庄村开展驻村帮扶工作;选派1名副科级干部到西吉县马莲乡挂职任乡党委副书记,充实乡村振兴工作力量;选派1名党员到原州区郭庄社区任第一书记。组织局属17个党支部150余名党员干部职工赴西吉县西滩乡甘岔村、何庄村开展"生态建设大会战",完成荒山绿化180多亩,栽植云杉1.3万余株,绿化120户农户庭院,栽植山楂600株,绿化道路11公里,发挥行业优势,提升帮扶村人居生活环境。

泾源年鉴2023

工 业

综 述

以轻工产业为主导，绿色建材、生物产业、装备制造等新兴产业为培育产业的生态工业加快发展。基本形成了"清洁煤炭—集中供暖—工业废渣""饲草—肉牛—肉制品""中蜂—蜂蜜""小杂粮—杂粮食品""原料—旅游商品""原材料、零部件等—门窗等建材制品""原材料、零部件等—农机等设备、装备"等产业链，产业链轻工化、绿色化程度不断提升。工业企业28家，全年规上工业实现产值7406万元，同比增长14.3%，规上工业增加值增速同比增长3.9%。服装箱包生产加工企业8家，全年产量达到1464万件（套），产值1.1亿元，带动就业697人。

泾源县轻工业产业园区

【人才工作】园区党工委召开人才工作专题会议，传达学习区市县人才工作会议精神，结合园区实际，制定《泾源县轻工产业园区人才工作实施方案》，建立健全人才工作制度，支持、配合、实施人才项目，加大人才工作投入力度。落实有关人才政策待遇，本着尊重人才、优待人才的原则，为各类人才提供干事创业条件，免费提供办公场所30间900平方米、公寓30套，并配备网络、有线电视及办公设施，建成员工餐厅、篮球场；创新载体，创优环境，集聚各类人才创新创业。中蜂产业研究院依托蜂蜜检测平台，与天津大学建立合作关系，指导中蜂产业健康发展；宁夏皇达生物科技股份有限公司与北方民族大学建立了长期合作关系。

【主导产业】园区重点发展以肉牛、蜂蜜、黑果花楸、沙棘、中药材、小杂粮等为主导的农副产品精深加工、旅游类产品加工、服装纺织产品加工等产业，建设集林草产业示范成果转化、产品研发、生产加工、科研创新、商贸流通、现代工业旅游为一体的自治区级生态型、科技型轻工产业示范园区。

【经济运行】园区工业总产值1.3462亿元，同比增长66%，营业收入7441.8万元；利润总额687.9万元，税金总额218.28万元，同比增长120.55%；完成工业投资5707万元，同比减少12390万元，同比减少217.1%。园区R&D活动规上企业占比为0；园区企业技术合同交易额为557万元。

【土地投资产出强度】园区建设用地面积

617.7亩，累计园区完成固定资产投资150450万元，投资强度243.5万元/亩。完成工业总产值12000万元，产出强度19.43万元/亩。

【招商引资】招商引资落地资金及主导产业落地资金情况分别为17000万元、15200万元。

【安全生产】贯彻落实中央及区市县各项决策部署，园区安全生产形势总体平稳。安全生产工作没有被自治区安委办通报批评，没有发生一般安全事故，没有发生较大安全生产事故，没有发生重大及以上安全生产事故；泾源县应急管理局联合园区管委会、消防救援大队、公安局、市场监督管理局等执法部门下沉到园区、企业，对应急管理建设、隐患排查整治情况开展日常、专项监督检查，确保监管力量下沉到园区；园区管委会委托第三方编制完成了《泾源县轻工产业园区绿色产业发展规划（2020—2035年）》，提出绿色发展的措施及保障体系；根据国家发改委、工信部、自然资源部、生态环境部、住房城乡建设部、人民银行、国家能源局联合印发的关于《绿色产业指导目录（2019年版）》的通知要求，结合园区自身资源禀赋、产业基础、产业发展定位，园区管委会制定并印发了《关于印发〈泾源县轻工产业园区产业发展指导目录〉的通知》，严格执行"禁限控"目录，严禁不符合产业发展要求、安全生产要求及淘汰落后产能企业进入园区；园区进行封闭化管理，对园区孵化车间周围安装隔离网进行全方位隔离，设立了门禁，各企业均设立门禁、严格控制人员、车辆进出；园区及企业在关键环节和关键部位安装了可视化监控系统，建立信息共享平台，实现了封闭化、可视化管理。

【环境保护】入驻园区企业均依法开展规划环境影响评价，并严格落实"三同时"制度；园区和企业污染防治设施健全，运行正常，不存在污染物的违法排放情况，未发生任何突发环境事件；不存在被自治区生态环境厅立案查处情况，不存在园区和企业因生态环境问题被生态环境部、自治区生态环境厅挂牌督办、下达督办函或通报、约谈情况。

【深化改革】县委、政府印发《关于促进园区体制机制改革和高质量发展的实施方案》，推行"管委会+公司"模式。加快园区市场化建设运营，逐步剥离园区管委会社会事务管理职能，并统筹安排监管执法力量下沉园区。作为园区管理委员设立的下属国有企业，具体负责园区招商引资、资金筹集、项目推进、公共基础设施建设等市场化服务相关工作。与青岛绿天使集团等社会资本洽谈，推动社会资本参与园区建设运营。按照干部管理权限，根据需求选聘园区管理层中层干部，园区发展运营公司董事长、总经理（法人）由园区管委会聘任，公司员工由园区投资发展有限责任公司进行自主招聘。对引进的高层次人才探索实行兼职兼薪、年薪制和协议工资制等多种分配方式，编制内干部继续实行现有薪酬分配制度；园区发展运营公司员工薪酬由该公司自行决定。根据园区发展实际，推进"163"政务服务模式向园区延伸，深化商事制度改革，推广容缺办理、多评合一、"区域评"、告知承诺制等模式；以园区党员干部包抓企业工作制度为抓手，发挥"保姆式""店小二"服务模式，实现"企业的事园区办，园区的事园内办"。

【低成本化改造】建成泾源县轻工产业园区2022年度低成本化改造项目1个（项目总投资4200万元，低成本化改造资金800万元），项目已完成竣工验收和审计结算工作，最大程度地发挥低成本化改造资金效益。

【"管委会+公司"模式】园区注册成立了宁夏泾源县园区投资发展有限责任公司，公司性质为独立法人、独立核算的国有独资公司，公司作为市场主体，主要从事园区物业管理、招商引资、产业发展、项目建设及企业投融资服务等市场化服务相关工作，资产由园区管委会和县国有资产监管部门依法实施监管。公司注册资本为6000万元，首次认缴注册资金3000万元，均为实物资本（待第三方评估公司对园区现有资产进行评估结束后剩余部分于2025年12月31日前缴足）。公司注册成立后，开始承担入园企业临时办公场所的租赁、电商企业入驻办公场所的资产清查和物业管理等实质性工作。

【企业发展】新增规上企业1家，已入规企业2家，分别为宁夏六盘山泾河食品有限公司、宁夏众天蜂业科技有限公司；新增国家级科技型中小企业1家，为泾源县产业技术研究院；自治区级科技型中小企业2家，分别为宁夏天沐中蜂产业发展有限公司、宁夏众天蜂业生物科技有限公司；自治区农高新企业1家，为宁夏天沐中蜂产业发展有限公司。

工业和信息化建设

【政策落实】累计退税减税免税缓税5468万元。增值税留抵退税32户次661万元，"六税两费"减税退税3764户次1098万元，实施增值税小规模纳税人免征增值税3443户次1692万元，制造业中小微企业纳税人缓税29户次32万元，困难性缓税2户次1984万元。组织召开泾源县2022年"政银企"座谈会，收集到意见建议39项，现场为6家企业授信3100万元，为4家运营融资困难企业解决纾困资金1293万元，缓解企业转贷过桥难、成本高的问题。

【能源保供】集中供热有限责任公司于2021年11月15日正式投入使用新建热源厂，占地50亩，58MW循环流化床锅炉2台，换热站22座，隔压站一座，供热管网33.6公里，总供热面积141.5万平方米（实际供热面积130万平方米），采暖用户9926户，年用煤4.2万吨，供热期限为6个月，保障用热户采暖。泾源县华通天然气有限责任公司设有门站一座，占地22亩，城区天然气供气管道已基本覆盖整个县城，管网总长度13公里，供热总面积达到4.14万平方米，全年天然气供气量139.2万立方米，涉及用户2460户；两台160立方米储罐可存LNG50吨，气化后可存天然气7.25万立方米，天然气储量为5.8万方，日供气量0.4万方，各供气设备运行良好，可满足县城21天的使用量。制定印发《关于做好泾源县2022年农村困难群众取暖煤平价供应有关事宜的通知》，深入摸排泾源县农村420户困难群众（边缘易致贫户、脱贫不稳定户、突发严重困难户）采暖用煤供应情况，对接联系煤炭供应企业，建立直销渠道，压缩中间环节，降低终端销售价格，提供不高于500元/吨的平价煤炭。利用固原市开通的平价煤炭运输"绿色通道"，累计为401户农村困难群众每户提供不少于3吨平价煤1180吨，减轻了农村困难群众因煤价上涨带来的经济压力。成品油中国石油泾源区域2022年油品销售总量1.1614万吨，其中汽油销售5458吨，柴油销售6158吨；总库容610立方米，其中汽油库容300立方米，柴油库容310立方米，日均销售量31吨。全年用电量为1.12亿千瓦时，日均供电量3.6万千瓦时。细化工作措施，加强工作调度，做好油电运输、销售、配送等各环节具体工作，确保油电保供的平稳运行。

【生产性服务业】生产性服务业支撑增强，"两化融合"加速围绕工业发展、绿色发展、高端发展，培育现代物流、信息服务、科技服务、金融保险等生产性服务业，以销售端电子商务应用为主的"两化融合"提质加速。建成县电子商务公共服务中心、电商创业孵化中心和扶贫电商产业园，主要农副食品、旅游工艺品、化妆用品等实现上网销售，创新采用"短视频+直播"等营销模式。

电力供应

【惠民工作】完成分界控制设备投资18个，累计装表接电1429户，实现动力报装按需接入。贯彻落实自治区党委办公厅、人民政府办公厅关于印发《全区稳经济保民生政策措施》通知中"对批发和零售、住宿和餐饮行业2022年用电给予0.05元／千瓦时的补贴"的工作要求，减少客户电费支出52.08万元。全面梳理与人民群众利益密切相关的服务流程、办理环节及时限申请资料、收费项目与标准、配电网接入能力及容量受限情况等公开事项持续更新信息公开目录并严格执行。拓展"网上国网"手机App、95598网站、政府信息公开网等信息公开渠道，推进信息公开电子化、渠道多样化。

【优化办电环节】办电申请资料遵循"应减尽减"原则，实行清单化管理，低压客户办电实现"两证办结"，仅需提供用电人有效身份证件和用电地址物权证件。缩短用户接电时间，低压居民客户全过程办电最长时间分别不超过5个工作日；实行"三零"的低压非居民客户全过程办电最长时间不超过15个工作日；未实行"三零"的低压非居民和高压单、双电源客户，供电企业责任环节合计办理时间分别不超过6个、17个、27个工作日。

【"三指定"问题治理】对照国家能源局客户受电工程"三指定"行为认定指引，按照《国网固原供电公司"三指定"常态治理工作实施方案》，强化业扩报装廉洁风险管控，建立"三指定"问题防控长效机制，组织外委施工单位签订《施工服务规范承诺书》，加强宣传教育、规范施工行为,杜绝"三指定"、乱收费等问题。常态开展"三指定"现场检查,发现问题立行立改、限时销号,做到"四不放过"。

【网架结构及可靠性管理】加强中低压线路新建、改造及配变新增布点等项目建设,推进农村配网巩固提升工程实施,解决线路半径长、线径细、配变容量小等问题,提升配电网接入能力。强化10千伏电网结构,分区分类制定标准网架建设改造方案,推进单辐射结构逐步向单环网、双环网演变,提升配网线路供电能力及供电质量。执行检修计划,按预算式管控停电时户数,严控年度重复停电4次、两个月内重复停电3次及以上客户比例。拓展10千伏不停电作业范围,业扩不停电作业接火率达到97%以上。推广0.4千伏不停电作业,增强具备开展9类0.4千伏不停电作业的能力。公司全口径城乡客户平均停电时间压降至9.51小时,供电可靠率99.8693%,较同期提升0.053个百分点,用户平均停电时间11.4471小时/户,较同期减少1.6284小时。建立专业运维队伍,发挥产业单位作用,配备高精专的配电运维队伍,对突发电网故障做到快速响应,提高故障处置效率。完成30个小区配电资产移交,由供电企业按照统一标准开展专业的供电设施管理、运维和24小时故障抢修等供电服务工作,将供电服务界面向小区客户终端延伸,实现小区供电服务到户。

【服务工作】走访县发改局、教育局、自然资源局等部门,对接政府重点建设项目,跟进出户入园、清洁供暖、林场改造等重点建设项目,提前规划电网建设。与设备厂商、客户沟通联系,理顺各方之间的衔接,完善协调改造机制,开辟"绿色通道",实现从业扩报装到送电全过程"一站式"服务。提出电能替代和节能方案建议,加快推进新能源清洁配套网架工程建设,为泾河源镇白面民族小学等10所中小学冬季供暖热源改造新架变压器18台。

【动力用电】坚持乡村振兴电力先行,加大电网建设改造力度,2022年投入4822.55万元用于电网改造提升工程,架设10千伏线路147.762公里,0.4千伏线路14.448公里,安装配变62台。落实优化营商环境服务举措,提高低压电网接入容量,城市及农村地区160千瓦及以下客户,采取低压方式接入电网。小微企业及普通养殖用户全面落实"零投资"服务,电能表及以上供电设施全部由供电企业投资建设。

商 贸

商贸流通

【促消费稳增长】把扩内需促消费作为拉动经济增长的重要举措,通过整合"政府+平台+商家+企业"资源,开展形式多样的线上线下融合促销活动,加快促进消费回暖和潜力释放。对照国务院、自治区、固原市稳住经济一揽子政策措施,结合县域实际,制定出台《泾源县2022年支持扩大消费实施方案》《泾源县电子消费券发放实施方案》,以政策引领驱动消费市场各行业、各领域开展全方位形式多样的促消费活动,最大限度刺激居民消费需求释放。围绕促消费活动主旨,指导大型商贸企业利用重大节日、店庆等重要节点分类开展促销活动,通过线下线上同步发力,刺激居民消费潜力释放。组织本地大型商贸企业、农产品销售企业等开展"泾源县2022年网上年货节""龙乡好物,约惠泾源"泾源县首届电商网购节、"6·18年中嗨购""促消费惠民生"消费券发放活动,累计发放消费券电子消费券22566张,针对农村贫困群众的纸质爱心券10000张。组织线下展示展销促销活动32场(次),抖音、快手、网红达人带货、视频号等新媒体平台直播活动120场次,刺激居民释放消费热情,直接带动消费675.4万元。依托各类展会名城优势,搭建供需对接平台,组织企业参加各类品牌展会、专业展会及产销对接会等,组织自主品牌展、线上广交会等线上线下展会5场(次),以展销、促销、推介等方式提升泾源农特产品的知名度和影响力。把培育壮大限上企业作为促进消费经济发展的有力抓手,与县统计局、税务局等部门密切配合,对县内批零住餐企业、大个体摸底排查,开展上限入统优惠政策宣传,做好企业指导服务和政策落实,消除企业疑虑,提高企业参与统计入库的积极性,共摸排企业(大个体)11家,经过筛选成功培育上限入统计企业4家(大个体2家,企业2家),限上企业(大个体)累计达到7家。

【基础保障】把疫情常态化居民生活必需品供应保障作为当前头等大事、头号任务落实,按照区市县关于市场保供有关要求,修改完善生活必需品保供应急预案,制定保供工作方案,成立以局主要负责人为组长的生活必需品保供工作领导小组,明确工作任务,压紧压实工作责任,确保事事有人管、件件有落实。形成对上高效衔接、对内责任明确、对外供应畅通、对内保障到位的保供体系。建立重点企业联络机制,组建生活必需品保供工作微信群,在重点商贸企业中优选了3家商超作为主要储备监测企业,指导协调重点企业加大与货源地的对接调运力度,与甘肃、内蒙古、吴忠等地供应商签订米面油供应合同,与银川四季鲜、固原嘉泰、平凉新阳光等大型批发市场签订蔬菜供应合同,建立稳固采购供应链条,确保蔬菜粮油等重要商品货源充足。疫情防控期间,全县3家大商超日均储备成品粮油200余吨、蔬菜50余吨、蛋类4吨左右、奶制品5000箱以上,保障全县居民的生活需求,确保供应市场充足,市场运行稳定。按照物流保通保畅工作要求,建立后备保供运输物流企业名单,协调应急物流企业加入保供行列,选择5家大型商贸物流企业作为物流运输备选单位。为确保跨县区跨省运输企业通行畅通,引导企业通过网上申请办理"宁夏回族自治区重点物资运输车辆通行证"46个,与公安、交通、卫健等部门紧密衔接,确保重要民生商品入泾通道畅通、运力充足。发挥电商优势,指导县内大型商超、宾馆、饭店等商贸流通企业加大线上销售推广力度,开展线上下单,线下"无接触"配送,建立多元化末端保供渠道,降低了接触感染风险。建立市场监测周报、月报和重点时段日报告制度,对生活必需品价格及供应情况进行动态监测,重点监测企业生产、库存、销售情况,指导企业及时补货,密切关注居民生活必需品的供应、销售情况、市场价格走势,准确掌握生活必需品市场供求变化,强化价格监测数据分析和研判,对可能引起市场异常波动的苗头性、潜在性问题,做到早分析、早报告、早预警,重点监测的保供企业生活必需品供应充足,销售稳定,未出现缺货断供现象。

【项目申报】制定《泾源县县域商业体系建设实施方案》,指导企业和相关单位开展项目谋划申报工作,谋划申报现代服务业专项资金项目2个,农产品供应链项目3个,县域商业体系建设项目9个,获批区、市商务部门支持项目5个,到位资金260万元。

【电子商务】完成电商物流快递分拨中心建设,开辟乡村邮路4条,村级配送站点92个,形成县乡村三级物流网络体系。在西安市雨润农副产品全球采购中心设立泾源县农产品冷链共享中转仓,为伊源红牧业、大田生物科技公司等7家企业提供产品暂存、分拣、一件代发、物流配送以及电商小件代收代发等服务,各企业储存、分拣农产品500余吨,电商小件及一件代发达50000单,提高泾源县农产品流通效率,降低本地农产品流通企业运营成本。通过"泾源电商新资讯"微信公众号招募村级服务站点负责人、创业个人、残疾人、退伍军人等泾源农产品分销合伙人110人左右,快手分销主播20人。利用泾水六盘"微信小程序、京东店铺"泾源特产馆"宁夏双品网购节、年货节等网络促销活动34场,带动农产品销售一百多万元。为农产品加工企业、农村电商服务站等11家市场主体企业免费设计内外包装、产品标签、海报等30余款。为农家乐设计蜂蜜、山野菜等品类伴手礼8款,提升农产品价值。借助电商发展风口,聘请电商专家为泾源农产品企业、电商服务站点负责人、残疾人、退伍军人等一百余人开展了直播技能培训,培育电商直播达人20人。组织学员参加"全区直播电商进阶培训班""固原市网红直播带货助力乡村振兴大赛"活动,网红选手冶雨伟获得二等奖,泾源黑果花楸、伊辉风干黄牛肉分别获得"固原市十佳网货"、"固原市优秀网货"称号。学员通过"互联网+短视频+直播"带动泾源农产品销售1500多万元。

【消费帮扶】制订全县消费帮扶工作方案，以产业扶持为重点，以增加农民收入为核心，创新消费帮扶方式，拓宽农特产品销售渠道。以厦门2家外销馆为载体，对接县内土蜂蜜、牛肉等10多家企业的30余款产品入驻，销售泾源农特产品2000多万元。支持县内大型牛肉、蜂蜜、菌类生产企业收购贫困户的产品，进行分级、包装、检测、品牌设计、商标注册，统销统售。全县通过牛肉、蜂蜜、菌类企业带动农产品销售2000多万元，带动脱贫户800多人，通过龙头企业带销实现农产品与市场需求方的精准对接，发挥龙头企业的辐射带动作用。全县全年通过各渠道带动农产品销售1.82亿元。

供销合作

【职能职责】指导基层供销合作社做好农村综合服务工作，建立完善农民生产生活服务网点，拓宽服务领域、创新经营方式，改进服务方式、提高服务质量。做好电子商务建设，帮助农民做好农副产品销售，助农增收。加强社有资产管理，按产权清晰、权责明确的原则，对所属企业进行全面清查核资，摸清社有资产底数，明晰国有、社有和社员产权。加强行业监管工作，对所属农资、专业协会等行业健全监管机制，确保农资商品质量、烟花爆竹经营安全。做好与金融及有关部门的联合与协作，发挥供销合作社的群体优势。承担县委、政府交办的群体职能。

【经济指标】全系统商品销售总额1997.97万元，较上年同期1801.13万元增长10.93%；全系统实现利润5.83万元，较上年同期5.93万元下降1.6%；全系统资产总额949.63万元，较上年同期972.83万元下降2.3%；全系统所有者权益892.87万元，较上年同期811.84万元增长10%。

【农资供应】建立乡镇化肥直营点7个，村级"农资店"16个，实行"统一进货、统一价格、统一储备、统一配送、统一结算"运营模式，全年销售各种化肥900吨（尿素260吨、二铵310吨、碳铵330吨）。初步将农资供应纳入"数字供销"建设范畴。

【产业化服务】围绕当地特色产业，在县农业农村局支持下，参与农业托管社会化服务项目面积71809亩，涉及农户4304户；参与农业生产托管社会化项目面积6669亩，涉及农户448户；参与土地流转面积8580亩，涉及农户1793户。

【"数字供销"示范区建设】出台《泾源县建设全区"数字供销"示范县实施方案（2021—2025）》，明确实施单位、主要工作任务及各部门支持力度，成立建设全区"数字供销"示范区工作领导小组。出台《泾源县建设全国"数字供销"示范区任务分工方案（2021年—2025年）》（草拟稿），明确牵头单位、配合单位、完成时限。按照"数字供销"建设主要任务,结合"数字政府"建设行动计划,初步将供销社电商运营中心提升为"数字供销"建设县级运营中心。县电商运营中心继续与3家快递公司合作,建立快递收送网点,年收送快递物件2万余件,乡镇供销社、村级综合服务社快递收送6000余件(单),疫情突发期间县供销社电商运营中心、平价超市和蔬菜水果超市供应各种蔬菜8吨,水果5吨,乳制品2吨,米、面、油5吨,其他生活用品1吨,储备各类农业生产资料100吨。协同所属电商公司加强与县电信公司、移动公司、联通公司进行了开展"数字供销"建设具体业务沟通联系,初步建立联合发展工作机制,整合各路政策资源,助力"数字供销"示范区建设。共建立3个供销社现代农业服务中心,恢复重建了2个基层供销社,创办了1个村级供销社,改造提升了8个村级综合服务社,开放办社1个,开办了3家庄稼医院、1个"供销平价超市",提供出租场地,吸纳两家超市为成员社(成员单位)。

【"三位一体"综合试点】整合系统资源,探索"三位一体"合作服务模式,联合县委农办、财政局、中国人民银行泾源县支行等部门出台《泾源县开展生产、供销、信用"三位一体"综合合作试点实施方案》文件,成立工作领导小组,建立协作机制,明确重点工作任务、试点步骤及分级落实责任。对符合创建要求、愿意合作、具有发展前景、有一定生产规模、产品特色突出的农民专业合作社进行调研摸底。按照"以党建带社建,村社共建"的方针,选择新旗村爱心公益超市、泾六盘蜂业专业合作社等7家单位为"三位一体"为创建对象。依托县农业农村局相关部门,配合县财政、大家财产保险有限公司泾源支公司对中标乡镇六盘山镇2022年政策性农业保险(玉米)进行承保,共承保玉米面积5766亩,涉及16个行政村988户,总承保费115320元,初步搭建起了生产、供销、信用服务平台。重新修订制定《泾源县供销合作社吸纳成员社入社办法(试行)》,按照合作制要求,融合资源,与兴盛乡新旗村"两委"初步达成协议,将新旗村爱心公益超市发展为"村社共建"单位。围绕泾源黄牛肉、泾源土蜂蜜等特色产品,将宁夏泾水源食品有限公司、泾六盘蜂业专业合作社等6家单位吸纳为成员社(成员单位),建立线上线下多样化销售渠道。

【开放办社】制定《泾源县供销合作社吸纳成员社入社办法(试行)》,经实际考察,确定了7家成员社(成员单位),经本人(单位)申请,单位公示,签订协议,吸纳为供销合作社成员社(成员单位),并对新吸纳的7家成员社(成员单位)授予牌匾,和部分吸纳的成员社(成员单位)进行座谈,商讨开展基层组织体系建设初步打算,明确发展方向。

【"村社共建"】制定开展"村社共建"工作方案,明确目标,主动与兴盛乡新旗村"两委"合作,初步达成协议,将新旗村爱心公益超市发展为"村社共建"单位。申报泾源县新民供销社农资配送中心及销售门店等连锁经营网络体系建设项目。

【消费帮扶】对全系统流通体系网络进行了调研,全县供销社系统现有超市及经营服务网络71个,其中社属企业3个,基层供销社7个,村级供销合作社1个,村级综合服务社8

个,建立超市3个,农资供应直营点7个,村级农资农家店16个,基层经营服务网点26个(包括租赁供销社门店或原职工自营门店);乡镇惠农服务中心3个,服务带动农民15000人;组织涉农企业参与"832平台"农副产品销售平台;依托县供销社电子商务运营中心和所属门店,线下销售各种蔬菜8吨,水果5吨,乳制品2吨,米面油5吨;依托"832平台"销售各种农副产品60万元。

粮食和物资储备

【县级宏观调控体制机制】按照《粮食流通管理条例》和《关于改革完善宁夏粮食储备体制机制加强粮食储备安全管理的实施意见》精神,制定印发《泾源县关于改革完善粮食储备体制机制加强粮食储备安全管理的实施方案》和《泾源县超标粮食处置实施细则》;结合区市两级粮食应急预案和泾源县实际,修改完善并印发《泾源县粮食应急预案》;按照《宁夏回族自治区粮食和物资储备发展"十四五"规划》确定的发展思路,编制完成《泾源县"十四五"时期粮食和物资储备发展规划》。县委成立以党政主要负责同志任组长,分管县级领导任副组长的粮食安全工作领导小组,并下设办公室,由分管发改工作的县长兼任办公室主任,办公室具体负责全县粮食安全和粮食党政同责考核工作的统筹和落实。建立粮食安全工作联席会议制度,强化对粮食安全党政同责考核的领导。

【粮食安全保障体系】贯彻《关于改革完善宁夏粮食储备体制机制加强粮食储备安全管理的实施意见》精神,把落实地方政策性储备粮油作为提升应急保供能力的有力抓手,储备规模逐步增加,品种结构持续优化,粮食应急保障体系不断完善,筑牢应急保障防线。对政府1000吨临时原粮储备275吨应急成品粮储备监管,尤其在"9·20"疫情期间,为消除因运输不畅、价格上涨等原因造成的粮油市场价格不稳定等现象,通知储备企业进行有序投放,发挥了稳市场、稳价格、稳民心作用。按照《泾源县关于建立应急成品粮企业社会责任储备的实施方案》加强对50吨社会企业责任储备的管理,使之成为县级应急成品粮的有力补充,提升保障能力。加强对各乡镇粮油应急供应监测网点常态化监督检查,实施动态化管理,更换1家不达标的网点,总数保持在9家,发挥在重要节点、疫情期间应急供应、价格监测、市场分析的基础作用、前哨作用、一线作用。全县形成以政府临时原粮和应急成品粮油储备为主、企业社会责任储备为补充、应急供应监测网点为支点的多元化粮食储备体系,强化风险管控,筑牢粮食安全,为全县粮食安全和有效供给提供有力保障。

【粮油市场执法监管】按照《泾源县粮食市场监管联动机制工作方案》,联合市场监管部门加强对县级应急成品粮储备点、企业社会责任储备网点和乡镇应急供应网点的联合检查,对政府临时原粮储备企业检查3次,县级应急成品粮储备企业检查8次,对2家社会企业责任储备网点检查3次,对9家乡镇应急供应网点检查7次(9家全覆盖检查3次,抽查4次16家)检查,下发现场整改通知书4份,更换不符合规定的乡镇供应网点1家,总数继续保持9家。按照《粮食流通管理条例》和《宁夏回族自治区地方储备粮质量安全管理实施细则》等相关规定,制定《泾源县县级政府临时粮食储备管理制度》和《泾源县应急成品储备粮油管理制度》等制度,全面加强对县级政府临时储备原粮和县级应急成品粮管理,履行粮食安全的政治责任。制定《政策性粮油库存检查工作方案》,开展政策性粮油库存检查,政府临时原粮和应急成品粮均达到"一符三专四落实"的硬性要求,聘请第三方对临时原粮完成扦样3次,扦样结果显示粮食质量良好,保障原粮储备安全。根据《粮食流通管理条例》,推行"双随机一公开"监管方式,常态化开展日常检查,坚持每季度、重要节点时段开展日常检查,并将检查范围由承储企业、供应网点延伸至其他成品粮油的经营者,确保应急储备库存数量真实、质量良好、账实相符。制度化实行联动检查,按照《泾源县粮食市场监管联动机制工作方案》,重点围绕粮食市场监管的重点、难点、热点问题,以及重大活动和节日等开展联合执法检查活动,并实施信息通报共享,相互促进、相互学习、相互提高。通过大频次、随机检查,以此倒逼粮食承储企业、供应网点强化管理、堵塞漏洞、补齐短板。加强市场监测预警,落实好周报、日报机制,尤其是"9·20"疫情以来,坚持"日巡视、日监测、日报告"制度,实时跟踪,密切关注全县大米、成品粮食用油供应、销售情况、市场价格走势,准确掌握市场供求变化,强化价格监测数据分析和研判,对可能引起市场异常波动的苗头性、潜在性问题,做到早分析、早报告、早预警。

【仓储设施管护建设】高度重视现有基层粮库安全问题,坚决落实部门监管主体责任,加大对仓储设施安全巡查力度,采取平时巡查和节假日及汛期期间专项巡查检查方法,对发现的隐患采取措施予以排除。制定《泾源县基层粮库安全管理制度》,聘用专人对现有两个基层粮库进行看管,做到日常安全巡查检查,发现隐患,第一时间上报,确保仓储设施安全。为充分做好疫情期间物资保障工作,原有物资储备库库容严重不足,新建占地面积6421.55平方米(建筑面积2644平方米),总投资1216.14万元物资储备库。库房设计一层门式轻钢结构,局部二层钢筋混凝土框架结构,库区划分为综合应急物资储备库、医疗应急物资储备库、生活应急物资储备库及配套监控室、值班室、调度室、消防水池水泵房等附属功能用房,已建成完工,投入运行后可实时掌握储备库物资信息,随时补充和更新储备物资,保障县域救灾物资需求。

【物资保障工作】按照区市粮食和物资储备部门和泾源县物资保障工作有关要求,县发改局(物资保障组)制定物资保障工作方案,闻令而动、专班推进,统筹协调全县应急救灾物资紧急采购、调度工作,履行24小时值班制度,保障疫情防控物资需求。坚持"主动对接、提前预判、按需保障、及时供给"的原则,科学调配疫情防控物资,精准精细组织防控物资保障,24小时开启"备战"模式,坚持"每日报送",按时间节点要求,向区市物资保障工作组及县疫情指挥部报送物资储备情况,做到"每日三清"(清楚当天的库存、清楚当天配送出去的物资、清楚紧急需求的物品)。累计发放各类防疫物资:N95口罩8650个、一次性口罩382052个、防护服2609套、医用帽2500个、医用鞋套5000双、医用面屏2335个、医用手套4950双、测温枪35把、喷雾器20个、棉帐篷20顶、棉大衣76件、棉被褥各67套、枕头三件套63套、免洗手消毒凝胶390瓶、酒精170公斤、过氧乙酸消毒液3325公斤、84消毒液900公斤,即出即补,满足需求。坚持"宁可备而不用、不可用时无备"的原则,根据全县防疫工作的总体安排,立即响应、统筹协调,畅通信息渠道,迅速了解一线应急物资保障需求,积极向县委政府汇报,紧急采购补充库存,主动作为、快速调配,确保物资第一时间运输、第一时间搬卸、第一时间投入使用,确保储备品种合理、规模到位,应急期间能够立即调得出、用得上。紧急采购医用外科口罩、防护服隔离面屏等医疗物资和棉帐篷、折叠床、棉被棉褥等其他应急防寒所需物资2批70余万元。

【粮食安全宣传】按照区市粮食和物资储备部门关于2022年粮食和物资储备科技活动周实施方案要求,于5月21日至5月27日开展以"科技兴粮兴储 创新有你有我"为主题的学习宣传活动,筛选宣传资料,线下线上同步宣传,同时组织单位和储备企业从业人员学习《反食品浪费法》《粮食流通管理条例》《县级储备粮管理办法》等法律法规,增强粮油经营者质量安全责任意识,宣传普及粮油知识,让科技成果和放心粮油产品惠及全县人民,做到爱粮节粮,粮安心安。按照区市粮食和物资储备部门实施方案要求,结合实际,制定《泾源县世界粮食安全日和安全宣传周实施方案》,开展线上宣传活动,宣传爱粮节粮举措和价值观念,组织开展粮食节约、营养健康线上科普宣传,倡导爱粮节粮的社会风尚。

烟草专卖

【概况】泾源县烟草专卖局(分公司)成立于1999年7月,隶属固原市烟草专卖局(公司),实行"一套班子,两块牌子"的垂直管理体制。2001年10月上划固原市烟草专卖局(公司),2005年12月31日撤销县级法人资格。内设综合办公室、专卖监督管理科(稽查大队)、市场部3个机构,负责本辖区专卖执法、打假打私、行政管理和市场营销服务工作。

【卷烟经营】卷烟销售保持平稳,全年销售卷烟3038箱,较同期下降0.39%,实现毛利2151万元,较同期增长165万元,增幅为8.30%,卷烟销售平均单条值为125.6元,较同期提高9.5元/条,增幅为8.2%。品牌培育稳中有升，行业重点品牌销量2936.39箱，比重达到99.86%，同比提高0.08个百分点。创新产品实现销量312.51箱，同比增幅26.87%。芙蓉王（荣耀细支）目标上柜共56户，全年累计销售1.24箱，存销比为0.5。

【终端建设】推广云POS系统客户，建成现代零售终端115户。聚焦"乡村振兴""互联网+""智慧营销"等，引导客户打造农特专区，指导部分客户参与"泾源黄牛肉""农副特产"等线上直播。通过开展管理诊断、观摩交流、诚信互助小组培训、一户一策改造等活动，建成特色终端10户，推进农网终端建设提质升级。

【专卖管理】以"补短板、强弱势"为抓手，聚焦卷烟外流治理目标、"六盘之剑2022-Ⅰ号""茶烟"专项治理、电子烟监管以及中小学周围监管等工作，把重点领域和关键环节监管融入日常，保持"打流入、防流出、查大户"的高压态势，查获真品卷烟违法案件19起，其中5万元或5万支真品卷烟案件3起，查获非法流通卷烟数量44.486万支，查获省外流入卷烟7.68万支。坚持"打防"结合，聚焦涉烟违法新动态，紧盯"互联网+物流寄递"主战场全面摸排，查获假烟违法案件17起，查获假烟数量0.88万支。紧盯运输环节，在公安部门配合下查获5万元以上大要案件2起。开展执法卷宗评查10次，开展许可证自查和专项检查2次，办理烟草专卖零售许可事项278户，线上办理率达到了93.53%，5日办结率达到100%，"好差评"满意度为100%，政务服务满意度提升。

【基础管理效能】保持思想不松、力度不减，落实疫情防控工作，加强"八小时以外""点对点"管理，精准排查风险，最大限度减少疫情对生产经营的影响。以方针目标引领任务落实，通过抓重点、找靶点、改痛点、控要点，强化过程管控质量，8个指标同比提升，指标提升率为80%。落实安全生产主体责任，开展"安全生产月""安全倒计时"等活动，安全风险得到有效管控，企业安全运行无事故。聚焦队伍赋能提升，强化培训，加强锻炼，1名专卖人员在全区技能竞赛中获得第四名的好成绩，1名营销人员获得线上宣传能手和开口营销能手，1人被评为优秀共产党员，1人被评为优秀党务工作者。

城乡建设与环境保护

泾源年鉴2023

城乡建设

【概况】 2022年,在县委、县政府的领导下,在县人大、政协的监督和支持下,在上级主管部门的指导下,泾源县住房和城乡建设局坚持以习近平新时代中国特色社会主义思想为指导,以习近平总书记视察宁夏重要讲话和重要指示批示精神为"纲"和"魂",聚焦"生态泾源、绿色发展"定位,把县城作为壮大县域经济的重要载体,树立"精明增长""紧凑城市"理念,加快推进以新型城市基础设施建设为主的城市更新行动和城乡面貌提升行动,不断完善城市公共服务功能,提升城市品位,为加快推进以县城为重要载体的新型城镇化奠定坚实基础,为奋力描绘全面建设社会主义现代化美丽新宁夏的泾源画卷作出积极贡献。

【城市基础设施建设】 实施城市基础设施补短板项目,实施2022年老旧小区改造项目,城市基础设施进一步完善;完成污水处理厂污泥处理、县城雨污分流二期工程,污水处理能力提高;完成集中供热锅炉房迁建二期项目,供热质量得到提升。

【村镇基础设施建设】 实施乡村振兴示范村污水治理和乡镇基础设施补短板项目,实施下黄、羊槽、下金、张台高质量美丽宜居村庄建设项目,农村人居环境改善。紧盯住房安全有保障目标,实施危房改造34户、抗震宜居农房改造8户,鉴定农村生活用房1619户。

【质量安全监管】 组织安全生产大检查活动7次,下发责令停工整改通知书11份、责令整改通知书75份,扣除施工企业信用分值6家、扣除项目经理个人诚信分值8起、项目总监理工程师6起、"四大员"个人诚信分值10起,建筑安全进一步加强。累计组织燃气安全监督检查组36次,出动检查人员252人次,下发《燃气经营安全隐患整改通知书》11份,排查问题隐患84项,已完成整改84项,整改完成率100%;督促燃气经营企业对餐饮行业、居民用户安装燃气泄漏报警装置1845户;更换燃气经营许可证2家,办理燃气经营许可证1家。开展物业安全专项检查8场(次),下发《整改通知书》8份,清理违规停放电动车74辆,涉及违规充电场所29处,提升了群众居住体验。以"百日攻坚"行动为契机,开展自建房安全专项整治,共排查自建房46440栋,完成回头看41903栋,初步排查疑似存在安全隐患653栋,经鉴定存在安全隐患房屋366栋(其中采取工程措施整改93栋,采取管理措施整改273栋),现已全部整改到位,保障了群众住房安全。

【住房保障】 坚持"房子是用来住的"定位,落实房地产调控各项政策措施,加强房地产市场管理,提升住房保障能力。商品房销售网签备案333套4.32万平方米,办理存量房(二手房)交易155件,存量房(二手房)网签备案31套,房地产业产值持续增长。签订《棚户区房屋拆迁安置补偿协议》28户,兑付资金1620万元,安置群众居住环境持续改善。扩大公租住房保障范围,已保障公共租赁住户1587户,新增公共租赁住户96户,公共租赁住房资源配置得到优化。

【城市管理】坚持"人民城市人民建,人民城市人民管"原则,深化"363"城乡环境综合整治长效机制,提升城乡管理水平。划分县城环境卫生责任区,实行"门前三包",签订目标管理责任书817份,压紧压实工作责任。查处乱堆乱放乱设摊点436例,查处县城占道经营和乱堆乱放314起,开展市场集中整治9次,整治违规占用公共区域摆摊设点278处、店外经营536起,查处私搭乱建5处,城市精细化管理水平有效提升。组织开展市容环境整治和绿化整修"百日攻坚"行动以及县城"洗脸修面"专项整治活动,配合县交警队开展道路交通安全"百日攻坚"专项整治,县城环境得以改善。

【公用事业建设与维护】组织140余人清理养护城市公园、街道绿地,清理死树2500余棵,修剪树木4500余棵,整修城区绿化带141986平方米,提升改造绿化面积6万平方米,园林绿化巩固提升。维修维护抢修城区路面道砖、井盖、路灯、线路等基础设施,更换维修道砖1.5万平方米、井盖180余个、雨水箅子230余个,路灯760余盏、线路3000余米,城市设施更加完善。实施县城生活垃圾填埋场环境整治工程,拉运生活垃圾至中国天楹股份有限公司处理336吨,改造提升乡镇垃圾填埋场6座,封场乡镇垃圾填埋场4座,推动城乡生活垃圾规范处理。

环境保护

【概况】2022年,生态环境局深入贯彻落实习近平生态文明思想和习近平总书记视察宁夏重要讲话和重要指示批示精神,围绕高质量发展先行区建设部署要求,紧盯区、市党委政府下达的各项目标任务,践行绿色发展理念,推进污染防治攻坚战,生态环境保护工作取得良好成效。全县优良天数比例达97.5%,同期增长4.7%,可吸入颗粒物(PM_{10})均值42微克/立方米,细颗粒物($PM_{2.5}$)均值20微克/立方米。泾河国控出境断面(弹等峡断面)和区控断面(龙潭断面)水质均稳定达到Ⅱ类,县级以上集中式饮用水水源水质全部达到或优于Ⅲ类,县城、泾河源镇污水处理厂出水达到一级A排放标准。

【督察反馈问题整改】牵头制定了《泾源县贯彻落实第二轮中央生态环境保护督察报告整改方案》,按时序推动整改2021年中央第四生态环保督察反馈问题中涉及泾源县的15项整改任务,督察期间接到转办件3件,已全部办结。针对中央生态环境保护督察通报典型案例,制定了《泾源县落实中央生态环境保护督察通报典型案例整改方案》,组织人员对全县垃圾填埋场进行全覆盖执法检查,确保反馈督办的6个问题整改完毕,同时与第三方签订协议,对7个垃圾填埋场开展监督性检测工作。开展全县生态环保问题排查整治专项行动,共反馈22项问题(自治区督查反馈7项,市级督查反馈8项,县级自查7项),已完成整改21项,剩余1项县住建局正与市生态环境局对接中。

【污染防治】开展联合执法,制止焚烧秸秆的现象。组织开展全县轻工企业无组织排放摸底排查整治,加强县城道路扬尘综合治理,蓝天保卫战取得明显成效。落实河长制,加强日常监测监管,加强城乡水污染防治水生态修复,县域内黑臭水体完全消除,碧水攻坚战稳中向好。强化农村环境卫生综合整治、生活垃圾分类治理、农业面源污染防治监督检查和行政执法,净土持久战好中向优。整治噪声污染,完成了泾源县城市区域声功能区划分,并同期开展区域、交通、功能区共计153个监测点位的声环境质量监测工作,噪声污染防治稳中推进。

【环境监管】严格执行国家、自治区相关法规标准,坚持铁腕治污,推进联合执法,强化污染防治督查检查,依法依规处理环境违法行为。加大"双随机、一公开"等监管力度,强化业务培训,妥善应对环境风险。开展固定污染源执法监测联动,开展以排污许可证为主要依据的执法监管工作,综合运用环保信用评价制度,强化企业的环境治理主体责任。全年累计开展臭氧污染、扬尘污染、畜禽养殖、农业面源污染、医疗废物等环境执法检查260次,出动执法人员822人次,共计下发督办通知书36份,处理群众投诉28起,办理检察建议书2件,办结率100%,维护群众生态环境利益。

【排污权改革】按照自治区相关文件要求,对5家企业落实排污权改革情况进行核查,无超额排放现象。对2021年11月以来批复的各类项目进行了排查,无新增排污权交易项目。排查排污许可简化管理和登记管理单位,对符合条件的排污单位已全面完成核算确权。

【环境保护宣传教育】开展环境法律法规进万家、生物多样性日、世界环境日宣传活动,累计开展宣传5场次,发放宣传彩页3100份、环保纪念品2900件,增强了干部群众环境法制观念,提高了环境保护意识。

【"绿水青山就是金山银山"创建成果巩固】制定了《泾源县建设"绿水青山就是金山银山"实践创新基地2022年工作方案》,开展生态保护修复项目、污染防治项目建设,实施的泾源县泾河支流水生态修复项目已完成工程单位验收。

住房公积金管理

【公积金归集】2022年,泾源县共有缴存单位149个,实缴人数3689人,新开户缴存住房公积金单位7个,全年住房公积金归集额新增11974.48万元。截至年底,全县住房公积金归集总额达到80794.71万元,资金使用率69.69%。

【公积金使用】2022年,共为全县843名住房公积金缴存职工提取住房公积金5380.55万元,为19户职工家庭发放住房公积金个人贷款558.4万元。截至年底,全县住房公积金提取总额达到48292.25万元;住房公积金个人贷款总额达到30490.63万元,累计放贷1943户,逾期率为"零"。

【惠民政策】落实阶段性支持政策,落实先提后贷、提高贷款额度、"商转公"等便民惠民政策,满足缴存职工合理住房需求。

【催建催缴制度】加强归集扩面,全县新增缴存个人账户128个,完成补缴及基数调整任务。建立健全催收催缴制度,采取电话、微信、"帮做"等方式进行催缴,实现了单位"零"欠缴。按照市中心非公企业归集扩面工作方案要求,启动扩面建缴摸底排查工作,全面统计了辖区内现有非公企业数据,摸清了未建缴、已建缴单位和职工相关情况,建立了工作台账,同时组织进园区企业政策宣讲。全年完成非公有制开户2户。

【风险隐患防控】做好各项业务受理、复核工作。整改落实国家审计署专项审计、市委第三巡察组常规巡察查出分中心涉及问题。加大每月电子稽查问题整改,利用上门服务、远程网上办理、电话教学等方式挨个处理,逐个突破。做好贷款逾期管控及全面梳理"按转押"办理情况,采取系列措施确保了"零"逾期,"按转押"办结率由年初的83%提高到90.5%。防范资金运作风险,提高资金使用效率。多措并举推进接入征信系统。分中心完成存量贷款数据、单位职工信息的完善和征信授权书补签工作。

【网办业务规范化】推行汇缴业务网厅办理,开展网厅业务培训,线上线下常态化建设网厅业务培训小窗口,现99%的缴存单位已通过单位网厅汇缴住房公积金。制作网办业务宣传彩页和操作流程,开展网办业务材料规范性培训,制作"不合规材料"示例图,确保网办业务附件一次通过,提升网办业务材料档案质量和网上业务一次办结率。

【服务质效提升】以"惠民公积金、服务暖人心"服务提升三年行动、住房公积金政策宣传月活动为抓手,开展专项业务、"服务礼仪、岗位职责及投诉处理技巧"专业知识等培训4期,召开满意度"问计问需"座谈会2次,发放调查问卷50份,上门服务2次、预约、周末办理16次;组织进房地产公司、进园区,向个体工商户、灵活就业人员政策宣讲4次。完善服务设施,改善服务环境,设立"便民服务角",放置政策宣传资料架,摆放手机充电站、雨伞、老花镜、口罩等用品,从细微处服务于民。设置监督牌和意见箱,公布投诉电话。按照好差评管理办法,有效回应"找茬窗口""好差评"等群众合理诉求,调查核实、做好对各类来访、投诉建议、微信电话咨询等的解答处理;做好回访,列出好差评处理台账,保证问题明确、处理得当、反馈及时。

交通 邮电

交通运输

【项目建设】年内承担全县重点项目9个，总里程94.03公里，其中续建项目2个，里程28.33公里，总投资2600万元，续建项目已完成1个；新建项目7个，总里程65.7公里，总投资8636万元，新建项目已完成6个。S25泾源至华亭高速公路泾源境内全线贯通，完成泾河源镇高速公路服务区主体工程。省道313沿川子（宁甘界）至泾源段公路续建工程21.23公里，投资2000万元，完成全部设计工程量并建成通车；瓦亭至和尚铺公路完成路基工程7.5公里，截至年底还未建成通车。实施农村公路改造提升工程，新民乡道路续建工程7.1公里、黄花乡羊槽村级公路及附属设施5.6公里、集美大庄李庄产业路改造工程11.2公里、峡口经马河滩至西贤公路4.2公里、百万移民致富提升村级道路基础工程32公里共5个新建项目完成建设任务并建成通车。实施7个乡镇农村公路水毁抢修工程5.2公里，投资700万元，分为3个标段实施，8月上旬完成建设任务并建成通车。

【公路管养】落实责任，管理好农村公路。加大对非法营运打击力度，加强与公安交警相互配合，开展打击非法营运治理"清朗"行动，共出动执法人员1270人次，执法车辆1282辆次，布设稽查点503处，查处擅自开挖公路破坏路产路权施工4起，处罚金额3.3万元，查扣非法营运车辆46辆，处罚金额11.97万元，累计处罚15.27万元；制定印发《G70福银高速维修封闭期间G312线G344线辖区交通管控应急处置工作方案》，成立应急处置指挥部，下设3个职能部门，抽调县交通、自然资源、住建、公安交警等部门人员共105人，配备专用救护车2辆和消防、救援等机械设备车辆13辆，加强G344线与G312线杨庄交叉口、县城高速入口运行检测，做好高速封闭期间物流保通保畅、交通疏堵疏导应急通行处置工作。健全机制，养护好农村公路。推进农村公路全域养护管理，制定《泾源县深化农村公路管理养护体制改革实施方案》，实行县、乡、村三级"路长制"管理；年内整修路肩和边坡550公里、清理边沟350公里、清扫路面490公里、疏通桥涵淤塞21处，冬季铺撒防滑砂4500立方米，融雪剂60吨；实施高家沟危桥改造工程，桥长44米，宽7.5米，区厅补贴资金126万元，中标价172.9万元，已建成通车；实施农村公路生命安全防护工程，8条公路45.1公里，安装波形护栏15.62公里，区厅补贴资金395万元，已全部安装建成；自汛期至年底组织清理水毁塌方146.8立方米，消除道路桥梁隐患2处，排查农村道路隐患155处，完成整改155处，整改率100%。

【农村公路运营】通过实施"公交进乡村"

工程，实现城市与农村客运无缝对接，县财政按300元标准补贴偏远、偏冷农村客运路线。争取办理人大议案、意见建议和政协提案，2022年承办县十八届人大代表议案1件、意见建议30件，县政协十四届委员提案8件、社情民意2件共41件，投入办理资金3117万元，办理率40%。加强"春节、两会、五一、十一、学生潮"等重大节假日时段出行保障服务，"春运"期间办理加班、包车线路5次，护送旅客120人次；组织出租车420辆次、公交车32辆次开展"爱心送考"等为民办实事活动，提升交通运输行业整体服务水平和服务能力。

【安全生产】制定《2022年度安全生产工作计划》，签订《安全生产目标管理责任书》，在重要节假日时段，分管领导带队进行安全检查督查，压实运输企业主体责任、监管单位监管责任，从根本上预防和杜绝重特大道路交通事故的发生。开展安全生产专项整治三年行动，召开安全生产工作会议25次，开展督导检查36次，排查隐患135条，完成整改135条，整改率100%。强化安全生产宣传，开展"平安春运"、"4·15"国家安全日、"6·26"禁毒日等各项宣传活动6次，发放宣传资料1200余份，编辑视频及简报25份，发布宣传安全知识和天气预警、温馨提示等信息50余次。坚持带班值班制度，执行24小时值班和领导带班制度，做好党的二十大、应急防汛、疫情防控等预防措施，减少交通事故发生，保障群众安全出行。

【综治信访维稳】按照"属地管理"和"谁主管谁负责"的原则，强化领导责任、部门责任和岗位责任，增强整体合力，形成共同履行综治维稳责任的工作格局。及时解决群众来信来访中反映的问题，一时解决不了的做好解释工作；对于上级交办转办的信访件，按照规定及时上报处理结果和息诉息访工作情况，化解各类矛盾纠纷；年内接待群众来访4批次12人，处理各类信访投诉工单68件，回复率100%，化解率100%。

邮　政

【经营情况】2022年业务收入完成865.67万元，完成预算目标878万元的98.58%，同比增幅15.41%；全年储蓄余额规模2.97亿元，新增3152万元，活期比40%。金融业务收入完成561.1万元，增幅12.4%；寄递业务完成148.49万元，增幅36.28%；邮务类业务完成108.54万元，增幅11.79%。代理保险保费收入114.28万元，增幅20.48%，理财收入完成3.22万元，增幅-1.58%。全年利润完成92.82万元，同比减亏87.89万元。

【金融市场开拓】以客户为中心，以余额为根本，以电访、走访、活动为抓手，引客到访，提高产能，扩大客户规模，做大AUM。通过正向激励措施，将目标和日行为量明确到每一天，做到"四个到人"，加强过程管控，利用营销费用，动员网点及后台人员参与到代理金融业务发展中;通过领导帮扶网点,开展网点PK赛,营造"比学赶帮超"发展氛围,至9月份储蓄余额净增2124万元,余额规模达到2.87亿元,市场占有率9.3%,年累计新增市场占有率6.4%,全县排名第四。加强板块协同,通过邮务、寄递客户与金融客户双向复用获新客;关注CRM系统使用和分户管户,将报刊、集邮客户信息提供给金融网点,在CRM系统进行比对,开展精准邀约,做大AUM;为金融有寄递需求的客户发放优惠券,通过中国邮政速递物流公众号的关注发展寄递业务,实现邮银协同发展。利用合作社、寄递、贷款等客户数据,由"网点+惠农专班+寄递"组成的走访小组,深入农村合作社、种养殖户家中进行走访,在获客的同时,联动开发代发、开卡、绑卡、寄递等业务;同时建立客户档案,在CRM系统录入信息,建立标签。定期维系VIP客户和固定客户,提高客户粘合度,开展到期资金的留存和提升。

【特色项目】开发极速鲜市场。利用泾源县黄牛肉畅销区内外的地理优势,以邮乐平台"销售+寄递"的模式帮客户进行宣传销售,实现了双方共赢,提高了客户粘性;全县与邮政合作的客户达到31家,极速鲜市场占有率达到69%;在四季度"决胜旺季"营销活动中,特快收入增幅达到73.9%;全年实现标快收入97.8万元,同比增长30.8%,占寄递业务收入的65.8%。开发电商市场。通过走访政府部门、工业园区电商孵化园和蜜蜂养殖户,及时捕捉市场信息,最终把目光聚焦在蜂蜜寄递市场上;经过走访开发,与5家大的蜂蜜电商企业签订寄递协议,并通过邮乐网和区直机关消费扶贫活动进行销售,全年土蜂蜜寄递13620件,实现快递包裹收入38.5万元,占快递包裹总收入的76%,拉动快包业务增长,快包同比增幅达到53.5%。

【惠农项目】以"惠农专班+网点"的模式,开展惠农合作项目,走访开发辖区内农业合作社、家庭农场等新型农业经营主体,共梳理出活跃合作社459家。2022年发展两项业务以上的合作社15家,产生农产品寄递业务收入23万元;完成绿卡村1个,储蓄开卡48张,余额新增128万元,注册邮生活用户1748户;协同银行发展融资E贷款客户49户,放款320万元,在全市率先完成目标。

【邮快合作】加强三级物流体系建设,推进邮快合作,完成72个村级站点建设,叠加了寄递、金融、电商等业务。建制村通邮率达到100%,农村快递当日投递、党报党刊当日见报;通过邮快合作促使申通和圆通为96个行政村进行配送,进一步抢占农村市场。

中国电信股份有限公司泾源分公司

【业务情况】截至年底，总计移动用户达到27245户，宽带用户达到12525户，IPTV用户达到11635户，5G用户达到16696户，全屋Wi-Fi用户达到1877户，天翼看家用户达到4795户。全年新增移动用户4181户，宽带用户1974户，IPTV用户1137户，5G用户5082户，全屋Wi-Fi用户379户，天翼看家用户985户，千兆用户2223户。

【工程建设】截至年底，总计汇聚光交接箱28个，光缆杆路1510公里，城市光网管道20.3公里，光宽带端口20166个，5G基站48个。全年新建汇聚光交接箱6个，光缆杆路25公里，城市光网管道0.3公里，光宽带端口2320个，5G基站15个。

中国移动通信集团宁夏有限公司泾源分公司

【生产经营】2022年，中国移动通信集团宁夏有限公司泾源分公司生产经营工作在宁夏移动县区公司综合排名第二，5G客户占比达到55%，通信客户较上年增长5.2%，宽带客户较上年增长20%。

【党建工作】落实"三会一课"制度，开展"第一议题"，强化政治引领作用。全年开展"三会一课"12次，参与140余人次；开展主题党日12次，参与160余人次；开展党的二十大学习教育，共计全员学习2次、党员学习18人次。

【网络建设】建设5G基站2.6G频段基站13座、700M频段基站24座，现共有5G基站37个，实现县城全覆盖，七个乡镇全覆盖。针对泾源县宽带盲区、弱覆盖区域进行重点建设，全县宽带覆盖率达到99%以上，其中行政村实现100%覆盖。完成千兆宽带的建设，农村区域千兆建设10248户，城区千兆建设10904户，千兆建成后速率达到1GB/s。争取固定投资2250万元，推进了网络承载能力建设。

【服务工作】秉承"客户为根 服务为本"的理念，落实企业责任，推进服务工作。以客户满意为中心，围绕客户需求，通过"10分满意""适老服务""服务进万家"等举措，为客户提供综合、高效、便捷、贴心的服务，服务水平和客户满意度得到提升。为解决客户在信息化等方面的难题，成立专业团队30余人，服务泾源县各行政企事业单位，助推泾源县信息化工作发展。

【反电信网络诈骗工作】开展反电信网络诈骗工作，从源头落实"断卡行动"，严格落实新办手机卡实名制的同时，对客户进行反电信网络诈骗宣传,并劝导客户注册反电信网络诈骗App,注册率高达95%;配合公安部门、社区、乡镇在小区、农村入户开展反电信网络诈骗宣传。

中国联合网络通信有限公司泾源县分公司

【政治建设】坚持把学习宣传贯彻党的二十大精神作为首要政治任务,开展"大学习、大讨论、大宣传、大实践、大提升"活动。实施"1+9+3"新战略,通过党支部"三会一课"、主题党日全方位开展战略宣贯、解码和落地,推动新战略取得阶段性成果,特别是在疫情防控、六稳六保、网络保障、乡村振兴等大战大考中,彰显了政治担当。

【高质量发展】以"平台+云网+X"的营销模式,开展"迎战开门红、鲲鹏行动、逐鹿之战、惊雷行动、宽带百团大会战、农村抢收大会战"等一系列营销活动。深耕家庭、社区、农村、校园、聚类等重点市场,坚持"5G+千兆+融合"的发展模式,推进数字化赋能3.0深度应用,用户结构得到改善;全年累计新发展移动互联网用户6000户,同比提升12%;累计发展宽带用户800户,同比提升7%;千兆渗透率30.2%,组网渗透率22.2%,宽带端口占用率达到21.7%。推进渠道终端一体化运营能力,借助新品上市热销机型,精准释放资源,提升5G终端销售规模、机卡搭载率;全面布点建设服务发展较弱区域,清理无效渠道4家,新建代理点8家,现有社会渠道代理网点12家,覆盖率80%。以"乡村振兴"为契机,通过走访各乡镇、村部,借助"数字乡村平台"和"农村通信合作社"与村部建立合作关系,集中开展扫村活动120余次,累计发展移动互联网用户2800户,宽带用户380户,在农村市场建立了良好口碑,数字乡村建设取得新成效。发展大联接、大计算、大数据、大应用、大安全五大主责主业,紧跟数字政府指导建设,加大政务外网拓展力度,实现泾源县政务外网零的突破;发挥智慧党建业务优势,利用数睿广告及舆情通业务发展政府及金融行业用户;开展数字政府及5G扬帆应用活动,发展泾源县公安局执法办案等项目,改变单一发展思路,聚焦融合渗透,助力客户数字化管理水平。

【服务工作】严把入网关,打击夸大宣传,紧盯浅表性问题,创新工作方式,做到有效拦截。加强对诈骗电话、骚扰电话的拦截及反诈行动宣传工作,协助社区居民安装反诈App,开展"3·15"、"5·17"等主题日宣传活动。

【治理工作】开展安全生产专项整治三年行动,为营业厅、库房更换消防器材,完成隐患整治2处,开展物资、采购、保密、合规等领域风险自查整改工作。践行企业文化,开展以社会主义核心价值观引领企业文化建设系列活动,以文化建设保障推动集团公司新战略落地实施。贯彻落实职工队伍建设20条意见,慰问生产一线、困难员工、驻村干部、生病员工及家属,改善员工宿舍、生活条件,提高餐费补助标准,员工的幸福感和安全感得到增强。

泾源年鉴2023

银行 保险

中国人民银行泾源县支行

【监管职责】 监督贯彻落实党中央的重大决策部署和上级行工作部署,监督落实稳健货币政策和改善金融服务支持民营经济发展,防范化解重大金融风险攻坚,保证"金融为民"得到全面贯彻落实。加强对辖区执行货币政策、防化金融风险、金融助力脱贫攻坚、金融支持小微民营企业等各项政策落实情况的监督检查,推动对重大决策部署落实情况监督的具体化常态化,发挥监督保障执行、促进完善发展作用。实现人员信息共享,打破惯性监督方式,按照"优势互补,互通有无"的原则,加强沟通衔接,与县法院、检察院、公安局、香水镇三家社区签订了《人员管理信息共享合作协议》,构建起人员管理信息共享机制,破壁"八小时外"员工异常行为管理难题,营造崇廉尚廉浓厚氛围,提高"红线"意识,筑牢廉洁堤坝,推进模范机关的创建。

【金融服务】 通过提升农业产业有效金融供给,支持特色农业、农产品加工流通和一二三产业融合发展,完善落实农业产业链式金融服务新模式,适应农村经济产业化、规模化、集群化发展趋势。推进农业与多产业融合发展,与泾源县融资担保公司等担保主体分别签订"银担合作协议",围绕创新财政与金融协同支农机制,向经营规范、实力较强的家庭农场、种养大户、农民专业合作社、农业产业化龙头企业及新型农业经营主体提供融资支持,解决农户及新型农业经营主体担保难、担保贵等融资难题。加大金融支持产业融合发展力度,通过提升农业产业有效金融供给,坚持"支农支小"的经营定位不动摇,贷款行业以农林牧渔业等"三农"产业为主,信贷资金重点向服务实体经济、服务以小微企业倾斜,支持打造"一乡一策、一乡一业、一乡一特"产业发展机制,创新配套"草畜贷"、"民宿贷"等信贷产品,支持打造"泾源黄牛肉"、"六盘山旅游群"特色品牌,推动农业产业布局区域化、生产标准化、经营规模化、发展产业化。巩固金融精准扶贫成果,加强脱贫人口信贷支持,加大对退役军人、返乡农民工、网络商户、高校毕业生各类创业群体的金融支持。认真浇筑基础设施建设、重点项目建设金融基础。扩大城镇基础设施建设金融支持,水利、环境和公共设施管理业贷款。

【信贷运行】 泾源县金融机构认真贯彻执行中央宏观调控方针政策,保持金融业稳健运行态势,金融在促进全县经济社会快速发展中发挥重要作用。各项存款持续稳中有增;各项贷款总量保持合理增长,支持了地方经济发展;再贷款资金使用有效合规。

【经理国库职责】 国家金库泾源县支库认真执行各项制度、学习新的规章制度、严格管理严格监督、防范和化解国库资金风险。常态化严肃对待业务系统日常监测和运维，确保国库业务系统运行安全、稳定。完善国库应急管理制度和部门间应急协作机制，组织开展应急演练，提高各级国库的应急保障能力。在每周召开的股室会议上，加强分析，提高统计报表编报效率，按要求组织撰写国库资金运行分析，注重提高分析质量。实行责任到人制度，严格要求，加强国债管理，加强国债承销机构现场检查及业务考核，坚持实行发行首日现场督查制度。

【支付结算工作】常态化加强支付系统业务管理，加强会计核算业务，配合中支支付结算科开展支付领域风险专项整治，严厉打击支付领域违规行为；完善农村金融服务基础设施，规范和完善支付系统管理，全辖区支付系统、ACS系统安全稳定运行。加强会计核算业务，配合中支支付结算科开展支付领域风险专项整治，打击支付领域违规行为，开展涉赌涉诈账户风险排查与整治工作。

【"稳保促"政策】灵活运用央行货币政策工具，加大金融支持乡村振兴力度，参与地方党政各部门有关区域金融运行形势分析和乡村振兴工作落实会议等，从"加大乡村振兴信贷支持力度、创新产品服务、拓宽融资渠道、推动重点特色产业发展升级、全面推进乡村普惠金融建设"五个方面着手，督促县域各金融机构创新信贷模式、提升服务质效。坚持回归本源、服务实体；先行先试、创新发展，推进六权改革工作；坚持金融为民，牢固树立以人民为中心的发展思想，坚持普惠大众的服务理念，推动征信、存款保险宣传，提升社会公众金融知识普及面，加强减费让利工作；协调相关部门，推动县政府召开上半年"泾源县政银企座谈会"，金融机构现场为七家企业签约授信，金融部门的信贷支持为县域稳经济、促发展、保增长的目标注入源头活水。

【货金工作】落实普惠金融政策，优化现金流通环境，提升现金服务水平，打造以人民银行为主导、银行业金融机构为主力、人民群众为主题的八方隆现金服务示范区，示范区内营业网点实现"六个统一"标准化建设，惠民措施落实到位，满意度评价机制健全，示范区成效显著。创新宣传途径和宣传载体，做好金融宣传工作，充分利用微信、互联网、手机短信等方式开展反假人民币宣传工作，组织金融机构开展"人民币知识宣传进社区"，按照上级行要求，构建辖区金融机构对接社区网格化管理进行区域划分，增强辖区居民爱护人民币意识；组织开展反假、不宜流通人民币、纪念币等相关知识培训，组织辖区金融机构开展现场培训及现金机具升级工作，通过悬挂横幅、发放宣传手册等多种方式向辖区民众宣传人民币知识。

【反洗钱工作】为完成反洗钱工作要求，会计国库发行股成立反洗钱走访检查小组，依照上级行工作要求，自主完成对辖区四家反洗钱义务机构专项走访检查工作，完善辖区金融机构反洗钱制度。与辖区公安机关形成合作机制，发现整治一起反洗钱案件，上报六篇反洗钱相关调研信息，提升辖区反洗钱风险防范水平。指导义务机构健全反洗钱风险管理体系，指导各金融机构完善内控制度，尽职尽责履行各项反洗钱法定义务，重点抓好客户身份识别、客户身份资料和交易记录保存、大额可疑交易等工作落实情况,强化员工反洗钱合规意识、风险意识、信息安全保护意识,培养员工底线思维,确保反洗钱从业人员熟知相关法律法规。

【信贷风险防范与化解】密切关注发展周期性行业、产能过剩行业、房地产行业及影子银行等重点领域的风险趋势,指导银行业金融机构要落实好稳健的房地产信贷政策和发展战略,科学把握房地产贷款的成本和风险变化,防止盲目跟进和授信过度集中。开展县域法人金融机构合格审慎评估工作,维护市场正当竞争秩序,促进市场规范健康发展,按季度开展合格审慎工作。完善风险监测预警机制,加强与公安、司法等机关的配合协作,研究完善非法集资案件防范打击工作流程,维护金融秩序和社会稳定;做好舆情监测,高度关注辖区银行负面舆情,严防声誉风险。做好地方法人金融机构流动性监测工作,防止法人金融机构流动性风险,建立地方法人银行流动性监测日报制度,及时预警提示。加大再贷款投放,提供流动性支持,缓解农商行资金压力。加强县域不良贷款监测工作,不良贷款的增加主要是受疫情影响,借款人经营不善、苗木滞销、借款人死亡、突发重大事故等因素致使借款人无力偿还贷款。

【宣传工作】通过线上线下开展宣传活动,提升社会公众金融知识普及度。下乡集中宣传,宣传征信、存款保险等基本知识,引导社会公众关注自身信用记录,了解存款保险知识,回应社会热点问题;进校、进社区、进市场、进商户普及金融知识、排查金融风险,提醒辖区民众提高警惕,防止踏入非法"征信修复陷阱",不轻信非法集资等宣传;利用"3·15"、"6·14"、金融知识普及月等特殊节点展开宣传,普及金融知识,期间在黄花乡政府、惠台乡村部、卡子村村部、杨岭村村部等多个地方举办金融知识培训。累计开展线下集中宣传24次,发放宣传折页4000余份,LED电子屏播放宣传口号2000余次,电视屏播放《警惕"征信修复陷阱",珍爱个人信用记录》《存款保险,保护您的珍贵存款》等宣传视频500余次,解答群众咨询2000余人。

中国农业银行泾源县支行

【金融指标】个人存款余额92273万元,较年初增长7565万元,同比增加5330万元,增速8.93%,个人日均存款余额86425万元,较年初增长5218万元;全行对公存款余额34049万元,增量1452万元;全年实现营业收入4692万元,同比增加236万元,完成全年计划任务104.03%;实现利息净收入4316万元,同比增加265万元,完成计划任务105.78%;实现净利润1971万元,完成计划任务的92.95%,人均利润达42万元;实现手续费及佣金收入468万元,完成全年计划任务85.18%,其中代理保险收入26万元,同比增加11万元，增幅73.3%，主要财务指标完成率排分行前列，全年经营评价为17名。

【数字化转型】协调推进数字化转型"十大工程"，聚焦掌银月活客户数，对公线上活跃客户数、场景活跃客户数等转型发展核心指标开展精准营销，深挖存量场景潜力，成功上线泾源县高级中学和泾源县一中的"智慧食堂"场景，累计带动掌银活跃4600余户。紧扣数字乡村建设，上线总行版"三资平台"，完成泾源县大湾乡政府智慧乡村综合服务平台机构入驻等，协助大湾乡董庄村经济合作社完成1笔固定资产登记。推广农户专属信贷产品"惠农e贷"，全年新增"惠农e贷"1018户9790万元。

【乡村振兴金融服务】坚守服务"三农"基本定位，围绕"两高于、两提升、一确保"目标，实施"产业引领、整村推进、利率优惠"新策略，巩固拓展金融扶贫成果，推进乡村振兴金融服务，支持乡村产业发展壮大。全行农户信息建档4158户，累计发放农户贷款7220笔49216万元，较年初增长7215万元，增幅21.45%，专业大户（家庭农场）贷款余额5988万元，较年初新增51户443万元，发放肉牛养殖贷款20772万元，较年初增加5791万元。派驻第一书记、驻村队员全身心投入乡村振兴服务工作中，2022年向大湾乡捐款10万元用于民生基础设施建设，通过电商平台帮助销售农产品210万元。

【普惠金融服务】开展"秋实行动""冬蕴计划"专项活动，优先发展抵押e贷、首户e贷等拳头类产品，普惠贷款余额1.21亿元，净增4428万元，完成率273.32%，普惠贷款增速57.26%，高于各项贷款43个百分点；普惠贷款有贷户628户，净增235户，其中"抵押e贷存量客户38户2318.5万元，较年初增加21户1005.5万元，普惠贷款加权平均利率4.45%，较年初下降0.02个百分点，完成"双口径"普惠金融目标和"两增两控"监管目标。对接泾源县落实绿色金融发展规划，拓展绿色信贷规模，推动绿色信贷增量扩面，构建多元化绿色金融服务体系，绿色信贷、制造业贷款增量分别完成全年目标任务的138.9%、290%。

【信用风险防控】全行不良贷款余额402.66万元，较年初增加183.7万元；不良占比0.58%，较年初上升0.22个百分点，不良贷款余额管控在分行460万元计划之内，信用风险整体可控。推行名单制管理，对照不良贷款清单，全面开展"拉网式"诉讼，做到"早诉讼、早执行、早核销、早处置"，全年现金清收不良资产245.37万元，累计诉讼28笔，收回103.12万元。在加强自助清收的基础上，加快核销处置工作，全年处置不良贷款281.26万元，其中核销237.20万元、证券化43.96万元，清收处置指标均超额完成分行计划。

【基础管理】健全"双线管理"责任体系，开展"合规教育年"活动，筑牢员工行为管理基础，全年开展警示教育活动4次，合规宣讲1次，"一月一学大讲堂"活动5次，谈心谈话47人次，开展外部走访3次，保持案件和重大责任事故零发生。以年度考评为抓手，开展运营管理各项工作，电子对账签约、支付密码器管理、集中作业质量等在分行排名靠前。重视消费者权益保护工作，加强投诉管理，全年点均投诉量1.5笔,较上年下降0.3笔。完成各网点"110"系统升级改造,成功安装电器火灾报警系统,推进印章保密、普法宣教工作,全行平安运行无事故。

泾源县农村商业银行

【金融运行】各项存款规模19.69亿元,较年初增加0.94亿元,增长5.01%,其中单位存款4.57亿元,减少0.38亿元,个人储蓄15.12亿元,净增1.32亿元;存款市场份额49.83%,较年初减少0.39个百分点。贷款规模23.03亿元,较年初增加1.97亿元,增长9.35%;其中涉农贷款规模17.00亿元,较年初增加1.23亿元,涉农贷款占比73.82%,信贷规模占县域具体机构总量的65.32%。资产质量保持稳定,五级不良资产余额2640万元,占比1.32%,分别较年初增加750万元和0.40个百分点;收回表外不良资产157.00万元,完成目标任务的92.35%。盈利水平呈现回落。实现净利润3279万元,完成目标任务的102.79%,净利润较上年增长819万元,增幅33.29%。

【重点领域金融供给】投放文化旅游产业贷款943户、1.84亿元;投放肉牛养殖贷款9598户、8.22亿元;投放中蜂产业贷款46户、398万元。落实"行业负面清单制"。谨慎类贷款余额6514万元,较年初新增191万元;限制类贷款730万元,较年初下降161万元;"两高一剩"贷款零余额,行业信贷政策贯彻到位。重点投向"农林牧渔"贷款13.19亿元,占各项贷款66.99%;投向"批发和零售业"1.03亿元,占各项贷款5.23%;投向"住宿和餐饮业"0.56亿元,占各项贷款2.84%;投向"个人住房按揭"贷款0.76亿元,占各项贷款3.86%;投向"个人消费"贷款3.85亿元,占各项贷款的19.55%。投放农地贷4户、17万元。投放脱贫人口贷款5480户、3.85亿元(其中脱贫小额信贷4796户、2.35亿元)。投放金扶贷4610户、2.26亿元;助力贷1208户、0.57亿元。探索金融惠农模式,创新推出"泾源农商行+基层党组织+经济合作社+农户"联合服务模式,向兴盛乡养殖园区7个合作社发放贷款1080万元,向22个养殖大户发放贷款600万元,带动73户农民参与园区管理和分红。

【整村授信】按照黄河银行统一部署,把深入推进整村授信工程作为深化农村金融服务和助力乡村振兴的重要抓手,以黄河农e贷为载体,因地制宜、精准对接地方重点主导产业,推进农户普惠评级授信,加大未用信农户"二次营销"工作,做到农户在哪里,服务就延伸到哪里,确保整村授信全覆盖,巩固拓展农村市场。完成96个行政村整村授信,评级授信农户7634户、3.98亿元,用信1688户、1.09亿元,实现农户用信与地方优势产业发展精准对接,融合促进。

【普惠小微企业贷款】贯彻落实中央、自治区稳经济保增长促发展各项决策部署和金融支持稳经济保增长促发展系列政策措施,聚焦做好"六稳""六保"工作要求,结合县域民营小微企业特点,按照"一企一策"原则,单列普惠信贷计划,资源配置重点倾斜,无缝对接、精准施策,提高小微客户的融资获得率和覆盖面,做到"量增、价降、质提、面扩",在精细服务中拓展小微客户群体。普惠小微企业贷款1963户、5.00亿元,分别较年初增加7户和0.36亿元,贷款增速7.7%;小微企业贷款利率平均下降0.23个百分点,实现普惠小微企业"两增两控"目标。

【银政企合作机制】与宁夏农业信贷融资担保有限责任公司、泾源县融资担保有限公司、泾源县创业担保贷款合作协议、农村妇女创业担保贷款合作协议、泾源县农村合作经济经营管理站、大湾乡杨岭村村级互助担保基金等6家担保机构建立合作关系,为解决涉农领域贷款担保难问题搭建了直通道,引进担保资金1.30亿元,通过合作机构担保贷款6073户、4.33亿元。

【主营业务转型发展】各项存款净增0.94亿元,其中对公存款减少0.38亿元,个人储蓄净增1.32亿元;3个月以下低成本存款11.38亿元,占比57.77%,较年初减少0.62亿元,增长-0.05%,存款市场份额49.83%,较年初减少0.39个百分点,负债业务稳居县域同业之首。单一客户贷款集中度1.90%,较年初下降0.11个百分点,最大10户贷款集中度15.11%,较年初下降0.92个百分点,10万元以下小额贷款7.17亿元,占比36.41%,新增贷款规模1.97亿元,新增贷款客户1401户,涉农贷款占比73.82%,稳步推进规模客户双增、顺应政策、结构合理的信贷资产结构。离柜替代率达到94.27%,完成目标任务的100%;新增手机银行有效户5734户,完成目标任务的53%;社保卡激活9307张,完成目标任务的155%;累计办理信用卡8782张,完成目标任务的96.38%;收单业务有效户674户,完成率-18%;投放黄河e贷1501户、1.10亿元,投放兴农e贷740户、2000万元,较年初增加251万元,完成目标任务的8.37%,系统排名第8位。向人行借入扶贫再贷款4.39亿元,较年初增加2.05亿元。完成辖区97个"乡村振兴金融服务中心"挂牌工作,实现农村金融便民服务优化升级全覆盖。上半年,结合信贷市场需求疲弱现状,创新推出以单户万元为定额、利率县域同业最低、全信用获贷模式,针对性开展"普惠小额信贷"专项活动,专项活动以来,投放普惠小额贷款5041户、5041万元。着力拓展对公业务群体。完成取暖费代收系统开发,新开对公账户205户,其中新开农民工工资专用账户8户,新开账户留存资金0.6亿元;为发挥社保卡"一卡通"为民、利民、惠民、便民作用,在客户流量较多的网点安装社保制卡机3台,为城乡居民制卡换卡和拓宽财政补贴资金来源提供保障。

【优化信贷结构】疫情发生后迅速摸排本地受疫情影响情况,结合本地实际适当延长还款期限,灵活办理相关手续,各项扶贫政策保持不变,简化业务流程手续,采取多种方式提供服务,对新发放贷款、续贷和展期需求,通过视频讲解、电话指导等方式引导贫困户通过电话银行、手机银行、网络银行等线上方式和就近营业点申请贷款和自助还款。对受疫情影响的贫困户,转变服务方式,采取多种途径灵活办理业务,为企业配套个性化"金融套餐"。对受疫情影响但经营正常、遇到暂时困难的行业,以及受疫情影响生产销售的民营小微企业,做到不抽贷、断贷、压贷。加大表外不良资产处置力度,不良贷款专项清收小组按照"一户一策、因地制宜"的原则,督导各支行加大对表外不良资产的清收管理力度,做到账销案存、强化管理、加紧催收、维护债权。强化责任清收时效管理,建立表外不良资产清收台账,明确经营管理责任人,加强诉讼时效管理,严防诉讼时效丧失。按照"快进快出"和"效益最大化"原则,加快不良资产清收进度累计清收转化不良贷款1425万元,收回表外不良资产158.00万元。

【风险管控】根据业务需要与实际情况,印发修订《泾源农村商业银行现金清分中心业务操作规程》等文件,完善和指导网点及清分中心业务发展。针对实时预警系统抓取的数据信息,从由高到低的风险级别开展研判、分析,从不同角度、不同层面掌握风险动态。对集中处理的实时预警等业务进行不定期抽检,定期通报,对存在的问题,提出整改意见,提升事中风险防控能力,截至12月底,共处理实时预警数据10611条,其中处理黄河银行下发核实预警26条,自主下发核实预警单3条,发现操作差错39条,绩效扣分89分。借助事后监督系统监督检查,事后监督系统根据日常监督发现问题248条,向各支行风险提示发出督办234条,整改问题218条,累计扣罚2800元。授权拒绝率由年初1.04%下降至0.21%,目前全系统排名第一。按照人民银行要求就反洗钱、反假、反电诈、账户管理等开展形式多样的宣传。协同人民银行开展集中宣传,扩大宣传影响力,自主开展进社区宣讲、下乡村集中宣传、入校园讲好开学"第一课",各网点落实柜面宣传,提升宣传密度。共参与集中宣传7次,组织集中宣传6次,制作微信公众号、抖音号、美篇宣传9次。组织各支行持续开展大小额风险排查,及时发现洗钱和电诈端倪,共计排查大小额转账异常案例5例,均致电提醒客户,支行柜面堵截电信诈骗1起,直接避免经济损失110万元,已上报人民银行泾源县支行,维护了泾源辖区的反洗钱、反电诈阻截体系。严格履行查库职责,按季度突击对全辖11个支行及含清分中心现金、重空、抵质押物、印章等重要物品开展检查50次,行分管领导对清算中心查库1次,检查覆盖面达100%。为加强现金管理,提高现金使用效率,通过匡算各支行2021年平均库存,对各支行网点的库存进行调控,在2022年库存基础上整体压缩库存410万元。泾源农商行与泾源县泾河社区建立网格化管理机制,就业务宣传、现金管理、金融纠纷等方面达成共识,畅通业务发展与宣传,提升泾源辖区居民对金融服务的满意度。高度重视小面额现金的兑换工作和回残工作,累计提供小面额现金兑换719万元,向人民银行回残7714万元。落实"收支两条线""全额清分""现金消毒"管理。编制印刷《反洗钱工作日志》《反洗钱二次甄别会议记录》等登记簿,要求详细登记,落实网点反洗钱领导小组履职,关注反洗钱监测系统数据风险,加强客户交易数据分析,共处理反洗钱监测系统案例数据25547条,共发现可疑案例2条,均上报可疑报告并对账户进行了控制管理。

【风险抵御能力】资本充足率24.10%,拨备覆盖率248.59%,资产损失准备充足率355.10%,流动性比例46.00%,各项风险监管指标均优于监管达标值。

中国邮政储蓄银行泾源县支行

【概况】邮储银行泾源县支行依托"自营+代理"的独特模式和资源禀赋,坚守零售银行战略,发力普惠金融。自营网点1个,代理金融网点2个,自营网点人数16人。坚持"普之城乡,惠之于民"的经营理念,在提供普惠金融服务、发展绿色金融、支持精准扶贫等方面履行社会责任。服务泾源县域4乡3镇96个行政村,帮助县域11万人经济发展,邮储银行泾源县支行深入贯彻新发展理念,全面深化改革创新,加快推进"特色化、综合化、轻型化、数字化、集约化"转型发展,提升服务实体经济质效,着力提高服务客户能力,努力建设成为客户信赖、特色鲜明、稳健安全、创新驱动、价值卓越的一流大型零售商业银行。

【信贷投放】结合乡村振兴战略,以"智·惠信用村"建设为切入点,利用移动展业无纸化作业模式,实施利率优惠政策,推广小额极速贷业务,打造"智·惠信用村"示范乡镇,培育老百姓的信用意识,营造人人守信氛围。建立65个信用村,授信8829万元,信用村新增信用贷款达到16543万元。

【消费者权益保护】根据中国人民银行及其他监管单位要求,按照宁夏分行消费者权益保护委员会办公室工作指示,依照固原市分行消费者权益保护委员会办公室工作部署,严格执行消费者权益保护相关制度。客户经理在日常销售产品过程中,没有发生误导消费者购买产品的情况,一切销售活动都公开透明,在支行销售专区内进行,对于按照规章制度要进行双录的产品,严格进行双录,保证合规。按照区、市分行要求按期公开服务收费价格目录,规范服务收费。无线下投诉;线上投诉7笔,其中5笔为ETC中间业务投诉,因系统原因导致客户投诉,且就相关问题向区分行科技部反馈协调解决;按照消保培训计划,组织5次消保知识学习,2次消费者权益保护知识宣传,开展"守住钱袋子"和"普及金融知识万里行"专题宣传。每月组织专项信息检查,内容涉及客户信息、网络安全等内容,确保客户信息不被泄露,做到人人信息都得到保护。

【征信合规管理】组织员工学习中国邮政储蓄银行征信管理办法4次,在微沙龙开展征信宣传活动3次,为办理业务的客户讲解征信知识。通过抖音、美篇等微视频进行征信宣传,取得良好宣传效果。征信查询岗和查询授权岗对个人征信进行查询和授权严格按照流程执行,通过调阅系统和登记台账未发现违规问题。查询岗在查询前需要检查被查询人的书面授权完整合规,登记《征信查询台帐》，查询台账须由业务经办人、查询人和查询授权人签字，无漏登漏记情况。通过查询贷款资料和拒贷客户资料，贷前查询都经过客户书面授权，授权书签署日期都在贷款受理当日。通过对比《征信查询台帐》和实际贷款业务资料及已拒贷客户资料不存在未按约定用途使用个人信用信息、泄露个人信用信息或违法提供、出售个人信用信息的情况。

【反洗钱工作】完善反洗钱内控制度，按照反洗钱有关法律、法规，根据实际情况建立健全反洗钱考核、奖惩激励约束机制，将反洗钱工作同绩效挂钩，使反洗钱处罚同管理层、直接责任人薪金收入挂钩，调动反洗钱工作的积极性，发挥员工自身潜能。按照市分行及监管部门反洗钱工作要求，及时修订反洗钱内控制度并将修改后的内容制度及时报备到相关部门。加强反洗钱法规、政策和技能培训工作，组织培训4次，反洗钱业务培训纳入全员业务培训计划中，由反洗钱工作领导小组统一部署、分级落实，针对不同岗位、不同业务，组织开展多层次、多渠道、多形式的反洗钱业务培训。开展定期或不定期、现场或非现场的稽核检查，开展反洗钱全面自查工作，跟踪督查检查中发现的相关问题，并以与经济处罚相结合的方式督促整改落实，发现问题及时整改，防止洗钱犯罪活动的发生，履行好反洗钱的法定义务。

【人民币支付管理】贯彻落实人民银行的相关规定，规范邮储银行人民币收付业务，维护人民币信誉，有营业网点3个，自营网点1个，代理网点2个，其中标准现金服务示范区网点2个。为规范现金收付业务，提升现金服务水平，为社会公众创造优质、高效、安全的现金流通环境。贯彻执行《中华人民共和国人民币管理条例》《中国人民银行残缺污损人民币兑换办法》等法规，无偿为公众提供人民币券别调剂和残缺污损人民币兑换服务，无相互推诿拒绝兑换现象发生，无将回收的残损人民币支付给客户行为。严格执行小面额现金备付制度等三项制度执行情况，加强现金需求预测，确保现金供应及时充足。落实全额清分、收支两条线、现金消毒工作。

【反假币工作】重视反假货币工作，建立长效机制。临柜人员自觉遵守《中国人民银行假币收缴鉴定管理办法》，严格按假币收缴流程进行操作，对收缴的假人民币纸币，当面在假币上加盖假币字样的戳记、对应《假币收缴凭证》编号等细项并按月上缴假币实物。利用网点优势，加大反假宣传力度，柜台摆放反假货币宣传材料。对外公示了《中国人民银行假币收缴鉴定管理办法》《中国人民银行残缺污损人民币兑换办法》《不宜流通人民币挑剔标准》，设立残损人民币兑换窗口，挂放标识牌，公布人民银行货币金银科举报电话。在日常工作检查时，将人民币收付业务及反假货币工作作为常规检查事项，重点检查临柜人员人民币收付管理情况，兑换残缺污损人民币时掌握兑换标准是否准确，程序是否规范，是否准确掌握不宜流通人民币挑剔标准，是否根据合理需要原则为公众办理券别调剂业务，是否对回笼款及时进行整点挑剔，流通券与残损有无互相夹带现象，收缴假币操作规程执行情况及实物上缴情况。

【金融知识宣传】为提高县域群众金融知识和防范网络诈骗技能,开展征信"洗白"、存款保险、反洗钱、电信诈骗等宣传十余次,其中组织到村委和扶贫车间开展征信知识宣传6次,通过微沙龙开展宣传活动8次,为办理业务的客户普及金融知识。

宁夏银行泾源支行

【概况】宁夏银行成立于1998年10月28日,前身是原银川市商业银行,由宁夏回族自治区、银川市两级财政、企业及个人入股组建的一家股份制商业银行。2007年12月20日正式更名为宁夏银行,2016年被中国人民银行评为宁夏地区和系统性重要银行。宁夏银行泾源支行成立于2019年10月16日,位于泾源县盈德商贸城2-105,是宁夏银行在全区县域设立的最后一家综合性支行,支行有员工13人,员工平均年龄30岁,研究生学历1人,其余均为大学本科学历。

【乡村振兴】宁夏银行泾源支行首家乡村振兴金融服务站在新民乡杨堡村顺利开业,使老百姓能在家门口享受小额存取、金融知识普及宣传、贷款政策咨询等普惠金融服务的便利,发挥了金融机构社会责任。宁夏银行乡村振兴卡集存款、贷款功能于一体,终身免工本费、年费、跨行ATM取款手续费,打破了宁夏银行服务泾源老百姓的空间限制,将极大地方便持卡人,让老百姓获得实实在在的好处,年内发放宁夏银行乡村振兴卡2300余张。

【助力特色产业】紧扣泾源县"1+3+X"产业发展,支持肉牛、中蜂及文化旅游产业的发展。在泾源县建设全域旅游示范县的契机上,加大对县内宾馆、民宿的支持力度,对特色旅游民宿贷完成授信55户,授信金额862万元,累计授信102户,金额1450万元,支持文化旅游产业贷款金额3525万元,用于提升旅游产品配套设施服务水平,助力"全域旅游"示范县建设。累计支持肉牛养殖及中蜂产业贷款412户,贷款金额7638万元,按照县政府关于肉牛产业"夯基建标 扩量增质 扩链增效 扩市增收"的思路,加强与各乡镇对接,支持农户养殖贷款,解决农户养殖信贷瓶颈。

【消费者权益保护】开展消费者权益保护工作,制定金融知识普及消费者权益保护实施方案,定期召开专题会议,分析研判消费者权益保护工作开展过程中存在的问题,加强客户信息管理;先后开展了"3·15消费者权益保护"、"普及金融知识,守住钱袋子"、"金融知识进万家"、"打击非法集资,开展反有组织犯罪法"、"防范电信诈骗"等特色宣传活动,通过爱心送考、社区志愿服务等活动将金融知识送进寻常百姓家。

【金融政策】普惠金融贷款户数257户,贷款余额7929万元;推出形式多样的信贷业务促进消费,满足新市民消费需求,研发"圆梦贷"配套优惠利率活动,扩大服务新市民覆盖面;响应国家"减费让利"服务实体经济政策,规范服务性收费行为,各项收费项目141项,免收费项目20项,优惠收费项目15项;用好普惠小微贷款支持工具、提高小微企业贷款定价水平,优先支持小微和民营企业融资需求,积极减费让利,促进企业融资成本稳中有降;加强纾困解难,做好稳企业保就业工作,加大对受疫情影响较大的交通运输、批发零售、住宿餐饮等行业的信贷支持力度,不盲目抽贷、断贷、压贷,按照市场化原则,通过续贷、展期等方式,主动跟进小微企业融资需求,履行社会责任。

中国人民财产保险股份有限公司泾源支公司

【经营指标】全险种实现保费3215.6万元,计划达成率103.6%,增速26.5%,市场份额73.9%,同比下降0.8%,综合成本率94%,表结利润115万元。其中车险实现保费1909.5万元,增速20.4%,市场份额68.2%,同比下降0.9%,综合成本率94%;个非完成保费212.3万元,达成率为80.7%,法客保费326.9万元,达成率为79%,商非市场份额90%,同比增加6%,综合成本率80%;农险实现保费767万元,达成率126.6%,增速78%,市场份额76.7%,同比下降21%,综合成本率85%,近五年来首次实现盈利。

【农业保费收入】政策性农业保险保费收入767万元。种植业共承保农作物3.29万亩,涉及农户4315户,其中玉米3.23万亩,涉及农户4313户;露地蔬菜716万亩,涉及1户合作社;公益林12.33万亩。养殖业(含养殖公司、养殖合作社、出户入园及养殖大户)共承保13399头(只),涉及农户2113户,其中成年肉牛13255头,涉及农户2107户;后备肉牛144头,涉及农户6户。

【农业保险财政补贴】中央财政补贴41.42万元,自治区财政补贴358.34万元,县财政补贴244.67万元,农户自缴115.03万元。用农户自缴的115.03万元撬动各级财政补贴资金644.43万元。

【农业保险理赔情况】农业保险共赔付516.13万元,其中玉米赔付25.5万元,涉及农户712户,露地蔬菜赔付3万元,涉及1户合作社;肉牛赔付487万元,涉及农户707户。

【农网建设】发挥农网在"三农"服务中的积极作用,在人口相对集中、种植面积大的乡镇集中交汇点设立1个农村保险营销服务部(六盘山三农营销服务部),现有农业保险专业团队6人,三农服务车辆3辆,乡村协保员94名,方便农户做到就近承保,就近理赔。

【农业保险宣传】印制政策性农业保险宣传彩页30000份,利用集市日、村委会会议、各村农民讲习所等方式逐户分发到农户手中,做到农险业务家喻户晓,人人皆知。在中标5个乡镇分别召开"农业保险人,通过宣传展板和PPT现场向参会人员讲解农业保险的保障范围和支农惠农政策,增强农户对农业保险认识。

【渠道管理】走访调研县域修理厂，合作修理厂由上年的3家增加到7家，配套送修资源激励政策，精准送修，发挥资源互换效益最大化，优化业务结构。修理厂累计实现保费收入300.5万元，其中自家车占比同比提升了10PP，营业货车占比同比下降5PP。

【理赔管理】赔付率同比下降14.28%，其中农险赔付率不断下降，扭转了多年严重亏损局面；商非赔付率同比下降20.87 PP；费用率同比下降0.24 PP，综合成本率95.28%，同比下降14.82 PP；表结利润115.87万元，同比增加313.34万元。

【指标完成情况】学幼险实现保费收入111.38万元，超额达成两阶段目标任务，完成率117.24%。从各团队来看，个渠学幼险任务目标76.05万元，实际完成79.97万元，计划达成率105.15%；农网任务目标8.5万元，实际完成18.52万元，计划达成率217.88%；商团团队任务目标8万元，实际达成12.89万元，计划达成率161%。全险种实现保费收入562.6万元，计划达成率223.5%，增速362.4%，增量保费441万元，其中车险实现保费收入447万元，计划达成率247.6%，同比增速401.3%，增量保费358万元；个非实现保费39万元，计划达成率115.3%，增速739.6%，增量保费34万元；法人业务实现保费77万元，计划达成率205.1%，增速175.6%，增量保费49万元。

【重点险种】安康险实现保费收入16.8万元，同比增量1.5万元，增速10PP，续保率65%；驾意险实现保费55.5万元，同比增量保费22万元，增速65.5%；单均保费220万元，当年渗透率66.8%，渗透率同比增加了20.7%；工程履约类保险实现保费72万元，同比增速47.7%；宁惠保实现保费10.81万元，计划达成率108.1%，同比增速32.8%，续保率36%。

中国人民人寿保险股份有限公司泾源支公司

【概况】在区分公司党委总经理室的领导下，泾源支公司坚持以习近平新时代中国特色社会主义思想为指导，以党建为统领，贯彻落实总分公司关于"坚持高质量发展为主题"的总基调，践行"三抓、三强、三稳"的工作要求。以"守初心、稳发展、提质量、防风险"为基本经营方针，整体工作稳中有进。

【大个险业务】实现总保费1918万元，同比下降25.3%。其中首年期交完成109万元，完成年度指标533万元的20.4%，同比下降67.8%，系统排名21；标保完成37万元，完成年度指标179万元的20.5%，同比下降64%；十年期及以上完成50万元，完成年度指标176万元的28.3%，同比下降44.4%；个短险完成86万元，完成年度任务目标115万元的74.8%。个险渠道在册人力36人，年度新增13人，月均增员率54.17%；月均长举人力10人，季均有效人力13人，主管队伍2人。

【机构业务】银保期交业务完成1.25万元，达成年度任务目标100万元的12.5%。大短险(税后)完成364万元,完成年度指标333万元的109.3%,同比增长27.4%,系统排名第5;团短险完成271万元,完成年度任务目标216万元的125.4%,系统排名第5。公司团险渠道现有客户经理5人,综拓专员1人,年度新增2人,有效人力5人,达成率80%。月均有效人力4人。银保客户经理2人,有效人力2人。

科学技术

科技普及

【项目建设】坚持围绕产业、聚焦瓶颈、重点突破的原则,以科技项目为载体,加强产业技术创新,组织申报各级各类科技创新项目86项,立项实施51项,其中区级科技项目23项争取资金465.8万元,县级科技项目28项投入资金300万元。联合福建农林大学、天津科技大学、宁夏大学、北方民族大学、福建亚热带植物研究所等科研院所,开展肉牛、中蜂、生态经济、中药材、食用菌、新能源等技术攻关,完成肉牛营养调控分段饲养与高档肉牛生产关键技术研究、中蜂产品产业化加工高值化开发、六盘山道地野生药用植物驯化种植技术研究、羊肚菌野生菌种驯化及地区适应性品种引育等科研项目34项;在全县示范推广肉牛高效精准养殖技术、中蜂活框饲养越冬技术、重楼优质种苗繁育技术等新技术17项;实施"宁科贷"项目3项,为企业贷款698万元,解决了科技型企业融资难题。

【助力乡村振兴】加强科技特派员队伍管理,按照"双向选择"的原则,动态调整科技特派员队伍,选派带动示范能力强的专家、能人到科技特派员队伍中;2022年全县新增科技特派员20人,总量达到199人,实施科技特派员项目17项,其中自治区科技特派员项目7项,县级科技特派员项目10项。选派10名宁夏大学教授作为乡村振兴指导员在全县6个乡镇10个村围绕肉牛高效养殖、六盘山特色山野菜和中药材驯化、高值化绿色种植养殖开展技术服务。从全县科研事业单位选派农业、畜牧业等专业领域"三区"科技人才5人,服务5个村;邀请专家结合泾源县"1+3+X"产业发展在实际生产中遇到的急需解决的共性或特性技术问题,进行分类指导和培训。

【科技创新】加强科技创新基地建设,新认定宁夏中药材(泾源)技术创新中心,完成蜂蜜检测中心CMA认证,提升2家产业研究院和8家技术创新中心运营能力。落实企业科技创新后补助、规上工业企业新增研发投入奖补政策,运用金融工具撬动企业研发投入,支持科技创新,提高研发投入强度,下达研发费用后补助项目7项,补助资金共计66万元,兑现国家高新技术企业奖励资金40万元。建立"因企施策、一企一策"的精准培育策略,助力企业成长壮大,全县新认定国家高新技术企业1家、国家科技型中小企业2家、自治区农高新技术企业1家、自治区小巨人企业1家、自治区科技型中小企业4家、固原市科技型中小企业4家。

【科技培训】组织开展科技特派员"大学习大轮训"3期;组织开展2022年"三区"人才培训班,将理论学习和实操经验紧密结合,安排学习统一的政策知识。组织企业参加培训班13期，其中"科技强企"政策培训班3期、线上"企业家创新精神培育"培训班9期、线下"企业家创新精神培育"培训班1期。

【宣传推广】依托科技活动周、全国科普日、科技三下乡等载体，组织全县23个科普成员单位到泾源县人民广场和各乡镇开展科普宣传。通过制作展板，发放科普宣传资料、环保手提袋、科技政策宣传手册等方式，现场宣传《科技进步法》《科普法》及各项科技规划和政策，展示科技创新成果，解答群众疑问。组织科技特派员开展科技帮扶、科技下乡、科普进社区等系列科普惠民活动，深入田间地头、企业、社区农村开展为民科普服务活动43期，服务462人次。

【亮点工作】在"大棚、林下、大田"环境中试种羊肚菌、黑木耳取得成效，食用菌产业发展取得新突破，其中新民乡马河滩村、香水镇园子村利用闲置牛棚和庭院试种黑木耳；全县逐步形成了以皇达、闽宁鑫鼎、蘑珍家庭农场3家公司和沙塘林场为中心的食用菌种植区域，辐射带动4个乡镇8个村种植羊肚菌、平菇、香菇、木耳等，户均增收1.3万元至2万元；探索出"科研院所+企业+示范基地+村集体+农户"的食用菌产业发展模式，带动农户增收，实现了乡村振兴与生态效益、经济效益、社会效益的有机统一。累计实施中药材科技成果转化项目11项，引进转化新品种、新技术17项，涉及6个乡镇14个村313户，种植中药材8200余亩，其中引种驯化六盘山濒危野生中药材桃儿七、重楼、白鲜皮、淫羊藿、黄精等200亩；林下仿野生种植芍药、大黄、板蓝根等22种中药材8000余亩；组织登记自治区科技成果"六盘山道地中药材黄精加工炮制设备研发与应用"1项，中药材产业发展取得新成效。

【驻村帮扶】选派2名职工担任泾河源镇底沟村第一书记和驻村工作队员，瞄准底沟村产业发展需要，推进产业帮扶，组织实施优质种薯品种引进及高效栽培技术示范推广和生态移民迁出区林下中药材芍药种植技术示范项目2项，延伸群众增收路径，提升产业帮扶实效。

防震减灾

【项目建设】争取项目，完成向阳温泉观测点建设。经自治区地震局带领相关专家考察研究，泾源县向阳温泉深度和所富含的微量元素适合开展地震水化观测。经过一年的开发建设，向阳温泉项目观测点于10月份竣工，计划2023年安装地震观测设备，投入使用。

【地下流体观测】加强对地下流体观测工作，强化地下流体观测员管理，完善水氡观测规程、制度和观测员职责，提升观测数据准确性。会同宁夏地震局和固原市地震台对水氡化验仪器进行检查标定，将各类观测数据及时上报区、市地震局，为泾源县乃至全区地震趋势会商、震情判定提供科学依据和数据支撑。

【宏观观测】加强"三网一员"队伍建设工作，提高"三网一员"队伍人员业务理论水平，不定期开展督查检查工作，提升宏观观测员监测水平；完善宏观观测员和防震减灾助理员岗位职责、工作制度和灾情速报制度以及宏观观测微信群等，及时调整养殖规模较小、样式单一的观测员，以便随时了解掌握宏观观测异常情况。

【宣传教育】按照区、市地震局，泾源县委、政府相关工作要求，开展防震减灾知识宣传教育活动，提高防震减灾科普知识普及面。5月12日，泾源县应急局、地震局、民政局、住房城乡建设局、环保局、文广局、农牧局、科协、卫健局、教体局、消防大队等十多个防震减灾领导小组成员单位，根据各自工作性质和职责，采用悬挂横幅、展示宣传展板、设立防灾减灾知识咨询台、大屏幕播放防灾减灾知识宣传教育片等方式，开展宣传宣讲活动；地震局在活动中发放各种宣传资料15000余册（份）、纸杯2万个、围裙1000份，悬挂横幅2条，给全县手机用户发送防震减灾宣传短信2万余条，受教育群众达2万余人。5月12日—17日在全县各中小学校课堂开展防震减灾知识宣传教育安全课堂，由各学校负责安全课堂的代课老师向学生讲解防震减灾知识；同时向全县各中小学校、幼儿园发放10000份《疫情期间中小学生地震安全知识》折页、4000个宣传笔袋、6000个宣传小气球等防震知识宣传品，达到了"教会一个学生，带动一个家庭，影响整个社会"的效果。

【抗震设防】开展全县房屋设施抗震设防数据采集线上培训，指导、督促全县各乡镇、各部门、各行业按要求在自己的领域内开展调查及数据采集工作；对各乡镇、各部门出现的问题予以沟通解决，及时处理后台数据，按要求规范审核、上报。全年共完成采集加固工程1个，新建工程56个。

【应急保障】加强地震应急保障工作，完善地震应急24小时值班制度，确保带班领导24小时通信畅通，值班人员24小时在岗。开展地震网络安全自查、整改工作，做好地震网络安全值守和应对准备工作，保护地震网络设施安全，确保卧龙山地震监测点和东山坡水位观测点数字化网络设备信息节点正常运转，保证区、市、县地震局人员能够24小时看到地震监测数据和信息数据。定期组织人员到地震断裂带检查标识牌，维修受损标识牌，确保断裂带标识牌完好无损、充分发挥警示作用。

【应急演练】加强地震应急演练，提高全民防震减灾意识和自救互救能力。"5·12"防灾减灾日，泾源县应急局、地震局、消防大队、卫健局、教体局联合在泾源县高级中学主会场进行地震应急演练，在兴盛乡政府分会场开展地震应急救援演练，从紧急避险、应急疏散、伤病员救治、抢险搜救等环节进行演习；参与演练人员共计4000余人，出动消防车5辆，救护车4辆。县城各部门、各商场，全县中小学校、幼儿园均进行了地震疏散演练活动。

【驻村帮扶】将驻村工作作为重中之重，支持驻村工作队员脱岗开展帮扶工作，解决了驻村干部的后顾之忧。

气 象

【决策部署】年内协调泾源县人民政府召开气象工作专题会议暨2022年泾源县气象灾害防御与人工影响天气指挥部工作会议，政府常务会议以"第一议题"深入学习贯彻落实习近平总书记关于气象工作重要指示精神和《气象高质量发展纲要（2022—2035年）》（以下简称《纲要》）全文，研究部署《纲要》贯彻落实措施。泾源县人民政府办公室先后印发《泾源县气象事业发展"十四五"规划》《泾源县气象灾害应急预案》《泾源县气象灾害防御与人工影响天气指挥部联席会议制度（试行）》。

【党的建设】落实中心组学习制度，制定年度中心组学习计划，组织党组理论学习中心组学习12次，集体学习6次，青年理论学习小组学习6次，开展专题研讨6次，班子成员讲党课3次，组织党的二十大精神专题学习2次，撰写学习心得文章3篇。召开党组党建工作领导小组会议1次，制定《2022年泾源县气象局党组及其党组成员全面从严治党主体责任清单及任务分工》，召开"2022年违规收送红包礼金和不当收益及违规借转贷或高额放贷专项整治"专题组织生活会，组织观看廉政教育警示片，在公开栏及时公开政务信息，在电子橱窗滚动播放宣传警示标语。邀请县直机关工委工作调研1次，联合百泉社区党支部开展主题党日活动，组织党员到隆德县党风廉政教育基地参观1次。开展"两个至上"和"大学习、大讨论、大宣传、大实践"活动，制定"五型"模范机关创建措施及年度任务分工。深化巩固党支部标准化规范化建设和"基层党建全面提升年"成果，常态化推进精神文明创建，组织谈心谈话10人次，撰写职工思想动态分析报告1篇，发展预备党员1名，推荐全区气象系统"党员先锋岗"1名。

【基础设施建设】在固原市气象局党组和固原市局计财科的指导帮助下，完成泾源县国家气象观测站基础设施建设项目，泾源县气象局台站气象观测环境、数据传输安全、院内环境、办公环境等得到了改善。

【队伍建设】在固原市气象局党组的指导下，重新布置了泾源县气象局上墙内容。做好"大学习 大练兵"，于3月1日至4月15日开展每天不少于6小时的春季业务集体学习，并针对重要文件不定时开展集体业务学习18次。组织《纲要》专题学习3次，派出1名综合岗人员到固原市气象局交流3个月，参加区内气象部门培训300人次，职工个人的中国气象局干部培训学院学时均达到了80学时以上。全年在气象政务管理信息系统采发学习信息16篇，推荐基层气象新秀2名。

【社会管理】履行防雷安全社会监管责任，对辖区易燃易爆场所开展防雷安全行政检查4次，联合县应急管理局检查1次。做好日常升放氢气球巡察工作；逐级签订人工影响天气安全作业责任书，对人影作业点开展安全检查11次，年内未出现安全事故。强化气象局内部安全生产管理，建立安全隐患排查台账，制定安全生产专项整治工作方案，完成整改工作。组织各类应急演练，全年参加各类应急演练7次。组织开展"3·23"世界气象日等气象防灾减灾科普宣传6次，创新性联合融媒体中心开展气象科普讲堂1次。年内《中国气象报》采稿3篇，CMA网站采稿2篇，地方主流媒体采稿15篇，气象科学管理水平得到提高。

【预报预警】以泾源县气象灾害防御与人工影响天气指挥部作用发挥为切入点，严格按照《重要天气过程"531-63"递进式预报预警服务业务规程》开展预报预警服务，筑牢泾源县气象防灾减灾第一道防线。年内共发文18次，联合县应急管理局发文1次，联合县自然资源局发布地质灾害气象风险预警8次，联合县水务局发布山洪灾害风险预警6次，联合县住房和城乡建设局发布城市内涝预警信息1次。全年发布各类预警信号222次，发布雨情信息322条，累计受众人数419424人次，为历年最高。

【气象服务】以固原市气象局"小实体 大网络"作用发挥为引导，提升气象服务供给侧能力，做实气象服务保障。共发布各类气象信息专报95期，数量总体较上年增长1倍；年内获县领导批示8次，数量较上年增长1倍。创新摸索智能化气象服务，通过《黑果腺肋花楸发育期气象指标建立与智能服务产品开发》项目的实施，建设了黑果花楸智能气象服务App，实现了黑果花楸气象预报预警信息的智能发布以及气象服务材料的智能制作；该项目中公开出版书籍1本，制作培训手册1本。

泾源年鉴2023

教育 体育

教 育

【教育教学质量】推进学前教育普及普惠发展,新建泾源县第五幼儿园、改建兰大庄幼儿园,新增幼儿学位360个,学前三年毛入园率达到90.18%,普惠性学前教育资源覆盖率达100%,创建市级示范园1所。推进义务教育优质均衡县创建,新建泾源县第二中学,城关二小迁建项目和城关一小综合教学楼建设项目竣工并投入使用,推进城关二小宿舍楼和平凉庄小学宿舍楼建设项目,小学适龄儿童入学率达100%,初中适龄少年入学率达100%,小学六年、初中三年巩固率达100%,创建区级劳动教育示范校4所、体育传统特色学校7所、家庭教育示范校2所。完成高级中学改善办学条件项目,泾源县高级中学综合教学楼完工;泾源县高级中学与南京大学建立对口帮扶关系,高中阶段毛入学率达到95.08%,普通高中教育特色多样化日益突显。"送教上门"得到国家评估组认可,残疾儿童少年义务教育普及水平达到100%,特殊教育融合发展成效显著。2022年县内高考创历史新高,其中一批上线45人,上线率为5.52%;二批上线195人,上线率为23.90%;高职上线570人,上线率为70.00%;中考600分以上人数较上年增加80人,3人达到700分以上,1人进入全市前十名。

【教育综合改革】深化教育评价改革,推进中小学校党组织领导的校长负责制、中小学生综合素质评价等17项教育改革事项。启动高考综合改革,落实教育厅印发的5个配套政策文件,探索适应"3+1+2"模式的选课走班制度,构建规范有序、科学高效的选课走班运行机制。完成全县中小学教师"县管校聘"改革工作,1022名在编教师全部竞聘上岗。落实国家"双减"政策和"五项管理"措施,巩固"双减"治理成果,开展课后服务,健全课后服务保障机制,教师补贴全部发放到位。深化教育督导改革,第三届督学履职工作取得成效,第四届督学换届工作有序筹备,教育督导队伍得到加强。

【教师队伍建设】坚持师德师风第一标准,开展专项整治,严肃处理37名违反疫情防控政策的校长和教师。招聘中小学事业编教师32名,签约免费师范生4名,招聘公办幼儿园教育保育人员42名,全县中小学教师队伍渐趋均衡。认定市级"互联网+教育"骨干培养对象4人,培养自治区中小学名师工作室主持人1人、自治区乡村教学名师工作室主持人1人、自治区"互联网+教育"信息化骨干培养对象5人、市级骨干教师4人。

【"互联网+教育"建设】投入资金560万元,实施泾源县2022年义务教育薄弱环节改善与能力提升智慧教学设施提升项目,新建

"互联网+教育"标杆校1所、音乐录播教室1间、书法教室1间、美术录播教室1间、创新实验室1间,购置智慧黑板80套。应用成果显著,典型经验被全区"互联网+教育"示范区建设成果展示会收录;泾河源镇中心小学"1234"专递课堂实践模式在全区展示,六盘山镇第一小学《乡村陶艺课》获全国"典型作品奖",6名教师的课题被自治区立项,9人在全区"互联网+教育"应用大赛中获奖,4人在全区基础教育精品课活动中获区级优课,129人在固原市"第四届中小学电脑制作大赛"和"第二届信息技术与学科深度融合视频课例比赛"中获奖。

【党的建设】把坚决捍卫"两个确立"、做到"两个维护"作为首要政治纪律,靠实教育工委书记领导责任、学校党支部书记主体责任,确保教育系统成为坚持党的领导的坚强阵地。推进中小学校党组织领导下的校长负责制,基层党组织"五个一"规范化建设成效显著,新成立党组织5个,发展新党员5名,培养入党积极分子42名。推进习近平新时代中国特色社会主义思想"三进"工作,组织开展"喜迎党代会 献礼二十大"系列主题活动,开展巡回宣讲3场次。

【教育惠民政策】落实教育惠民政策,实施学前幼儿"一免一补"和"学前两年"资助政策,资助人数2788人次,落实资助金额274015万元。实施义务教育阶段"六类"家庭经济困难学生生活补助资助政策,资助人数11132人次,落实资助金404.15万元。实施普通高中各类资助政策,资助人数9365人次,落实资助金606.2万元。实施中等职业教育各项资助政策,资助人数735人,落实资助金69.9万元。实施大学生资助及生源地助学贷款政策,资助人数2704人,落实资助金1983.7万元。

【校园治理】开展"忠诚保平安 喜迎二十大"校园安全大排查大整治和校园安全专项整治三年行动。开展交通安全、消防安全、食品安全、毒品预防、防溺水等主题教育,创建区级健康学校示范点2所,市级消防安全标准化学校4所、健康教育标准化学校4所。开展校园治理"五大行动",学校封闭化管理、"护学岗"配备、专职安保人员配备、一键式报警装置和校园视频监控安装并与公安系统联网实现"4个100%"目标。因时因势优化校园疫情防控措施,完成高考、中考组考任务。

体 育

【全民健身】推进全民健身行动,开展群众体育活动,先后组织开展线上亲子健身比赛、泾源县中小学生第三届校园文化艺术节展演、全国2022年"全民健身日"主题示范活动暨宁夏固原市第六届六盘山登山节活动。

【竞技体育】竞技体育实现新突破。组队参加宁夏第六届农民篮球争霸赛,泾源县代表队获得全区第8名;参加宁夏首届工间操大赛和宁夏第九届社会体育指导员交流展示大赛,分别获得优秀组织奖和三等奖。承办自治区2021年全区青少年高山滑雪锦标赛暨2022年第十六届全区运动会高山滑雪项目比赛,泾源县代表队取得男子乙组第一、二、四、五名和女子第二、四、五、六名的成绩,获得高山滑雪项目1金2银共3枚奖牌。培养三级社会体育指导员52名,田径、篮球、足球、冰雪运动项目裁判员20名。

【基础设施建设】完成轻工产业园区运动场、大庄村文体广场、泾河源镇健身场馆建设任务;完成七彩湖体育公园红色沥青健身步道3公里建设;完成荷花新城社区全民健身中心大厅地板装修、泾源县全民健身中心南广场及看台台阶维修改造、泾河社区多功能运动场(康乐角)改造提升、泾河家园社区和羊槽社区多功能运动场建设项目,提升了居民社区运动场的数量。

文化　旅游　广电

文 化

【从严治党】制定党建工作要点、基层党建"六项行动"任务清单、全面从严治党"四个清单"等，督促班子成员履行"一岗双责"，压紧压实抓党建主体责任，开展党史学习教育系列活动，开展"三会一课""主题党日""为民办实事""廉政警示"等教育活动和廉政宣传活动。与班子成员、各股室（馆所）签订《泾源县文化旅游广电局党风廉政建设责任书》20份，开展领导干部谈心谈话4次，召开廉政警示教育3次，学习典型案例3次12起，撰写心得体会10余篇，累计开展干部签到、值班、到岗履职督查8次，先后约谈2名落实纪律作风不力的干部。组织党员开展"双报到、双报告"活动，18名在职党员到社区报到，认领微心志愿10余次，解决困难5件；落实巩固脱贫攻坚帮扶责任要求，与六盘山镇周沟村党支部结对共建，抽调3名业务骨干脱岗驻村帮扶，41名帮扶责任人联户帮扶。

【文化服务】深化打造和提升广场文艺演出、送戏下乡、全民阅读等文化品牌活动，组织开展"文化进万家 视频直播家乡年"，"情暖泾源 文明迎新"送春联、剪窗花，"文化进万家"等志愿服务活动。举办"网络书香·阅见美好"数字阅读推广和虎年新春知识竞赛活动，"享冰雪年味 品书香冬奥"线上有奖知识竞答等线上阅读服务活动；开展"助力抗疫 快乐阅读"新春送书慰问活动，"4·23送书下乡暨阅读进乡村"活动。先后举办"喜迎二十大 礼赞新时代 奋进新征程"书法美术摄影展、"喜迎二十大 奋进新征程"暑期系列活动、乡村音乐节、泾源县第三届"泾源好声音"歌手大赛、公益性艺术培训班等活动。完成广场文化演出7场次，组织群众参加区、市广场舞大赛及展演3场次；围绕泾源民间故事柳毅传书，创演大型室外实景剧《柳毅奇缘》，在泾源县卧龙山公园演出30余场次；年底举办秦腔大赛、冰雪文化旅游节，完成"送戏下乡"65场次，"戏曲进乡村"42场次。健全公共文化场所基本公共文化服务项目和公共文化服务公示制度，落实公共场馆免费开放制度，规范服务流程，提高服务能力，"两馆"到馆人数8万余人次，线上服务人数2万余人次。

【文物保护】实施文物保护修缮工程，强化文物保护宣传教育，完善文保单位档案资料。完成石窑湾石窟保护修缮项目立项和文保单位基础信息录入以及黄河流域（宁夏段）泾源境内文物调查、革命历史类纪念设施核查工作。落实文物消防安全责任，加大文物安全隐患整治和文保单位消防安全检查力度，开展安全检查30余次，文物保护工作逐步走向制度化、规范化。

【非遗保护利用】加强非遗保护利用，强

化非遗活态传承，扶持发展非遗传承基地和非遗传承人，开展非遗项目挖掘、申报工作，整理泾源民间故事80余万字，获批第五批市级非遗项目名录2个，组织非遗传承人参加全区"文化和遗产日"活动，非遗项目已实现非遗保护和产业收益双丰收。

【文旅市场监管】加强文旅市场日常监管，规范市场秩序，筑牢安全生产防线。全年累计出动执法人员1973人次，检查辖区内文化旅游市场553家次，召开安全生产与疫情防控专题会议6次，举办安全生产及疫情防控培训班3期，与娱乐场所经营业主签订"安全生产责任书""疫情防控承诺书"32份，开展普法宣传活动5场，发放宣传资料3000余份。

【文化设施建设】坚持把公共文化服务基础设施建设作为文化事业繁荣发展主抓手，把文化民生作为社会民生的重要组成部分，加强公共文化基础设施建设。推进文化馆、图书馆数字化建设，建成"泾源文化云"数字化服务平台，购置图书2600册，维修7个村级文化广场，提升4个文化示范点，配发文化设备器材，完善文化设施功能，提升文化设施服务效能。

旅　游

【概况】泾源县位于六盘山东麓，是一个以自然山水、森林景观为特色，集生态旅游、疗养避暑、野外探险、科学考察于一体的风景名胜区，被誉为黄土高原上的"绿色明珠"和"小九寨"，曾荣获"中国最美生态休闲旅游名县""中国最美休闲度假旅游名县""全国十佳生态旅游城市"等称号。2022年全县共有旅游景点6个，其中AAAA级旅游景点1个、AAA级旅游景点2个、AA级旅游景点2个；注册旅行社2家，注册导游6人；全年接待游客102.94万人次，实现旅游综合收入7.9亿元，成功创建全国首批"避暑旅游目的地"。

【旅游规划】编制完成《泾源县"十四五"文化旅游产业发展规划》，明确"十四五"文化旅游产业发展定位、发展方向、发展重点，出台《泾源县2021—2025年全域旅游工作实施意见》《泾源县2022年文化旅游产业发展工作实施方案》，细化文化旅游产业发展的时间表、路线图。制定《泾源县关于加快建设生态文旅特色县的实施意见（征求意见稿）》《泾源县民宿经济发展实施方案（征求意见稿）》和《泾源县民宿管理办法（征求意见稿）》，为打造生态文旅特色县、民宿经济先行区奠定了基础。

【项目建设】完成老龙潭龙文化宫业态改造；提升县城游客集散中心服务功能，新建非遗展示展陈区、文化小剧场，优化智能化导览系统。完成泾河源基础设施补短板建设工程总工程量的85%，完成自驾营地和道路建设用地征地工作，乡村旅游示范点建设项目、村级文化广场维修项目、胭脂峡基础设施改造项目、卧龙山公园《柳毅传书》实景剧看台及防护栏建设项目竣工验收。按照《泾源县人民政府办公室关于成立泾源县盘活资源资产扩大有效投资推进工作专班等7个工作专班的通知》要求，已完成宁夏金龙实业股份有限公司注册程序；北京天创文投集团文旅合作项目9月20日召开线上视频会议，初步商定将泾源县养老院交由北京天创文投集团做文创项目，因疫情影响未能实施；泾源县温泉康养度假项目、西坡集团高端民宿项目也因疫情影响未能实施。

【招商引资】按照《泾源县2022年招商引资方案》要求，达成初步投资意向7个。胭脂峡景区提升改造项目完成勘察、可研报告编制和项目立项审批程序，通过国家财政部审核，已完成地方专项资金申报工作；五十公里旅游服务带提升改造项目已完成项目可研报告和初设方案编制工作；"泾源牛街"特色旅游街区改造提升建设项目落实资金520万元，已完成项目招投标；周沟山林民宿建设项目已通过宁夏旅游投资集团有限公司党组会议审定；杭州赛石园林项目已拟定合作框架协议；冰雪小镇项目已完成地形测绘，与中国建材集团初步达成合作意向。

【全域旅游】对标对表国家《全域旅游示范区创建验收标准》，调整全域旅游示范县创建领导小组，制定下发《泾源县2022年全域旅游示范县创建工作实施方案》《泾源县全域旅游示范县创建反馈问题整改工作方案》，结合《泾源县全域旅游"引客入泾"奖励办法》制定《实施细则》。召开泾源县国家级全域旅游示范县创建工作推进会，围绕A级景区不足、宣传氛围不浓厚等方面的问题，全力开展补短板工作，截至年底已完成2家AA级旅游景区评审认定、2家AAA级旅游景区评定申报工作。按照"查漏补缺、客观详实"的要求，开展自查自纠，做好创建档案资料收集整理工作，确保资料齐全、内容规范、分类科学。4月26日，国家级全域旅游示范县创建工作已通过市级初审验收。

【旅游营销】制定《2022年度旅游宣传营销计划》《2022年文化旅游节庆活动实施方案》，拓展宣传营销渠道，打响全域旅游品牌。组织开展泾源县旅游口号征集活动，与宁夏卫视公共频道、宁夏旅游广播联合开展"迎五一 文旅融合看泾源"直播活动、端午节全国新媒体直播活动和"全域旅游 美丽宁夏"全媒体访谈活动。组织区内各旅行社负责人及导游在泾源县内各景区开展采风踩线。联合中共泾源县委宣传部、融媒体中心先后制作各类宣传小视频18条，全网播放量1000余万次。开展泾源县第六届黄牛节推介会牛肉美食文化活动，在银川市大阅城西广场和怀远夜市宁阳广场举办"走进泾源 亲近自然"泾源县2022年稳经济保增长促发展旅游推介会2场，现场免费发放门票40000张。参与宁夏卫视2022年"两晒一促"幸福号大篷车、走进泾源活动和"我是家乡带货王"直播大赛活动。

【旅游活动】"5·19"中国旅游日在泾源县人民广场和六盘山珍特产馆休闲广场举办以"全域旅游 多彩泾源"为主题的系列活动。在主会场泾源县人民广场举行的活动包括旅游服务行业"旅游宣传大使"授带仪式、"旅游定点接待单位"授牌仪式、泾源县旅游原创歌曲发放仪式、创建国家全域旅游示范县"5·19"中国旅游日暨广场文化启动仪式演出；在分会场六盘山珍特产馆休闲广场举行的活动包括泾源黄牛"全牛宴"美食品鉴活动、旅游特色商品展示营销活动、"龙乡泾源"线上直播活动。7月18日—20日，在大湾乡杨岭村举办以"喜迎二十大 奋进新征程"为主题的泾源县第三届杨岭乡村文化旅游节。

广播 电视 电影

【播出概况】全年播放"众志成城 共同战疫"广电总局公益展播，纪录片26部50次，动画片6部30次，广播电视节目6部12次；播放电视三下乡节目92期1200余次，播放反腐倡廉题材影片1部92次；展播国防教育优秀微视频作品8部2920次，法治题材影视剧3部，《咱们村的带头人》12次，闽宁协作公益片6次，爱国题材电视剧12部、动画片6部；播出疫情防控、安全生产、法治、健康、社会主义核心价值观等主题公益广告近20000条，制作播放各类宣传标语3000余条。完成2022年"弘扬社会主义核心价值观 共筑中国梦"主题原创网络视听节目展播。

【融媒体中心建设】确定人员为"事业编制+聘用"的管理办法，设置综合部、安播部、新闻部、影视服务部等业务部室，按照岗位管理实行业务岗位聘用制，将聘用人员保障经费纳入财政预算；2022年4月起实施《融媒体中心绩效考核制度（试行）》，实行"基础工资+绩效工资"分配模式，并探索实施新媒体内容创优、专项奖励等薪酬激励机制，人员管理基本实现总量管理、岗位管理。成立中心编审委员会，建立编前会、总结会及稿件"三审三校"、作品会审制度，规范新闻稿件内容的审核、发布等流程；重新定位和改版升级微信公众号、抖音、快手等新媒体，把更多优质内容、专业人才向新媒体倾斜，加大新媒体产品生产力度，提升新媒体作品质量和影响力。

【对外宣传】截至10月底，共制作播出新闻760余条，上传市电视台119条（播出96条），上传区电视台43条（播出21条）。与央视、区市新媒体对接，直播农副特产品，拓展泾源县农特产品宣传渠道。自采新闻在中央媒体各渠道发稿4条，上传或协助中央及区市媒体拍摄素材10余次；上传学习强国平台素材260条，采用59条；策划制作的短视频《宁夏泾源：别样冰墩墩助力奥运》荣获学习强国全国县级融媒春季赛优秀作品；《花开满山春意浓》《宁夏泾源：秋之韵》《雪映泾源 入目皆惊艳》入选总网；《六盘山镇：党建引领促发展 蔬菜大棚促经济》入选总网县级融媒基层党建视频案例。

【全媒宣传】围绕泾源县委和县政府中心工作，做好重点项目建设、民生事业发展、疫情防控等重点工作进展、工作亮点宣传和相关政策宣传。创新专题形式，开办精品栏目，规范播出管理，全年制播栏目40余期，拍摄制作杨岭巨变、泾源风光、肉牛产业发展等题材专题片3部；录制播出肉牛产业技术微课堂、疫情防控微课堂等20余节。微信公众号制作发布各类消息1600余条，原创900余条，在视频号、抖音、快手等视频平台制作发布各类短视频385条，播放量达150余万次。开设《聚焦两会》《深入学习贯彻党的十九届六中全会精神》《深入学习宣传贯彻自治区第十三次党代会精神》《喜迎党的二十大》《深入学习宣传贯彻党的二十大精神》《稳经济 保增长 促发展》专题栏目；开展在线访谈，邀请各单位负责人答疑解惑、宣讲政策、回应群众关切。

【专题宣传】以"更好地引导群众、服务群众"为目标，推动泾源县党务政务、思想宣传与新闻资讯和民生服务等多种资源整合。在泾源电视台通过蓝屏字幕宣传党的十九届历次全会精神，解读习近平总书记视察宁夏重要讲话和重要指示批示精神；利用重要时段开设理论学习专栏，宣传习近平总书记重要讲话精神及全县各级各部门学习贯彻讲话精神的举措和成效。在党的二十大期间，开设"非凡十年""奋进新征程 建功新时代""二十大时光""认真学习宣传贯彻党的二十大精神"等专题，宣传全县各单位各领域学习宣传贯彻党的二十大精神的工作动态和热烈反响；开设"一起学报告"微信专栏，采用音频加报告的形式，引导全县党员干部群众学习党的二十大报告；采编学习宣传贯彻党的二十大精神相关新闻报道30条，制作专题短视频33条，转发相关理论宣传内容50余条。在新冠肺炎疫情防控工作中，录制防控工作部署、防控知识等相关音频、短视频，将镜头对准广大医务工作者、党员和干部职工、志愿者的事迹，报道社会各界支持疫情防控、物资供应保障、市场供应保障情况，通过电视台、大喇叭、政务新媒体和自媒体等平台第一时间传播到全县每个角落；聚焦"六稳""六保"，强化政策解读和重点工作宣传报道，为全县疫情防控工作和复工复产营造积极、有序、稳定的舆论氛围。创新尝试"媒体+活动"模式，打造"直播泾源"平台，围绕各类大型活动、文艺演出、重要会议进行直播；2022年开展线上直播活动22场次，其中助农直播帮助兴盛乡冷凉蔬菜基地销售蔬菜有近5万人次观看，泾源好声音总决赛、杨岭乡村旅游节线上直播等活动浏览人次超过3万。

【安全播出】修订完善广播电视节目"三审"和"重播重审"制度，加强安全播出保障和技术监管能力建设；自查播出机房、指挥中心和各部室播出安全、传输安全、网络安全、设施安全；联系消防、电力和防雷设施相关单位对融媒体中心消防、电力、防雷设施进行检查，增加配电机房监控设施；增补、更换融媒体中心办公区域、北山发射台的消防器材。建立健全人防、技防、物防措施，完善安全播出应急预案，组织开展应急演练；落实重要保障期领导带班、技术骨干值守、24小时值班等制度，加强节庆假日等重大活动期间的安全播出演练和快速反应能力，实现了全年节目安全播出零事故，除设备检修和停电外没有发生停播现象。

【农村电影放映】按照自治区广电局农村电影放映工作要求，年初召开专题会议对农村电影放映工作进行安排部署，与放映员签订放映工作目标管理及安全责任书，开展片源订制、放映设备维护等准备工作;通过悬挂标语、播放科教片等方式,将常态化疫情防控、禁毒、法治、卫生健康教育、安全生产宣传警示教育与电影放映紧密结合。2022年自治区下达农村数字电影放映任务1390场次,截至十月底完成放映1393场次,超额完成3场,观众达10余万人次。

【驻村帮扶】参与巩固拓展脱贫攻坚成果同乡村振兴有效衔接工作,结对帮扶香水镇暖水村,单位负责人为包村科级领导,选派一名驻村第一书记、一名驻村工作队员和8名帮扶责任人开展帮扶工作;筹措结对帮扶资金,帮助暖水村兴办实事、好事,完成"四查四补""三类人群"发展措施谋划、政策宣传等工作。包村科级领导和第一书记每月参加村党支部活动,中心党支部与村党支部开展联合主题党日活动2次,每季度到村至少开展一次主题党课或理论宣讲,宣讲党的十九大和十九届历次全会精神、党的二十大精神、自治区第十三次党代会及市县党代会、党委全委会精神。立足全县乡村实际,将融媒体中心业务工作与驻村帮扶、乡村振兴有效结合,推出方言版乡村疫情防控宣传音频视频、老党员话初心等系列宣传作品。

文化旅游企业

泾源县旅游开发服务有限公司

【概况】泾源县旅游开发服务有限公司成立于2000年10月,属国有独资公司,注册资金1800万元,现为泾源县国有资本投资运营集团有限责任公司子公司。公司目前管理老龙潭、胭脂峡景区,新时代影城,六盘山珍特产馆,东山坡驿站、李庄驿站、园子驿站,并下设子公司宁夏娅豪滑雪投资服务有限公司。

【制度建设】在原有工作管理机制基础上,制订、完善了《服务岗位职责》《清洁管理制度》《车辆出入管理》《游客投诉处理工作制度》以及各种应急预案等一系列管理规章制度,并落实在实际工作中,达到以制度管人、以制度管事,形成长效机制的目的。

【服务工作】按照文明景区的相应要求,开展优质文明服务工作,树立优质服务窗口形象,达到创建文明景区的工作目标,推动景区整体建设。利用宁夏六盘山特色旅游产业专家服务基地的优势,邀请宁夏大学旅游管理系的老师对全体员工从礼貌礼节、职业素养、员工心态等方面进行专题培训;在日常工作中,员工相互监督,积极提出意见建议,并利用例会时间加强学习,提升了景区文明服务的质量和水平。

【安全防治】建设微型消防站2个、购置更换灭火器一批、更换观光车防护链条一批,排查治理景区各项安全隐患。建立健全安全生产工作制度和安全管理规范,成立应急组织机构,多次组织应急演练,完善应急救援预案、安全检查记录、安全培训、安全工作方案和总结。对景区内设施实行每天巡检、每周一小检、节假日例行安全检查的检查制度,做好设施维修、完善工作,督促整改存在安全隐患的场所,防范安全事故发生。在各大节假日和重大活动期间,坚持领导值班制度;开展安全生产知识培训,组织有关人员进行安全知识学习2次。

【旅游活动】开通线上购票系统,节日期间准备、筹划各种活动,举办5·19景区免费游、端午节龙潭寻宝、线上门票免费领等活动,提升了景区知名度,释放了文旅消费活力,带动了景区及周边餐饮、住宿、交通、购物等业态的复苏。

宁夏六盘山国家森林公园开发有限公司

【概况】宁夏六盘山国家森林公园开发有限公司现辖小南川、生态博物馆、植物园、凉殿峡、野荷谷5个景点;有党支部和工会委员会两个组织机构,下设综合部(人事、财务、工程)、客运分公司(客运部)、市场营销部、经营管理部、野荷谷景区5个部门。景区自4月份开园到9月20日疫情停业的162天有效经营期内共接待游客24万余人,较上年增加43794人,增长21.3%;实现营业收入1765.4万元,较上年增加115.1万元,增长7%;营业外收入12.9万元,较上年同期减少34.1万元,下降72.6%。

【项目建设】全年小规模点状式的项目谋划建设25个,其中重点工程项目7个,其他工程项目9个,零星维修维护项目7个,经营类项目2个,因资金和疫情影响,只实施了一部分。重点工程为重新维修野荷谷景区486m²洪沟长亭屋面。其他工程为对景区各重要游览区进行绿化美化;打造小南川生态广场主线路"爱情专线",设置"5·20六盘山"和"1314"打卡点,在小南川沿线增加微型景观;改造9间职工宿舍和3处值班室,铺装电采暖设备、改造电路、加装吊顶、装饰装修等。零星工程主要是维修各景点基础设施、设备、路面、游步道等,具体包括维修改造游客中心线路、电气设备、配电箱等,给游客中心配电室封堵墙面、增加配电室门、安装灯具等,在游客服务中心新建垃圾存放点,并采购安装2座防腐木房屋作为租赁经营摊位;为商品中心装饰灯箱、粘贴软膜喷绘;新建客运部彩钢工具室;加宽植物园入口桥路面等;重新再利用凉殿峡餐厅,改造餐厅线路及供水管网,采购安装灶具设备等;清障维修小南川至植物园和凉殿峡(箭竹林)环线游步道,改造凉殿峡箭竹林入口,改造小南川和凉殿峡厕所化粪池,维修厕所室内外上下水管网及其他设施设备;清理旅游主线道路滑坡落石杂物,维修路面断板断裂面层、灌喷沥青、设置震荡减速带、划标线等。

【队伍建设】发挥企业党组织领导作用,开展"双星双评"活动,树立正确用人导向,明确各层级人员选人、用人过程控制,加强人才队伍建设。深化国资国企改革,制定印发《深化改革三年行动实施方案》,成立深化改革领导小组,明确职责分工,逐项细化深化改革三年行动任务,推行经理层契约化管理,配合宁夏六盘山旅游集团有限公司完成公司副总经理竞聘及中层经理竞聘上岗工作,100%完成国企改革三年行动相关工作。提前4个月兑现48名职工社保断缴补偿金第二笔支付费用,按新标准补齐员工全年福利经费,修改员工冬季薪酬发放标准,解决员工冬季工资标准过低问题,增强了员工归属感。做好青年健康成长平台建设,实施"喜迎二十大 奋进新征程"青春建功行动,选派年轻干部助力乡村振兴、服务党和国家重大战略,组织青年职工收看中国共产主义青年团成立100周年大会盛况并召开座谈会。深化企业文化精神,凝聚企业文化"正能量",开展"奋进新征程 建功新时代"主题宣传活动、"强企有我"群众性主题宣传教育活动,举办"喜迎二十大 奋进新征程"第二届职工三人制篮球赛、"喜迎二十大 聚力向未来"秋季趣味运动会等活动。对临聘环卫人员进行月度绩效考评奖励,调动临聘人员主动工作的积极性;在各部门首推员工轮流主持晨会制度,为员工成长提供舞台,培养员工的主人翁意识和责任意识。

【安全生产】树立"隐患就是事故"的理念,推动安全管理关口前移,围绕重点时段、重点地区、重点领域以及关键环节加大风险隐患排查力度,完善风险隐患分级分类管理工作。定期对员工进行安全生产教育培训,举办围绕以"遵守安全生产法,喜迎二十大,我是安全吹哨人"为主题的安全演讲比赛暨知识竞赛活动,增强景区职工的安全生产意识。加强雨季防汛、森林防火等应急救援实战演练,制定专项应急预案,加强应急队伍建设,补充应急救援物资,提高应急处置能力与救援能力。严格执行领导干部带班、关键岗位24小时值班制度,强化信息报送机制,做好舆情监测与舆情管理,及时处理各类旅游投诉事件。落实车辆运行"三必检"(即行车前、行车中、收车后对车辆运行状况进行检查,确保车辆安全性能)、驾驶员"三必查"(查酒精、查血压、查精神状态,提高驾驶员的职责意识)制度,定期排查全体员工家庭矛盾纠纷;加强对临聘驾驶员及租用车辆驾驶员的岗前培训,执行"两超"(超员、超速)、"三提醒"(提醒游客戴口罩、系安全带、上缴火源)规定。加强道路安全日常巡查,排查道路安全隐患;加强营运车辆安全维护保养工作,执行早值班排查道路隐患、晚值班搜寻出园游客安全制度,确保游客生命财产安全。

【服务质量】根据《全市文化旅游行业文明城市创建点位评价标准》的通知,开展文明景区创建活动。加强员工服务培训,先后开展服务礼仪、食品卫生、医疗救护、疫情防护等相关知识培训。加强环境卫生整治,开展景区环境卫生整治提升工作,对景区卫生进行为期半月的排查整治。抓好旅游投诉服务,安排专人接听游客咨询求助及处理旅游投诉专线,打造热情、耐心、周到的电话服务;安排人员及时搜集对景区服务方面的不满评价,召开相关会议,责令相关部门及时整改。梳理景区所有标识标牌,重新修改调整设置不合理、指向不明确的标牌;将凉殿峡闲置的凉亭改造为"凉天阁"餐厅,对原有娱乐建筑翻修的外观布置植入古代文化元素风格,增加景观道旗和"帝王宝座"打卡点介绍,制作凉殿峡手绘导览图等。严控商品销售价格,游客中心商品经营店通过遴选供货商质量信誉、三方比价等措施,严控货源品质价格成本,限定最高售价,明码标价;小南川广场商铺点尝试一店一特、规范管理、违规受罚的模式,防止发生欺客宰客现象。

【营销宣传】组织开展"山花烂漫浪固原·踏春约景六盘山"网红达人(银川奥莉奥)直播活动;在小南川举办"宁静的夏天·凉爽的固原"2022年宁夏六盘山避暑旅游季活动,邀请宁夏当地网红"小李飞叨"(李洋)进行全程直播。有针对性地制定优惠政策,对泾源本地游客一年免两次门票,陕西游客免景区门票,中国旅游日对全国游客免收首道门票,全国中、高考生凭借准考证免首道门票;落实宁夏所有景区对广东、福建游客门票半价优惠政策,落实宁夏"拥军活动"对持有双拥卡、优待证等证件的现役、退役军人及两位同行家属免首道门票等优惠政策。选派优秀推介人员,前往银川市大阅城、怀远夜市等地推介景区旅游资源,并拿出20000张景区门票现场免费发放;先后拿出24000张门票分别用于福建旅游推介会和面向固原市政府机关人员发放。出台《关于开展景区全员抖音宣传活动实施方案》,举办短视频制作培训班,细化奖励政策、明确任务目标;自7月份活动开始至10月20日截止,员工参与拍摄原创宣传短视频800余条,点赞、评论、转发总量8万多次,累计阅读量700万次;微信公众号共发布122期,累计阅读量达7万次,粉丝20551人;抖音号累计发布93期,累计播放量402万次,单次最高播放量92万次;微信视频号累计发布122期,累计播放量270万次,最高播放量91万次;动员员工参加固原市文化旅游短视频大赛,有3名员工获奖。研究分析区内外主要客源市场资源转化优势、区域特色差异及客群旅游需求等方面内容,采取鼓励拼团做大的倾斜政策,择优对旅行社制定合作协议,并实地走访、后期回访各旅行社,激发旅行社组团兴趣和动能;2022年旅行社送团52008人次,占接待总人次的20.89%,比上年增加26977人次,增长107.4%。

卫生健康

卫 生

【概况】贯彻落实区、市、县党委、政府决策部署,坚持新时期卫生健康工作方针,以提高人民群众健康水平为目标,以常态化疫情防控为重点,推进健康泾源建设,深化综合医改,加快"互联网+医疗健康"建设,转变发展理念,提升服务能力,全方位、全周期维护人民群众健康,各项卫生健康工作有序推进。

【疫情防控】按照常态化疫情防控要求,卫健系统坚持人民至上、生命至上原则,医务人员始终坚持闻令而动,历次抗疫一线、大筛现场、支援工作都是冲在前、挑重担、担风险,强化医疗机构院感防控,加强疫苗接种,抓好常态化疫情防控,筑牢筑实疫情防控屏障,巩固疫情防控成果。泾源县设置核酸采样点127个,累计完成全员核酸检测28次,累计核酸检测190万人次。开展了流调、采样和核酸采集、疫苗接种等培训,共组织医护人员开展集中培训20余次,乡镇开展培训班30余次。组织志愿服务队70余人次赴海南、中卫、银川、西吉、原州区等地开展疫情防控支援,完满完成任务。严格落实"早发现、早报告、早隔离"措施,经受住了疫情的考验。

【健康素养提升工程】开展"三减三健"行动,推进健康科普进村镇、进社区、进学校、进机关、进企业、进家庭"六进"活动,进行居民健康素养水平监测,泾源县居民健康素养水平为19.36%,同比增长3.05%。推进全民健身活动,完善公共体育服务体系,打造"10分钟健身圈",所有健身场所免费向群众开放,组织开展千名干部群众健步走活动,参与人数达1500多人,人均体育场地面积达到6平方米,经常参加体育锻炼者比例达35.90%。

【健康创建工程】开展城乡环境卫生综合整治,实行生活垃圾分类管理;创建命名县级无烟党政机关(企事业单位)、无烟学校、无烟医疗机构74家,健康机关15家,健康家庭220家。

【人均预期寿命提升工程】加强常态化疫情防控,坚持"人、物"同防,压紧压实"四方责任",落实重点场所防控措施。加强流感、流行性出血热、布病、乙脑等重点传染病监测。提升基本公共卫生服务均等化水平,高血压、糖尿病规范管理率分别达到92.69%和91.45%。强化精神卫生防治体系建设,建立综合管理协调机制。完成"两癌"筛查、新生儿代谢性疾病筛查任务,开展0—6岁儿童眼保健和视力检查工作,完成0—6岁儿童视力筛查1944人次,筛查率96%。组织实施9种重大慢性病机会性筛查工作,完成率达到108.44%。

【医疗机构达标工程】泾源县人民医院中医楼投入使用,乡镇卫生院、社区卫生服务站均设立中医馆,能够为群众提供基本中医药诊疗服务。危重孕产妇救治中心、创伤中心通过自治区评估验收正常运行。推进乡镇卫生院(社区卫生服务机构)创优达标,泾河源镇中心卫生院、六盘山镇中心卫生院开展国家基本标准卫生院的创建工作。

【医疗服务能力提升工程】完成泾源县人民医院救治能力提升项目主体工程建设,对县医院发热门诊、隔离病区进行了改造,设置核酸检测(PCR)实验室1个。泾源县7所乡镇卫生院均依据规范设立了预检分诊、发热诊室、核酸采样点。

【中医药服务能力提升工程】泾源县人民医院与中英娜—"医互百英"健康管理咨询服务中心合作,引进北京知名中医专家到泾源县医院坐诊,开展中医诊疗服务。7家乡镇卫生院和65%以上村卫生室具备与其功能相适应的中医药服务能力。基层医疗卫生机构中医诊疗量占同类机构诊疗总量比例≥30%。开展全科医生和乡村医生中医药知识与技能培训,重点培训临床用药和适宜技术,适宜技术应用达到60%。实施医疗卫生人才培养工程,与厦门市厦门大学附属第一医院、厦门市疾控中心建立对口合作关系,选派专家16人来泾源县开展帮扶工作;与宁夏回族自治区人民医院宁南医院取得联系,派出7名乡镇卫生院医务人员去进修学习;县医院派出到城市三甲医院进修学习7人,乡镇卫生院到县级医院进修学习5人;县医院每月下派10名医生到7个乡镇卫生院坐诊15天,对基层卫生院医务人员进行培训和技术交流。实施智慧医疗健康升级工程,吸纳社会资金1100万元,搭建县域医共体信息化平台,县医院开通网上预约及自主挂号、收费等系统,普及电子健康码,推广人工智能辅助诊断系统应用,县域医共体信息化平台软件部署稳步推进。

【重点领域改革创新工程】泾源县委、政府印发了《泾源县县域综合医改实施方案》《泾源县医疗健康总院建设实施方案》,医疗健康总院在筹备组建中。

【健康产业培育工程】中医药种植基地建设初具规模,形成"网络销售、市场销售"等多种营销模式。以科技项目为支撑,促进中药材产业发展,中药材资源保护富有成效。泾源县境内结合生态建设使中药材修复面积已达到1.6万亩。

【紧密型医共体建设】按照自治区医改工作部署要求,制定出台了《泾源县县域综合医改实施方案》(泾党办发〔2021〕15号)《泾源县医疗健康总院建设方案》(泾党办发〔2021〕104号)《泾源县关于深化公立医院薪酬制度改革实施方案》(泾人社发〔2022〕16号)《固原市DIP支付方式改革示范医院建设方案》(固医保发〔2022〕5号)等相关医共体建设配套文件,筹备组建以县医院为牵头医院,县域内各医疗机构为成员单位的县域紧密型医共体,统筹推进医疗、医保、医药"三医联动改革"。协调建立卫生系统党的机构设置,泾源县医疗健康总院在筹备组建中。实施县乡村医疗卫生一体化管理,加快医疗联合体建设,推进"互联网+医疗健康"发展,强化人才培养和技术提升,为群众提供优质高效便捷的医疗服务。加强与宁夏人民医院、石嘴山人民医院、固原市人民医院、厦门市人民医院的技术合作,通过远程会诊渠道开展疑难病例会诊、确诊,采取"请进来、送出去"的方式培养人才,定期邀请三甲医院专家来县医院坐诊、查房、手术、开展病例讨论及学术讲座。开展"千名医生下基层"活动,下派20名中级以上职称专业技术人员到基层医疗机构开展工作,通过"传、帮、带"等形式为基层医疗机构培养人才,强化技术提升,为农村群众提供优质、高效、便捷的医疗服务。

【公共卫生服务】 深化"两慢病"全周期健康管理推进分级诊疗改革,以家庭医生签约服务为载体,将重点人群的基本公共卫生服务内容落到实处。推进危重孕产妇和新生儿救治中心标准化建设,开展医养结合工作及职业病危害预防知识宣传和职业病防治专项整治。开展"两癌"和新生儿48种先天遗传代谢性疾病免费筛查工作,完成新生儿遗传代谢性疾病筛查127人、先天性听力障碍筛查117人、耳聋基因筛查115人,适龄妇女宫颈癌筛查3427人,乳腺癌筛查3427人,完成孕产妇检查168例,0—6岁儿童眼保健和视力检查1630人。

【医共体信息化平台建设】 按照自治区卫生健康委关于印发《县域医共体信息化平台建设功能指引(实行)》要求,泾源县引进中国农业银行泾源县支行投资1500万元搭建了医共体信息化平台。按照"1+2+7+96"的全县卫生系统信息网,构建以县医院为中心、2个社区卫生服务站、7个乡镇卫生院、96个村卫生室之间网络信息互联互通,2022年8月份已投入运营。

【党的建设】 开展"大学习、大讨论、大实践"活动,组织开展党史学习教育,"七一"讲话、党的二十大精神等学习40余次,理论学习中心组学习23次,专题培训班12期,开展到包扶村调研指导15次,学习宣传贯彻习近平总书记系列讲话和重要指示批示精神使党的基本路线和方针政策、党章党规、党建工作知识被党员干部职工所熟悉。建立健全系统内各基层党支部"三会一课""三强九严"党员民主生活会、组织生活会等党建工作制度,推动基层医疗机构党建工作全面开展。党风廉政建设工作取得新成效,县卫生健康局以"转作风、抓落实、提效能年"工作为契机,落实党组主体责任,加大班子成员"一岗双责"的落实,通过开展卫生健康领域突出问题专项治理,开展群众身边反腐败和不正之风、违规收受红包礼金和不当收益及违规借转贷或高额放贷专项整治、卫生健康领域国有资产等专项整治工作,以规范卫生健康系统权力运行、完善风险防控为重点,着力构建具有卫生健康系统特色的惩防体系,反腐倡廉工作取得新的成效。

泾源县人民医院

【概况】按照泾源县委、政府以及各级卫生行政部门的要求，泾源县人民医院全院干部职工齐心协力、众志成城、努力奋进，在做好院内新冠肺炎疫情防控、院外各种卫生健康保障和应急保障工作的同时，开展业务工作。全年医疗总收入3462.47万元，其中住院收入2252.7万元，门诊收入1252万元，药品收入1412.5万元，药占比36.82%，全年手术316例，住院人数6904人。全年未发生一次医疗纠纷事件，无医疗赔偿。

【专项治理】2022年是"卫生健康领域突出问题专项治理"年，泾源县人民医院在县卫健局统一安排部署下开展各项工作。召开动员部署会，成立了专项治理工作小组，制定下发了《泾源县人民医院2022年廉政警示集中教育活动实施方案》和《泾源县人民医院开展卫生健康领域突出问题专项治理工作方案》；根据专项治理工作部署和要求开展自查，共开展动员部署会1次，工作推进会7次，集体约谈会1次，全院各科室、部门进行突出问题全面自查自纠2次，自查梳理问题总数2446条，涉及科室或部门13个；积极整改，建章立制，梳理专项治理重点任务方面现有制度72项，修订制度12项，新建制度20项；通过自查共发现问题2446条，根据突出问题专项治理自查自纠问题立行立改的原则，制定了整改措施，责令相关科室或人员整改到位，已整改2444条，未整改2条；统一标准，按照涉及违规资金的比例对个人进行经济处罚（共涉及54人），共收缴9590.36元，另向医保局自查上缴违规金额19920元；要求每个责任人做出个人检查、每个责任科室提交自查整改报告，做出承诺，共上交个人书面检查54份。开展违规收送红包礼金和不当收益及违规借转贷或高额放贷专项整治，根据卫健局总体安排，制定下发了《开展违规收送红包礼金和不当收益及违规借转贷或高额放贷专项整治》工作方案，成立了领导小组和工作专班；召开了动员部署会、全院中层推进会（4次），党支部、院班子分别对党员领导干部和重要岗位和部门的人员进行了谈心谈话，全院职工签订了《承诺书》和《政策知晓书》，覆盖率100%。

【院感防控工作】加强院感防控工作，完善了院感三级管理体系，签订了院感目标责任书，修订完善了《泾源县人民医院感染管理实施办法》等多项制度。对全院开展了综合性监测，并对重点科室，如预检分诊、发热门诊、核酸采集点、产房、供应室、手术室、胃镜室、口腔科、急诊科、检验科加强了消毒灭菌管理工作，使医院消毒灭菌效果达到更高标准。改造升级了医疗垃圾、废水在线监测处理系统，规范管理医疗废物、废水，使得院内感染风险降低。

【基础设施建设】完成县医院感染科（楼）项目建设，并投入使用，配备相应的设施设备和专职医护人员开展工作。将感染科、发热门诊整体搬迁投入使用，并按规范和标准配置设施设备和装修。2022年3月在医院西侧（中医楼旁）选址，开工重建"泾源县人民医院门诊综合大楼"，预算资金7500万元，总建筑面积10000平方米，地上六层，已完成基础建设，预计2023年完成内部装修投入使用。

【新技术新业务】开展了无痛胃肠镜、阴道超声检查和介入超声、"超声乳化白内障摘除+人工晶状体植入术"、髋关节、股骨头（人工）置换术、中医穴位埋线配合埋针治疗慢性疼痛、危重症新生儿的救治等多项新技术新业务，扩大了业务工作，提升了技术水平。

【对口帮扶】2022年与厦门大学附属第一医院、石嘴山市第一人民医院、固原市人民医院等多家三级医院结对帮扶，旨在发挥三甲医院的优势，提升综合诊疗和服务能力。帮扶医院派驻专家均为半年或一年的长期驻点帮扶，主要以学术交流、业务指导、疑难会诊、教学查房、手术带教、学术讲座、义诊、学科建设为重点开展工作，年内帮扶专家共接门诊、急诊患者2000余人次，管理住院患者500余人，康复治疗300余人，教学查房近70次，疑难病例会诊20余次，各种学术讲座35次，手术示教57例，义诊2次。全年外派本院人员赴三级医院中长期进修学习9人，其中厦门大学附属第一医院6人，宁夏医科大学总医院2人，宁夏儿童医院1人。

卫生监督

【概况】在泾源县委、政府和泾源县卫生健康局的领导下，在上级业务主管部门的指导下，泾源县卫生监督所坚持以习近平新时代中国特色社会主义思想为指导，贯彻区、市卫生监督工作会议和全县卫生健康工作会议精神，围绕新冠疫情防控和《自治区卫生健康委2022年卫生监督工作要点》要求，通过加强内部管理，完善各项规章制度，规范卫生监督执法行为，树立卫生监督新形象，开展了各项卫生监督工作。全县共有各级各类医疗卫生机构122家（公立医院1所，民营医院2所，乡镇卫生院7所，城市社区卫生服务站2个，妇幼保健院1个、疾病预防控制中心1个、卫生监督所1个、村卫生室96个、个体诊所11个）。城市供水单位1家，水箱式二次供水3家。公共场所经营单位133家（住宿场所36家、公共沐浴场所4家、理发45家、美容场所43家、商场3家、候车室1家、影剧院1家）。学校78家，幼儿园29家，校外培训机构7家。

【思想政治建设】以党支部为中心，开展各种形式庆祝党的二十大的胜利召开，组织党员职工学习党的二十大精神及习近平重要讲话精神。设立新冠疫情防控党员先锋岗位，组织全体党员和职工赴老龙潭"缅怀革命烈士"学英勇献身革命精神，温习党的历史，开展"主题党日"活动。开展廉政警示教育活动和卫健领域专项治理活动及"收受红包"专项整治活动，组织党员和职工去隆德"廉政警示教育基地"学习，观看"警示教育片"，学习"典型案例"。

【卫生许可】全年共审核发放医疗机构执业许可证34家，校验109家，公共场所卫生许可证44家。

【卫生行政处罚】全年查处各类违法案件15起，立案15起，处罚15起，均按一般程度处罚，罚款共计65000元，没收违法所得3581元，其中查处传染病防治违法案5起，非法行医4起，（使用非卫生技术人员1起，无《医疗机构执业许可证》2起，超范围执业1起），查处公共卫生案件5起。取缔各种非法行医流动摊点4起。

【双随机监督抽查】国家下达随机抽查14家，其中2所学校卫生、1家放射卫生、10家公共场所、1家生活饮用水供水单位；按照国家方案要求，随机抽取5家职业用人单位，随机抽查单位检测和监督检查完成率100%，完结率100%，检测合格率100%。在某地双随机监督抽查工作中查出1家宾馆不合格。

【卫生监督协管】加强卫生监督协管人员管理，完善了管理制度，签订目标责任书，加强督查和指导。执行卫生监督协管月例会制度，定期开展乡村级卫生监督协管员的培训，及时报告和汇总每月卫生监督协管巡查情况，加强食品安全信息、生活饮用水、学校卫生和公共场所、计划生育、打击"两非"等卫生监督工作，促进全县综合监督总体工作的发展。

【传染病卫生监督】加大对医疗机构监督检查力度，加强对县医院传染病区、PCR实验室的管理。加大对各医疗机构预检分诊制度的执行情况；发热门诊的建立情况；是否严格执行首诊负责制，按规定报告传染病疫情；是否存在瞒报、缓报、谎报传染病疫情报告；是否做好院内感染控制和消毒隔离工作，尤其是重点科室、重点区域的消毒隔离工作；以及医疗废物的分类、收集、运送、贮存、处置等重点环节是否符合国家有关规定等内容进行监督检查。加强对疾病预防控制机构的监督检查，对于疾病预防控制机构是否对传染病疫情信息和疫情报告进行分析、调查与核实，是否对医疗机构开展传染病疫情报告检查和业务指导，是否对学校及托幼机构进行传染病防控知识技术指导等内容开展监督检查。加强和完善各项传染病防控措施，查处违反传染病防治法律法规的5家医疗机构，罚款9000元。

【公共场所卫生监督】组织监督执法人员对全县133家各类公共场所进行了监督检查。重点检查了新冠疫情防控措施和卫生安全情况，加强了美容美体机构的医疗美容行为检查，对存在问题的公共场所经营单位下达了卫生监督意见书，要求限期整改。查处2家单位从业人员无健康证上岗，罚款2000元；2家单位未办理《公共场所卫生许可证》，罚款2000元；1家公共用品消毒不合格单位，罚款500元。

【医疗卫生监督】全年共监督检查医疗机构122家，重点检查了县直各医疗卫生单位、乡镇卫生院医务人员、民营医疗机构及个体诊所的执业行为、新冠疫情防控和传染病防治工作、医疗废物安全处置、医疗安全和生物安全等各方面的情况。加强对医疗机构新冠疫情期间诊治发热感冒病患、执业范围、医务人员资质及医疗废物管理与处置等专项执法监督检查,规范了医疗机构执业行为。对83家医疗机构存在的不同问题分别下发了监督意见书,并要求立即整改;查处1家诊所聘用非卫生技术人员,罚款4000元。打击非法行医和整治医疗乱象行为,严厉打击未取得《医疗机构执业许可证》的机构和药店"坐堂"、"游医"、"黑诊所"及医疗机构聘用非卫生技术人员行医、非法医疗美容的行为等医疗乱象;查处各类非法行医行为3起,罚没52581元,取缔各种非法行医流动摊点4起。

【职业卫生监督】在职业病危害项目检查工作中,对监督员进行了检查工作前培训,组织人员对全县13家工作场所职业病危害项目进行了检查,重点对用人单位的职业卫生管理组织、制度的建立,职业危害因素申报,职业危害因素防护,职业危害因素检测,生产工艺,职业健康监护等情况进行了监督检查。

【饮用水卫生监督】生活饮用水卫生监督监测按照年初工作安排,协调县疾控中心,对泾源县1家集中式供水单位每季度进行一次卫生监督监测。重点对饮用水水源、水厂的环境及水源防护设施、防护人员进行监督检查和饮用水管护人员的健康证持证情况进行检查,并结合县疾控中心监测结果进行相应的检查和指导。泾源县辖区城镇现有市政供水二次加压供水的单位和住宅小区16家,其中水箱式二次供水3家,单纯加压(无负压变频)供水13家;在排查过程中,对3家水箱式二次供水单位进行了多次重点检查,主要对用水管理、运行流程、设施设备、卫生安全等方面检查,存在少量问题和隐患,并建立了《二次供水问题排查整治台账》,向管护单位下达《卫生监督意见书》,要求管护单位完成整改、消除安全隐患。

【学校卫生监督】按照《学校卫生工作条例》和《传染病防治法》,对辖区内4所中学、45所小学和35所托幼机构,从学校生活饮用水、近视防治、新冠疫情防控和传染病防控、组织机构的建立、传染病管理制度(包括晨午检制度)、突发公共卫生事件应急预案、新生入学《预防接种证》查验登记、学校卫生和健康教育等工作制度、措施的建立健全和落实方面开展专项监督检查,针对发现的问题,监督员现场进行了指导,并提出了相应的整改意见,要求限期整改。

疾病防控

【概况】2022年,疾病预防控制工作坚持预防为主的工作方针,始终把人民群众身体健康和生命安全放在第一位,围绕泾源县委、政府重点工作安排,在做好新冠肺炎疫情防控同时,推进疾病预防控制常规重点工作。

【党的建设】坚持党要管党、全面从严治党的方针,在习近平新时代中国特色社会主义思想指导下,学习贯彻党的二十大精神,抓好思想政治工作，夯实党员干部思想基础，以为人民群众服务为核心、以提升党员整体素质为主线，推进党建工作。单位坚持领导干部示范带动，带头学习研讨、带头讲党课、带头抓好整改落实，经常组织开展回头看，提升党员素养，深化学习型党组织建设。

【重点传染病防控】全县无甲类传染病报告，共报告乙丙类传染病16种399例，报告发病率为469.29/10万，较2021年（335例）上升了19.11%，较近三年平均水平上升了6.4%。全年报告传染病死亡病例1例，为HIV病例；报告的乙丙类传染病中，发病率居前五位的病种依次为布病、其他感染性腹泻病、乙肝、痢疾和流行性感冒。全年无突发公共卫生事件报告。处置高级中学聚集性水痘事件1起，2022年12月份针对报告有学校新冠核酸检测阳性学生和老师较多情况，对全县12所中小学校进行新型冠状病毒肺炎疫情防控情况现场督导，并提出了指导建议，防止学校疫情蔓延扩散。流行性出血热监测，全年布放鼠夹8556夹次，捕获鼠227只，平均鼠密度2.65%，对227份鼠血标本送自治区疾控中心进行病毒检测，检出鼠肺带毒7份，带毒率为3.08%，鼠血带毒13份，带毒率为5.73%，全年报告流行性出血热病例2例。艾滋病防治工作，对重点场所和重点人群进行监测，开展HIV/AIDS随访管理11人，治疗10人，HIVcd4+采样送检12份、HIV病毒载量采样送检9份，自愿咨询共检测244人份，均为阴性，未发现阳性病人。结核病防治工作，规范结核病人管理，县医院门诊共就诊疑似病人78人，拍胸片78张，痰涂片97人次，分子生物学监测5人，共确诊结核病8人，其中肺结核7人，胸膜炎1人；阳性病人共2人，其中痰涂片阳性2人，培养阳性0人，分子生物学监测阳性0人，均按规定进行登记管理，给予免费治疗；医疗机构网络报告病人26人，3人重卡，全部追踪23人，其中到位20人，到位率86.96%，2人拒绝治疗，1人查无此人。

【新冠疫苗接种】上级下发16批次疫苗，冷链运转90余次，共发苗41370支，接种45443剂次，其中第一剂次5353支，第二剂次7285剂次，第三剂次32347剂次，第四剂次458剂次。接种反应9例，其中一般反应8例，异常反应0例，心因性反应1例，待定0例。启动市县异常反应专家诊断组上会1例，判定0例异常反应，0例一般反应，1例（癫痫）心因性反应。

【常规疫苗接种】免疫规划常规接种30719针次，建档儿童750人，接种率达95%以上。开展麻疹类等疫苗查漏、查验儿童预防接种证8768人，其中完成接种的8606人，补种完成61人，还需补种或再次审核查验的101人。预防接种疑似异常反应11例，其中一般反应10例，心因性反应1例。

【非免疫规划疫苗接种】狂犬疫苗接种460剂次，乙肝疫苗接种158针次，流感疫苗接种410人，水痘疫苗接种458人次，厦门红十字捐赠二价HPV疫苗353人份（已接种210人），四价与九价HPV疫苗接种300人份。对全县各乡镇16—60岁人群进行出血热疫苗群体性预防接种，应种8000剂次，实际接种600剂次，库存7400剂次，接种缓慢原因为新冠疫情影响。

【冷链设备运转】规范冷链运转,全年冷链运转102次,疫苗实行闭环式管理,无差错事故发生。

【疫苗疾病监测】AFP病例0例,流脑病例0例,乙脑病例0例,新生儿破伤风0例,乙肝病例0例,麻疹病例0例,疑似麻疹报告2例,排除疑似麻疹2例,完成麻疹敏感性监测指标。

【慢性病防制管理】加强65岁以上老年人健康管理,全县共有65岁及以上常住老年人10461人,完成健康体检8388人,老年人体检率80.18%,健康管理8003人,老年人健康管理率76.5%。规范重性精神病病人管理,全县在册严重精神障碍患者441人,患病率5.19‰(≥4‰),管理治疗415人,规范管理398人,规范管理率90.2%。加强癫痫病防治,癫痫病人规范管理123人,苯巴比妥服药随访患者64人,丙戊酸钠服药随访患者26人,苯巴比妥+丙戊酸钠服药随访患者33人,服药管理率100%。慢性病健康管理,全县各乡镇(社区)共管理高血压患者6894人、规范管理6268人,规范管理率90.92%;2型糖尿病患者1628人,规范管理1463人,规范管理率为89.86%。加大死因监测,加强督导,强化责任,全年报告死亡病例533人,死亡报告率6.26‰,死因顺位前五位为心脏病、脑血管病、恶性肿瘤、呼吸系统疾病、损伤及中毒。提升城乡居民电子健康档案建档率,电子健康档案建档率达90%以上。食源性疾病监测,全年共上报病例127例;感染性腹泻88例,占69.2%;急性胃肠炎30例,占23.6%;食物中毒2例,占1.5%;细菌及其他细菌性感染2例,占1.5%,细菌性痢疾5例,占3.94%。开展职业病防治工作,全年共报告农药中毒8例,尘肺5例;对10家医疗机构22人每季度进行职业性放射线检测及监测工作,督促用人单位做好职业病个人防护。

【地方病和水质监测】开展地方病终期评估工作,采集盐样300份,经检测合格盐样297份,不合格盐样3份,碘盐覆盖率100%,碘盐合格率99%,合格碘盐食用率99%,学生盐碘中位数27.50mg/kg,孕妇盐碘中位数26.46mg/kg,学生尿碘中位数250.6μg/L,孕妇尿碘中位数250.2μg/L。儿童甲状腺B超共筛查8—10岁儿童200名,筛查结果均为正常,无肿大情况发生。氟斑牙筛查60人、氟骨症筛查431人,未发现疑似病例。全年登记管理地克病70例,随访中发现死亡3例,体检67例,随访率、体检率为100%,纳入残疾人管理38人,纳入分散管理和低保41户41人,纳入建档立卡帮扶28户,管理率为100%。开展布病筛查8312人,报告199例,患病率2.39%,199例建档管理,197例规范治疗,2例在外县区治疗。全县完成包虫病筛查登记3015人,学生筛查1510人,门诊筛查2002人,无确诊病例,管理病人3例;对所有家(牧)犬进行登记管理,包虫病犬驱虫摸底调查犬10881只,登记管理犬10852只,犬驱虫10621只,犬驱虫率97%。土源性线虫病监测共采集粪样1022份,检出2份阳性,采取干预措施;共采集25份土样,全部合格。水质监测枯水期共采送水样53份,检测水样53份,合格49份,合格率92.45%,不合格4份;丰水期共采送水样53份,检测水样53份,合格46

份，合格率86.79%。

【近视学生常见病监测】 近视等学生常见病及健康影响因素监测，完成了泾源县近视等学生常见病监测工作，2所小学、2所中学和1所高中、2所幼儿园大班共现场体检2298人，完成率为100%。

【医疗机构消毒监测】 医疗机构消毒质量监测工作应监测医疗机构17家，共采集各类样品249份，合格239份，合格率95.98%。不合格样品是医护人员卫生手菌落总数超标，致病菌未检出。

【学生营养改善监测】 农村义务教育学生营养改善计划监测，10所学校共监测学生2247人，其中男生1185人，女生1062人，男女生性别构成比为52.74%和47.26%。2022年学生的生长迟缓率分别为0.70%，轻度消瘦率为1.70%，中重度消瘦率为5.49%，超重为9.40%，肥胖为5.0%。

妇幼保健

【婚前医学检查】 按照全区2022年免费婚前医学检查项目实施方案的统一安排，泾源县妇幼保健院协调各乡镇各基层卫生院、民政等部门，明确各部门职责，做好组织宣传及动员工作，开展形式多样的专题宣传，优化婚检流程，提高婚检质量。年内免费婚前医学检查864人，结婚登记936人，婚检率92.32%，通过婚前卫生咨询、指导，分别给出了医学指导意见。

【"两癌"筛查】 2022年"两癌"筛查工作已全部完成，乳腺癌筛查4100人，结案4100人，完成率100%，其中B超检查4100人，钼靶检查78人。宫颈癌筛查4100人，结案4100人，筛查完成率100%。HPV阳性310人，阴道镜检查171人，组织病检96人，其中CIN Ⅰ 11人，CIN Ⅱ - Ⅲ 级16人，宫颈恶性肿瘤1人（16人均接受治疗）。

【新生儿代谢性疾病和新生儿听力筛查】 按照新生儿疾病筛查技术方案的要求，加强质控、监督和管理，推进全县新生儿代谢性疾病筛查，通过手机短信、微信公众平台、健康教育专栏、板报等多种形式进行了新生儿代谢性疾病和新生儿听力筛查的健康教育宣传，提高了家长的接受程度，提高了家长主动配合做好筛查工作的积极性。2022年全县活产788人，其中县内出生活产309人，县外479人，听力筛查98.38%。新生儿多种遗传代谢性疾病筛查完成99.68%。

【孕前优生健康检查】 免费孕前优生健康检查，下达任务检查计划怀孕夫妇800对，年内共完成624对，目标人群覆盖率78%。

【增补叶酸预防神经管缺陷项目】 孕前3个月至孕后3个月妇女，服用叶酸预防胎儿神经管畸形。2022年全县农村适龄妇女叶酸应服用人数1239人，实际服用人数1231人，服用率99.35%。

【儿童营养改善项目】 按实施方案要求，加强对营养包服务人员的培训，提高服务技能，同时加强对县乡村营养包接收储存、摸底登记、发放管理、食用随访等各个环节的组织管理，做到底子清、情况明，出入库要详细，登记要清晰。2022年营养包发放13010盒，营养包领取人数1854人，发放率97.78%。

【预防艾滋病、梅毒和乙肝母婴传播项目】2022年全县孕产妇艾滋病、梅毒、乙肝母婴传播项目咨询678人，检测531人，其中孕期检测530人，县域医疗机构内住院分娩产妇307人，母婴阻断306人，无艾滋病阳性产妇，梅毒阳性产妇0人。乙肝阳性产妇所生婴儿均在出生后24小时内注射了乙肝免疫球蛋白和乙肝疫苗。

【计生服务】计划生育技术服务全面实行知情选择。2022年计划生育门诊人次796人次，各类计划生育手术88例，其中结扎0例，药流0例，置环42例，取环44例，查环321例，查孕35人，门诊咨询356人次，随访890人次。

【避孕药具管理】2022年继续加强对111个药具发放点的管理，外用避孕药具自助发放机安装10台，全部正常运行。各类避孕药具使用人数3280人，药具应用率100%，药具有效率99.9%。

【孕产妇保健管理】根据国家《基本公共卫生项目服务规范》和《固原市孕产妇健康管理服务项目实施方案》，制定《泾源县孕产妇健康管理服务项目实施方案》，逐级进行培训和宣传，县乡村三级孕产妇保健服务基本形成了村级动员摸底、乡级管理、县级分娩的服务模式。2022年全县产妇782人，活产788人；全县孕产妇系统管理767人，孕产妇系统管理率97.34%；住院分娩活产数788人，住院分娩率100%；高危产妇404人，占产妇总数的51.66%，高危管理404人，高危管理率100%，高危产妇住院分娩404人，高危产妇住院分娩率100%；孕产妇死亡0例，产妇孕产期贫血患病14人，产妇孕产期贫血患病率1.79%。规范了孕产妇死亡、医疗机构新生儿死亡评审工作。

【儿童保健管理】根据《托儿所幼儿园卫生保健管理办法》县妇幼保健院及时与县城公立和民营托幼机构进行了联系，采取了健康教育进课堂，对三所幼儿园的教师及学龄前儿童的家长进行了健康宣传，对三所幼儿园的儿童进行了体检。2022年，0—6岁儿童数7849人，健康管理7528人，管理率95.91%；3岁以下儿童数2701人，系统管理2579人，管理率95.48%；6个月内母乳喂养调查人数778人，母乳喂养646人，纯母乳喂养人数646人，纯母乳喂养率83.03%；婴儿死亡率1.02‰（1周岁以内），其中新生儿死亡率1.02‰（28天以内），5岁以下儿童死亡5例，5岁以下儿童死亡率6.35‰。0—6岁儿童视力检查7528人，视力检查覆盖率95.91%，其中6岁视力检查1195人，6岁视力不良检查出107人，6岁视力不良检出率8.95%。

【出生医学证明管理】《出生医学证明》实行专人办理，一人管证，一人管章，按照家庭、医疗机构接产办证索取证件要求严格把关，规范办理。2022年，出生医学证明共办理321份，其中首次签发313份，换发3份，补发5份，废证0份。

社会管理

泾源年鉴2023

人力资源和社会保障

【概况】 坚持以习近平新时代中国特色社会主义思想为指导,学习贯彻党的二十大精神,落实自治区第十三次党代会精神,落实上级人社部门的各项决策部署,加大就业优先政策实施力度,拓宽居民增收渠道,推进社会保障制度改革,维护劳动者合法权益,推动人社事业高质量发展。城镇居民可支配收入31056元,同比增长4.4%。

【社会保障兜底】 促进转移净收入增长。加大民生支出,强化社会保障举措,加大对特殊困难家庭的帮扶力度。筑牢织密社会保障网,城乡居民养老金在自治区每年上调5元/月/人的基础上再次上调5元/月/人,涉及1.3万人。城镇低保提标补发,确保了困难群众基本生活,促进转移净收入增长。

【职业技能培训】 贯彻落实区、市关于政府补贴性职业技能培训精神,制定印发了《关于做好2022年度全县政府补贴性职业技能培训工作的通知》(泾人社发〔2022〕1号),坚持就业导向、适应市场需求,推动职业技能培训扩容提质,打造"家畜饲养工"劳务品牌。组织召开职业技能培训启动会议,抢抓冬季劳动力闲暇有利时机在全区率先启动职业技能培训工作,让有培训意愿的劳动力在外出务工前至少掌握一门劳动技能。开展各类培训班46期1910人(其中城乡劳动力职业技能培训班25期1235人、企业职工培训班1期59人、创业能力培训班4期120人、闽宁劳务协作脱贫劳动力职业技能培训班16期478人、"两后生"职业技能培训18人),完成目标任务1365人的140%。

【劳动力转移就业】 通过"点对点"集中输送、劳务经纪人带动、群众自发转移、公益性岗位安置等完成农村劳动力转移就业29305人,实现工资收入7.2亿元。同海沧区、同安区分别签订了闽宁劳务协作协议,在厦门市挂牌成立了泾源县驻厦门市劳务工作站,购买"铁杆庄稼保"20983人,发放"铁杆庄稼保"政府补贴22106人77.371万元,为农村劳动力外出务工撑起"安全网"。

【就业再就业】 多方式宣传就业创业惠民政策,线上线下推送用工信息433条,举办打好就业收入扩增战"三送五进"等活动23场次,提供就业岗位3394个,完成城镇新增就业623人,城镇失业人员再就业272人,就业困难人员实现就业125人,青年就业见习15人,安置城乡公益性岗位225人,延长劳务移民公益性岗位服务期限87人,离校未就业应届高校毕业生就业率94.61%。

【创业带动就业】 加大创业担保贷款、重点群体创业补贴政策落实力度,优化经办流程,线上线下发布创业担保贷款报名公告,扶持高校毕业生、农民工、退役军人等重点群体就业创业，形成以创业带就业、以就业促创业的良性循环。发放创业担保贷款106户2000万元，完成目标任务1800万元的111%；培育创业实体204个，完成目标任务200个的102%；创造新岗位202个，完成目标任务160个的126%；创业带动就业1023人，完成目标任务1000人的102.3%。发放全民创业担保贷款贴息资金315.4万元，组织5名创业者参加第五届"中国创翼"创业创新大赛宁夏赛区固原选拔赛获优秀组织奖。

【高校毕业生就业创业】贯彻落实《自治区党委办公厅人民政府办公厅印发〈关于切实做好高校毕业生等青年就业创业工作若干政策措施〉的通知》（宁党办〔2022〕30号）和《自治区就业工作领导小组关于印发〈全区高校毕业生就业创业工作方案〉的通知》（宁就业工作领导小组发〔2022〕6号）精神，多措并举促进高校毕业生就业创业。2022年，离校未就业应届高校毕业生实名制登记297人，通过提供政策咨询、职业指导、就业信息、政策扶持等主动做好离校未就业应届高校毕业生实名制就业服务工作。全年招募高校毕业生"三支一扶"111人、西部计划志愿者47人、就业困难高校毕业生公益性3人、青年就业见习15人、学前教师、城乡社区、司法协理等基层服务专项计划25人、事业单位实习26人，离校未就业应届高校毕业生就业率为94.6%。

【基本养老保险】全年参加基本养老保险参保人数76183人，完成区局下达任务75234人的101%。其中城镇企业职工养老保险参保人数5504人，完成区局下达任务5092人的108%，期末待遇领取人员1746人，社会化发放率和支付率均为100%；机关事业单位养老保险参保人数4258人，完成区局下达任务4142人的103%，期末待遇领取人员1359人，社会化发放率和支付率均为100%；城乡居民基本养老保险参保人数66421人，完成区局下达任务66000人的101%，期末待遇领取人员13511人，社会化发放率和支付率均为100%。

【失业保险】全年参加失业保险参保人数4518人，完成区局下达任务4126人的109%；

【工伤保险】全年参加工伤保险参保人数8743人，完成区局下达任务8700人的101%。按项目参加工伤保险参保人数3796人，新开工建设项目工伤保险参保率100%。

【降费减负】落实降费缓缴社会保险费政策，减轻疫情期间企业缴费负担。全年共计减免企业社会保险费2032.6万元，其中企业职工基本养老保险费因降低缴费基数下限减免900.68万元，因降低缴费比例减免437.22万元；失业保险费因降低缴费基数下限减免29.62万元，因降低缴费比例减免600.48万元；工伤保险费因降低缴费比例减免64.6万元。

【劳动监察】开展"和谐同行"千户企业培育行动，维护新就业形态劳动者保障权益专项等行动，打造了2家自治区和谐劳动关系示范企业，2家金牌调解组织；新签、续签集体合同37份，劳动保护专项合同37份，工资集体协议11份，女职工权益保护专项集体合同28份，覆盖职工1136名。采取"拉网式、滚动式、不间断式"等模式开展各类专项检查，共检查用人单位75家，涉及劳动者1365人。开展工资支付监控预警平台建设,实现网上签订劳动合同7035人,解除劳动合同1768人,合同签订率100%,农民工工资保证金收缴率、分账管理率、工资款拨付率、银行卡支付率均达到99%以上。全年受理农民工维权投诉举报案49件,为236名农民工追讨劳动报酬共计187.87万元,办结率为100%;办结全国欠薪平台及各类转办件192条,办结率94%。全县未发生因拖欠农民工工资造成的群体性或越级访事件,维护了社会大局和谐稳定。

【工资福利日常管理】落实自治区工资福利各项政策,建立健全全县事业单位工作人员各种工作津贴补贴制度,深化事业单位收入分配制度改革和公立医院薪酬制度改革。及时足额落实事业单位各项收入政策,审批工资待遇13500人次,调整事业单位工资标准,涉及2207人,月平均增加314元。依据2021年考核结果对2156人晋升薪级工资,月均增资90元。规范事业单位津贴补贴标准,建立基础绩效奖,涉及2207人,规范后月人均水平1573元。审批其他事业单位719人奖励性绩效工资,月均632元。落实完善中小学校教师绩效工资相关政策,实现了义务教育学校工资收入水平不低于当地公务员平均工资水平,审批教育系统1117人奖励性绩效工资、月均637元;482人农村教师补贴,人均每月按500元标准核定;409人班主任津贴、月均520元;60人校长津贴、月均1263元;893人义务教育阶段教师补贴,月均200元。落实397人岗位聘任工资待遇,人均增加305元,落实12名事业编警务人员绩效工资政策,人均每月按2338元标准核定。落实112人乡镇卫生院医生补贴,人均每月按200元标准核定。给符合退休条件的23人及时办理退休手续,对已死亡5人及时下发抚恤金、埋葬费。

【人才队伍建设】推行事业单位岗位绩效工资制度,建立符合各类事业单位特点、体现岗位绩效分级分类管理的事业单位薪酬制度。落实专业技术人员职称评审"定向评审、定向使用"机制。贯彻落实《中共中央办公厅 国务院办公厅印发〈关于县以下事业单位建立管理岗位职员等级晋升制度的意见〉的通知》(中办发〔2021〕29号)精神,制定《泾源县事业单位管理岗位职员等级晋升工作实施方案》,加强事业单位管理岗位职员等级晋升制度的实施工作。围绕县域重点产业,加大人才选拔力度,组织事业单位专业技术人员申报"自治区青年拔尖人才培养工程人员选拔"。开展专业技术人员职称评审推荐工作,全年共聘任专业技术职称490人。公开招聘事业单位工作人员71名(其中招聘中小学幼儿园教师32名),接收安置订单定向学医学生2人。争取自治区人才开发局"三支一扶"招募指标90名,主要用于支农、支医、支教、乡村振兴等基层服务工作。

医疗保障

【概况】 2022年，县医保局深入学习宣传贯彻党的二十大精神、习近平总书记视察宁夏重要讲话和重要指示批示精神。在区、市医疗保障局的指导下，在县委、政府的领导下，以落实政策，做强监管，创优服务，做细内控为抓手，以不断提升群众的获得感为己任，以落实医保惠民、利民、便民、为民各项政策为落脚点，推进医疗保障事业健康发展。

【政治引领】 开展党组理论学习中心组学习，学习党的二十大精神及习近平总书记视察宁夏重要讲话和重要指示批示精神，自觉增强党员干部的政治判断力、政治领悟力、政治执行力。贯彻区市县关于党风廉政建设和反腐败工作的重要部署，贯彻落实党风廉政建设责任制，落实"一岗双责"，多种形式开展廉政教育，落实党风廉政建设各项规定。深化党史学习教育，将党史学习教育融入日常，按时学习规定书目，"三会一课"、支部主题党日等，推动理想信念教育制度化常态化。

【医保缴费】 2022年1—9月，全县特殊困难及脱贫人口40153人，其中农村特困人员396人，农村低保对象11480人，纳入乡村振兴部门监测人员1593人，未纳入监测对象的脱贫人口26684人，除因死亡、服刑等原因无法参保人员外，已100%参保。缴费期结束后，对特殊人群、三类人群建立动态参保机制，督促各乡镇积极参保缴费。2023年医保征缴工作开展以来，在县委、政府的支持下，县医保局克服参保缴费标准提高、新冠肺炎疫情影响等困难，层层压实责任，健全乡镇、部门协作机制，理顺关系，提升征缴数据质量，成立七个医保征缴宣传小分队，深入各乡镇、社区、企业开展政策宣传，全县参保缴费位居全区第五、全市第三。

【医保惠民政策宣传】 先后在县域内各定点医疗机构、香水镇各村卫生室、社区、小区安装医保政策宣传栏60余个，印发医保宣传资料3.5万余份，发放各类宣传品5万余份，联合各级医疗机构开展"宣传+"活动，对群众义诊10000余人次。

【预警信息推送机制】 每季度建立预警监测信息台账，对全县重特大疾病患者给予二次报销，防止因病返贫。1—9月，共向有关部门及乡镇反馈、推送患者信息46人次。

【医保待遇保障机制】 1—9月，全县农村特困人员、农村低保对象、纳入相关部门监测的易返贫致贫人口普通门诊就诊21024人次，发生医疗总费用110.91万元，基本医保支付67.4万元，医疗救助支付1.29万元。门诊大病就诊5608人次，发生医疗总费用251.52万元，基本医保支付125.62万元，医疗救助支付94.63万元。住院5242人次，发生总费用3452.66万元，政策范围内医疗费用2710.89万元，基本医疗保险报销2098.07万元、大病保险报销301.12万元、医疗救助500.91万元。对高血压、糖尿病"两病"门诊大病办理、签约下放至乡镇卫生院，并及时给予办理。

【医保基金监管】2月与县公安局、卫生健康局联合下发专项治理文件，共检查定点医疗机构35次。配合自治区飞行检查，固原市交叉检查，发现三家医疗机构存在违规使用医保基金，对其进行了督促整改。3月，与全县38家医药机构签订《医疗服务协议》，并聘请10名社会各界人士为监督员。

【专项治理】经自查，泾源县医疗机构共存在卫生健康领域突出问题36方面70条，存在违规使用医保基金206266.52元，1家协议药店存在违规使用医保基金1.05万元，开出首张罚单，截至目前各医疗机构已全部上缴违规使用医保基金。印发《泾源县医疗保障局关于开展全县药品、医用耗材采购专项检查工作的实施方案》，明确检查时限、抽调专人组建专项检查组，共查处问题51项，对前期自查阶段查处问题整改措施落实不到位、整改不彻底的单位进行约谈处理。

退役军人事务管理

【概况】2022年，在县委、政府的坚强领导下，在区、市上级业务部门的悉心指导和大力支持下，泾源县退役军人事务工作始终坚持以习近平新时代中国特色社会主义思想为指导，全面贯彻党的十九大和十九届历次全会精神，深入贯彻落实习近平总书记关于退役军人工作重要论述，全面落实全国退役军人事务厅（局）长会议和自治区党委十二届十四次全会、自治区"两会"、自治区党委第十三次党代会精神，以推动退役军人工作高质量发展为主题，以"让退役军人获得感成色更足"为主线，以落实"十四五"退役军人服务和保障规划为牵引，做好退役军人服务保障管理及各项工作，全县退役军人事务工作健康发展。

【思想政治引领】结合退役军人群体冬季闲暇时间组织各乡镇服务站开展退役军人"军魂永驻，红心向党"党员冬训工作，提高退役军人政治思想觉悟和理论水平。组织先进模范退役老兵开展2022年"赓续红色基因 汇聚奋进力量"系列主题宣讲活动，激发退役军人"退役不退志，退伍不褪色"的奋斗精神。组织开展全区"最美退役军人"学习宣传活动，讲好他们的故事，展现他们的风采，激励广大退役军人不忘初心、牢记使命，继续在新时代中国特色社会主义建设中再立新功，激励广大干部群众崇尚最美、学习最美、争当最美，推动全社会形成"现役军人享尊崇、退役军人受尊重"的浓厚氛围。

【建档立卡及优待证办理】按照区厅下发的《退役军人及其他优抚对象优待证服务管理办法（实行）》文件精神，召开专题工作会议进行安排部署，同时召开全县退役军人"三属"优待证申办业务培训会，针对优待证如何申请、怎样申请、申请地点、信息采集完善等一系列问题进行详细讲解,确保服务站工作人员对上级政策更好地掌握,为更好地服务退役军人筑牢基础。全县共有建档立卡退役军人及其他优抚对象1209人,登记维护人数1068人,审核通过1009人,审核通过率83.48%;优待证申领人数1209人,审核通过1016人,审核通过率84.37%。调整优待目录清单,扩大优待证适用范围,提高社会关注度和知晓度,营造"尊崇军人职业,尊重退役军人"的良好社会氛围。

【优抚褒扬】 2022年1月至9月,共为全县298名重点优抚对象发放生活补助款182.01万元。新增60岁农村籍退役士兵13人,新增伤残退役士兵1人;核减重点优抚对象3人。解决优抚对象医疗补助7人,补助资金0.86万元。为1-6级无生活保障的6名伤残军人缴纳职工医疗保险2.82万元,完成34人伤残人员换证准备工作。实施老龙潭烈士纪念亭提质改造和零散烈士墓整修工作。

【就业创业】 举办了2022年34名自主就业退役士兵线上适应性培训班,对符合条件的7名退役军人考取驾驶证支付培训资金2.3万元。与县人社局配合组织开展就业创业招聘会1次,促成退役军人与企业达成就业意向10余人,通过转发招聘信息、提供就业岗位等宣传,实现13名退役军人顺利就业。对退役军人就业创业系统信息进行更新完善。

【信访和社会稳定】 学习推广新时代"枫桥经验",落实信访工作责任制,建立退役军人矛盾纠纷排查化解"133"工作机制,推进信访问题化解,依法依规妥善处理退役军人诉求。按照中央及区市县信访稳定工作相关会议精神及文件要求,成立工作领导小组,制定《信访稳定工作方案》。召开退役军人事务工作领导小组成员单位、各乡镇退役军人服务站站长及工作人员,县退役军人事务局领导班子成员及全体干部职工参加的全县退役军人信访稳定工作会议,对退役军人信访稳定工作进行全面安排部署,建立领导班子成员带班接访24小时值班值守工作制度,组织发动县、乡、村三级退役军人服务站对泾源县退役军人群体全面开展矛盾纠纷隐患排查,确保问题解决在萌芽状态,矛盾化解在基层。全县退役军人信访稳定形势平稳可控,未发生一起退役军人到区、市越级上访和进京上访事件。

【双拥创建】 为做好双拥创建中期评估工作,对双拥创建工作进行全面自查,针对存在的问题制定整改措施,制定下发了《2022年双拥创建工作要点》,召开退役军人事务领导小组会议,对双拥创建工作进行全面安排部署。"两节"期间对困难退役军人和重点优抚对象进行走访慰问,慰问退役军人和重点优抚对象76人,发放慰问金1.15万元;走访慰问驻军单位3家,发放慰问金3万元;会同武装部对立功受奖人员进行入户走访慰问,慰问立功受奖人员19人,发放慰问金0.95万元,营造了拥军优属和关爱退役军人的浓厚氛围。为即将奔赴军营、为国防和军队建设奉献青春年华的45名入伍新兵送行,为新兵及其家属代表颁发"光荣之家"牌匾,并向每位新兵发放了行李箱。开展退役军人和其他优抚对象信息采集查缺补漏、完善更新工作,全年采集退役军人和其他优抚对象信息1193

条，悬挂光荣牌21块。构建"社会崇军联盟"，加强与全县服务行业系统对接协调，调动积极因素，开发符合泾源县实际的优惠项目，为退役军人提供多样化优先优待服务，形成关心关爱退役军人的浓厚氛围。组织开展"清明祭英烈"活动，邀请退役军人代表参加活动。组织退役军人志愿者队伍参与乡村城乡环境整治、新冠疫情防控工作。在"八一"来临之际，县委、人大、政府、政协四套班子组成慰问组开展走访慰问活动，并举办"八一"广场文艺演出活动。

【服务保障体系建设】保障工作人员配备到位。在乡村换届和工作岗位调整中，县、乡两级退役军人服务中心（站）专职工作人员全部按要求配备到位。加强阵地建设，保障乡、村退役军人服务站保持创建时的原貌。4月份，组织发动县、乡、村三级服务中心（站）工作人员对全县重点优抚对象及退役军人开展"四尊崇、五关爱、六必访"走访活动，了解掌握了全县各退役军人家庭情况，帮助解决实际问题，维护退役军人的权益，获得了退役军人的一致好评。

应急管理

【概况】2022年，应急管理工作在区市县党委、政府的坚强领导下，在区市应急管理部门的悉心指导下，始终坚持"两个至上"，立足"两个大局"，坚持把保护人民生命安全放在首位，深入学习习近平总书记关于安全生产、防灾减灾救灾重要指示批示精神，贯彻落实国务院、区、市安全生产、应急管理各项决策部署，强化风险意识和底线思维，县域未发生洪涝、泥石流等较大自然灾害，未发生森林草原火灾，未造成人员伤亡，全县安全生产和防灾减灾形势呈现稳中向好态势。

【安全生产责任落实】县委和县政府高度重视安全生产工作，全年召开县委常委会6次、政府常务会9次、专题会议8次听取安全生产工作汇报，研究解决重点难点问题。县委、县政府主要领导及分管领导先后22次深入人员密集场所、地质灾害点、危化领域、道路交通、防火重点单位督导调研。县政府主要领导与各分管领导签订"党政同责、一岗双责"责任书，各分管领导与各乡镇、各部门签订目标管理责任书，各行业监管部门与经营企业签订责任书，建立了三级管、三级牵、三级抓的"三个三"工作机制，安全责任层层压实。按照分级负责和属地监管、依法监管、过失必惩的原则，对履职不到位、安全隐患较多的企业，纳入企业诚信系统管理并进行约谈，建立了企业诚信管理体系，综合运用"红黑名单"管理。

【安全防范】以防范化解重大风险为目标，以隐患排查治理为抓手，坚持问题导向、精准施治，突出道路交通、城镇燃气、危险化学品、建筑施工等重点行业领域，确保下硬手、出真招、见实效，做到堵漏洞、强弱项、补短板，一批突出问题和安全风险得到了有效管控。县公安局、交通运输局紧盯重点人、车、路和企业源头风险隐患,开展重点危险路段交通管理及专项督查检查,累计查处各类交通违法行为23480起。县住建局成立七个督查组对各乡镇排查的21850栋自建房(自住房20917栋,经营性自建房933栋)进行了再次核查,存在安全隐患的有650栋。县住建局、市监局排查餐饮行业135家次,整治燃气企业安全隐患32项,钢制波纹管更换率达100%,商用燃气警报装置安装率为67%。县应急局严格按照"四同"工作机制,切实做好"三个必须"和"六个不放过",全年开展各类检查85次,立案4起,发现一般隐患36条,已全部整改完成。县消防大队突出"三合一"、"多合一"场所检查单位1427家(次),发现火灾隐患782处,督促整改767处,办理行政处罚24起,临时查封8家。县应急局、水务局、教体局成立防溺水工作督导组,深入7个乡(镇)、10座水库、42条人员活动频繁的河道、38所农村学校周边进行督导检查,督促水库加强巡查,确保防溺水工作落到实处。县文广局开展旅游交通市场安全整顿,深入排查旅游观光车辆、旅游客运车辆等安全隐患,累计检查文化场所56家(次),发现隐患18条,已全部整改到位。各乡(镇)针对各自辖区内道路交通、消防安全、学校安全、农用车非法载人等防控重点领域进行了全方位的安全排查,共出动860余人次,排查各类隐患170余条,已现场整改152条,剩余18条也已规定时限,要求按时整改。

【应急演练】 开展"5·12"、"9·05"、"9·15"地震、防汛、泥石流、森林草原防灭火、疫情防控等大型综合应急演练活动,检验了应对突发事件应急救援的科学性和可操作性,也检验了应急救援能力以及相关部门协同配合作战能力,为全县防灾减灾救灾工作打下坚实基础。

【自然灾害防治】 对辖区内的10座水库、3个在建防洪工程进行拉网式排查,发现汛期强降雨区域隐患77处,已全部整改到位。对全县91处自然灾害地质灾害点采取工程措施治理41处(2021年治理29处、2022年治理12处),对剩余50处危害程度相对较低的地质灾害点,已设置警示标志,配备了地质灾害专职技术员,安装了8套专业监测系统,确保全面消除地质灾害点。

【森林草原火灾防控】 将全县分为7个大片区,96个小片区,有半专业扑火队员60人,护林员820人,实行网格化管理,县级领导包乡,科级领导包村,三个林场包片,护林员包点,形成了"网定岗、岗定责、责定人"的全方位、无死角监管网络,抓实野外火源管理,抓细"傻、呆、痴"等重点人员管控,激活应急救援队伍,坚决执行"五不准",做到早发现、早处置,防患于未"燃"。

消防救援

【机构沿革】泾源县消防救援大队始建于1984年,前身为泾源县消防科,2018年由公安消防大队改制转隶为消防救援大队。2022年10月25日,泾源县消防救援大队迁入南环路新址办公。

【灭火救援业务】先后组织参加了泾源县2022年地震救援、交通事故、森林草原火灾和泥石流灾害应急综合演练,围绕实战化要求,加强与应急、公安、自然资源、卫健等多部门之间的联勤联动,提高了应对突发事件、科学处置各类灾害事故的实战能力。承担森林草原火灾扑救课题攻关任务,完善实战应用操法,提升灭火救援能力。定期组织对现有的森林草原火灾灭火器材进行全面检查和维护保养,每周开展一次器材熟悉训练和专业队操法训练。强化与政府和行业部门的沟通协调,3月份,对接联系六盘山林业局,研究制定培训方案,承办了支队森林草原火灾扑救专业队实操培训,取得了良好效果。践行"以水灭火"的理念,操法中加入水罐消防车,拍摄完成了森林草原火灾扑救操法演示片,定期组织开展演练,提高森林草原火灾扑救实战能力。把主责主业和服务群众作为根本价值导向,成功处置"3·26"大湾乡32吨汽油罐车侧翻泄漏事故,圆满完成"4·8"援沪车队返宁洗消任务。发扬连续作战精神,以严明的纪律、英勇无畏的过硬作风和科学高效的战术素养,成功处置各类灾害事故,赢得了各级党委、政府和广大干部群众的高度认可。

【自身建设】泾源县消防救援大队党委始终把加强班子建设放在首位,贯彻党委集体领导下的首长分工负责制,规范决策程序,落实"七议"制度,保证党委集体领导核心作用的充分发挥。完善建立"一部示范片、一个平台和一次党建现场会"的"三个一"闭环模式,实现基层党团组织学习议事规范化、精准化、长效化。全年共召开党委会议33次,开展集中理论学习45次,学习习近平总书记重要讲话精神,学习应急管理部、消防救援局讲话及文件60篇,学习总队、支队讲话精神及文件20篇。突出思想政治教育主基调,通过集中学习、专题教育、座谈交流等多种形式,深化指战员对党的理论政策全面理解,先后召开10次专题会议传达学习党的十九大、二十大及各届全会精神、习近平总书记视察宁夏重要讲话和重要指示批示精神、自治区第十三次党代会精神,紧跟上级节奏,做到与上级党委同频共振。对接纪委,邀请纪委领导开展讲座,强化指战员清正廉洁、防腐拒变的思想道德建设,先后10次依托纪念日、节假日、各项活动到辖区红色地标开展主题党团日活动,组织党员团员走出去,学进来。

【安全责任落实】贯彻消防安全责任制,推动消防工作迈上新台阶。坚持"政府统一领导、部门依法监管、单位全面负责、公民积极参与"这一消防工作原则。提请县委、政府主要领导亲自带队开展火灾隐患排查7次;先后组织召开全县消防工作会、冬春火灾防控工作推进会、消防工作联席会议4次,召开常务会议专题研究消防工作5次;县委书记王荣、县长马晓红、常务副县长任伟等县委、政府主要领导先后19次专题听取消防工作汇报,并对做好消防工作作出重要批示和指示。先后22次联合各行业部门开展消防安全检查,推动落实行业部门监管责任。

【火灾隐患整治】以"三年行动"为工作导向,以消防安全大检查专项行动为突破口,联合交警、市场监督、文旅等部门围绕消防车通道、供港蔬菜基地、自建房、燃气等重点领域开展专项治理30余次,督促整改隐患600余处。以乡镇、社区网格化为重点,联合各相关部门、社区及网格员开展电动自行车"飞线充电"专项整治行动,重点对住宅小区、"三合一"场所、九小场所开展拉网式排查,清理"住改非"等场所6处,拆除违规摊位10个,整改私拉乱接电气线路90余处,发挥联合监管作用。圆满完成国考迎考工作,推动辖区三镇四乡均成立了基层消防工作组织体系(一委一办一中心),推广试点六盘山镇已基本完成办公场所、物资库、宣传阵地的建设;全年共增设市政消火栓10个,推动安装感烟探测器105个,简易喷淋1套;指导辖区34家消防安全重点单位开展标准化管理。落实"三自主两公开一承诺"制度,在敏感节点、重点节日,聚焦不放心场所和区域,开展节前消防安全检查及前置执勤工作,并向行业部门发送消防安全工作函14次。落实"双随机、一公开"消防监管机制,圆满完成了"两会"、冬残奥会等重大活动和节日的消防安保任务,全力护航辖区消防安全。

【消防宣传】拓宽消防宣传培训角度,提高全民消防安全意识。先后开展了夏季火灾防控、开学第一课、安全生产月、119宣传月、冬季火灾防控等系列宣传活动。利用泾河源镇"三九"工程消防科普教育基地,普及消防安全宣传教育,定期组织开展公益性培训、志愿者活动、消防站开放工作。年内累计新增招募消防志愿者840余名,开展各类宣传活动95次,培训人员32000余人,发放宣传资料60000余份,发送各类提示信息45000余条。消防员张明见义勇为事迹被中央电视台、宁夏电视台、宁夏交通广播电视台、华兴时报等主流媒体相继报道。全年在宁夏日报、固原日报、华兴时报等重要报刊上刊登稿件80余篇,拍摄抖音短视频40条,开展直播活动4次,消防宣传工作不断取得新突破。

民 政

【概况】2022年,泾源县民政工作坚持以习近平新时代中国特色社会主义思想为指导,全面贯彻落实党的二十大精神,认真贯彻落实习近平总书记视察宁夏重要讲话和重要指示批示精神及对民政工作重要指示精神、自治区第十三次党代会精神、市委五届五次全会精神、县委十五届三次全会精神,围绕县委、县政府中心工作,践行"民政为民、民政爱民"工作理念,履行基本民生保障、基层社会治理、基本社会服务等职责,织密织牢社会救助兜底保障网,深化特殊困难群体关爱帮扶,强化基层社会治理,完善基本社会服务,推进泾源县民政事业高质量发展。

【从严治党】加强党风廉政建设和作风建设,落实中央八项规定精神和自治区"八条禁令"、固原市"十项规定",推动"转作风抓落实提效能年",整治"慵懒散浮拖"机关病。在民政系统开展领导干部廉政警示教育周活动和违规收送红包礼金和不当收益及违规借转贷或高额放贷专项整治,召开了专题民主生活会和专题会,开展警示教育暨党风廉政教育主题党日活动,观看廉政教育片2次,紧盯"四风"问题高发领域、高发期,深刻吸取反面典型教训,做到警钟长鸣、知敬畏、守底线。落实意识形态责任制,抓紧抓实意识形态工作,筑牢意识形态工作防线;专题安排意识形态工作4次。

【学习教育】落实"第一议题"制度,建立党史学习教育常态化长效机制,深化"四史"宣传教育,把党史学习教育成果转化为指导实践、推动工作的强大力量。做好自治区第十三次党代会精神学习宣传工作,民政系统宣传10余次,干部职工撰写党代会精神学习心得体会15篇,领导讲党课1次,到帮扶村开展宣讲1次,开展了社区、社会组织自治区第十三次党代会精神专题辅导。开展习近平总书记视察宁夏重要讲话和重要指示批示精神"大学习、大讨论、大宣传、大实践"活动,抓实大学习这一基础、大讨论这一关键、大宣传这一重点、大实践这一目的,共组织干部职工集中学习39次,党组理论学习中心组学习10次,围绕学习自治区第十三次党代会精神、"六对照六查看"、学习党的二十大精神等内容交流研讨10余次。

【社会救助体系建设】提请下发《泾源县困难群众基本生活救助工作联席会议制度》,完善上下联动、部门协同的工作机制,明确工作职责,强化资源链接,确保困难群众基本生活保障相关政策落实落细。

【基本民生保障】落实党中央、国务院及区市县党委和政府关于扎实稳住经济、完善社会民生兜底保障措施的有关要求,提升社会救助保障水平,精准落实救助保障政策,提高了城乡低保、特困人员救助、孤儿养育津贴标准。城市最低生活保障标准由每人每月600元提高到650元，农村最低生活保障标准由每人每年4560元提高到5520元。落实"单人保"、刚性支出扣减、渐退期等政策，扩大基本生活救助覆盖范围，确保符合救助条件的困难群众应纳尽纳、应救尽救，全年新增城乡低保对象837人。落实各项社会救助政策，做好基本生活救助和受疫情影响困难群众生活保障工作，每月及时足额发放各类救助资金。1—10月共发放各类社会救助资金7608.72万元，其中6—8月累计发放一次性生活补贴803.36万元，惠及4万余名困难群众；实施临时救助2286人次，发放救助资金436.57万元。做好防返贫监测和救助帮扶工作，建立社会救助主动发现机制，整合大数据监测、走访排查、职能部门筛查预警、监督求助电话等多渠道信息，每月与乡村振兴、公安、人社、医保等部门进行一次救助人口信息比对，关注"三类"人群、大额医疗费用支出预警等各类致贫风险预警信息，畅通"政策找人"路径，及时将符合条件的困难群众按规定纳入救助范围；通过主动发现、部门信息共享机制，全县"三类"人群纳入社会救助范围456户685人。健全完善低收入人口"大数据"监测帮扶机制，狠抓数据比对、风险排查、分析研判、问题落实等重点任务，压实职能部门工作责任，通过"民政兜""部门帮""社会扶"等方式综合施策，防范脱贫人口返贫、边缘人口致贫，兜住基本生活保障底线。开展困难群众救助补助资金审计发现问题专项治理，制定了1个总体方案和社会救助、养老服务、儿童福利和社会事务领域专项治理3个行动方案，开展专项治理工作，推动困难群众救助兜底保障各项政策落到实处。

【养老服务体系建设】加强养老服务机构常态化疫情防控工作，实行每日"零报告"制，严防严控，筑牢养老机构疫情防控安全网。开展了养老服务机构安全生产专项整治行动、房屋建筑安全隐患大排查大整治等工作，建立了机构自查、民政部门定期巡查、消防、市场等部门联合检查的工作机制，消除了风险隐患，提高了服务质量和兜底保障能力。开展"养老服务质量提升年"活动，完成养老服务机构等级评定自评工作和《养老机构服务安全基本规范》强制性国家标准评估工作。加强养老服务从业人员培训，取得初级及以上护理职业资格的29人，提高了养老服务队伍的服务意识和专业技能。巩固提升73个老饭桌规范运营，实行按月督查通报制度，下拨老饭桌运营经费73万元，促进老饭桌正常运营。开展打击整治养老诈骗专项行动、非法集资专项行动，制定工作方案，成立工作专班，多次召开专题会议安排部署，强化"线上线下"宣传，畅通线索举报渠道，印制发放宣传彩页近3000册，张贴打击养老服务诈骗宣传标语10余条，转发经典案例、视频近100次，坚持"三进"（进村、进社区、进养老服务机构）、实现"三见"（见海报张贴、见宣传横幅、见宣传资料），营造养老服务领域防诈浓厚氛围。落实意外伤害保险制度，安排4.08万元为全县1362名80岁以上困难高龄老人购买人身意外伤害保险，提高老年人及其家庭抵御风险能力。实施示范性社区嵌入式养老服务项目和自治区福彩公益金支持政府购买社会工作服务项目,在香水镇、黄花乡和3个城市社区为500余名空巢、孤寡、独居、残疾等特殊困难老年人提供生活照料、心理慰藉、助洁助餐、保健康复、文化娱乐等服务。开展居家和社区养老服务人才推荐评选活动,共评选出"孝子孝媳"24人,"养老服务人才"19人,"最美护理员"5人。

【未成年人服务保障】健全完善未成年人保护体系,印发了《泾源县未成年人保护工作委员会关于加强未成年人保护工作的实施方案》等文件,加强组织领导、完善运行机制、强化制度建设、健全服务体系,构建家庭保护、学校保护、社会保护、网络保护、政府保护、司法保护"六位一体"的未成年人保护工作格局。落实孤儿和事实无人抚养儿童精准化保障政策,坚持综合施策,及时将符合条件的孤儿、事实无人抚养儿童纳入保障范围,做到了动态管理下的应保尽保,并将社会散居孤儿和事实无人抚养儿童保障标准统一提高到1000元。健全完善定期探访关爱制度,强化村"两委"班子、驻村干部、儿童主任等对困境儿童、留守儿童的日常走访,实行动态管理,提高困境儿童和留守儿童关爱保护工作精准性、实效性。加强儿童督导员、儿童主任管理考核,印发了《泾源县乡(镇)儿童督导员、村(居)儿童主任管理考核制度》(泾民发〔2022〕12号),明确儿童督导员、儿童主任工作职责及考核内容,规范服务流程。建立常态化培训机制,加大儿童督导员、儿童主任的培训力度,增强了关爱服务儿童的能力。开展了《未成年人保护法》集中宣传活动,发放《未成年人保护法》宣传册500余份、未成年人知识问卷300余份,促进形成全社会关心关爱、支持参与未成年人保护工作的浓厚氛围。实施了2022年度未成年人保护政府购买服务项目,深入7个乡镇通过多种方式开展政策宣传、心理疏导、兴趣拓展等服务,促进困境儿童、留守儿童健康全面发展。

【城乡社区治理】落实社区治理"一书三单"制度,指导社区挖掘共治资源,签订共建协议书,深化联动融合。巩固提升村民代表会议制度"55124"模式,依托村民会议、村民代表会议、民主议政日等,推进村级议事协商制度化、规范化和程序化。落实村(居)务公开制度,加强村(居)务监督委员会建设,实现村(居)委会公共卫生委员会全覆盖。开展问需于民"网格大走访",实现辖区内所有居民、特殊群体入户走访"全覆盖",解决群众急难愁盼问题。提升村(居)干部履职能力,分批次在全县7个乡镇举办村(居)干部专题培训班。开展"社区万能章"治理专项行动暨基层减负工作"回头看"活动,在进一步清理证明事项、挂牌和上墙制度的基础上,建立基层群众性自治组织出具工作证明、规范社区机构牌匾、上墙制度的长效机制。建立健全党建引领物业管理服务职责体系,推动"红色物业"建设。加强城市社区专职工作者管理考核,会同县委组织部印发《泾源县城市社区专职工作者绩效考核办法(试行)》,实行基础报酬与绩效报酬(绩效考核、星级评定等)相结合的薪酬保障体系和自然增长制度,健全社区工作者档案,规范城市社区专职工作者考核奖惩,调动起社区工作者的积极性,提高服务管理水平。开展"抵制高额彩礼树立婚嫁新风""推进移风易俗树立文明乡风"等宣传活动,发放宣传彩页2000余份,引导群众自觉抵制陈规陋习。指导乡镇、村居持续修订完善村规民约、居民公约、四会制度等,将社会治安、敬老爱老、勤俭节约、环境卫生、村风民俗、社会主义核心价值观等方面内容融入"一约四会"中,加强规范约束,提升治理效能。

【社会组织规范化管理】推动社会组织党建从有效覆盖提升为有形覆盖,社会组织和党员全部纳入党组织管理服务网络,采取下派党建指导员的方式开展党建工作。通过简化登记程序、提高审核效率、缩短审批时限等方式优化社会组织登记服务,加大对社会组织的培育发展,全年培育发展新成立社会组织2家,备案社区社会组织58家。加强社会组织网格化管理服务,建立了"横向覆盖、纵向到底"的网格化监管体系,根据工作实际划分单元网格,选派民政局在编人员担任网格员,对网格内社会组织的"人、地、物、事"等活动信息进行监管。强化"监管+服务"规范建设,制定了2022年度社会组织系列专项整治方案,开展"扫黄打非"、防范和处置非法集资、非法社会组织、行业协会商会收费、"僵尸型"社会组织清理等专项治理工作。全年共清理注销76家村级资金互助社,注销15家社会组织,激活7家。全面完成2021年度社会组织年检工作。举办社会组织培训班,宣传自治区第十三次党代会精神,重点培训社会组织党的建设、诚信体系建设、财务管理、年检注意事项等内容,推动社区社会组织健康有序发展。

【社会事务管理】严格婚姻登记程序,全年办理结婚登记559对,办理离婚登记103对,补发结婚登记144对,补发离婚登记15对,登记合格率100%。落实惠民殡葬政策,开展殡葬领域突出问题专项整治,开展惠民殡葬政策宣传,推进殡葬领域移风易俗。做好清明节安全祭扫工作,落实县、乡、村三级管控责任,盯住重点环节、重点地段、重点人群,对集中安葬点安排专人进行巡查和防火检查,坚决消除安全隐患,确保祭祀安全。加强街面巡查,开展流浪乞讨人员专项救助活动,救助送返流浪人员6人次。修改完善地名数据库中原有信息1409条,录入新的地名信息18条,已通过市级和省级审核,地名数据库质量得到全面提升。

乡村振兴

【概况】坚持以习近平新时代中国特色社会主义思想为指导,深入贯彻习近平总书记关于巩固拓展脱贫攻坚成果同乡村振兴有效衔接工作的重要论述和视察宁夏重要讲话和重要指示批示精神,落实中央和自治区乡村振兴安排部署,锚定"两个高于"目标,落实"四个不摘"要求,抓实抓好特色产业发展,推进乡村建设,着力加强和改进乡村治理,推进乡村产业、人才、文化、生态、组织五大振兴,推进了巩固拓展脱贫攻坚成果同乡村振兴有效衔接各项工作。2021年10月至2022年9月,全县脱贫人口人均纯收入12481.20元,同比增长15.30%。

【责任落实】按照中央和区、市有关部署和"四个不摘"要求,县委常委会会议15次、政府常务会18次、县实施乡村振兴战略工作领导小组会议9次、专题会议26次安排部署巩固拓展脱贫攻坚成果同乡村振兴有效衔接工作,听取汇报、研究部署工作,确保与自治区党委和政府保持步调一致,同频共振。成立了以县委书记为组长,政府县长为第一副组长,县级干部牵头包抓,责任单位具体负责的实施乡村振兴战略领导小组,并成立了5个工作专班分领域指导落实,一体推进各项重点工作开展,县委和政府主要负责人多次带头深入基层一线蹲点指导、破解难题、狠抓落实,26名县级干部定期不定期到所在包抓乡镇、村一线督导、推进工作,全县形成了上下贯通、一抓到底的工作格局。调整优化帮扶单位、驻村工作队和第一书记队伍,修订完善《泾源县驻村干部管理考核办法(试行)》,建立组织部门统筹管理、乡镇党委日常管理、派出单位跟踪管理、农业农村和乡村振兴等部门协助管理、村党组织监督管理的"五位一体"管理机制,推行星期一"帮扶工作日"制度,确保帮扶责任不落空、帮扶工作不掉线。先后对县乡村三级1200余名干部及驻村工作队开展业务培训6期,全面提升干部工作能力和业务水平。建立了"领导包抓+责任清单+常态化督导"机制,将巩固拓展脱贫攻坚成果同乡村振兴有效衔接工作列为领导干部考核内容,推动了工作落实。分别制定了"问题、任务、责任、措施"4个清单,实行清单化管理、项目化推进。坚持"三察(查)一体"和业务督查同步跟进,配套成立"3+2"工作督查组,对工作开展情况专项督查,对发现问题及时交办、跟踪回访、督促落实,确保工作任务落细落实。

【问题整改】坚持"真认账、真反思、真整改、真负责",组织各乡镇、相关部门、村委会、驻村工作队和帮扶责任人紧盯脱贫群众收入、"三保障"和安全饮水成果巩固,开展大排查、大起底,做到举一反三、即查即改、即查即补、全程督导、对账销号、跟踪问效,确保问题全面整改。2021年度考核评估反馈的14个方面57条具体问题(涉及泾源县5个方面7个问题)已全部完成整改;区市督查反馈的22个问题均已整改并取得明显成效。

【防返贫监测】围绕"两不愁三保障"目标任务,健全完善常态化、精细化"四查四补"长效机制,建立健全村组日常监测、乡镇研判预警、县级调度帮扶机制,开展防返贫动态监测帮扶,整合大数据监测、常态化走访排查、职能部门筛查预警、监督求助电话等多渠道信息,实现部门联合防返贫信息共享,实施动态监测预警,新增监测对象179户715人、消除风险37户143人。截至10月31日,全县共有防返贫监测对象508户1966人(边缘户267户1029人、脱贫不稳定户141户586人、突发严重困难户97户336人),累计消除风险266户1058人(边缘户172户666人、脱贫不稳定户85户366人、突发严重困难户9户26人),未消除风险242户908人(边缘户96户368人、脱贫不稳定户58户230人、突发严重困难户

88户310人)。

【产业振兴】以构架"1+3+X"产业体系为目标,完善联农带农机制,扶持新型经营主体,夯实产业发展基础,加快产业调转改力度,推动产业四化融合高质量发展,提升群众收入。实施"旅游+"战略,乡村旅游示范点工程全面完成,推进全域旅游补短板建设,国家级全域旅游示范县初审验收,成功创建全国首批"避暑旅游目的地",全县接待游客102.94万人次,实现旅游综合收入7.9亿元。推进"扩栏补母"和"万千百十"肉牛扩量工程,建设"出户入园"示范场14个,肉牛饲养量达到10.4万头,探索建立"企、社、园"联农带农利益联结机制,"泾源黄牛肉"品牌价值达到32.5亿元。推行"1+10"养殖模式,建成标准化蜂场9个,全县蜂群达到3.5万群。完成营造林5.9万亩,栽植黑果花楸、山桐子、道地中药材等生态经济作物1.72万亩,种植菌菇207户54万棒,新发展乡村农家乐45家,发展冷凉蔬菜1.1万亩。落地建设中国能源建设集团共享储能电站项目、国电投分布式光伏发电项目,开展迁移式社会养老服务,扶持发展服装箱包企业8家,打造千亩冷凉蔬菜示范基地1个。发挥闽宁协作区域资源优势,扶持服装箱包企业8家,带动运营帮扶车间12家,带动就业731人,全县43家帮扶车间全部生产运营,带动就业1334人。

【人才振兴】推进"才聚宁夏1134"行动和"才聚固原4934"工程,聚焦"柔性引才、科学育才、精准用才、用心留才",围绕文化旅游、肉牛、中蜂和生态经济等特色产业和重点领域发展需求,引进5名宁夏大学教授,建立旅游产业专家智库;聘请12名福建农林大学菌草专家,6名宁夏大学科技特派员,柔性引进西北农林科技大学、天津科技大学等人才团队20个106人,带动就业1000余人。巩固提升8个农民田间学校(培训基地),"田间地头式"开展中蜂养殖、肉牛繁育、旅游服务等专题培训3000人次。选派61名学科骨干教师、34名县城骨干医师支援农村,累计开展下乡送课8000余课次、送诊500余次。紧扣乡村人才振兴需求,健全完善产业人才"县管乡用、下沉到村"机制,采取"外聘专家+行业骨干+土专家田秀才"模式,组建9支专家服务团,在各乡镇建立人才服务站点,试点打造羊槽村、集美村2个村级人才工作服务站,拓展建设冷凉蔬菜、饲料玉米、肉牛养殖、中蜂养殖等21个农业产业园区服务点,形成县乡村三级人才信息交流闭环,对接联系72名技术专家"组团式"入站服务、入乡强农、入企兴业,为全县经济社会高质量跨越式发展提供智力支撑和人才保障。

【文化振兴】推进"文化惠民"工程,开展"思想政治引领、文明风尚提升、优秀文化传承、文化服务惠农、文化产业富农"五项行动,加强农村精神文明建设。发挥县乡村三级公共文化服务阵地,培养农村文化人才队伍,开展新时代文明实践和文化"六进""七送"活动。充分发挥"一约四会"作用,修订规范"村规民约",培育文明乡风、良好家风、淳朴民风,提高乡村社会文明程度,提升乡村文明建设软实力。完善文化设施,增强服务功能,一体发展城乡公共文化服务,完成文化馆、图书馆总分馆改革任务,县乡村阅览资源基本满足要求。丰富文化服务供给,组织开展社火展演、非遗展示等活动30余场次,送戏下乡、戏曲进乡村等惠民文艺演出150余场次,放映农村数字电影1300余场次,线上文化进万家等文化活动30余场;加强文物和非遗传承保护,扶持发展文化大院、非遗传承基地和非遗传承人,剪纸、刺绣、手工艺编织、根雕、陶器制作技艺、地方特色小吃等非遗项目已实现非遗保护和产业收益的双丰收。

【生态振兴】践行"绿水青山就是金山银山"发展理念,加大生态环境建设和保护力度,筑牢六盘山绿色生态安全屏障。按照"2433"林业生态建设机制,完成造林8万亩,栽植各类苗木430万余株。实施杨岭村2022年山水林田湖草生态保护修复工程,完成泗河河道生态治理1.8公里、山林生态修复面积1966亩。实施泾源县历史遗留废弃矿山生态修复项目(二期),治理面积1579.5亩。补植补栽黑果花楸5160亩,吸引社会资本参与生态修复,由企业投资4000万元在燕家山流域完成荒山修复2000亩,利用闲置土地发展经果林900亩。加大湿地斑块数量和面积的增减情况的实时监测力度,湿地保护率达到45%。完成全县96个行政村林地地类界线落界面积48.8万亩,对全县17.13万亩权属明晰、界限清楚的国家公益林和地方公益林进行政策性参保。

【组织振兴】推广"导师帮带制",支持120名村"两委"成员参加学历提升教育,通过"四个一"措施培育致富带头人1300名,选派96名驻村第一书记、198名驻村工作队员发挥"尖兵"作用,助推乡村振兴。深化"一抓两整"示范县乡创建行动,全县三星级以上示范村72个,占行政村总数的75%,示范乡镇6个,占比85%。打造"六盘先锋"党建品牌,培树标杆型党建品牌示范点8个、成长型党建品牌示范点15个。制定出台扶持发展壮大村级集体经济五项制度,推行"支部引领、能人带动、产业支撑、机制保障"模式,整合资金1.1亿元发展壮大村级集体经济,全县96个村集体经济累计收入3277.34万元,带动3.9万群众受益。深化拓展农村党建"三大三强"行动,安排2000余万元,全面保障村级办公经费、乡村治理专项资金、村干部报酬待遇;推进村级组织活动场所规范化、标准化建设,筹资700万元新建村级组织活动场所2个、改造提升12个。

【居民收入提升行动】狠抓"1+3+X"产业发展,夯实产业致富、就业保障、投资增收、政府兜底等基础,抓好就业困难人员、高校毕业生、退役军人、农民工等重点群体就业保障,深化农村"三变"改革,增加城乡居民收入。举办各类培训班46期1910人,新增城镇就业623人,培育创业实体204个,创造新岗位202个,发放创业担保贷款2000万元,创业带动就业1023余人,完成农村劳动力转移就业2.93万人,实现工资收入7.2亿元。

【移民致富提升行动】紧盯移民安置区产业、就业、社会融入、基础设施及公共服务配套等短板,安排资金1.46亿元,确定了9类22项工作任务(6大类20个项目),建设生态农业观光园270亩,新修建精品民宿3000平方米,新建肉牛养殖园区8个,新建标准化中蜂养殖场5座,扩大蜂群2500箱,建设菌菇种植大棚20栋，泾河社区建设项目竣工验收，劳务移民安置区基础设施全面提升，集美、羊槽等重点移民村建设成效明显，组织引导7个劳动密集型纺织企业向移民村延伸，吸纳农村劳动力450人，培养235名移民劳动力成为熟练的产业工人，在25个移民村（社区）举办25期1115人（移民395人）技能培训，组织化转移移民就业300人，开展线上线下招聘活动4场次，实现移民就地就近就业230名，移民就业率达到93%，举办各类文明教育活动63场次，提升移民群众安全感、获得感和幸福感。

【教育质量提升行动】落实国家"双减"政策和"五项管理"措施，开展课后服务，推行"控辍保学联控联保"长效机制，实现了义务教育控辍保学常态化动态"清零"。实施第二中学、高级中学、兰大庄幼儿园、第五幼儿园等建设项目，改善办学条件，提升办学质量。2021—2022学年，全县学前三年毛入园率达到90.18%，小学适龄儿童入学率为100%，初中适龄少年入学率为100%，小学六年巩固率为100%；初中三年巩固率为100%，义务教育阶段6—15周岁残疾儿童少年入学率为98.6%，高中阶段毛入学率为95.08%。

【健康水平提升行动】制定《健康泾源建设暨全民健康水平提升行动实施方案》，围绕"十大工程"30项措施，全面实施全民健康水平提升行动。脱贫人口基本医疗保险和养老保险覆盖率达到100%，落实"先诊疗后付费、先住院后付费"制度、普惠性大病医疗救助制度，实现出院报销"一站式"结算，脱贫群众患者住院看病报销比例达到90%以上或个人当年合规自付费用不超过5000元。

【文明素养提升行动】坚持用习近平新时代中国特色社会主义思想统领精神文明建设工作，落实两个《纲要》，开展基层理论宣讲500余场次，覆盖群众2万余人，巩固壮大主流舆论，做好疫情防控宣传及舆论引导工作，中央及区市主流媒体每年刊（播）新闻600余篇，开展铸牢中华民族共同体意识宣传教育，推进移风易俗，加强抵制高价彩礼、高额礼金宣传教育，坚持开展先进典型选树工作，全县新时代文明实践中心（所站）建设实现全覆盖，组建志愿服务队伍700余支，每年参与志愿者1万余人，开展志愿服务2000场次以上，为全县经济社会高质量发展汇聚了坚实的精神力量。

【城乡面貌提升行动】加大农村基础设施建设和公共服务保障力度，改造提升农村道路5条32公里，抢修农村水毁公路5.2公里。农村饮水管网提升改造二期工程有序推进，"互联网+城乡供水"用户端计量提升改造工程调试运行，颉河流域坡改梯综合治理项目顺利竣工，城乡供水维修改造及地质灾害点自来水入户工程全面完工，泾源县水系连通及水美乡村建设试点项目获得全国优秀等次。推进农村人居环境整治提升五年行动，乡镇基础设施补短板项目、乡村振兴示范村污水治理项目全面完工，改造农村卫生厕所3000户，拆除房屋院落108处，改造农村低收入群体危房34户，清理林带、沟渠66.3公里，生活垃圾治理率达到95%以上，巩固提升幸福农家"123"菜园5000座，发放菜苗128万株，打造乡村振兴示范村16个、人居环境整治示范村19个，建设高质量美丽宜居村庄4个，

6个村落入选第六批中国传统村落名录。

【乡村治理】推进党建引领乡村治理试点县建设,构建运行、治理、服务、支撑"四个体系",推行党建引领乡村治理"5223"、"1+1+3"、网格化管理等模式、机制,建立县委常委抓乡促村、党建工作联系点等机制,搭建"有事大家说""板凳会"等议事平台,分年度创建党建引领乡村治理AAAAA级示范村、AAAA级先进村,引导对标看齐、比学赶超、创先争优,提升乡村治理效能。提升乡镇政府治理能力,梳理下放乡镇权力事项101项、赋权事项83项、审批服务事项123项、综合执法事项66项、县乡"属地管理"主体责任和配合责任事项42项,强化乡镇党委领导作用,整合与群众密切相关的党群、政务、农业、文化、健康、法律、社区、生活等服务功能,统一设置乡镇"五办四中心"。扩大乡镇在城镇管理、安全生产、市场监管、社会治安、民生保障等方面的行政审批、行政处罚及相关行政强制和监督检查权。采取"减县补乡"的办法,将农、林、水派驻乡镇的90名人员和编制下沉乡镇,乡镇编制平均增幅达到36.1%。健全完善村民自治制度,建立健全村委会下属的人民调解、治安保卫、公共卫生等委员会,建立村民议事会、红白理事会、禁毒禁赌会、道德评议会等机构,完善"一约四会"制度。落实村党组织书记、村委会主任"一肩挑",全面保障村级办公经费、为民服务资金、村干部报酬,指导各村开展民主协商、民主议事,加强群众对村级权力监督,提升社会治理的宽度和广度。健全乡村矛盾纠纷化解机制,坚持"两排查一分析"制度,推进人民调解、行政调解、司法调解"三调联动",落实县级领导接访下访制度,每天安排一名县级领导到县信访大厅接访,19个党政部门设立、调整人民调解组织,提高了为民服务能力。落实"一村一辅警"制度,全县153名民警、辅警,全部在辖区担任村(社区)党支部副书记、或村(居)委会副主任或主任助理职务开展工作,建立扫黑除恶专项斗争16项长效机制。建成社区矫正指挥中心,为7个乡镇司法所配备视频会议系统、触控查询一体机等,为信息化建设打好基础。对重点人员采取"一人一策"要求,及时开展排查回访,预防犯罪。培育践行社会主义核心价值观,推行乡村文明实践积分卡"5223"铸魂工程,建立积分卡和爱心超市"两项载体",成立积分评议和监督运营"两支队伍",组织评选示范村、示范户,选树最美志愿者、好公婆、乡村美德少年等各类先进典型,评选文明家庭、星级文明户。建立村民议事会、红白理事会、禁毒禁赌会、道德评议会等机构,完善"一约四会"制度,使村级管理事项更加完善,提升了社会治理的宽度和广度。

【社会帮扶】统筹推进闽宁对口协作、央企定点帮扶和消费帮扶等工作,构建大帮扶格局。2022年安排闽宁协作资金4800万元,重点围绕乡村发展乡村建设乡村治理方面实施11大类44个项目,聚焦重点闽宁乡村振兴示范村投入1110万元。坚持问题导向和目标导向,结合泾源县发展规划,制定了"以产业发展为中心,人居环境提升为重点",持续开展人才培养、组织建设和文化发展的帮扶工作思路,争取央企定点帮扶资金1520万元,落实5个方面8个帮扶项目。坚持政府引导、市场主导、社会参与、互利共赢原则，强化产销对接，深化东西部协作，组织企业参加区内外展销、促销、洽谈等活动，利用各种消费渠道，推广宣传外销农特产品，配合开展"全区消费扶贫月"活动，引导会员企业和企业员工购买消费扶贫产品，完成消费帮扶1.82亿元，助推产业发展，增加群众收入。开展"百企兴百村"行动，动员和引导民营企业结合行业和企业实际，通过产业培育、市场开拓、培训技能、吸纳就业、捐资助贫等多种形式参与和投身乡村振兴，动员会员企业累计投入扶贫帮扶资金36.5万元，解决就业岗位249个，发放工资550余万元。

【资金项目监管】按照"因需而整、应整尽整"的总体原则，统筹整合使用涉农资金26990.38万元，实施产业发展、基础设施提升等项目35个。落实金融帮扶政策，全年新增贷款17727.8万元，完成全年1.8亿元任务的98.5%，贷款覆盖率达到80.11%，群众发展产业资金需求实现了"应贷尽贷"。投入193.98万元，为全县27712人已脱贫户、脱贫不稳定户、边缘易致贫户、突发严重困难户购买家庭意外伤害保险、大病补充医疗保险，兜住了因病因灾因意外致贫返贫的底线，解决群众的后顾之忧。梳理盘点泾源县2013年以来扶贫资金形成的资产，对部门和乡镇的扶贫项目资产进行了摸底登记，明确了扶贫资产的类型、数量和价值等，形成资产台账，共梳理录入扶贫项目资产1789个，资产原值17.57亿元，已确权资产17.57亿元，确权率100%，确保扶贫资产保值增值并持续发挥效益。

乡 镇

六盘山镇

【概况】2022年,是党的二十大和自治区第十三次党代会召开之年,是实施"十四五"规划关键之年,在泾源县委、政府的坚强领导下,六盘山镇党委、政府坚持以习近平新时代中国特色社会主义思想为指导,贯彻落实党的十九大和十九届历次全会精神,学习宣传党的二十大精神,贯彻落实习近平总书记视察宁夏重要讲话和重要指示批示精神,坚持稳中求进工作总基调,统筹疫情防控和经济社会发展,加快推进乡村振兴建设,推动经济社会高质量发展,保持社会大局和谐稳定,保持同心协力团结局面,推进全镇各项工作,实现了经济平稳运行、项目有序推进、疫情有效防控、民生持续改善、社会和谐稳定的良好局面。

【特色产业】按照"做优生态文旅,做特肉牛、中蜂、生态经济,做新服装箱包、冷凉蔬菜"的工作思路,着力优化产业发展结构。挖掘红色资源、历史资源禀赋,完成了和尚铺、嵩店村传统古村落全国项目申报,对接宁夏宁红演艺集团完成王洛宾文化园托管运营,整修和尚铺村红色记忆馆、红军长征纪念碑。扩大肉牛、中蜂养殖规模,2022年新建"出户入园"3座,引进安格斯基础母牛47头,外购牛1920头,全镇肉牛养殖规模达到7200头,打造千群中蜂示范村2个,新建百群以上中蜂养殖场5个,累计达到17个,引进中蜂570箱,扩繁子蜂2120箱。2022年种植中药材10000亩,累计达到25000万亩;加快报废苗木腾退工作,腾退苗木4500余亩,补种饲草玉米等各类作物6000余亩。

【脱贫成果巩固提升】保持"三保障"政策总体稳定,义务教育阶段学生无失学辍学;脱贫户参加城乡居民基本医疗保险达100%;对全镇16个村自建房全面摸底排查,配合建设部门完成全镇自建房鉴定工作,对38户存在安全隐患房屋全部完成加固整改,实施抗震房屋建设2户;对大庄、半个山等6个村人畜饮水管网全部进行改造,对和尚铺水源地进行维修,配合水务部门完成全镇水质鉴定工作,全镇人畜饮水安全得到保障。加强摘帽不摘政策,产业奖补、医疗保障、雨露计划补助、扶贫车间奖补、小额贴息贷款、低保兜底、乡村公益岗开发等政策稳定,全镇小额信贷累计完成296户1845.57万元,全镇劳动力外出务工5900余人,累计开发公益性岗位426个。

【环境整治】聚焦乡村建设,将人居环境整治和农村污水治理、农村改厕、村容村貌改善、农业面源污染治理同步推进,2022年新打造幸福农家"123"200户,累计达到1147户,农村改水改厕任务400户,年内完成383户,完成率达到95.75%,卫生厕所使用率达到98%。建立爱国卫生宣传引导工作机制以及

"一月一督查一月一排名"的督查考核工作机制,以层级负责为基础,执行"镇督导、村为主、户联防"机制,班子成员包片、干部包村、村干部包户,充分发挥镇村干部、城管队员、环卫工、护林员、河道巡查员五支队伍常态化维护。制定了条例详细、赏罚分明的环境卫生整治工作考核办法,突出集中整治与长效管理相结合,治标与治本同步推进,以严格的工作机制倒逼责任落实,促使全镇人居环境整治成果巩固。

【基层治理】推行"1+1+3"基层治理机制,发挥党建在基层治理中的政治领导、组织保障,组建功能性党支部,强化对基层治理的组织领导,充实镇派出所、司法所、市场监管所、法庭工作力量,优化基层网格治理体系,将疫情防控、安全生产、治安排查、矛盾纠纷化解等工作统筹纳入网格,使网格真正用得上、用得好。加强信访矛盾纠纷排查、反诈、禁毒宣传等工作,开展"移风易俗,抵制高价彩礼"倡议宣传活动,动员群众安装注册"国家反诈中心"App400余人,实现法治、德治、人治相结合。

香水镇

【概况】在泾源县委、政府的坚强领导下,香水镇坚持以习近平新时代中国特色社会主义思想为指导,深入学习贯彻习近平总书记视察宁夏重要讲话和重要指示批示精神,坚决贯彻落实自治区第十三次党代会及固原市委五届五次全会精神,以"两个先行区"和"五个示范县"创建为统领,以推动脱贫攻坚成果巩固与乡村振兴有效衔接工作为重点,在巩固拓展脱贫成果、常态化疫情防控、发展壮大特色产业、改善人居环境、加强基层治理、夯实基层党建基础、维护社会和谐稳定等重点任务上狠下功夫,较好地完成了各项工作任务。

【政治建设】把学习宣传贯彻落实习近平新时代中国特色社会主义思想作为捍卫"两个确立"、树牢增强"四个意识"、坚定"四个自信"、做到"两个维护"的核心内容,落实"第一议题"学习制度,深入开展"大学习、大讨论、大宣传、大实践"活动,把集中学习、干部领学、交流发言、专题讲座等学习形式贯穿起来,党委班子成员、各村(社区)党组织负责人模范践行,坚持每周一、周五集中开展镇村干部学习班,各村(社区)通过"三会一课"、主题党日、新时代文明实践站、"学习强国"平台等学习形式,线上线下学。年内召开党委理论学习中心组学习10次,镇村干部集中理论学习50余次,集中学习研讨30余次,推动党的创新理论走心走深走实、入脑入心入行,党员干部政治判断力、政治领悟力、政治执行力不断提升。

【脱贫成果巩固提升】落实中央和区市县有关部署和"四个不摘"要求,紧盯巩固提升、有效衔接和"两不愁三保障"短板弱项,常态化精细化开展"四查四补"。精准落实一般户、脱贫户、"三类人群"等困难户每月定期排查、每月分析监测、精准帮扶机制,围绕"一收入两不愁三保障"和自治区防返贫监测预警系统,排查农户5270户,全镇共有防返贫监测对象64户252人(边缘户41户159人、脱贫不稳定户10户44人、突发严重困难户13户49人),累计消除风险37户144人(边缘户27户104人、脱贫不稳定户7户31人、突发严重困难户3户9人),未消除风险27户108人(边缘户14户55人、脱贫不稳定户3户13人、突发严重困难10户40人)。坚持"真认账、真反思、真整改、真负责",紧扣反馈的问题,举一反三、扎实整改、对账销号,开展"大排查、大起底"工作,先后组织村"两委"、驻村工作队和帮扶责任人322人,以村为单位开展"八必访",对全镇5270户常驻户逐一入户,掌握收入、产业发展、"两不愁三保障"及安全饮水方面存在的弱项短板,排查出问题户461户,共排摸各类问题32条,完成整改并长期坚持8类23条,整改完成18条,上报部门配合整改14条,确保不漏一户、不漏一人。

【环境整治】以巩固提升全区人居环境整治示范县为基础,推进农村改厕、垃圾治理、污水处理和村容村貌整治提升,以点带面大力推动上桥村、大庄村、下桥村、沙南村、园子村人居环境示范村建设,投入30万元维修加固园子村、大庄村主干道两侧900米危旧墙体,道路边沟改造1000米,维修大庄污水管网100米,完成污水管网1700米、供暖管道2800米。清理各类垃圾5000余吨,拆除残垣断壁4000余米、乱搭乱建40处,修缮破损外墙2.5万余平方米,打造完成卫生示范户1260户,新建卫生厕所350座,整改卫生厕所884座,农村面貌改善。完成上桥村自来水供水管网改造,修建排水边沟1261米,硬化路2630平方米,挡土墙531立方米,堆粪场200平方米,墙体粉刷4602平方米;大庄村投资376万元,道路硬化7840平方米,排水边沟1187米,污水管网1810米,架设电杆40根,架设线路6.2千米,铺设白改黑路面1735.46米,卫生厕所覆盖率达到87.5%,拆除残垣断壁150米,栽植花卉、绿化树木1500枝,建成小花园50座;泾河社区老年人日间照料中心建设项目主体已完成;3个村的居民产业、居民收入、基础设施、人居环境得到改善。

【特色产业】把产业发展作为推动高质量发展的主攻点,着力打造以文化旅游为龙头,以肉牛、中蜂、生态经济为重点,以清洁能源、健康养老、冷凉蔬菜、服装箱包、电子商务等为辅助的"1+3+X"产业体系,推动产业向高端化、绿色化、智能化、融合化方向发展。肉牛产业坚持"优质+高端"双轮驱动,以打造上桥、下桥、沙源高品质肉牛繁育基地为目标,在种、草、技、链上下功夫,补栏安格斯母牛、育肥牛2676头,种植玉米7000亩、饲草2500亩,技术培训5次50人,肉牛饲养量达到1.1万头,建成上桥村、卡子村"出户入园"2个,入园肉牛150头,产业链不断延伸。中蜂养殖产业按照"规模化发展、标准化生产、产业化经营、品牌化建设"的思路,以打造沙南村、米岗村、下寺村中蜂产业县级示范村为目标,在保蜜源、扩数量上下功夫,扩繁引进中蜂1050箱,新月村托养中蜂100箱收益5万元,全镇蜂群数量达到2257箱。文化旅游产业依托20公里旅游服务带,推动招商引资和项目申报,盘活大庄农家乐、香水民宿和下寺驿站旅游资源,动员4户农户改造房屋发展民宿,共接待游客500人次,收入30余万元,做活了文化旅游产业。林下经济中杨家村建成养殖场1处,养羊140只,建成平菇棚7座,种植平菇4000棒,种植黑木耳3000棒,确保年底增收10万元以上。劳务产业领域开展就业培训300人次,闽宁劳务协作职业技能培训90人,向厦门"点对点"劳务输出18人,转移就业共计6667人次。推动村集体多村一业、一村多业发展,抓好村集体已实施的肉牛、中蜂、肉羊、肉鸡、菌草等增收产业;拓宽村集体运营渠道,重点在肉牛、中蜂、玫瑰等产业基础好、前景好、效益好的发展项目上下功夫,建成太阳村、暖水村、上桥村6个标准化养殖场,引进和整合周边蜂群300箱以上,确保全镇中蜂稳定在3000箱;园子村种植玉米100亩;米岗村销售玫瑰花酱300斤;卡子村"出户入园"投产运行,存栏150头牛;上桥村"出户入园"存栏170头牛;全镇年内补栏肉牛2300头、安格斯母牛280头,确保年底肉牛饲养量达到1.2万头。

【民生服务】落实习近平总书记"疫情要防住、经济要稳住、发展要安全"重要指示精神,落实"外防输入、内防扩散"总要求和"动态清零"总方针,3岁以上疫苗接种32930人,成立村级公共卫生委员会21个,创建健康社区8个、健康家庭230户,健康单位1个,保持全镇零疫情。提升便民服务,依托"家门口服务站",采取居民志愿服务"爱心银行""爱心超市""集中服务+上门代办"服务模式,完成转移就业"一卡通"信息系统录入3142人,纳入低保(高龄)249户267人,临时救助346户13057人71.89万元,安置公益性岗位人员20人,完成"铁杆庄稼保"参保任务4905人,医疗保险缴费10302人,养老保险缴费1255人,健全全镇民生保障体系。

【社会治理】坚持标本兼治、综合治理、源头治理,落实"1+1+3"基层治理机制,实行周调度、月排查工作机制,定期开展矛盾纠纷大排查、大走访,开展矛盾纠纷排查22次,化解矛盾纠纷676起,排摸化解重点信访事项3个,消除不稳定因素4个,答复各类投诉63件次,做到守土负责、守土尽责、守土担责。成立思源村、永丰村征迁安置遗留问题化解工作组5个,年内已化解8户,其中重新签订安置补偿协议5户(安置房屋5套,兑付安置补偿资金38.2万元,收回安置补偿差价0.93万元),兑付迁坟征地补偿资金12户22万元,支付了26户55.45万元房屋装修费,为思源村63户困难群众申请了临时求助,争取公益性岗位10个,为下一步化解工作开展奠定了良好基础。推进国家安全、民族宗教、安全生产、反电信诈骗、禁毒、防溺水等公共安全管控工作;开展国家安全和保密反间谍教育10次、禁毒宣传20次、签订精神病人安全责任12份(落实监护人12人),开展养老诈骗和防溺水宣传60余次,设置防溺水警示标识、警示牌60余块;开展道路交通安全整治6次,增签"五小"车辆安全责任书46份,约谈教育"五小"车辆驾驶员12人次。2022年,共排查出各类安全隐患74起,整改完成52起,遏制了香水镇辖区内各类安全事故的发生。

【党的建设】坚持以加强党的政治建设为统领,以创建"六盘先锋"党建品牌为抓手,按照"抓两头,带中间"的思路,实施学习习近平新时代中国特色社会主义思想、农村基层党建"一抓两整"示范创建、社区党建"四联四化"机制融合、党员队伍建设质量提升、党建制度落实落地、基层党建工作保障、机关党建全面提升"七大工程",发展党员20名,培养积极分子31名、"两个带头人"60人、后备干部36人,维修提升改造村级活动场所10个,完成杨家村、新月村软弱涣散党组织整顿。开展"导师帮带制",以"四带六法"为抓手,创建园子村"凝心聚力、圆梦有我"和泾河社区"党建引领、五心服务"县级党建品牌2个。掌握意识形态工作领导权、话语权,制定完善《香水镇意识形态工作责任制考核办法(试行)》等制度6项,排查化解风险点4个,清理整顿微信群23个,规范运行单位机关微信群3个,营造健康和谐的舆论环境。

【党风廉政建设】坚持严的主基调不变,推进以上率下夯责任、以案示警抓纪律、完善制度抓管理、加强监管抓日常、强化整顿树形象六大任务,开展各项法规条例大学习活动25次600余人次,开展镇村干部廉洁从政谈话81人次;加强干部作风纪律整顿,下发通报5期,批评教育12人,责令书面检查5人;开展节假日镇村干部集体廉政谈话3次,签订党员干部廉洁过节承诺书290余份,下发廉洁过节提醒卡200余份、倡议书1000余份,对疫苗接种工作开展不力6名村党支部书记开展集体约谈;开展巩固拓展脱贫攻坚成果同乡村振兴有效衔接专项监督检查6次,人居环境整治专项检查8次,下发督查通报6期,推动整改问题30个;开展疫情防控专项督查22次,下发疫情防控督查情况通报9期,提醒谈话4人次,整改问题36条;整治群众身边腐败和作风问题整治,围绕涉农资金监管、低保养老等民生领域重点工作开展监督检查11次,排查整改廉洁风险点10个,整改问题4件,推动了党委、政府决策部署落地落实。

泾河源镇

【概况】在泾源县委、政府的坚强领导下,泾河源镇坚持以习近平新时代中国特色社会主义思想为指导,学习贯彻习近平总书记视察宁夏重要讲话和重要指示批示精神、自治区第十三次党代会、市委五届五次和县委十五届三次全会精神,围绕"产业兴旺、生态宜居、乡风文明、治理有效、生活富裕"的总要求,以黄河流域生态保护和高质量发展先行区建设为统领,实施乡村振兴战略,坚持抓重点、攻难点、疏堵点、促亮点,较好地完成了各项重点工作目标任务。

【基层组织建设】推进"一抓两整"示范创建行动,已创建示范村14个,培育致富带头人181名,培育村党组织带头人18名,村级后备干部47名,摸排建库联系在外人才51名,对冶家村村级阵地进行全面新建,对兰大庄村级阵地进行改扩建。强化干部队伍建设,选优配强村"两委"成员3名,组织学历提升

17名。加强驻村工作队教育管理培训，组织各类培训20余期，下发工作通报5期；狠抓工作作风建设，坚持把作风转变作为推动工作落实的重要保障，开展疫情防控、巩固脱贫攻坚成果同乡村振兴有效衔接等重点工作督查10余次。

【脱贫成果巩固提升】 巩固提升"两不愁三保障"成果，落实"四个不摘"要求，开展"四查四补"工作。巩固农村饮水安全建设成果，开展农村饮水安全隐患排查，累计排查问题34个，已整改问题34个，水质达到饮用水标准。推进住房保障工作，2022年全镇纳入危房改造农户6户，已竣工验收5户，1户验收未通过；结合自建房摸排及10月份全镇安全住房自查工作，对摸排出的117座房屋上报住建局进行等级鉴定，反馈出C级住房9户、D级住房7户，进行加固整改。落实基本医疗保障工作，年内家庭医生签约3762户10928人，其中已脱贫户、"三类人群"1341户6135人，完成率100%。落实教育保障工作，通过摸排及与教育部门对接，有辍学风险学生共计24名，其中14名已到校学习，剩余10名因疫情原因无法返回，对接学生网课进行学习，做到学有所教。做好问题排查起底整改，对自治区督导组反馈7方面15条问题已整改14条，自查自纠发现"三保障"方面问题231条，整改完成210条，正在整改21条。做好防返贫监测，摸排纳入"三类人群"未消除风险24户98人，提高已脱贫户群众收入。配套发展富民产业，落实各项惠民政策，在增加群众经营性收入上下功夫，2021年10月至2022年10月中旬，全镇脱贫群众人均纯收入达到12363.48元（其中生产经营性收入占36.13%、工资性收入占47.57%、转移性收入占15.51%、财产性收入占0.79%），较2021年脱贫人口人均纯收入10426.77元同比增长18.57%，实现了"两个高于"目标任务。

【民生服务】 做好兜底保障惠民生，2022年增加低保76人，共有低保1795户2437人，残疾人"两项补贴"551人、"五保户"58人，累计发放各类救灾、救助资金338户1432人59.88万元。多措并举促增收，发挥公益性岗位帮扶带就业作用，统筹县级公益性岗位64名（其中10月新增46名），镇级保洁员161名、生态护林员125名、巡河员16名等公益性岗位进行妥善安置，强化以工代赈帮扶212人，就业帮扶作用明显。加强技能培训及公共就业服务，开展技能培训5班次223人，开展用工信息采集、筛选和发布，完成劳动力转移就业5500余人次，"铁杆庄稼保"参保人数3800余人。强化金融扶贫帮扶产业发展，年内脱贫户和"三类人群"贷款3004万元，超额完成全年2917万元贷款任务，完成率103%；完成脱贫户、监测户实现"健康保"全覆盖，以及肉牛、中蜂、苗木玉米等特色产业保险。

【基础设施建设】 修建道路16.9公里、水毁路1600平方米、挡土墙200米、路护栏6700米、边沟8820米。街道及农村污水管网改造提升（包括主管网和支管网）共计5610米，新建污水处理终端4处。维修自来水等各类管道2373米，安装智能水表3778处，新建闸阀井63座。

【产业发展】 2022年种植饲草玉米1.7万余亩、累计种植优质牧草4000亩，新建"出户入园"养殖场2座3991平方米，外购育肥牛2300头，引进安格斯基础母牛250头，肉牛存栏1.4万余头，肉牛饲养量2.8万余头，打造万头肉牛养殖示范乡镇。培育中蜂养殖户206户，养殖示范场1个、标准化智能蜂场1个，新购进中蜂300箱，分蜂扩群1500箱，中蜂存量3600余箱，蜂蜜产量达2.3万斤，产值达到200万元以上。改善提升全镇170余户农家乐服务品质，建成冶家村游客服务中心、篝火晚会广场和特色美食摊位、泾河夜肆闽宁特色街区、六盘山野奢露营基地等，全镇共接待游客近60万人次，旅游产业成为群众持续增收的"源头活水"。乡村旅游、肉牛养殖、生态经济等产业实现融合发展，依托扶贫车间、旅游景区、农耕生态、电商直播等吸纳劳动力300余名，为贫困群众月均增收1500余元。打造乡村振兴示范标杆，投资1955万元，打造河北、冶家、庞东村乡村振兴示范村，推进乡村全面振兴示范村建设。

【乡村治理】推行"一个功能性党支部+一个综治中心+三张清单"的"1+1+3"工作机制，累计排查化解矛盾纠纷78起，化解成功率100%，排查信访隐患事项21件，化解9件，剩余12件案件包案稳控协调化解，无越级访发生。创建"11343"人居环境整治新机制，投入1071万元人居环境资金培育打造人居环境整治示范村6个，示范户1466户，高标准完成卫生厕所改造375户，完成率93.75%。开展新时代文明实践活动20余场，评选移风易俗示范户等先进典型120余户，建设村级公园3处，繁荣群众文化生活，培育现代新型农民、致富带头人181名，采取致富能人和带头人示范带动工程，提高群众自我发展能力，激发群众内生动力。

大湾乡

【概况】在泾源县委、政府的坚强领导下，在上级部门的精心指导下，大湾乡始终坚持以习近平新时代中国特色社会主义思想为指导，深入贯彻落实习近平总书记视察宁夏重要讲话和重要指示批示精神、党的十九大和十九届历次全会精神，围绕"五个示范县"建设任务，坚持稳中求进总基调，统筹发展和安全，聚焦"党的建设、产业发展、人居环境、民生改善、安全稳定"等方面，抓工作落实，保证了乡域经济社会和各项事业健康稳定发展。

【党的建设】把学习贯彻习近平新时代中国特色社会主义思想和党的十九大及十九届历次全会精神，特别是习近平总书记视察宁夏重要讲话和重要指示批示精神作为首要政治任务，累计开展党委中心组学习24次，集中学习80余次，大宣讲16场（次），巩固党史学习教育成果。开展"大学习、大讨论、大宣传、大实践"活动，班子成员到村开展专题辅导、讲党课50余次，各村开展集中学习300余次，累计撰写党的二十大及自治区第十三次党代会精神心得体会150余篇，为民办实事200余项，引导党员干部深刻认识"两个确立"

的决定性意义,增强"四个意识"、坚定"四个自信"、做到"两个维护"。落实"三会一课""主题党日"等基本制度,拓展"双评双定"活动,亮黄星党员5名,通过正向激励反向监督机制作用,推动基层党组织和党员走在乡村振兴前列。推进农村"两个带头人"工程,培育致富带头人153名,组织带头人15名,充分发挥"头雁效应"。开展"三大三强"行动,改建扩建党员活动室7个,完成2个村党群服务中心改造提升。推动"一抓两整"示范乡村创建行动,13个村完成"一村一案"党建提升行动方案,创建4星级党支部4个,3星级党支部9个,完成党建示范乡创建。开展党建品牌创建行动,打造杨岭村"红色杨岭振兴先锋"县级党建品牌和苏堡村"党建引领谋振兴 全面振兴促共富"乡级党建品牌,凝聚全面推进乡村振兴强大合力。抓好软弱涣散村党组织整顿,落实"四个一"整顿措施,成立整顿工作组,选派1名选调生担任董庄村主任助理,整顿提升董庄村软弱涣散党组织。履行党委主体责任、党委书记"第一责任人"职责和班子成员"一岗双责",把党风廉政建设和反腐败工作与全乡重点工作同步推进,2022年乡党委研究党风廉政建设及反腐败工作7次,形成高压态势。贯彻落实中央八项规定精神,结合"作风提升年"开展"违规收送红包礼金和不当收益及违规借转贷或高额放贷"专项整治活动,查处问题38条,均已整改完成。

【村集体经济】实施村集体经济"提质增效"计划,探索林下种植业、连片发展等新路径,融合发展壮大村集体经济。2022年扶持壮大村集体经济100万元以上的村5个,年内13个村村集体资金均达到7万元以上。

【产业发展】紧扣自治区"九个重点产业"发展布局,聚焦固原市"5+4"产业定位,发挥泾源县"五大产业"优势,肉牛养殖、生态经济、文化旅游等特色产业做优做强。2022年新建肉牛养殖示范村1个,培育肉牛存栏50头以上的养殖大户2家、家庭农场8家,全乡肉牛存栏量50头以上养殖大户12家,100头以上合作社6家;打造"出户入园"养殖示范场4个,建设标准化养殖棚圈431座,肉牛存栏6235头,形成"大户带全村,合作社带全乡"的发展格局;建设完成牛营村、中庄村"出户入园"项目,鼓励380户养殖户完成入园集中养殖,实现"人畜分离";坚持以草定畜,夯实饲草供应,种植青贮玉米1.62万亩,种植紫花苜蓿1万余亩,养殖户年均稳定增收2.3万元。调整优化苗木产业结构,拓展耕地发展空间,腾退苗木4142亩300余万株,完成荒山造林6.2万亩284万株;种植蜜源植物2900亩,养殖中蜂79户2130箱,年生产优质蜂蜜1.2万公斤;推动村庄与庭院经济林建设,在村道、巷道、房前屋后见缝植绿、见缝插绿,实施村庄绿化5000余平方米;鼓励引导农户在自家庭院房前屋后种植栽植国槐、垂柳、云杉、早酥梨、红梅杏、云杉及花卉植物丁香、海棠、月季等生态经济林36362株,促进庭院经济与美丽乡村建设互促互融。树立乡村旅游"特色化、集约化、规模化"发展理念,按照"一村一品一特"思路,用好村史馆、老马茶馆等红色教育资源,完善功能区装饰装修、布展及数字化设备采购,讲好"总书记来杨岭的故事"和"杨岭脱贫发展历程",通过"红色"搭台,"民俗"唱戏,挖掘乡村旅游价值;在现有农家乐、民宿基础上,重点培育特色农家乐10家,民宿20家,挖掘乡村旅游民俗价值;依托杨岭特色旅游示范村,培育旅游产品营销户6家,成功举办杨岭村第三届"山花旅游节",动员群众设立摊位,设立摊位的群众平均每日收入1000—1500元。

【脱贫成果巩固提升】 落实"四个不摘"要求,健全"月排查、月报告、常态管、动态帮"防返贫机制,围绕"一收入""两不愁三保障"和饮水安全情况定期排查,对脱贫不稳定户、边缘易致贫户、突发严重困难户开展动态监测,排查新增监测对象26户71人,制定"一户一策",强化帮扶措施,通过产业帮扶、政策兜底"三类人员"风险消除5户14人。常态化开展"四查四补",排查问题46条,完成整改40条,推进2021年巩固拓展脱贫攻坚成果同乡村振兴有效衔接反馈问题和大排查大整改自查问题整改,完成整改问题67条。完成农民收入监测预警、脱贫人口和三类人群收入测算工作,脱贫户人均纯收入13260元。

【环境整治】 围绕"生态立县"发展战略,推进农村人居环境卫生整治、推动"厕所革命"、保护生态环境,乡村面貌焕然一新。探索建立"213"("2"是村级示范户周评比和乡级示范村户月督查月考核月评比机制,"1"是建立一张网格化管理机制,"3"是门前"三包"机制。)环境卫生整治工作机制,年内红榜上榜181人次,黑榜上榜163人次,评选示范户111户,通过褒扬先进、鞭策落后,共同参与形成了你追我赶的卫生整治生动局面;各村常态化开展环境卫生整治工作,上下一心下好整治工作"长效棋"。从"建、管、用"三个维度发力,推进厕所革命,全乡完成卫生改造1656户,实施水冲式厕所1184户,其中三格式560户,管网式624户,非水冲式生物降解厕所34户,双瓮漏斗式旱厕438户,实现了厕所粪污收集处理资源化利用,提升了群众生活品质;开展问题厕所整改提升"回头看",摸排发现问题厕所562座,水冲式卫生厕所105座,旱厕457座,已整改344座,纳入"十四五"规划,逐年整改218座,提升改厕质量,巩固改厕工作成效。加强生态环境治理,落实"河长制",整治和维护好河道管理秩序,常态化开展巡河工作,巡查河岸绿化、生态环境、水质卫生等情况;乡村两级整合人员力量,开展清河溯源活动6次清理垃圾10余吨,开展"河长制"宣传工作50余次,形成了全民动员,共建绿水青山的良好氛围。结合土地权改革,加强农村闲置资源整理,建设高标准农田2165亩、坡改梯5000亩,实施高效灌溉节水农田13亩,提高农业生产效率。停止大湾村垃圾填埋场运行,垃圾统一调整至何堡村垃圾填埋场填埋,确保生活垃圾实现无害化、资源化处理。

【民生服务】 开展控辍保学工作,全乡义务教育阶段适龄儿童入学率实现100%;实施"雨露计划",落实教育扶贫政策,资助贫困学生42名6.3万元,教育基础得到夯实。发展医疗卫生,推进农村家庭医生"三三制"诊疗服务,对全乡925户3269名脱贫户实行健康建档管理和签约服务,实现了建档立卡户和重点人群全覆盖,提升了贫困群众的医疗服务。推进新时代文明实践活动,抓好文化阵地建设,布置完善各村新时代文明实践站;协调开展送戏下乡4场次,丰富群众业余文化生活。落实临时救助工作,累计发放临时救助资金17.87万元,惠及89户292人;实施低保户动态管理和定期核查,取消低保36人,新增59人,现有低保户831人,实现应保尽保;健全"老饭桌"运行机制,9个老饭桌、13个儿童之家全面运营,解决"三留守"问题,为农村孤寡老人和留守儿童提供生活保障,社会保障进一步完善。

【基础设施建设】实施闽宁协作大湾村基础设施建设项目,对后街进行改造提升,重修道路1879.1平方米,铺设雨污分流管道929.7米,新修护坡144.8米。实施中庄村、董庄村等基础设施提升项目,其中董庄村道路硬化440米、预制板涵10平方米、砌筑挡土墙35米,中庄村道路硬化415米、砌筑排水渠130米、铺设混凝土过路管30米,牛营村砌筑挡土墙163米。实施绿塬村、何堡村基础设施改造提升项目,其中绿塬村道路硬化850米、新建排水渠700米、新建护坡180立方米、新建过路管涵4米,何堡村新建道路边沟780米、新边沟28米、新建过路管涵14米。

【基层治理】深化基层治理"1+1+3"工作机制,坚持矛盾纠纷村级每周一排查,乡级半月一分析,一月一次例会制度,调处各类矛盾纠纷36起,已全部化解。落实信访接待责任制和属地稳控责任制,全年共接收信访案件15起,化解14起。开展安全生产专项整治,集中开展安全生产排查13次,排查整治安全隐患2处。开展民族团结进步创建,依法管理宗教事务,巩固了民族团结、宗教和顺的良好局面。坚持把疫情防控作为首要的政治任务,坚持守土负责和履职尽责,坚持科学防治、精准施策,建立"五户联保"责任体系,推行"网格化管理、巡防式排查"管控模式,确保了全乡确诊病例、疑似病例零发生,经济社会平稳发展;累计新冠疫苗第一剂次共计接种5996人,第二剂次接种5093人,第三剂次接种2829人。

黄花乡

【政治思想建设】落实"第一议题"制度,坚持把学习贯彻党的二十大、自治区第十三次党代会和固原市委五届五次全会精神作为学习重点,通过党委理论学习中心组、"三会一课"、主题党员等形式加强党员干部理论学习,2022年共培训党员干部450余人次,中心组学习12次,集中学习研讨21次。强化意识形态宣传引领,抓舆情信息和意识形态工作督促指导日常化,把牢意识形态工作的积极作用,用好新时代文明实践站(所)、宣传栏等强化舆论引导作用,守好意识形态宣传主阵地。

【党风廉政建设】坚持把党建及党风廉政建设工作与全乡重点工作同步推进,年内共受理问题线索6件,已全部办结,初核了结2

件2人,立案4件4人,给予党纪处分4人,回访教育干部4人。纠治"四风",紧盯违规收送红包礼金和不当收益及违规借转贷或高额放贷专项整治、廉政和教育等开展自查工作,畅通举报投诉渠道,接受群众监督,对节日期间的顶风违纪案件"零容忍"。建立完善全乡党员领导干部及监察对象廉政档案110份,做到动态更新,及时、准确、完整地勾勒出党员领导干部的廉洁曲线。

【党的建设】开展基层党建提升行动,巩固"一抓两整"示范乡创建行动成果,2022年共创建示范村10个,打造县级党建品牌示范点1个、乡级2个,新培育致富带头人23名,储备村级后备干部28名,组织村"两委"成员参加大中专学历提升10名。推进"导师帮带制",结成"帮带对子"17个。落实驻村干部考核管理办法,共调整第一书记6人,驻村队员13人。加强党建制度落实,从严落实三会一课、"5+X"主题党日、组织生活会、民主评议党员等基本制度,深化拓展"双评双定"活动,全乡共亮"黄星"党员4名,并建立了党员"评星定级"亮黄星教育转化台账,倒逼责任发挥,组织开展互观互检互评互促活动2次。加强党员教育管理,严格发展党员程序,吸收入党积极分子26名,接收预备党员11名,按期转正16名;推荐"光荣在党50年"老党员3名;开展违规发展党员"回头看"工作,按规定程序补填入党志愿书党员1名;开展农村党员档案规范化建设专项行动,采购党员档案盒600个,协调装修档案室1处。

【脱贫成果巩固提升】坚持"四个不摘",做好"四个衔接",健全完善常态化、精细化"四查四补"长效机制,完善动态监测和帮扶机制,2022年新识别"三类人群"7户35人,制定落实"一户一策"帮扶措施,确保了全乡脱贫基础更加稳固、成效更可持续。推进自治区巩固拓展脱贫攻坚成果同乡村振兴有效衔接考核评估反馈和督导调研问题整改,确保成果巩固。加大就业创业扶持力度,鼓励农村劳动力就近就地务工,精准开展技能培训,全年完成培训160人,转移就业3088人,安置公益性岗位227人,实现家门口就业68人。

【产业发展】围绕自治区"六特六新六优"和全县"1+3+X"产业布局,调结构、拓领域、壮产业。成功试种羊肚菌、香菇、木耳等食用菌,建立了"兴产富农、订单联农、科技兴农、金融助农"的联农带农机制,带动全乡63户群众发展菌菇种植,户均增收3000余元,全乡菌菇产值突破200万元。以打造肉牛养殖繁育基地为目标,新建"出户入园"标准化肉牛养殖场2处,引进安格斯基础母牛87头、育肥牛1503头、冷配改良2108头牛,种植饲草料玉米7251亩;全乡百头牛以上规模养殖场达到5个,肉牛存栏4565头。推行"1+10""大手拉小手连骨干"养殖模式,巩固14个标准化蜂场建设,新引进蜂群500箱,分蜂扩群1434群,全乡蜂群达到3079群,产值110万元。全年集中腾退苗木3160余亩,完成春季造林供苗305户19.42万株。依托生态资源优势,发展以设施农业、休闲采摘、特色民宿为主的乡村旅游。

【环境整治】践行习近平生态文明思想,严守生态保护红线,开展人居环境整治提升行动,实行网格化责任分工体系,2022年共清理垃圾1400余吨,拆除私搭乱建8处,栽植花卉、景观行道树7公里。推动改厕步伐,新建管网式卫生厕所250户、问题厕所整改282户、建成污水终端7座。推行乡村文明实践积分卡和文明实践"红黑榜"制度,共评选"人居环境整治示范户""文明家庭"等典型家庭365户,发挥示范作用,推动乡村外在美与内涵美和谐统一,形成道路通畅、宅旁绿化、房屋整洁、垃圾日清、环境优美、民风淳朴的乡村新局面。

【民生服务】落实各项惠民政策,加强兜底性民生建设,健全完善养老保险、社会救助等社会保障制度。深化"放管服"改革,推进乡镇机构改革,推进公安户籍服务等事项入驻民生大厅,实现了政府职能由管理型向服务型转变。聚焦群众急难愁盼问题,组织群众开展"和谐邻里 美丽家园"群众家庭卫生互评互促、"关爱留守老人"等主题活动,办理群众急难愁盼问题650余件。坚持常态化抓好疫情防控,落实第九版新冠疫情防控方案,推进疫苗接种和核酸检测,全乡确诊病例、疑似病例零发生。

【基层治理】落实基层治理"1+1+3"工作机制,深化平安黄花建设,排查各类矛盾纠纷115起,调处化解114起,化解成功率99%,答复办理各类群众信访投诉案件8件,办结率为100%。加大涉法涉诉案件化解力度,共化解长期遗留未解决涉法涉诉案件6件。以创建全国民族团结进步示范乡为载体,创新建立"一抓、一促、一示范"的宣传教育体系,常态化开展宗教活动场所"五进"及宗教教职人员"三定"学习,民族宗教领域和谐稳定。加强公共安全防范,排查自建房等建筑安全隐患16处,拆除8处,实施地质灾害治理工程5处,危房改造7户。开展反电信诈骗、国家安全、保密反间谍、养老诈骗等宣传教育45场次,集中安装"反诈中心App"2605人次,开展交通安全、防溺水及森林草原防火宣传督导,全乡社会大局总体稳定。

兴盛乡

【概况】2022年,兴盛乡坚持以习近平新时代中国特色社会主义思想为指导,深入贯彻落实党的十九大和十九届历次全会精神、习近平总书记视察宁夏重要讲话和重要指示批示精神、自治区第十三次党代会精神及市委五届五次全会、县委十五届三次全会精神,自觉站位立足新发展阶段、贯彻新发展理念、构建新发展格局,坚持稳中求进总基调,统筹疫情防控和经济社会发展,团结带领全乡人民,完成了各项工作任务。

【党的建设】深入学习宣传贯彻习近平新时代中国特色社会主义思想、党的十九大和十九届历次全会精神以及习近平总书记视察宁夏重要讲话和重要指示批示精神、自治区第十三次党代会精神,落实"第一议题"学习制度,利用党委理论学习中心组、"一五"干部例会，学习习近平总书记重要讲话、批示、指示精神50余次，开展干部纪律作风教育集中学习教育13次，进行交流研讨50余次。按照党史学习教育工作安排，制定了《兴盛乡党史学习教育实施方案》，推进党史学习教育，开展了"我为群众办实事"活动，解决项目建设、乡村振兴、民生改善等6类事项42件，做到了办实事开新局的目标任务。设立党员先锋岗，激励督促党员在民生服务、疫情防控、脱贫攻坚成果巩固等方面发挥先锋模范作用。开展"六项行动"、"一抓两整"，对兴盛、兴明、上金、下金、红星村村部进行翻修，对全乡9个行政村村部外墙乱挂、乱贴及门头牌匾等全部进行规范清理，对村部办公场所进行全面清洁、整修，村级阵地面貌焕然一新。强化党组织书记"带头"建设，调整村党支部书记1名；壮大党员队伍，培育入党积极分子19人。完善深化"两个带头人"行动，在种植、养殖、旅游等方面培育提升致富带头人181名、村党组织带头人9名、后备干部33名。打造兴盛村"党建凝心，产业兴盛"县级党建品牌1个，红星村"党建凝心、人居环境塑形"、新旗村"党建凝心、基层治理夯基"乡级党建品牌2个，争创四星级党支部1个、三星级党支部5个。落实中央八项规定及其实施细则精神，履行党风廉政建设"一岗双责"，落实"两个"责任，建立开展常态化谈心谈话和约谈机制。开展工程建设政府采购、统计领域等重点领域突出问题专项治理，人大代表意见建议办结率达到85%以上，完善《兴盛乡干部管理制度》13项。

【产业发展】坚持引进与扩繁并举，加大安格斯牛引进力度，引进安格斯基础母牛700头、育肥牛2300头，全乡肉牛饲养量稳定在9000头以上；配套实施优质牧草种植，种植饲料玉米8392亩，优质牧草1800亩；大力推广"出户入园"，全乡建设"出户入园"园区1个，园内集中养殖肉牛1200多头，家庭农场25个，群众科学化养殖水平不断提升。通过"大手拉小手"的产业机制，推行"1+10"养殖模式，建成标准化蜂场1个，全乡"大手"达到3人，带动90户养蜂户养殖1250箱，10箱以上的28户。做好"生态+"及"四权"改革文章，建成千亩冷凉蔬菜基地，腾退苗木1000亩，建设蔬菜大棚6个，总产值400万元，劳务费用支出总计112万元，带动400余人实现家门口稳定就业，人均增收2500元。融入全县全域旅游大格局，发展冰雪旅游，围绕建设冰雪旅游小镇，拓展旅游业态；宁夏娅豪国际滑雪场解决就业50人，吸引游客3万余人。坚持培训与输出并举，开办各类劳务技能培训3个班次，培训130人次，2022年转移就业2368人；赴厦门劳务输出12人，人均劳务收入达3500元以上。

【脱贫成果巩固提升】落实"四个不摘"要求，压实责任，筑牢防止返贫致贫防线，争取各类项目资金3000余万元，实施项目10个，巩固脱贫攻坚成果。开展"四查四补"，围绕"两不愁三保障"，定期开展"四查四补"，抓重点、补短板、强弱项，累计排查整改问题57条。抓好脱贫户动态监测，2022年度识别监测对象25户116人，根据致贫风险点，因户施策，针对性制定"一户一策"帮扶措施，通过帮扶，消除风险10户45人。深化闽宁协作，开展闽宁互访交流活动，争取闽宁帮扶资金525万元，财政配套资金1089万元，实施产业到户、基础设施建设等项目3个，惠及群众2000余人，培育打造兴盛、新旗乡村振兴示范村2个。全乡3个扶贫车间累计吸纳就业180余人，带动务工群众年人均增收1.5万元以上；7个行政村村集体经济均达到7万元以上，其中2个村达到10万元以上，集体经济持续向好。

【环境整治】推行人居环境综合整治五级网格责任体系，强化思想引领、宣传引导，建立"村周评、乡月评"的长效机制，定期开展人居环境综合评比，设立"红黑榜"；念好"拆、清、修、补、建、改、整"七字经，实施人居环境片区综合整治项目，覆盖全乡6个行政村。全乡累计改厕1506户，建成幸福农家1023户，围绕全乡公路主干道栽植各类景观树16100余棵、果树2400余棵，全长15公里。

【基础设施建设】完成农村巷道硬化28000平方米，建设休闲公园7个，实现自来水入户全覆盖，建设供排水及污水处理工程3处，新旗、下金、红旗、兴明村道"白改黑"6公里，农村的基础设施条件得到改善，群众生活质量得到提高。

【民生服务】坚持"外防输入、内防反弹"总策略和"动态清零"总方针，强化联防联控、常防常控，推进疫苗接种，累计接种疫苗第一针6766剂，第二针5707剂，第三针4077剂，全乡确诊病例、疑似病例零发生。落实临时救助工作，累计发放临时救助资金90.6万元，惠及371户1314人；实施低保户动态管理和定期核查，取消低保41人，新增51人，现有低保户814户1123人，实现应保尽保；医疗保险和养老保险缴费率达到100%，降低了因病致贫的风险；健全"老饭桌"运行机制，6个老饭桌、9个儿童之家全面运营，解决了"三留守"问题，为农村孤寡老人和留守儿童提供了生活保障。推进新时代文明实践活动，抓好文化阵地建设，建成乡村级新时代文明实践所，全乡学校教育教学质量稳步提升，文化事业持续发展。

【乡村治理】推进平安建设，围绕综治信访、矛盾处置等重点领域，推广新时代"枫桥经验"，推行"1+1+3"党建引领乡村治理机制，构建"政治、法治、德治、自治、智治"五治融合的基层现代治理体系，调处化解矛盾纠纷48件、办结各类信访件2件，办结率达100%。推进法治建设，抓感恩教育、认同教育、法治教育、文明教育，围绕长效长治，巩固扫黑除恶成果，开展"八五"普法，推进法治政府建设，支持人大依法监督和社会舆论监督，全民法治意识、法治观念增强。落实安全生产责任制，排查治理安全隐患，加强监督监管，提升应急管理和防灾救灾能力，排查安全隐患12处，整改8处，申报项目整改4处。

新民乡

【概况】 2022年,新民乡坚持以习近平新时代中国特色社会主义思想为指导,在泾源县委、政府的坚强领导下,坚决贯彻落实区市县党委、政府决策部署,聚焦"五个示范县"创建,落实乡村振兴、"六大提升行动"、环境保护、安全生产等重点工作,围绕"党旗红、生态绿、产业兴、百姓富、乡村美"工作总目标,应对疫情影响和各种困难挑战,扛起历史使命,建实机制、守实底线、育实产业,经济社会发展迈出了坚实步伐。

【政治建设】 新民乡党委、政府始终把思想政治建设摆在首位,严格遵守和执行党的政治纪律、政治规矩、组织纪律。深学细悟党的二十大精神,学习贯彻党的十九大、十九届历次全会精神和习近平新时代中国特色社会主义思想、习近平总书记视察宁夏重要讲话和重要指示批示精神、自治区第十三次党代会精神和市委五届五次、六次、七次全会精神以及泾源县十五届三次、四次全会精神,增强"四个意识"、坚定"四个自信"、做到"两个维护"。落实"第一议题"制度,乡党委中心组集中学习19次,干部集中学习50场次,召开专题培训会3场次。把提高执行力作为主要抓手,不断提高政治判断力、政治领悟力、政治执行力,做到讲党性、讲纪律、讲原则、讲风格,始终同以习近平同志为核心的党中央保持高度一致。

【党的建设】 贯彻落实新时代党的建设总要求,把"围绕中心抓党建,抓好党建促发展"作为党建工作的出发点和落脚点,以提升组织力为重点,巩固"基层党建全面提升年"工作成效。开展"一抓两整"和"六项行动"创建工作,落实"三会一课"、主题党日、组织生活会、民主评议党员等制度。打造新民乡"红心向党"党建品牌,创建四星级党支部2个,党建示范村9个,创建党建示范乡,打造党建品牌队伍12支,县级党建品牌1个,乡级党建品牌2个,增强基层党组织的创造力、凝聚力和战斗力。强化制度落实,落实班子成员党建工作"一岗双责"制度,坚持"四个一"工作制度。严格监督检查,召开党建工作专题会3次,村党支部书记党建工作交流2次,党建督查11期,工作提醒11期,发现整改问题201条。开展习近平总书记视察宁夏重要讲话和重要指示批示精神"大学习、大讨论、大宣传、大实践"活动,建立活动任务、措施、责任清单,全乡累计开展党的二十大、自治区第十三次党代会、市委五届五次全会及泾源县十五届三次全会精神等内容专题学习8次,撰写心得体会40余篇,撰写"大学习,大讨论,大宣传,大实践"活动开展专报39期。加强党员教育管理,落实党委书记抓党建主体责任,确保"三会一课"、主题党日等组织生活落实有效,全乡2022年开展"主题党日"32场次,亮黄星17人34星,确定入党积极分子26名,举办发展对象及入党积极分子培训班2期,发展党员11人，按期转正12人。加强基层组织建设，优化班子结构，结合村"两委"换届回头看工作，调整补选村"两委"干部7人，培养后备干部32人，致富带头人28人，参加学历提升干部18人。强化阵地建设，按照"九有"标准新建村部1个，提升改造村部2个，村部维修3个。做好人才摸排工作，结合"燕归巢"行动，摸排出固原籍在外人才54人，重点高校在读固原籍学子91人。用好驻村第一书记和工作队，落实上级关于持续选派驻村第一书记和工作队有关政策规定，乡级层面调整驻村工作队员4人，采取周一发放任务清单，周末收回完成清单的方式督促驻村工作队员任务的落实。加强驻村工作队管理，全年发放收回重点工作任务清单24期。开展导师帮带，结合实际制定导师帮带制工作方案，结合前期摸底和意愿调查，确定帮带对象12人，其中村两委干部5人，确定导师7名，开展帮带活动3场次。

【脱贫成果巩固提升】围绕坚决守住不发生规模性返贫这条底线，落实"四个不摘"要求，做好"四个衔接"，强化动态监测帮扶，纳入"三类人群"19户80人，落实"一户一策"19户80人，消除风险5户20人。开展"四查四补"，排查整改各类问题300条。推进移民致富提升行动，马河滩、张台等移民重点村基础设施和公共服务明显改善。举办各类劳动力素质提升培训班8期，完成技能提升培训210人，转移就业3773人，安置公益性岗位13人，帮扶车间吸纳就业30余人。培育打造乡村振兴示范村2个，深化闽宁对口协作，实施基础设施补短板、产业提升项目3个，惠及1713人。全年累计发放小额扶贫贷款2094.4万元，金融贷款覆盖率达到85%；发放创业担保贷款13笔130万元，带动就业21人，农户购买肉牛保险2393头，购买地膜玉米保险8900亩，收缴"铁杆庄稼保"2702人，参保率100%。围绕产业发展，培育壮大村集体经济项目2个，11个村集体经济创收69.8万元。

【产业发展】复耕撂荒地3000亩，建设高标准农田2000亩，推广种植优质高产高效饲料玉米20000亩，优质牧草7000亩。推行"出户入园、出村入场"肉牛养殖模式，新建标准化"出户入园"5个，引进安格斯基础母牛99头，外购牛2266头，肉牛饲养量稳定在1.5万头。做好"生态+"文章，腾退报废苗木2500多亩，外销各类苗木68万株。推行"1+10"养殖模式，新发展养蜂户13户，建设标准化蜂场1个，全乡蜂群达到1671群。利用闲置牛棚种植木耳5户150平米，蘑菇5户150平米。

【环境整治】坚持绿水青山就是金山银山的理念，落实"河长制""路长制""林长制"管理机制，开展河道治理3次，清运河道垃圾78吨，新建污水及集污管网二期工程。结合"爱国卫生运动"，分村分片落实"日保洁、周评比、月例会"环境卫生治理长效机制，落实保洁员95名，巡河员9名、生态护林员95名，回收残膜150余吨，道路绿化13公里，新建小微公园1座，安装太阳能路灯288盏，完成改厕511户，发放分类垃圾桶766个，巩固提升小菜园750户，发放菜苗18万株，栽植果树1200余株。

【民生服务】实施"六大提升行动"，突出重点、打基础、补短板、强弱项。实施项目13

个,投资金额1722.788万元,其中产业发展类6个,基础设施类7个。新增低保271人,核减低保85人,全年766户3259人发放救助资金110.1万元。实施危房改造16户,村级"家门口"综合便民服务站常态化运行,网上办件共32件,城乡居民基本医疗保险和养老保险缴费率分别达到100%和96%。照明、先进幼儿园开园招生,雨露计划惠及94人14.1万元,创建健康村5个,健康家庭100户。完善各村文化广场、图书阅览室等文化体育设施,开展"送戏下乡""戏曲进乡村"6场次、村级农民运动会11场次。

【基层治理】推进社会治理,开展国家安全教育日、法治宣传周、安全生产月、禁毒知识进万家等活动,落实国务院安全生产"十五条"硬措施,推进全域食品药品安全区创建活动,开展安全生产百日专项整治行动,强化安全生产日常监管,安全生产形势总体平稳,交通事故预防有力有效。推进预防电信诈骗、养老保险诈骗、打击传销等活动,强化措施,落实责任,重点做好党的二十大、中央区市县两会等重要会议期间的信访维稳工作。以铸牢中华民族共同体意识为主线,开展民族团结进步创建,民族团结、宗教和顺局面更加巩固。落实重点人群的监管责任,加强防火、防汛工作,强化值班值守工作,确保全乡社会稳定。抓实意识形态、促进文明新风,坚持把意识形态工作作为党的建设和政治建设的重要内容,深化意识形态安全网格化管理机制,履行"第一责任人"职责,提升基层党组织落实意识形态工作责任的政治意识,以培育和践行社会主义核心价值观为根本,结合新时代文明实践站和移风易俗等活动,推进"塑形"、"铸魂"两项工程,深化乡村文明实践积分卡制度,2022年累计积分33343分,参与群众1810户,兑换33343分。以新时代文明实践站为抓手,开展"四项教育",打造2个新时代文明实践工作重点村,全年撰写信息简报83期,特色亮点工作被各级融媒体宣传报道40期,自治区级文明村镇复验命名。完善法治建设,抓好习近平法治思想学习宣传贯彻落实,推进"八五"普法,围绕《宪法》《民法典》《行政处罚法》《乡村振兴促进法》等法律法规开展培训,提高了依法执政、依法决策、依法行政、依法办事的能力和水平。建立健全党政"一把手"第一责任和"五级"包联责任体系,明确职责、任务和分工。实行领导干部包案制度,畅通群众诉求渠道,引导群众依法依规表达诉求。落实常态化疫情防控措施,精准精细做好重点人员管控、重点场所监管、重点环节防范,抓好外来人员排查,结合"敲门行动",坚持以宣促防,发挥乡村大喇叭、微信群等载体,组织乡村干部、驻村工作队及网格员深入村(组),重点做好涉疫地区人员排查管控。落实党管武装责任,加强民兵组织建设,开展国防教育,规范"双拥"和退役军人服务管理,慰问困难退役军人9人,征兵3名。支持人大工作,完成县人代会议案,办理代表意见建议13条。完成共青团、妇联换届选举,工作规范有序推进。

【党风廉政建设】坚决执行中央八项规定、自治区"八条禁令"、固原市"十项规定",落实"一岗双责",督促班子成员对分管领域的党风廉政建设工作同部署、同落实、同检查、同考核。推进"三张清单"管理,修订完善全面从严治党主体责任、问题清单和问责清单,压紧压实全面从严治党主体责任。抓住元旦、春节、国庆等重要时间节点,集中开展纠治"四风"工作,对思想、作风、纪律等方面的苗头性、倾向性问题,采取谈话提醒、诫勉谈话等形式,做到抓早抓小、动辄则咎、防微杜渐。坚持把纪律挺在前,开展党员干部廉洁从政警示教育4场次,监督检查6次,提醒约谈干部27人次,建立个人廉政电子档案212份,警示提醒8人次、责令纠错3人。全年共处置违纪问题线索13件,涉案14人。

泾源年鉴2023

荣誉榜

先进集体

【省部级先进集体】

获奖单位	获奖名称	颁奖单位	获奖时间
泾源县	中国天然氧吧称号	中国气象局	2022.01
泾源县六盘山镇和尚铺村	第六批中国传统村落名录	住房和城乡建设部村镇建设司	2022.01
泾源县大湾乡瓦亭村	第六批中国传统村落名录	住房和城乡建设部村镇建设司	2022.01
泾源县新民乡张台村	第六批中国传统村落名录	住房和城乡建设部村镇建设司	2022.01
泾源县泾河源镇冶家村	第六批中国传统村落名录	住房和城乡建设部村镇建设司	2022.01
泾源县香水镇园子村	第六批中国传统村落名录	住房和城乡建设部村镇建设司	2022.01
泾源县六盘山镇蒿店村	第六批中国传统村落名录	住房和城乡建设部村镇建设司	2022.01
泾源县人民检察院	2020年打击危险废物环境违法犯罪和重点排污单位环境检测数据弄虚作假行为专项行动活动表现突出集体	最高人民检察院、国家生态环境部、公安部	2022.02
泾源县公安局香水派出所	第20届青年文明号	共青团中央、公安部	2022.04
泾源县西部计划志愿者团支部	全国五四红旗团支部	共青团中央	2022.05
泾源县金喜梅家庭	2022年全国最美家庭	中华全国妇女联合会	2022.05
泾源县公安局香水派出所	全国优秀公安基层单位	公安部	2022.05
泾源县公安局	2019—2020年平安宁夏建设先进集体	中共宁夏党委、自治区人民政府	2022.08
泾源县教育体育局	节约型机关	国家机关事务管理局、中共中央直属机关事务管理局、国家发展和改革委员会、财政部	2022.10
泾源县交通运输局	节约型机关	国家机关事务管理局、中共中央直属机关事务管理局、国家发展和改革委员会、财政部	2022.10

续表

获奖单位	获奖名称	颁奖单位	获奖时间
泾源县文化旅游广电局	节约型机关	国家机关事务管理局、中共中央直属机关事务管理局、国家发展和改革委员会、财政部	2022.10
泾源县民政局	节约型机关	国家机关事务管理局、中共中央直属机关事务管理局、国家发展和改革委员会、财政部	2022.10
泾源县审计局	节约型机关	国家机关事务管理局、中共中央直属机关事务管理局、国家发展和改革委员会、财政部	2022.10
泾源县市场监督管理局	节约型机关	国家机关事务管理局、中共中央直属机关事务管理局、国家发展和改革委员会、财政部	2022.10
泾源县水务局	节约型机关	国家机关事务管理局、中共中央直属机关事务管理局、国家发展和改革委员会、财政部	2022.10
泾源县自然资源局	节约型机关	国家机关事务管理局、中共中央直属机关事务管理局、国家发展和改革委员会、财政部	2022.10
泾源县农业农村局	节约型机关	国家机关事务管理局、中共中央直属机关事务管理局、国家发展和改革委员会、财政部	2022.10
泾源县档案馆	节约型机关	国家机关事务管理局、中共中央直属机关事务管理局、国家发展和改革委员会、财政部	2022.10
泾源县残疾人联合会	节约型机关	国家机关事务管理局、中共中央直属机关事务管理局、国家发展和改革委员会、财政部	2022.10
泾源县科学技术局	节约型机关	国家机关事务管理局、中共中央直属机关事务管理局、国家发展和改革委员会、财政部	2022.10
泾源县	2022美丽中国·深呼吸小城	中国国土经济学会	2022.11
中共泾源县委宣传部	2022年度中国日报发行工作先进单位	中国日报社发行部	2022.12
泾源县	2022年中华体育文化优秀民俗民间项目（泾源"赶牛"）	国家体育总局体育文化发展中心	2022.12

【厅局级先进集体】

获奖单位	获奖名称	颁奖单位	获奖时间
共青团泾源县委员会	全区未成年人思想道德建设工作先进单位	共青团宁夏区委	2022.01
泾源县冶家村巧媳妇农庄	五星级乡村旅游示范点	自治区文化和旅游厅	2022.01
国家税务总局泾源县税务局	全区健康促进机关	自治区卫生健康委员会	2022.01
泾源县人民检察院	全区健康促进机关	自治区卫生健康委员会	2022.01
泾源县人民检察院	平安宁夏建设先进集体	平安宁夏建设领导小组	2022.01
泾源县社会经济调查队	自治区国家贫困地区重大专项普查先进集体	自治区脱贫攻坚普查领导小组	2022.01
泾源县乡村振兴局	自治区国家贫困地区重大专项普查先进集体	自治区脱贫攻坚普查领导小组	2022.01
泾源县就业创业和人才服务中心	自治区就业创业工作先进集体	自治区就业工作领导小组	2022.01
泾源县教育体育局	2018—2021年度全区群众体育先进单位	自治区全民健身领导小组	2022.01
泾源县公安局六盘山收费站检疫站点	疫情防控集体三等功	自治区公安厅	2022.01
泾源县公安局治安大队	疫情防控集体三等功	自治区公安厅	2022.01
泾源县公安局泾源收费站检疫站点	疫情防控集体三等功	自治区公安厅	2022.01
泾源县公安局网络安全保卫大队	疫情防控集体三等功	自治区公安厅	2022.01
泾源县泾河源镇派出所	人民满意的公务员集体	自治区党委办公厅、人民政府办公厅	2022.03
泾源县第一中学	2022年自治区国家安全宣传教育示范点	自治区党委国安办、党校、教育厅	2022.04
泾源县教育体育局	2022年自治区国家安全宣传教育示范点	自治区党委国安办、党校、教育厅	2022.04
国家税务总局泾源县税务局	第十一批全区民族团结进步示范区示范单位	自治区党委统一战线工作领导小组	2022.04
泾源县教育体育局	第十一批全区民族团结进步示范区示范单位	自治区党委统一战线工作领导小组	2022.04
中共泾源县委统一战线工作部	第十一批全区民族团结进步示范区示范单位	自治区党委统一战线工作领导小组	2022.04
泾源县六盘山镇集美村	第十一批全区民族团结进步示范区示范村	自治区党委统一战线工作领导小组	2022.04
泾源县城关村第一小学	第十一批全区民族团结进步示范区示范学校	自治区党委统一战线工作领导小组	2022.04

续表

获奖单位	获奖名称	颁奖单位	获奖时间
泾源县六盘山镇大庄村团支部	全区五四红旗团支部	共青团宁夏区委	2022.05
泾源县文化旅游广电局	"喜迎二十大 奋进新征程"2022年全区广场舞大赛优秀奖	自治区党委宣传部、文旅厅、妇联、体育局、石嘴山市人民政府、宁夏广播电视台	2022.06
泾源县黄花乡羊槽村	第二批宁夏特色旅游村	自治区文化和旅游厅	2022.07
国家税务总局泾源县税务局	自治区三八红旗集体	自治区妇女联合会	2022.07
泾源县文化旅游广电局	全区"晒文旅·晒优品·促消费"大型文旅推介活动 第二季"最佳网络传播奖""最佳创意设计奖""最佳优品推荐奖"	自治区文化和旅游厅	2022.08
泾源县教育体育局	教育工作先进集体	中共固原市委、市人民政府	2022.09
泾源县教育体育局	自治区级体育传统特色学校	自治区体育局、教育厅	2022.11
泾源县泾河源镇人民政府	全区第七次人口普查先进集体	自治区第七次人口普查领导小组	2022.11
泾源县香水镇人民政府	全区第七次人口普查先进集体	自治区第七次人口普查领导小组	2022.11
泾源县公安局政保大队	集体三等功	自治区公安厅	2022.11
泾源县公安局香水派出所	集体嘉奖	自治区公安厅	2022.11
泾源县人力资源和社会保障局	全区人力资源和社会保障工作先进集体	自治区人力资源和社会保障厅	2022.12
泾源县劳动保障监察执法大队	全区人力资源和社会保障工作先进集体	自治区人力资源和社会保障厅	2022.12
泾源县审批服务管理局	2022年全区工程建设项目审批制度改革奖励	自治区住房和城乡建设厅	2022.12
泾源县地震局	2022年度自治区防震减灾工作先进单位	自治区地震局	2022.12

【县处级先进集体】

获奖单位	获奖名称	颁奖单位	获奖时间
泾源县教育体育局	固原市第四届中小学电脑制作大赛活动优秀组织奖	固原市教育体育局	2022.02
泾源县社会经济调查队	2021年度效能目标管理考核优秀等次	中共泾源县委、县人民政府	2022.04
泾源县人民法院	2021—2022年度固原市"优秀政务微信"	固原市人民政府办公室、中共固原市委宣传部、网信办	2022.07
泾源县教育体育局	2021—2022年度固原市"优秀政务微信"(泾源教育)	固原市人民政府办公室、中共固原市委宣传部、网信办	2022.07
共青团泾源县委员会	2021—2022年度固原市"优秀政务微信"(泾源共青团)"优秀政务微博"(青春泾源)	固原市人民政府办公室、中共固原市委宣传部、网信办	2022.07

续表

获奖单位	获奖名称	颁奖单位	获奖时间
泾源县气象局	2021—2022年度固原市"优秀政务微博"	固原市人民政府办公室、中共固原市委宣传部、网信办	2022.07
中共泾源县委网络安全和信息化中心办公室	2021—2022年度固原市网络安全先进集体	固原市人民政府办公室、中共固原市委宣传部、网信办	2022.07
泾源县文化旅游广电局	"喜迎二十大 奋进新征程"2022年固原市广场舞大赛优秀组织奖	中共固原市委宣传部、固原市文化旅游广电局	2022.07
泾源县教育体育局	固原市第二届信息技术与学科深度融合 视频课例评选活动优秀组织奖	固原市教育体育局	2022.08
泾源县教育体育局	消防安全及健康教育标准化学校	固原市教育体育局	2022.11
泾源县住房和城乡建设局	2022年度县政协提案办理先进单位	政协泾源县委员会	2022.12
泾源县农业农村局	2022年度县政协提案办理先进单位	政协泾源县委员会	2022.12

先进个人

【国家级先进个人】

姓名	工作单位	获奖名称	颁奖单位	获奖时间
伍福升	中共泾源县新民乡委员会	人民满意的公务员	中共中央、国务院	2022.08

【省部级先进个人】

姓名	工作单位	获奖名称	颁奖单位	获奖时间
吴浩宇	泾源县人民检察院	全国检察机关控申检察人才库成员	最高检第十检察厅	2022.03
丁筱莲	泾源县第一中学	全国优秀共青团干部	共青团中央	2022.05
马慧娟	泾源县文化旅游广电局	宁夏回族自治区第十届文学艺术奖优秀作品二等奖	自治区人民政府	2022.05
王文清	泾源县文化旅游广电局	宁夏回族自治区第十届文学艺术奖优秀作品二等奖	自治区人民政府	2022.05
马三学	泾源县农业农村局	全国农村集体产权制度改革工作先进个人	中华人民共和国农业农村部	2022.12

【厅局级先进个人】

姓名	工作单位	获奖名称	颁奖单位	获奖时间
丁　宁	泾源县人民法院	2021年度全区法院优秀庭审	自治区高级人民法院	2022.01
马　艳	泾源县人民法院	2021年度全区法院先进个人	自治区高级人民法院	2022.01
高文坛	泾源县社会经济调查队	自治区国家贫困地区重大专项普查先进个人	自治区脱贫攻坚普查领导小组	2022.01
杨海军	泾源县社会经济调查队	自治区国家贫困地区重大专项普查先进个人	自治区脱贫攻坚普查领导小组	2022.01
塔慧茹	泾源县社会经济调查队	自治区国家贫困地区重大专项普查先进个人	自治区脱贫攻坚普查领导小组	2022.01
马玉良	泾源县文化馆	自治区级非物质文化遗产代表性项目代表性传承人（麦芽糖制作技艺）	自治区文化和旅游厅	2022.01
计永平	泾源县文化馆	自治区级非物质文化遗产代表性项目代表性传承人（九碗十三花）	自治区文化和旅游厅	2022.01
李　丽	泾源县人民检察院	全区检察机关扫黑除恶专项斗争嘉奖	自治区检察院	2022.03
禹素娟	泾源县人民检察院	全区检察机关扫黑除恶专项斗争嘉奖	自治区检察院	2022.03
杨军辉	泾源县人民法院	2022年全区法院司法警察集训班"训练标兵"	自治区高级人民法院	2022.05
禹　娟	泾源县人民医院	自治区三八红旗手	自治区妇女联合会	2022.07
兰　兰	泾源县第一中学	自治区三八红旗手	自治区妇女联合会	2022.07
王文清	泾源县文化旅游广电局	固原市第三批六盘英才	固原市人民政府	2022.08
李宏涛	泾源县人民检察院	平安宁夏建设先进个人	平安宁夏建设领导小组	2022.09
于玉霞	泾源县教育体育局	教育工作先进个人	中共固原市委、市人民政府	2022.09
吴国胜	泾源县第四小学	教育工作先进个人	中共固原市委、市人民政府	2022.09
马晓云	泾源县城关村第二小学	教育工作先进个人	中共固原市委、市人民政府	2022.09
禹慧霞	泾源县第四幼儿园	教育工作先进个人	中共固原市委、市人民政府	2022.09
马晓勇	泾源县高级中学	教育工作先进个人	中共固原市委、市人民政府	2022.09
马军艳	泾源县职业技术学校	优秀教师	中共固原市委、市人民政府	2022.09
受金红	泾源县大湾中学	优秀教师	中共固原市委、市人民政府	2022.09

续表

姓名	工作单位	获奖名称	颁奖单位	获奖时间
马红梅	泾源县泾河源镇中心校	优秀教师	中共固原市委、市人民政府	2022.09
聂少波	泾源县新民乡张台小学	优秀教师	中共固原市委、市人民政府	2022.09
于凤莲	泾源县城关村第一小学	优秀教师	中共固原市委、市人民政府	2022.09
马志俊	泾源县第一中学	优秀教师	中共固原市委、市人民政府	2022.09
禹 龙	泾源县第一中学	优秀教师	中共固原市委、市人民政府	2022.09
王瑞红	泾源县第三小学	优秀教师	中共固原市委、市人民政府	2022.09
于艳萍	泾源县高级中学	优秀教师	中共固原市委、市人民政府	2022.09
马仙伟	泾源县高级中学	优秀教师	中共固原市委、市人民政府	2022.09
高文坛	泾源县社会经济调查队	全区人力资源和社会保障先进个人	自治区人力资源和社会保障厅	2022.12

【县处级先进个人】

姓名	工作单位	获奖名称	颁奖单位	获奖时间
于伟刚	泾源县人民法院	2021年度先进工作者	固原市中级人民法院	2022.01
尹 鹏	泾源县人民法院	第六届审判理论与实务研讨会三等奖	固原市中级人民法院	2022.01
蒙环环	泾源县人民法院	第六届审判理论与实务研讨会三等奖	固原市中级人民法院	2022.01
丁雅茹	泾源县人民法院	第六届审判理论与实务研讨会优秀奖	固原市中级人民法院	2022.01
李 飞	泾源县人民法院	第六届审判理论与实务研讨会三等奖	固原市中级人民法院	2022.01
赵怀吉	泾源县人民法院	2022年全市法院"强主责 护稳定 迎二十大"法官助理、书记员业务知识竞赛二等奖	固原市中级人民法院	2022.07
李 飞	泾源县人民法院	2022年全市法院"强主责 护稳定 迎二十大"法官助理、书记员业务知识竞赛二等奖	固原市中级人民法院	2022.07
禹云霞	泾源县人民法院	2022年全市法院"强主责 护稳定 迎二十大"法官助理、书记员业务知识竞赛二等奖	固原市中级人民法院	2022.07

续表

姓名	工作单位	获奖名称	颁奖单位	获奖时间
禹云霞	泾源县人民法院	2022年全市法院"强主责 护稳定 迎二十大"书记员岗位技能比武二等奖	固原市中级人民法院	2022.07
禹万金	泾源县人民法院	2022年全市法院"岗位大练兵、技能大比武、质效大提升"优秀裁判文书	固原市中级人民法院	2022.07
张进才	中共泾源县委网络安全和信息化中心办公室	2021—2022年度固原市网络安全先进个人	固原市人民政府办公室、中共固原市委宣传部、网信办	2022.07
王学良	泾源县新民乡	嘉奖公务员	中共泾源县委、县人民政府	2022.08
于福荣	泾源县新民乡	嘉奖公务员	中共泾源县委、县人民政府	2022.08
拜佳宇	泾源县新民乡	嘉奖公务员	中共泾源县委、县人民政府	2022.08
马岚宁	泾源县新民乡	嘉奖公务员	中共泾源县委、县人民政府	2022.08
马文亮	泾源县泾河源镇	嘉奖公务员	中共泾源县委、县人民政府	2022.08
李志红	泾源县泾河源镇	嘉奖公务员	中共泾源县委、县人民政府	2022.08
马 朋	泾源县泾河源镇	嘉奖公务员	中共泾源县委、县人民政府	2022.08
韩进仓	泾源县泾河源镇	嘉奖公务员	中共泾源县委、县人民政府	2022.08
余建成	泾源县兴盛乡	嘉奖公务员	中共泾源县委、县人民政府	2022.08
底志明	泾源县兴盛乡	嘉奖公务员	中共泾源县委、县人民政府	2022.08
康丽娟	泾源县兴盛乡	嘉奖公务员	中共泾源县委、县人民政府	2022.08
马培源	泾源县兴盛乡	嘉奖公务员	中共泾源县委、县人民政府	2022.08
马晓莉	泾源县香水镇	嘉奖公务员	中共泾源县委、县人民政府	2022.08
马 昕	泾源县香水镇	嘉奖公务员	中共泾源县委、县人民政府	2022.08
陈志琴	泾源县香水镇	嘉奖公务员	中共泾源县委、县人民政府	2022.08

续表

姓名	工作单位	获奖名称	颁奖单位	获奖时间
于 敏	泾源县黄花乡	嘉奖公务员	中共泾源县委、县人民政府	2022.08
褚月霞	泾源县六盘山镇	嘉奖公务员	中共泾源县委、县人民政府	2022.08
马 鑫	泾源县六盘山镇	嘉奖公务员	中共泾源县委、县人民政府	2022.08
何小斌	泾源县六盘山镇	嘉奖公务员	中共泾源县委、县人民政府	2022.08
侯小明	泾源县六盘山镇	嘉奖公务员	中共泾源县委、县人民政府	2022.08
魏润林	泾源县六盘山镇	嘉奖公务员	中共泾源县委、县人民政府	2022.08
于 骞	泾源县大湾乡	嘉奖公务员	中共泾源县委、县人民政府	2022.08
杨建广	泾源县大湾乡	嘉奖公务员	中共泾源县委、县人民政府	2022.08
张小燕	泾源县大湾乡	嘉奖公务员	中共泾源县委、县人民政府	2022.08
王 坤	泾源县大湾乡	嘉奖公务员	中共泾源县委、县人民政府	2022.08
金正强	中共泾源县纪律检查委员会（监察委员会）	嘉奖公务员	中共泾源县委、县人民政府	2022.08
底 莉	中共泾源县纪律检查委员会（监察委员会）	嘉奖公务员	中共泾源县委、县人民政府	2022.08
胡文强	中共泾源县纪律检查委员会（监察委员会）	嘉奖公务员	中共泾源县委、县人民政府	2022.08
李瑜琼	中共泾源县纪律检查委员会（监察委员会）	嘉奖公务员	中共泾源县委、县人民政府	2022.08
苏 丽	中共泾源县纪律检查委员会（监察委员会）	嘉奖公务员	中共泾源县委、县人民政府	2022.08
王永强	中共泾源县纪律检查委员会（监察委员会）	嘉奖公务员	中共泾源县委、县人民政府	2022.08
马宏宇	中共泾源县纪律检查委员会（监察委员会）	嘉奖公务员	中共泾源县委、县人民政府	2022.08
马万里	中共泾源县纪律检查委员会（监察委员会）	嘉奖公务员	中共泾源县委、县人民政府	2022.08
杨 杰	中共泾源县委办公室	嘉奖公务员	中共泾源县委、县人民政府	2022.08

续表

姓名	工作单位	获奖名称	颁奖单位	获奖时间
伏晓红	中共泾源县委办公室	嘉奖公务员	中共泾源县委、县人民政府	2022.08
单伟民	中共泾源县委办公室	嘉奖公务员	中共泾源县委、县人民政府	2022.08
许 多	中共泾源县委办公室	嘉奖公务员	中共泾源县委、县人民政府	2022.08
吴志建	中共泾源县委组织部	嘉奖公务员	中共泾源县委、县人民政府	2022.08
马恩成	中共泾源县委组织部	嘉奖公务员	中共泾源县委、县人民政府	2022.08
马靖宇	中共泾源县委组织部	嘉奖公务员	中共泾源县委、县人民政府	2022.08
者小瑞	中共泾源县委组织部	嘉奖公务员	中共泾源县委、县人民政府	2022.08
兰亚龙	中共泾源县委组织部	嘉奖公务员	中共泾源县委、县人民政府	2022.08
拜晓霞	中共泾源县委宣传部	嘉奖公务员	中共泾源县委、县人民政府	2022.08
冶宝军	中共泾源县委宣传部	嘉奖公务员	中共泾源县委、县人民政府	2022.08
马丽艳	中共泾源县委宣传部	嘉奖公务员	中共泾源县委、县人民政府	2022.08
于哈哈	中共泾源县委统一战线工作部	嘉奖公务员	中共泾源县委、县人民政府	2022.08
白 帆	中共泾源县委统一战线工作部	嘉奖公务员	中共泾源县委、县人民政府	2022.08
兰 军	中共泾源县委政法委员会	嘉奖公务员	中共泾源县委、县人民政府	2022.08
李 娜	中共泾源县委政法委员会	嘉奖公务员	中共泾源县委、县人民政府	2022.08
郭 磊	中共泾源县委政法委员会	嘉奖公务员	中共泾源县委、县人民政府	2022.08
王永鹏	中共泾源县委政策研究室	嘉奖公务员	中共泾源县委、县人民政府	2022.08
马 勇	中共泾源县委政策研究室	嘉奖公务员	中共泾源县委、县人民政府	2022.08
张进才	中共泾源县委网络安全和信息化中心办公室	嘉奖公务员	中共泾源县委、县人民政府	2022.08

续表

姓名	工作单位	获奖名称	颁奖单位	获奖时间
金琳	中共泾源县委机构编制委员会办公室	嘉奖公务员	中共泾源县委、县人民政府	2022.08
马玉琴	中共泾源县委机构编制委员会办公室	嘉奖公务员	中共泾源县委、县人民政府	2022.08
童智勇	中共泾源县委巡察办公室	嘉奖公务员	中共泾源县委、县人民政府	2022.08
安美思	中共泾源县委党校	嘉奖公务员	中共泾源县委、县人民政府	2022.08
王建平	中共泾源县委党校	嘉奖公务员	中共泾源县委、县人民政府	2022.08
马小琴	泾源县档案馆	嘉奖公务员	中共泾源县委、县人民政府	2022.08
马平	泾源县人民代表大会常务委员会	嘉奖公务员	中共泾源县委、县人民政府	2022.08
赫生全	泾源县人民代表大会常务委员会	嘉奖公务员	中共泾源县委、县人民政府	2022.08
李万明	政协泾源县委员会	嘉奖公务员	中共泾源县委、县人民政府	2022.08
禹文兰	泾源县人民法院	嘉奖公务员	中共泾源县委、县人民政府	2022.08
丁世琴	泾源县人民法院	嘉奖公务员	中共泾源县委、县人民政府	2022.08
张辉	泾源县人民法院	嘉奖公务员	中共泾源县委、县人民政府	2022.08
郭军	泾源县人民法院	嘉奖公务员	中共泾源县委、县人民政府	2022.08
于永江	泾源县人民法院	嘉奖公务员	中共泾源县委、县人民政府	2022.08
马莹	泾源县人民法院	嘉奖公务员	中共泾源县委、县人民政府	2022.08
余志晨	泾源县人民检察院	嘉奖公务员	中共泾源县委、县人民政府	2022.08
蒙晓东	泾源县总工会	嘉奖公务员	中共泾源县委、县人民政府	2022.08
马杰	共青团泾源县委员会	嘉奖公务员	中共泾源县委、县人民政府	2022.08
强蓓蓓	共青团泾源县委员会	嘉奖公务员	中共泾源县委、县人民政府	2022.08

续表

姓名	工作单位	获奖名称	颁奖单位	获奖时间
于春兰	泾源县妇女联合会	嘉奖公务员	中共泾源县委、县人民政府	2022.08
徐万兴	泾源县残疾人联合会	嘉奖公务员	中共泾源县委、县人民政府	2022.08
孙广俊	泾源县残疾人联合会	嘉奖公务员	中共泾源县委、县人民政府	2022.08
纳玉成	泾源县人民政府办公室	嘉奖公务员	中共泾源县委、县人民政府	2022.08
马忠贤	泾源县人民政府办公室	嘉奖公务员	中共泾源县委、县人民政府	2022.08
李海宝	泾源县人民政府办公室	嘉奖公务员	中共泾源县委、县人民政府	2022.08
马玉贞	泾源县人民政府办公室	嘉奖公务员	中共泾源县委、县人民政府	2022.08
丁巧玲	泾源县发展和改革局	嘉奖公务员	中共泾源县委、县人民政府	2022.08
席小平	泾源县发展和改革局	嘉奖公务员	中共泾源县委、县人民政府	2022.08
陈云芳	泾源县发展和改革局	嘉奖公务员	中共泾源县委、县人民政府	2022.08
虎长江	泾源县发展和改革局	嘉奖公务员	中共泾源县委、县人民政府	2022.08
王 真	泾源县教育体育局	嘉奖公务员	中共泾源县委、县人民政府	2022.08
张玉平	泾源县教育体育局	嘉奖公务员	中共泾源县委、县人民政府	2022.08
马志广	泾源县公安局	嘉奖公务员	中共泾源县委、县人民政府	2022.08
孙运昌	泾源县公安局	嘉奖公务员	中共泾源县委、县人民政府	2022.08
丁海军	泾源县公安局	嘉奖公务员	中共泾源县委、县人民政府	2022.08
魏 贵	泾源县公安局	嘉奖公务员	中共泾源县委、县人民政府	2022.08
马福云	泾源县公安局	嘉奖公务员	中共泾源县委、县人民政府	2022.08
马建军	泾源县公安局	嘉奖公务员	中共泾源县委、县人民政府	2022.08

续表

姓名	工作单位	获奖名称	颁奖单位	获奖时间
禹 军	泾源县公安局	嘉奖公务员	中共泾源县委、县人民政府	2022.08
于志强	泾源县公安局	嘉奖公务员	中共泾源县委、县人民政府	2022.08
赵献春	泾源县公安局	嘉奖公务员	中共泾源县委、县人民政府	2022.08
马宏瑜	泾源县公安局	嘉奖公务员	中共泾源县委、县人民政府	2022.08
常银广	泾源县公安局	嘉奖公务员	中共泾源县委、县人民政府	2022.08
温伟利	泾源县公安局	嘉奖公务员	中共泾源县委、县人民政府	2022.08
黄鹏程	泾源县公安局	嘉奖公务员	中共泾源县委、县人民政府	2022.08
杨 京	泾源县公安局	嘉奖公务员	中共泾源县委、县人民政府	2022.08
于广华	泾源县公安局	嘉奖公务员	中共泾源县委、县人民政府	2022.08
马伟东	泾源县公安局	嘉奖公务员	中共泾源县委、县人民政府	2022.08
童军成	泾源县公安局	嘉奖公务员	中共泾源县委、县人民政府	2022.08
马旭东	泾源县公安局	嘉奖公务员	中共泾源县委、县人民政府	2022.08
于 旭	泾源县公安局	嘉奖公务员	中共泾源县委、县人民政府	2022.08
马 越	泾源县公安局	嘉奖公务员	中共泾源县委、县人民政府	2022.08
胡 茜	泾源县公安局	嘉奖公务员	中共泾源县委、县人民政府	2022.08
马晓虎	泾源县公安局	嘉奖公务员	中共泾源县委、县人民政府	2022.08
冶小东	泾源县公安局	嘉奖公务员	中共泾源县委、县人民政府	2022.08
冶宝平	泾源县公安局	嘉奖公务员	中共泾源县委、县人民政府	2022.08
张自杰	泾源县公安局	嘉奖公务员	中共泾源县委、县人民政府	2022.08

续表

姓名	工作单位	获奖名称	颁奖单位	获奖时间
何连明	泾源县民政局	嘉奖公务员	中共泾源县委、县人民政府	2022.08
丁志龙	泾源县司法局	嘉奖公务员	中共泾源县委、县人民政府	2022.08
于丽萍	泾源县司法局	嘉奖公务员	中共泾源县委、县人民政府	2022.08
马丽霞	泾源县司法局	嘉奖公务员	中共泾源县委、县人民政府	2022.08
赫丽霞	泾源县司法局	嘉奖公务员	中共泾源县委、县人民政府	2022.08
杨雅彬	泾源县司法局	嘉奖公务员	中共泾源县委、县人民政府	2022.08
仇晓辉	泾源县财政局	嘉奖公务员	中共泾源县委、县人民政府	2022.08
王 海	泾源县财政局	嘉奖公务员	中共泾源县委、县人民政府	2022.08
马仪茜	泾源县财政局	嘉奖公务员	中共泾源县委、县人民政府	2022.08
于三学	泾源县人力资源和社会保障局	嘉奖公务员	中共泾源县委、县人民政府	2022.08
马 艳	泾源县人力资源和社会保障局	嘉奖公务员	中共泾源县委、县人民政府	2022.08
兰全江	泾源县自然资源局	嘉奖公务员	中共泾源县委、县人民政府	2022.08
王建强	泾源县自然资源局	嘉奖公务员	中共泾源县委、县人民政府	2022.08
常香兰	泾源县自然资源局	嘉奖公务员	中共泾源县委、县人民政府	2022.08
古学宏	泾源县住房和城乡建设局	嘉奖公务员	中共泾源县委、县人民政府	2022.08
马 强	泾源县住房和城乡建设局	嘉奖公务员	中共泾源县委、县人民政府	2022.08
奚金飞	泾源县交通运输局	嘉奖公务员	中共泾源县委、县人民政府	2022.08
李 伟	泾源县水务局	嘉奖公务员	中共泾源县委、县人民政府	2022.08
魏 峰	泾源县水务局	嘉奖公务员	中共泾源县委、县人民政府	2022.08

续表

姓名	工作单位	获奖名称	颁奖单位	获奖时间
糟海学	泾源县农业农村局	嘉奖公务员	中共泾源县委、县人民政府	2022.08
穆 兵	泾源县农业农村局	嘉奖公务员	中共泾源县委、县人民政府	2022.08
禹光智	泾源县农业农村局	嘉奖公务员	中共泾源县委、县人民政府	2022.08
马晓勇	泾源县文化旅游广电局	嘉奖公务员	中共泾源县委、县人民政府	2022.08
吴桂花	泾源县文化旅游广电局	嘉奖公务员	中共泾源县委、县人民政府	2022.08
张志明	泾源县卫生和健康局	嘉奖公务员	中共泾源县委、县人民政府	2022.08
安永红	泾源县卫生和健康局	嘉奖公务员	中共泾源县委、县人民政府	2022.08
洪志亮	泾源县卫生和健康局	嘉奖公务员	中共泾源县委、县人民政府	2022.08
者红星	泾源县应急管理局	嘉奖公务员	中共泾源县委、县人民政府	2022.08
白晓霞	泾源县应急管理局	嘉奖公务员	中共泾源县委、县人民政府	2022.08
兰 玮	泾源县审计局	嘉奖公务员	中共泾源县委、县人民政府	2022.08
李志强	泾源县市场监督管理局	嘉奖公务员	中共泾源县委、县人民政府	2022.08
杨咏梅	泾源县市场监督管理局	嘉奖公务员	中共泾源县委、县人民政府	2022.08
马福全	泾源县市场监督管理局	嘉奖公务员	中共泾源县委、县人民政府	2022.08
郭建涛	泾源县市场监督管理局	嘉奖公务员	中共泾源县委、县人民政府	2022.08
张小飞	泾源县乡村振兴局	嘉奖公务员	中共泾源县委、县人民政府	2022.08
刘玉祥	泾源县乡村振兴局	嘉奖公务员	中共泾源县委、县人民政府	2022.08
马晓芸	泾源县医疗保障局	嘉奖公务员	中共泾源县委、县人民政府	2022.08
安六三	泾源县审批服务管理局	嘉奖公务员	中共泾源县委、县人民政府	2022.08

续表

姓名	工作单位	获奖名称	颁奖单位	获奖时间
梁玉霞	泾源县审批服务管理局	嘉奖公务员	中共泾源县委、县人民政府	2022.08
赫丽娜	中共泾源县纪律检查委员会（监察委员会）	记三等功公务员	中共泾源县委、县人民政府	2022.08
高春梅	中共泾源县纪律检查委员会（监察委员会）	记三等功公务员	中共泾源县委、县人民政府	2022.08
杨意河	中共泾源县委办公室	记三等功公务员	中共泾源县委、县人民政府	2022.08
马 勇	中共泾源县委巡察办公室	记三等功公务员	中共泾源县委、县人民政府	2022.08
马莲芳	泾源县档案馆	记三等功公务员	中共泾源县委、县人民政府	2022.08
白 杨	政协泾源县委员会	记三等功公务员	中共泾源县委、县人民政府	2022.08
丁雅茹	泾源县人民法院	记三等功公务员	中共泾源县委、县人民政府	2022.08
李 飞	泾源县人民法院	记三等功公务员	中共泾源县委、县人民政府	2022.08
者 兰	泾源县人民检察院	记三等功公务员	中共泾源县委、县人民政府	2022.08
李 霞	泾源县人民检察院	记三等功公务员	中共泾源县委、县人民政府	2022.08
马芳慧	泾源县人民检察院	记三等功公务员	中共泾源县委、县人民政府	2022.08
伍会清	泾源县教育体育局	记三等功公务员	中共泾源县委、县人民政府	2022.08
于梦姣	泾源县公安局	记三等功公务员	中共泾源县委、县人民政府	2022.08
洪小娟	泾源县公安局	记三等功公务员	中共泾源县委、县人民政府	2022.08
殷宇阳	泾源县司法局	记三等功公务员	中共泾源县委、县人民政府	2022.08
杨小勇	泾源县人力资源和社会保障局	记三等功公务员	中共泾源县委、县人民政府	2022.08
马莉萍	泾源县人力资源和社会保障局	记三等功公务员	中共泾源县委、县人民政府	2022.08
常玉琴	泾源县人力资源和社会保障局	记三等功公务员	中共泾源县委、县人民政府	2022.08

续表

姓名	工作单位	获奖名称	颁奖单位	获奖时间
马　锋	泾源县农业农村局	记三等功公务员	中共泾源县委、县人民政府	2022.08
马博尧	泾源县应急管理局	记三等功公务员	中共泾源县委、县人民政府	2022.08
伍福升	泾源县新民乡	记三等功公务员	中共泾源县委、县人民政府	2022.08
马　娜	泾源县新民乡	记三等功公务员	中共泾源县委、县人民政府	2022.08
马　力	泾源县香水镇	记三等功公务员	中共泾源县委、县人民政府	2022.08
马淑珍	泾源县黄花乡	记三等功公务员	中共泾源县委、县人民政府	2022.08
刘建新	泾源县六盘山镇	记三等功公务员	中共泾源县委、县人民政府	2022.08
马晓天	泾源县气象局	2022年度重大气象服务先进个人	固原市气象局	2022.12

附　录

机构和组成人员

中共泾源县委员会

县委书记	徐　龙(2月离任)	王　荣(2月任职)	
副书记	马晓红(女,回族)	张　明	
常　委	陈晓忞(福建选派挂职)	张　毅(4月离任)	
	杨晓曦(女,8月任职)	陈志东	
	李　刚(9月离任)	杨　璞	
	任　伟(4月任职)	张毓龙	
	刘　婧(女,11月离任)	杨继宏(回族)	
	田鹏飞(11月任职)		

泾源县人民代表大会常务委员会

主　任	李白虎(回族)	
副主任	于　雷(回族)	陈　宝(回族)
	马津垠(回族)	拜春霞(女,回族)

泾源县人民政府

县　长	马晓红(女,回族)	
副县长	李　刚(9月离任)	任　伟(11月任职)
	陈晓忞(福建选派挂职)	杨　璞
	贾国炜(6月离任)	张怀彪(6月任职)
	马义杰(回族,选派至福建挂职)	李　静(女,回族)
	杨　志(回族,8月离任)	

政协泾源县委员会

主　　席	李光明(回族,11月离任)	李　刚(11月任职)	
副 主 席	孙阿娜(女)	于清海(回族)	
秘 书 长	咸永升(回族)		

中共泾源县纪律检查委员会(监察委员会)

纪委书记	张　毅(4月离任)	任　伟(4月任职,8月离任)
	杨晓曦(女,8月任职)	
纪委副书记	金正强(回族)	童文治(回族,1月任职)
纪委常委	张　毅(4月离任)	任　伟(4月任职,8月离任)
	杨晓曦(女,8月任职)	金正强(回族)
	童文治(回族,1月任职)	者晓勇(回族,7月任职)
	底　莉(女,回族)	高　敏(女,7月离任)
	赫丽娜(女,回族,11月离任)	马慧珍(女,回族)
	马浓媛(女,回族,11月任职)	
监委主任	张　毅(4月离任)	任　伟(4月任职,8月离任)
	杨晓曦(女,8月任职)	
监委副主任	金正强(回族)	童文治(回族,1月任职)
监委委员	张　毅(4月离任)	任　伟(4月任职,8月离任)
	杨晓曦(女,8月任职)	金正强(回族)
	童文治(回族,1月任职)	底　莉(女,回族)
	赫丽娜(女,回族,11月离任)	胡文强

泾源县人民武装部

部　　长	陈志东
政　　委	李　强(12月离任)

泾源县人民法院

院　　长	尹　鹏	
副 院 长	王志宏	兰海红(女,回族)

泾源县人民检察院

检 察 长	李宏涛(12月离任)	孙　岩(女,12月任代理检察长)
副检察长	张旭峰(回族)	马权良(回族)

泾源县轻工业园区管委会

主　　任	禹兴昌(回族)	
副 主 任	秦小兵(回族)	马耀星(回族,7月任职)
综合办公室主任	马彩英(女,回族,7月任职)	
经济发展局局长	禹国君(回族)	
招商服务局局长	马今胜(回族)	
规划建设局局长	马忠贤(回族,7月离任)	
安全环保局局长	吴治雄	

泾源县委工作部门及所属事业单位

中共泾源县委办公室

主　　任	于清海(回族)	
副 主 任	马军辉(回族)	伏晓红(女,11月离任)
	马超群(回族,7月任职)	杨　杰(回族,7月任职)

党史和地方志研究室

主　　任	伏晓红(女,11月离任)

机要局

局　　长	伏晓红(女,11月离任)

泾源县国家保密局

| 局　　长 | 于清海(回族) |

档案局

| 局　　长 | 伏晓红(女,11月离任) | 马军辉(回族,11月任职) |

档案馆

| 馆　　长 | 马　越(回族,7月离任) | 吕忠德(回族,7月任职) |
| 副 馆 长 | 李六军(回族,7月离任) | 马小琴(女,回族,7月任职) |

巡察办公室

| 主　　任 | 者晓勇(回族) |

组织部

部　　长	张毓龙	
副 部 长	吴志建(回族,11月离任)	马恩成(回族)
	冶春广(回族)	

宣传部

| 部　　长 | 刘　婧(女,11月离任) | 田鹏飞(11月任职) |
| 副 部 长 | 拜晓霞(女,回族) | 冶宝军(回族) |

网络安全和信息化中心办公室

| 主　　任 | 童银科(回族) |
| 副 主 任 | 张进才(回族,11月离任) |

统一战线工作部

部　　长	杨继宏(回族)	
副 部 长	海　军(回族)	马海燕(女,回族)
	于哈哈(回族)	

民族宗教事务局

| 局　　长 | 海　军(回族) |

工商联合会

党组书记	李炳全(回族)	
副 主 席	丁　丽(女,回族,11月离任)	常玉琴(女,回族,11月任职)

政法委员会

书　　记	张　明	
副 书 记	唐　力(4月离任)	马贵恩(回族,4月任职)
	童文治(回族,1月离任)	兰　军(回族)
	周丽红(女,回族,11月任职)	
秘 书 长	唐　力(4月离任)	马贵恩(回族,4月任职)

政策研究室

主　　任	童宝强(回族)
副 主 任	王永鹏

机构编制委员会办公室

主　　任	马天云(回族)
副 主 任	金　琳(女,回族)

事业单位登记管理局

局　　长	马天云(回族)

党　校

常务副校长	郭　伟(回族)	
副 校 长	安美思(回族)	高　敏(回族,7月任职)

泾源县人大常委会工作部门

人大办公室

主　　任	马志宏(回族,7月离任)	秦志龙(回族,11月任职)
副 主 任	秦志龙(回族,11月离任)	于鹏飞(回族,11月任职)

财政经济工作委员会

主　　任　　顾　军

代表选举与联络委员会

主　　任　　马　平(回族,11月离任)　　冶广成(回族,11月任职)

法制委员会

主　　任　　安华英(女,回族)

教科文卫工作委员

主　　任　　马　平(回族,12月任职)

泾源县人民政府工作部门及所属事业单位

泾源县人民政府办公室

主　　任　　纳玉成(回族,4月任职)
副 主 任　　马胜宏(回族)　　　　　　王学良(7月离任)
　　　　　　马　钰(回族)　　　　　　马忠贤(回族,7月任职)

信访局

局　　长　　王学良(7月离任)　　　　马忠贤(回族,7月任职)

机关事务服务中心

主　　任　　于　杰(回族)
副 主 任　　洪志杰(回族)　　　　　　田　宇(女,回族,7月离任)
　　　　　　王　涛(回族,12月任职)

发展和改革局

局　　长　　马卫荣(回族)
副 局 长　　纳玉成(回族,4月离任)　　丁巧玲(女,回族,4月任职)
　　　　　　于亮亮(回族,11月离任)　　白国瑞(回族)

商贸流通中心

主　　任	马林俊(回族)

市场监督管理局

局　　长	禹兴昌(回族,7月离任)	李志强(回族,7月任职)
副 局 长	杨咏梅(女,回族)	马　宁(回族)

财政局

局　　长	仇晓辉	
副 局 长	拜艳华(女,回族)	张振东(回族)
	王　海	

审计局

局　　长	马乾坤(回族)	
副 局 长	尹克豹	杨新萍(女,7月离任)
	兰　玮(女,回族)	

统计局

局　　长	金玉锋(回族,1月离任)	马东梅(女,回族,1月任职)
副 局 长	刘金阳(回族)	马东梅(女,回族,1月离任)
	杨建广(回族,11月任职)	

审批服务管理局

局　　长	丁继军(回族)
副 局 长	刘雪燕(女,回族)

政务服务中心

主　　任	安六三(回族)

公安局

局　　长	贾国炜(6月份离任)	张怀彪(6月任职)
政　　委	李维强(11月离任)	张永生(12月任职)

副 局 长	马　嵘(回族,4月离任)	孙运昌(回族,4月任职)
	马志广(回族)	马贵芳(回族)

司法局

局　　长	冶广成(回族,11月离任)	赵　军(11月任职)
副 局 长	丁志龙(回族,11月离任)	于剑斌(回族)
	马丽霞(女,回族,11月任职)	

农业农村局

局　　长	糟海学(回族)	
副 局 长	马三学(回族)	脱征军(6月离任)
	穆　兵(回族,7月任职)	马　锋(回族,11月离任)

水务局

局　　长	兰长东(回族)	
副 局 长	雒永强(回族)	李　伟(回族)

自然资源局

局　　长	冶兴亮(回族,11月任职)	
副 局 长	杨蓉(女,回族)	赵　军(11月离任)
	兰全江(回族)	王建强(11月任职)

供销社

主　　任	孙龙江(3月离任)	惠有平(回族,3月任职,7月离任)
	赵宝平(回族,7月任职)	

住房和城乡建设局

局　　长	吕忠德(回族,7月离任)	古学宏(7月任职)
副 局 长	者建军(回族)	马　强(回族,11月离任)
	马志强(回族)	于亮亮(回族,11月任职)

交通运输局

| 局　　长 | 苏志成(回族) | |
| 副 局 长 | 奚金飞(回族) | 李建军(回族) |

科学技术局

| 局　　长 | 冶宝平(回族,7月离任) | 马志宏(回族,7月任职) |
| 副 局 长 | 马丽萍(女,回族) | 马凤鸣 |

教育体育局

| 局　　长 | 王　真(回族,11月离任) | 拜艳丽(女,回族,11月任职) |
| 副 局 长 | 吴　平 | 伍会清(回族) |

体育中心

主　　任　　者连成(回族)

文化旅游广电局

局　　长	马晓勇(回族)	
副 局 长	王　鑫(回族)	马彩英(女,回族,7月离任)
	吴桂花(女,回族,7月任职)	

文化馆

馆　　长　　马金瑞(回族)

卫生和健康局

| 局　　长 | 李志强(回族,7月离任) | 冶宝平(回族,7月任职) |
| 副 局 长 | 张志明(回族) | 丁亚敏(女,回族) |

泾源县人民医院

院　　长　　李福祥(回族,12月离任)　　陈建云(回族,12月任职)

泾源县卫生监督所

所　　长　　王喜文

泾源县疾病预防控制中心

主　　任　　于秀峰(回族)

泾源县妇幼保健院

院　　长　　杨永利(12月离任)　　　　　　马志杰(回族,12月任职)

人力资源和社会保障局

局　　长　　冶兴亮(回族,11月离任)　　　马建国(回族,11月任职)
副 局 长　　马月霞(女,回族)　　　　　　于三学(回族)

社会保险事业管理中心

主　　任　　李晓辉(回族)

就业创业局

局　　长　　马海成(回族)

医疗保障局

局　　长　　马贵恩(回族,4月离任)　　　禹贵喜(回族,5月任职)
副 局 长　　丁亚丽(女,回族)

退役军人事务局

局　　长　　惠福俊(回族)
副 局 长　　王存保(回族)　　　　　　　马　绪(5月任职)

应急管理局

局　　长　　伍晓勇(回族)
副 局 长　　禹德发(回族)　　　　　　　者红星(回族)

地震局

局　　长　　马　慧(女,回族)

民政局

局　　长　　拜艳丽(女,回族,11月离任)　吴志建(回族,11月任职)

| 副 局 长 | 何连明 | 马海霞(女,回族) |

乡村振兴局

局　　长	张小飞(回族)	
副 局 长	禹惠军(回族)	刘玉祥(11月离任)
	王金福(回族,11月任职)	陈志琴(女,回族,11月任职)

扶贫服务中心

| 主　　任 | 禹广军(回族) |

政协工作部门

办公室

| 主　　任 | 咸永升(回族) |
| 副 主 任 | 白　杨(回族) |

提案和委员联络委员会

| 主　　任 | 余清江(回族) |

教科文卫委员会

| 主　　任 | 兰桂萍(女,回族,11月离任) | 马义红(回族,11月任职) |

政协经济委员会

| 主　　任 | 禹新仓(回族) |

社会治理委员会

| 主　　任 | 马建国(回族,11月离任) | 兰桂萍(女,回族,11月任职) |

群众团体

总工会

| 主　　席 | 马津垠(回族) |

| 副 主 席 | 兰　莹(女,回族) | 蒙晓东(回族) |
| 经审主任 | 王　鹏(回族) | |

妇女联合会

| 主　　席 | 兰银萍(女,回族) |
| 副 主 席 | 于春兰(女,回族) |

共青团泾源县委员会

| 书　　记 | 马　杰(回族) |
| 副 书 记 | 于亚楠(女,回族) |

科学技术协会

| 主　　席 | 马义红(回族,11月离任) | 马银全(回族,11月任职) |
| 副 主 席 | 白三泉(回族) | |

残疾人联合会

| 理 事 长 | 徐万兴(回族) | |
| 副理事长 | 陈　峰(回族,7月离任) | 丁　丽(女,回族,11月任职) |

文　联

| 主　　席 | 杨风帆(回族) |

泾源县红十字会

| 常务副会长 | 禹贵喜(回族,5月离任) | 马　越(回族,7月任职) |

区、市驻泾各单位

国家税务总局泾源县税务局

局　　长	高秉坤	
副 局 长	马文婷(女,回族)	何炳义(回族)
	马军成(回族,7月离任)	刘相军(7月任职)
纪检组长	杨　乐	

生态环境局泾源分局

局　　长	马宝成(回族,7月离任)	马　强(回族,8月任职)
副 局 长	马　鑫(回族)	

农村社会经济调查队

队　　长　　高文坛
副 队 长　　王园园(女)

中国人民银行泾源县中心支行

行　　长	卜武林	
副 行 长	文继武	刘　燧(3月任职)

中国农业银行泾源县中心支行

行　　长	杨永根	
副 行 长	权　能	马园军(5月离任)
	杜立翔(5月任职)	
经委书记	慕泾宏(5月离任)	李志明(回族,5月任职)

泾源县农村商业银行

理 事 长　　桂　煦
行　　长　　桂　煦
监　　事　　杨志刚(回族)

中国邮政储蓄银行泾源县支行

行　　长　　于永成(回族)

宁夏银行泾源支行

行　　长　　马国瑞(回族)
副 行 长　　马晓龙

泾源县供电公司

经　　理　　虎志文

| 副 经 理 | 柯春咏(4月离任) | 马　伟(回族) |
| | 祁耀祖(4月任职) | |

泾源县气象局

| 局　　长 | 孔承承 |
| 副 局 长 | 胡玉强(11月离任) |

泾源县邮政分公司

| 经　　理 | 李　力(回族) |

泾源县住房公积金管理部

| 主　　任 | 拜晓玲(女,回族) |

泾源县烟草专卖局(分公司)

| 局　　长 | 吴　元 |
| 副 局 长 | 魏　强(回族) |

人保财险

| 经　　理 | 张应平 |

人寿保险

| 经　　理 | 胡彦勋 |

中国电信股份有限公司泾源县分公司

| 经　　理 | 赫文艺(回族,12月离任) | 马小虎(回族,12月任职) |

中国移动通信集团宁夏有限公司泾源县分公司

| 经　　理 | 马国杰(回族) |

中国联合网络通信有限公司泾源县分公司

| 经　　理 | 朱燕妮(女) |

乡 镇

六盘山镇

党委书记	古学宏(7月离任)		褚月霞(女,7月任职)
镇　　长	韩志杰(回族,4月离任)		马　勇(回族,4月任职)
人大主席	冯少鹏		
党委副书记	马　鑫		
纪委书记	杨广明(回族)		
组织委员	王金福(回族,11月离任)		
副 镇 长	兰　瑞(女,回族)		何小斌
	冯　婷(女,回族)		
武装部部长	李惠兵		

香水镇

党委书记	马银全(回族,4月离任)		韩志杰(回族,4任职)
镇　　长	褚月霞(女,7月离任)		张顾杰(7月任职)
人大主席	于永泉(回族)		
党委副书记	庞　辉(回族)		
纪委副书记	沙　涛(回族,10月离任)		
组织委员	禹安东(回族)		
副 镇 长	魏红姣(女,回族)		于建龙(回族)
	马晓莉(女,回族)		
武装部部长	马晓斌(回族)		

泾河源镇

党委书记	丁　毅(回族)		
镇　　长	韩满禄		
人大主席	白　浩		
党委副书记	穆　兵(回族,7月离任)		赫丽娜(女,回族,11月任职)
纪委书记	安雪琴(女,回族)		
组织委员	马文亮(回族,8月离任)		
副 镇 长	秦　琴(女,回族)		者惠军(回族,11月离任)

	于建学(回族)	
武装部部长	张海龙	

大湾乡

党委书记	杨晓明(11月离任)	朱　云(11月任职)
乡　　长	吴旭涛(回族)	
人大主席	马　勇(回族,4月离任)	马　锋(回族,11月任职)
党委副书记	杨　杰(回族,7月离任)	于　骞(回族,7月任职)
纪委书记	周丽红(女,回族,11月离任)	杜德全(11月任职)
组织委员	王文桃(女,回族)	
副 乡 长	杨建广(回族,11月离任)	赫剑云(回族)
	马　斌(回族,11月任职)	
武装部部长	杜德全(11月离任)	赫小龙(回族,11月任职)

黄花乡

党委书记	魏霄鹏(回族)	
乡　　长	杨　波	
人大主席	陈广喜(回族)	
党委副书记	马忠贤(回族,7月离任)	李六军(回族,7月任职)
纪委书记	杨　媛(女,回族)	
组织委员	吴桂花(女,回族,7月离任)	陈国栋(7月兼任,11月离任)
副 乡 长	古　锋(回族)	李海宝(回族,11月任职)
武装部部长	李　琦(回族)	

兴盛乡

党委书记	余建成(回族)	
乡　　长	朱　云(11月离任)	刘玉祥(11月任职)
人大主席	兰林广(回族)	
党委副书记	金卫东(回族)	
纪委书记	丁彩霞(女,回族)	
组织委员	马玉红(回族)	
副 乡 长	马　莹(女,回族)	李　原

| 武装部部长 | 底志明(回族) | |

新民乡

党委书记	伍福升(回族)	
乡　　长	张顾杰(7月离任)	王学良(7月任职)
人大主席	于福荣(回族)	
党委副书记	马耀星(回族,7月离任)	者惠军(回族,11月任职)
纪委书记	马文波(回族)	
组织委员	阎红菊(女)	
副 乡 长	于　骞(回族,7月离任)	杨慧敏(女,回族)
	毛智慧(回族)	陈　峰(回族,7月任职)
武装部部长	马　斌(回族,11月离任)	殷宇阳(回族,11月任职)

泾源县政府办重要文件目录

序号	文号	发文日期	文件名称
1	泾政办发〔2022〕3号	1月6日	关于印发《泾源县2022年为民办理实事》的通知
2	泾政办发〔2022〕8号	1月6日	关于印发《泾源县2022年幸福农家"123"工程小菜园建设工作方案》的通知
3	泾政办发〔2022〕9号	2月1日	关于印发《泾源县农村低收入群体等重点对象住房安全保障工作实施方案》的通知
4	泾政办发〔2022〕10号	2月11日	关于印发《泾源县2022年优质高产高效玉米推广工作方案》的通知
5	泾政办发〔2022〕11号	2月11日	关于印发《泾源县2022年农村厕所革命实施方案》的通知
6	泾政办发〔2022〕12号	2月15日	关于印发《泾源县超标粮食处置实施细则》的通知
7	泾政办发〔2022〕13号	2月21日	关于印发《关于泾源县规范客运出租车运价服务费的通知》的通知
8	泾政办发〔2022〕14号	2月21日	关于印发《泾源县规范城市公交车和农村道路客运票价的通知》的通知
9	泾政办发〔2022〕16号	2月23日	关于印发泾源县残疾人保障和发展"十四五"规划的通知
10	泾政办发〔2022〕17号	3月2日	关于印发《泾源县"十四五"服务业发展规划》的通知
11	泾政办发〔2022〕18号	3月2日	关于印发《泾源县"十四五"工业、信息化建设规划》的通知
12	泾政办发〔2022〕22号	3月8日	关于印发《泾源县人力资源和社会保障事业发展"十四五"规划》的通知
13	泾政办发〔2022〕23号	3月8日	关于印发《泾源县就业促进"十四五"规划》的通知
14	泾政办发〔2022〕24号	3月1日	关于印发《泾源县医疗保障"十四五"规划》的通知
15	泾政办发〔2022〕25号	3月14日	关于印发《泾源县"十四五"教育体育事业发展规划》（2021—2025年）的通知
16	泾政办发〔2022〕28号	3月16日	关于印发《泾源县"十四五"生态环境保护发展规划》的通知
17	泾政办发〔2022〕29号	3月18日	关于印发《泾源县科技创新"十四五"规划》的通知
18	泾政办发〔2022〕30号	3月22日	关于印发《泾源县民政事业发展第十四个五年规划》的通知
19	泾政办发〔2022〕33号	3月23日	关于印发《泾源县水安全保障发展"十四五"规划报告》的通知
20	泾政办发〔2022〕35号	3月31日	关于印发《泾源县"十四五"文化旅游产业发展规划》的通知
21	泾政办发〔2022〕36号	4月1日	关于印发《泾源县推动公立医院高质量发展实施方案》的通知
22	泾政办发〔2022〕39号	4月14日	关于印发《泾源县2022—2024年政策性农业保险实施方案》的通知

续表

序号	文号	发文日期	文件名称
23	泾政办规发〔2022〕1号	4月14日	关于印发《泾源县乡村振兴融资担保基金管理办法(试行)》的通知
24	泾政办规发〔2022〕2号	4月14日	关于印发《泾源县乡村振兴贷款风险补偿基金管理办法(试行)》的通知
25	泾政办发〔2022〕40号	5月5日	关于印发《泾源县城乡居民基础养老金提标方案》的通知
26	泾政办发〔2022〕41号	5月9日	关于印发《泾源县2022年乡村振兴健康保工作方案》的通知
27	泾政办发〔2022〕42号	5月1日	关于印发《泾源县"十四五"中小学(幼儿园)布局规划(2021—2025年)》的通知
28	泾政办发〔2022〕45号	5月18日	关于印发《泾源县消防救援事业发展第十四个五年规划》的通知
29	泾政办发〔2022〕46号	5月26日	关于印发《泾源县引导金融机构支持全县重点产业发展的实施方案》的通知
30	泾政办发〔2022〕48号	6月7日	关于印发《泾源县铁路沿线安全环境管理"双段长"制实施方案》的通知
31	泾政办发〔2022〕52号	6月13日	关于印发《关于深入推进减税降费工作的实施方案》的通知
32	泾政办发〔2022〕54号	6月17日	关于印发《泾源县用水权确权成果》的通知
33	泾政办发〔2022〕56号	6月2日	关于印发《关于进一步促进农民增收14条措施》的通知
34	泾政办发〔2022〕58号	6月2日	印发《关于坚决打好"七大战役"全力以赴稳经济保增长促发展实施方案》的通知
35	泾政办发〔2022〕60号	6月27日	关于印发《泾源县打好"就业收入扩增战"重点措施分工方案》的通知
36	泾政办发〔2022〕61号	6月27日	关于印发《泾源县"三区三线"划定工作实施方案》的通知
37	泾政办发〔2022〕64号	7月28日	关于印发《泾源县"十四五"粮食和物资储备发展规划》的通知
38	泾政办发〔2022〕65号	7月28日	关于印发《泾源县"十四五"能源发展规划》的通知
39	泾政办规发〔2022〕5号	7月29日	关于印发《泾源黄牛肉泾源蜂蜜农产品地理标志使用管理办法(试行)》的通知
40	泾政办发〔2022〕68号	8月1日	关于印发《泾源县创建"避暑旅游目的地"实施方案》的通知
41	泾政办发〔2022〕71号	8月1日	关于印发《泾源县集体土地所有权变更调查和确权登记成果更新汇交工作实施方案》的通知
42	泾政办发〔2022〕77号	9月1日	关于印发《泾源县妇女发展规划(2021—2030年)》《泾源县儿童发展规划(2021—2030年)》的通知
43	泾政办发〔2022〕81号	9月13日	关于印发《泾源县残疾预防行动计划(2021年—2025年)》的通知
44	泾政办发〔2022〕90号	10月15日	关于《实施农村劳动力转移就业奖补政策完善补充》的通知
45	泾政办发〔2022〕94号	10月24日	关于印发《泾源县2022年开发购买乡村公益岗位实施计划》的通知

续表

序号	文号	发文日期	文件名称
46	泾政办发〔2022〕95号	10月25日	关于印发《泾源县推进"一业一证"改革实施方案》的通知
47	泾政办发〔2022〕102号	11月14日	关于印发《泾源县关于进一步加快国寿城乡居民"百姓保"人身保险工作实施方案》的通知

泾源县党委办重要文件目录

序号	文号	发文日期	文件名称
1	泾党办发〔2022〕2号	1月13日	关于印发《泾源县文学艺术界联合会深化改革方案》的通知
2	泾党办发〔2022〕4号	2月16日	关于印发《关于深化全面从严治党"四项教育"的实施方案》的通知
3	泾党办发〔2022〕6号	2月22日	关于印发《泾源县2022年"转作风抓落实提效能年"实施方案》的通知
4	泾党办发〔2022〕7号	2月28日	关于印发《泾源县深化文明教育"铸魂工程"暨"四项教育"提升工作方案》的通知
5	泾党办发〔2022〕9号	3月21日	关于印发《泾源县2022年移民致富提升行动方案》的通知
6	泾党办发〔2022〕10号	3月23日	关于印发《2022年"全县领导干部廉政警示教育周"活动方案》的通知
7	泾党办发〔2022〕11号	3月24日	关于印发《泾源县落实中央生态环境保护督查通报典型案例整改方案》的通知
8	泾党办发〔2022〕13号	3月30日	关于印发《泾源县2022年招商引资方案》的通知
9	泾党办发〔2022〕14号	3月30日	关于印发《泾源县2022年争项目争资金工作方案》的通知
10	泾党办发〔2022〕15号	4月1日	关于印发《泾源县建设全区特色产业绿色发展示范县2022年实施方案》的通知
11	泾党办发〔2022〕16号	4月1日	关于印发《泾源县2022年肉牛养殖"出户入园"建设实施方案》的通知
12	泾党办发〔2022〕17号	4月1日	关于印发《泾源县创建农村人居环境整治提升示范县2022年实施方案》的通知
13	泾党办发〔2022〕18号	4月1日	关于印发《泾源县2022年肉牛特色产业绿色发展工作方案》的通知
14	泾党办发〔2022〕19号	4月1日	关于印发《泾源县2022年中蜂特色产业绿色发展工作方案》的通知
15	泾党办发〔2022〕20号	4月2日	关于印发《泾源县建设全区生态保护修复示范县2022年工作方案》的通知
16	泾党办发〔2022〕21号	4月2日	关于印发《泾源县2022年六盘山重点生态功能区生态保护修复营造林工程工作方案》的通知

续表

序号	文号	发文日期	文件名称
17	泾党办发〔2022〕22号	4月2日	关于印发《泾源县推进2022年生态经济产业发展实施方案》的通知
18	泾党办发〔2022〕23号	4月2日	关于印发《泾源县创建国家食品安全示范城市工作方案》的通知
19	泾党办发〔2022〕25号	4月13日	关于印发《泾源县重要改革方案制定工作细则(试行)》《泾源县重要改革任务推动落实工作细则(试行)》《泾源县委全面深化改革委员会专项小组工作细则(试行)》的通知
20	泾党办发〔2022〕28号	4月18日	关于印发《泾源县2022年新能源绿色食品产业发展实施方案》的通知
21	泾党办发〔2022〕29号	4月18日	关于印发《泾源县2022年服装箱包产业发展实施方案》的通知
22	泾党办发〔2022〕30号	4月18日	关于印发《泾源县2022年县级领导包抓重点项目工作分工实施方案》的通知
23	泾党办发〔2022〕32号	4月29日	关于印发《泾源县中小学教师"县管校聘"改革工作实施方案》的通知
24	泾党办发〔2022〕33号	4月26日	关于印发《泾源县创建国家卫生县城实施方案》的通知
25	泾党办发〔2022〕34号	4月29日	关于印发《泾源县深化应急管理综合行政执法改革实施方案》的通知
26	泾党办发〔2022〕35号	5月5日	关于印发《泾源县乡村振兴基金设立方案》的通知
27	泾党办发〔2022〕36号	5月5日	关于印发《泾源县深化拓展新时代文明实践工作方案》的通知
28	泾党办发〔2022〕37号	5月2日	关于印发《2022年泾源县全面从严治党 党风廉政建设和反腐败工作主要任务分工方案》的通知
29	泾党办发〔2022〕39号	4月29日	关于印发《泾源县2022年全域旅游示范县创建工作实施方案》的通知
30	泾党办发〔2022〕40号	4月29日	关于印发《泾源县2022年文化旅游产业发展工作方案》
31	泾党办发〔2022〕43号	5月12日	关于印发《关于创建"六盘先锋"党建品牌的实施方案》的通知
32	泾党办发〔2022〕45号	5月9日	关于印发《泾源县2021年度巩固拓展脱贫攻坚成果同乡村振兴有效衔接考核评估反馈问题整改方案》的通知
33	泾党办发〔2022〕47号	5月18日	印发《泾源县关于巩固拓展党史学习教育成果推动党史学习教育常态化长效化工作实施方案》的通知
34	泾党办发〔2022〕48号	5月26日	关于调整县委常委党建工作联系点的通知

续表

序号	文号	发文日期	文件名称
35	泾党办发〔2022〕51号	6月2日	关于印发《泾源县巩固拓展脱贫攻坚成果同乡村振兴有效衔接问题大排查大整改工作方案》的通知
36	泾党办发〔2022〕52号	6月2日	关于印发《泾源县2022年闽宁协作资金项目实施方案》的通知
37	泾党办发〔2022〕53号	5月26日	印发《关于开展2022年软弱涣散基层党组织整顿工作方案》的通知
38	泾党办发〔2022〕54号	6月4日	关于印发《泾源县促进房地产市场平稳健康发展若干措施》的通知
39	泾党办发〔2022〕55号	6月4日	关于印发《泾源县2022年支持扩大消费实施方案》的通知
40	泾党办发〔2022〕57号	4月19日	关于印发《泾源县创建国家森林城市2022年工作方案》的通知
41	泾党办发〔2022〕60号	6月8日	印发《关于学习宣传贯彻习近平总书记在庆祝中国共产主义青年团成立100周年大会上的重要讲话精神的工作方案》的通知
42	泾党办发〔2022〕61号	6月7日	关于印发《党委和政府及有关部门生态环境保护责任》的通知
43	泾党办发〔2022〕62号	6月16日	关于印发《泾源县开展"在编不在岗"专项整治加强干部作风纪律建设工作方案》的通知
44	泾党办发〔2022〕64号	6月23日	关于印发《自治区第十三次党代会精神宣传工作方案》的通知
45	泾党办发〔2022〕65号	6月29日	关于印发《泾源县基层小微权力"监督一点通"服务平台建设实施方案》的通知
46	泾党办发〔2022〕66号	6月30日	关于印发《泾源县自建房安全专项整治工作方案》的通知
47	泾党办发〔2022〕67号	7月21日	关于印发《泾源县科级领导干部请假报告制度》和《泾源县加强退出领导岗位干部管理实施办法》的通知
48	泾党办发〔2022〕70号	8月1日	关于印发《泾源县县乡残联换届工作实施方案》
49	泾党办发〔2022〕71号	8月1日	关于印发《中共泾源县委关于深入学习宣传贯彻自治区第十三次党代会精神和固原市委五届五次全会精神的实施意见主要任务分工落实方案》的通知
50	泾党办发〔2022〕72号	8月4日	关于印发《泾源县创建党建引领乡村治理试点县工作方案》的通知
51	泾党办发〔2022〕73号	8月25日	中共泾源县委办公室关于印发《中共泾源县县委常委会开展违规收送红包礼金和不当收益及违规结转贷或高额放贷专项整治专题民主生活会方案》的通知
52	泾党办发〔2022〕74号	8月29日	关于印发《泾源县2022年民族团结进步月活动方案》的通知
53	泾党办发〔2022〕75号	8月29日	关于印发《泾源县生态环保问题排查整治专项行动方案》的通知
54	泾党办发〔2022〕76号	8月31日	关于印发《泾源县扶贫志编纂工作方案》的通知

续表

序号	文号	发文日期	文件名称
55	泾党办发〔2022〕77号	8月27日	关于印发《贯彻落实〈支持宁夏建设黄河流域生态保护和高质量发展先行区实施方案〉的分工方案》的通知
56	泾党办发〔2022〕79号	9月10日	关于《做好2022年国庆假期及前后全县党政机关企事业单位新冠肺炎疫情防控工作》的通知
57	泾党办发〔2022〕80号	9月13日	关于印发《泾源县深化党建引领基层治理"1+1+3"工作机制实施方案》的通知
58	泾党办发〔2022〕81号	9月13日	关于印发《关于政协协商成果办理和反馈办法(试行)》《县党政部门向县政协通报重要情况制度(试行)》的通知
59	泾党办发〔2022〕82号	9月13日	关于印发《贯彻落实自治区党委办公厅〈关于加强和改进新时代市县政协工作的实施意见〉任务分工方案》的通知
60	泾党办发〔2022〕84号	9月28日	关于印发《泾源县肉牛全产业链高质量发展实施意见》的通知
61	泾党办发〔2022〕85号	10月8日	印发《关于加强新时代廉洁文化建设的实施方案》的通知
62	泾党办发〔2022〕86号	10月10日	关于印发《泾源县特色产业提质增效行动方案》的通知
63	泾党办发〔2022〕87号	10月16日	关于印发《泾源县领导干部新闻报道工作实施细则》的通知
64	泾党办发〔2022〕89号	10月13日	关于印发《泾源县2022年国家重点生态功能区县域生态环境质量监测评价与考核工作实施方案》的通知
65	泾党办发〔2022〕90号	10月19日	关于印发《固原市委巡察工作指导督导组对泾源县委巡察工作指导督导反馈意见整改方案》的通知
66	泾党办发〔2022〕92号	10月24日	关于印发《泾源县档案事业发展"十四五"规划》的通知
67	泾党办发〔2022〕94号	10月28日	印发《关于实施文明素养提升行动的实施方案》的通知
68	泾党办发〔2022〕95号	10月31日	关于印发《泾源县贯彻落实第二轮中央生态环境保护督察报告整改方案》的通知
69	泾党办发〔2022〕96号	10月28日	关于印发《泾源县共青团基层组织改革工作实施方案》的通知
70	泾党办发〔2022〕98号	11月10日	关于印发《泾源县金融支持稳经济保增长促发展措施》的通知
71	泾党办发〔2022〕99号	11月15日	关于印发《全县党的二十大精神宣讲工作方案》的通知
72	泾党办发〔2022〕100号	11月22日	关于印发《2022年度泾源县效能目标管理考核方案》的通知
73	泾党办发〔2022〕101号	11月23日	印发《关于深入开展党的二十大和习近平总书记视察宁夏重要讲话和重要指示批示精神"大学习、大讨论、大宣传、大实践"活动的实施方案》的通知
74	泾党办发〔2022〕104号	11月22日	关于自治区党委生态环境保护专项督察反馈意见第一项整改任务销号备案的报告
75	泾党办发〔2022〕105号	12月1日	关于印发《泾源县"燕归巢"行动实施方案》的通知
76	泾党办发〔2022〕106号	12月13日	关于印发《泾源县建立健全分层分级精准防控末端发力终端见效机制 推动食品安全属地管理责任落地落实实施方案》的通知

续表

序号	文号	发文日期	文件名称
77	泾党办发〔2022〕107号	12月13日	关于印发《泾源县鼓励和规范改革先行试点办法（试行）》的通知
78	泾党办发〔2022〕108号	12月16日	印发《关于促进园区体制机制改革和高质量发展的实施方案》的通知
79	泾党办发〔2022〕110号	12月16日	关于印发《泾源县文学艺术界联合会机构编制规定》的通知
80	泾党办发〔2022〕111号	12月16日	关于印发《泾源县工商业联合会机构编制规定》的通知

泾源县2022年国民经济和社会发展统计公报

（泾源县统计局　2023年5月10日）

2022年，面对复杂严峻的发展环境和交织叠加的风险挑战，在泾源县委、县政府坚强领导下，全县上下坚持以习近平新时代中国特色社会主义思想为指导，深入学习贯彻党的二十大精神和自治区第十三次党代会精神，认真落实中央、自治区经济工作会议精神，坚持稳中求进工作总基调，完整准确全面贯彻新发展理念、构建新发展格局、推动高质量发展，更好统筹疫情防控和经济社会发展，坚决落实"疫情要防住、经济要稳住、发展要安全"的决策部署，克难奋进，创新实干，推动稳经济一揽子政策措施和接续政策落地显效，砥砺前行、开拓创新，全县经济社会平稳发展，人民生活水平稳步提高，生态环境持续改善，各项事业取得显著成效，为全面转型高质量发展、建设现代化新泾源奠定了坚实基础。

一、综合

经济总量：初步核算，全年实现地区生产总值231868万元，按可比价格计算，比上年增长3.1%。其中：第一产业增加值30876万元，增长3.9%，贡献率为20.7%，拉动地区生产总值增长0.6个百分点；第二产业增加值37896万元，下降6.5%，贡献率为-35.3%，拉动地区生产总值下降1.1个百分点；第三产业增加值163097万元，增长5.2%，贡献率为114.6%，拉动地区生产总值增长3.5个百分点。经济结构由上年13.4∶17.7∶68.9调整为13.3∶16.3∶

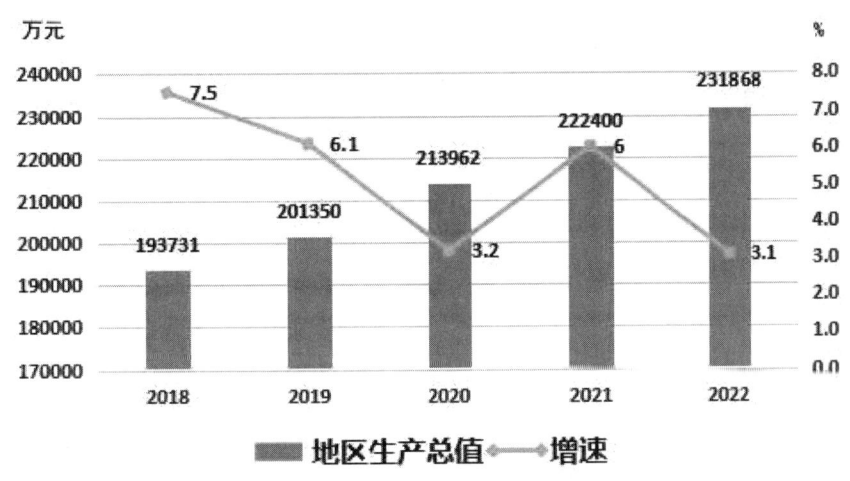

图1　2018—2022年泾源县地区生产总值及增长速度

70.4,第一产业比重下降0.1个百分点,第二产业比重下降1.4个百分点,第三产业比重上升1.5个百分点。全年人均地区生产总值26961元,比上年增长3.1%。

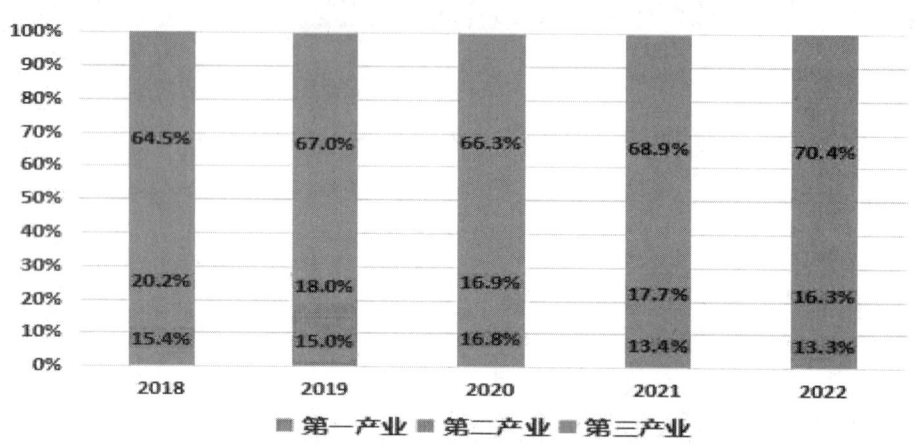

图2 2018—2022年泾源县三次产业结构图

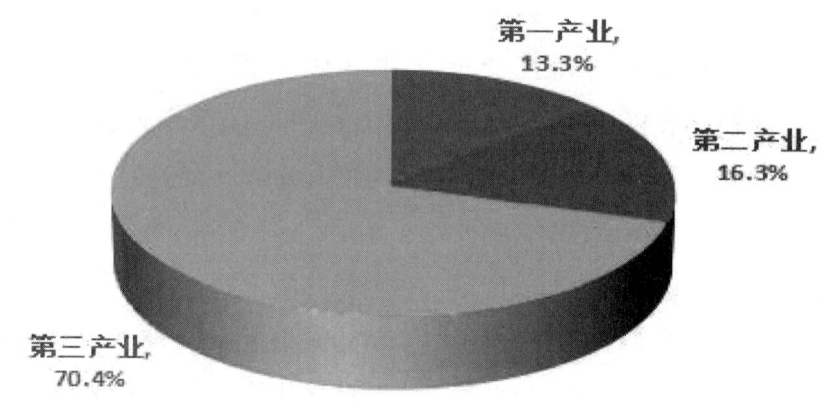

图3 2022年全县经济结构

表1 2022年全县地区生产总值及其增长速度

指　　标	绝对值(万元)	比上年增长(%)
全县地区生产总值	231868	3.1
农林牧渔业	40690	4.7
工业	3962	-25.5
建筑业	33934	-4.1
批发和零售业	8857	3.4
交通运输、仓储和邮政业	3219	4.7
住宿和餐饮业	6199	2.3
金融业	13444	2.7
房地产业	11874	1.3

续表

指 标	绝对值(万元)	比上年增长(%)
其他服务业	109690	6.1
营利性服务业	21285	0.6
非营利性服务业	88405	7.5
第一产业	30876	3.9
第二产业	37896	-6.5
第三产业	163097	5.2

人口：据人口抽样调查，年末全县常住总户数为2.68万户，常住总人口为8.59万人。其中：城镇人口3.16万人，乡村人口5.43万人。常住人口城镇化率为36.79%，比上年末提高0.74个百分点。全年全县出生人口0.12万人，出生率为13.95‰；死亡人口0.11万人，死亡率为12.79‰；人口自然增长率为1.16‰。据公安户籍年报，年末全县总户数为32261户，户籍总人口114380人。其中：城镇人口11444人，乡村人口102936人。男59819人，女54561人。回族人口92798人，占总人口的比重为81.1%。户籍人口城镇化率为10%，比上年末下降0.02个百分点。

表2　2022年全县户籍人口及其构成

指 标	年末数(人)	比重(%)
总人口	114380	100
其中:全县城镇人口	11444	10
乡村人口	102936	90
其中:男性	59819	52.3
女性	54561	47.7
其中:0-17岁	29526	25.8
18-34岁	30176	26.4
35-59岁	39133	34.2
60岁及以上	15545	13.6
其中:汉族	21544	18.8
回族	92798	81.1
其他少数民族	38	0.03

全年城镇新增就业人员623人，比上年增加10人。城镇失业人员实现再就业人数272人，比上年增加69人。年末全县城镇登记失业率为5.5%，比上年增长1.91个百分点。创业培训人数120人，技能培训人数1910人。创造新岗位202个，发放创业担保贷款2000万元，全年农村劳动力转移就业人数29305人，实现工资收入7.2亿元。

物价水平：全年居民消费价格比上年上涨1.5%，商品零售价格总指数比上年上涨1.9%，服务价格指数比上年上涨0.8%，工业生产者出厂价格比上年上涨11.1%。

表3 2022年全县居民消费价格指数

指　　标	以上年价格为100
居民消费价格总指数	101.5
食品烟酒类	101.2
衣着类	98.6
居住类	99.5
生活用品及服务类	101.3
交通和通信类	106.3
教育文化和娱乐类	101.2
医疗保健类	101.2
其他用品及服务类	101.6

新产业新业态新模式较快成长。年末累计登记各类市场主体5674户，全年新增登记各类市场主体649户。其中，年末累计登记私营企业1284户，全年新登记私营企业229户；年末累计登记个体经营户3926户，全年新登记个体经营户395户。

二、农业

全年粮食种植面积21840亩，比上年增长9.7%。夏粮面积500亩，下降64.3%；秋粮面积15040亩，增长24.8%，其中：玉米面积15000亩，增长25%；马铃薯面积5900亩，下降1.7%。

全年粮食产量5390吨，比上年增长1369吨，增长34%。其中，夏粮产量100吨，下降63.2%；秋粮产量4023吨，增长50.8%。小麦产量100吨，下降63.2%；玉米产量4020吨，增产50.9%，马铃薯折粮产量1215吨，增产18.4%。

全年猪肉产量80吨，比上年下降19.2%；牛肉产量4650吨，增长2.9%；羊肉产量133吨，增长2.3%；禽肉产量146吨，增长15%；禽蛋产量371吨，增长8.2%。年末牛存栏53038头，增长6.0%，全年牛出栏29373头，增长3.0%。年末羊存栏12369只，增长12.3%，全年羊出栏7182只，增长2.3%。年末家禽存栏51100只，增长78.7%，全年家禽出栏71600只，增长25.8%。年末生猪存栏895头，增长1.0%；全年生猪出栏909头，下降18.5%。

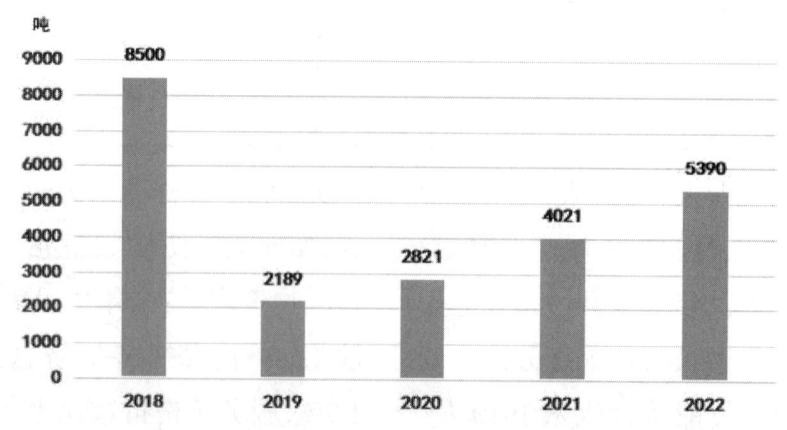

图4 2018—2022年全县粮食产量

表4 2022年全县粮食种植

品　种	面积(亩)	增长(%)	产量(吨)	增长(%)
粮食	21840	9.7	5390	34
夏粮	500	25	100	−63.2
小麦	500	25	100	−63.2
秋粮	15040	24.8	4023	50.8
玉米	15000	25	4020	50.9
马铃薯	5900	−1.7	1215	18.4

三、工业和建筑业

工业：全年全部工业增加值比上年下降25.5%。其中：规模以上工业增加值增长3.9%。

建筑业：全县具有总承包资质和专业承包资质的建筑企业11家，全年完成建筑业总产值2.27亿元，比上年下降7.2%。建筑业企业房屋建筑施工面积41062平方米，下降21.7%。

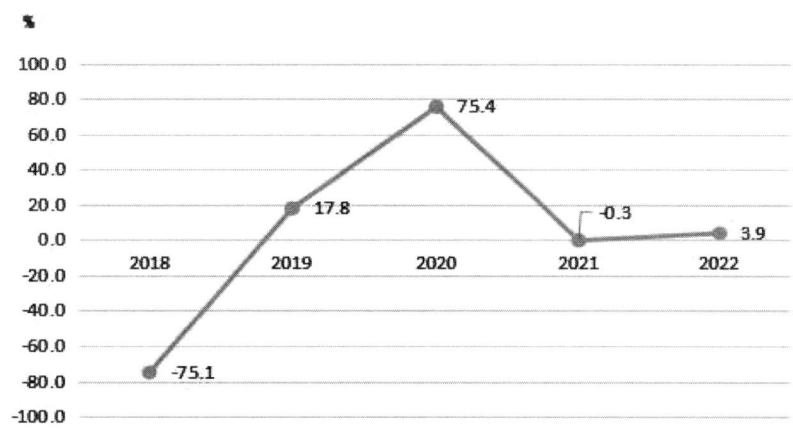

图5　2018—2022年泾源县规模以上工业增加值增长速度

四、固定资产投资

全年全社会固定资产投资(不含农户)比上年下降4.6%。其中：厅局项目投资增长6.3%，占全社会固定资产投资的比重为11.9%；地方项目投资增长4%，占全社会固定资产投资的比重为84%；房地产项目投资下降68.5%，占全社会固定资产投资的比重为4%。地方项目投资中，第一产业投资比上年增长59.5%，占地方项目投资的比重为19.4%；第二产业投资比上年下降22.6%，占地方项目投资的比重为10.3%；第三产业投资比上年下降0.5%，占地方项目投资的比重为70.3%。民间固定资产投资比上年增长58%，占地方项目投资的比重为26%。

全县房地产开发企业完成投资额0.56亿元。商品房销售面积4.04万平方米，比上年下降60%；其中，住宅销售面积3.7万平方米；商业营业用房销售面积0.34万平方米；商品房销售额1.59亿元，其中，住宅销售额1.34亿元，商业营业用房销售额0.25亿元；商品房待售面积7.65万平方米，其中，住宅待售面积5.86万平方米，商业营业用房待售面积1.67万平方米。

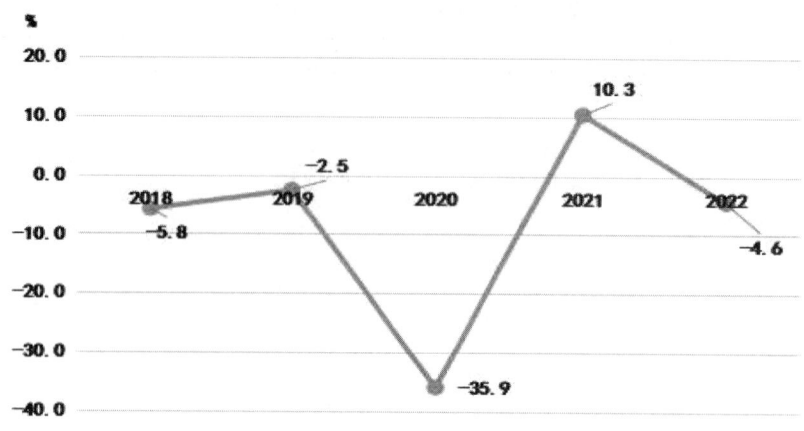

图6　2018—2022年泾源县固定资产投资增长速度

五、国内贸易

全年实现社会消费品零售总额81981.3万元,比上年增长0.1%。按经营地统计：城镇实现零售额71885.2万元,同比增长2%;乡村实现零售额10096.1万元,同比下降11.7%。按消费类型统计：批发业实现零售额26580.2万元,同比增长1%;零售业实现零售额47229.8万元,同比增长0.3%;住宿业实现零售额378.2万元,同比下降15.5%;餐饮业实现零售额7793.1万元,同比下降3.3%。按经济类型统计：国有经济实现零售额159.5万元,同比下降11.6%;集体经济实现零售额267.6万元,同比下降11.7%;私营经济实现零售额12209.1万元,同比下降4.9%;个体经济实现零售额23239万元,同比下降10%;股份制经济实现零售额43540.8万元,同比增长9.3%;其他各种经济实现零售额2565.3万元,同比下降11.7%。

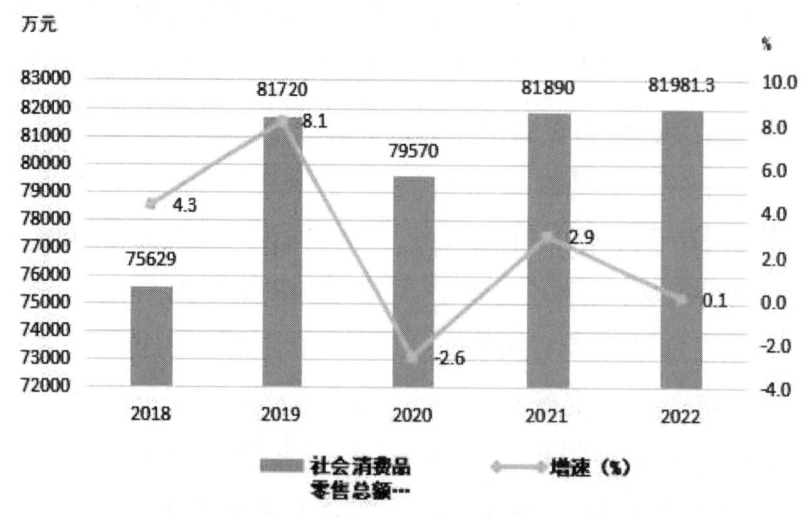

图7　2018—2022年社会消费品零售总额及增长速度

六、交通和邮电

交通运输业：全县境内等级公路里程达到809.403公里。按技术等级分：高速公路111.2公里,二级公路100.353公里,三级公路

39.577公里,四级公路480.42公里。按行政等级分:国道79.154公里,省道33.166公里,县道27.61公里,乡道252.832公里,村道305.438公里。全县公里通车里程809.403公里,其中:高速公路通车里程111.2公里。全县营运车辆231辆,其中:客运48辆。全县公共交通运营车辆40辆,出租汽车123辆,旅游客运20辆。

全年旅客运输总量34.02万人次,旅客运输周转量2242.81万人公里。

年末全县民用汽车保有量3.5万余辆(包括三轮汽车和低速货车),比上年末增加0.4万辆,其中:私家车保有量3.1万辆,增加0.4万辆。

邮政电信业:全年完成邮政业务总量629.12万元,比上年增长13.92%。其中:邮政函件业务6.93万元,比上年下降14.55%;寄递业务148.49万元,比上年增长36.28%。

全年完成电信业务总量3609万元,比上年增长3.5%。全县电话用户总数58415户,其中移动电话用户54114户。固定互联网宽带接入用户23715户,比上年末增加2290户。

七、财政、金融和保险

财政收支:全年地方公共预算总收入300107万元,比上年增长8.72%。其中:地方一般公共预算收入8753万元,增长5.74%。在地方一般公共预算收入中,税收收入4052万元,下降2.83%;非税收入4701万元,增长14.44%。政府性基金预算收入624万元,同比下降16.02%。全年全县财政总支出300107万元,比上年增长8.72%。其中:地方一般公共预算支出234939万元,增长12.93%;政府性基金预算支出2591万元,增长12.12%。

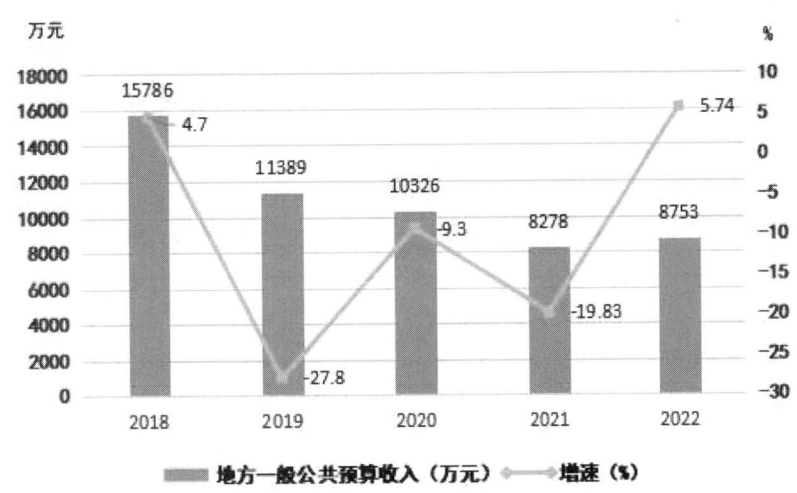

图8 2018—2022年全县一般公共预算收入增长速度

据人民银行统计,年末全县金融机构各项存款余额398534万元,比上年增长3.06%。其中:住户存款余额304341万元,增长9.35%;非金融企业存款余额37782万元,下降15.69%;机关团体存款余额53047万元,增长5.47%;财政性存款余额3364万元,下降74.65%。年末全县金融机构各项贷款余额354337万元,比上年增长10.88%。按期限分：短期贷款233065万元，增长0.11%，中长期贷款余额107531万元，增长57.41%，票据融资13751万元，增长57.41%。按贷款结构分：企（事）业单位贷款38926万元，增长25.16%。住户贷款315410万元，同比增长9.34%；各项贷款占各项存款的比例为88.91%，比上年增长6.27个百分点。

据中国人寿保险股份有限公司泾源分公司统计，全年寿险业务原保险保费收入1918万元，比上年下降25.3%。健康险和意外伤害险业务原保险保费收入364万元，增长27.4%。寿险业务给付466.01万元，下降34%。健康险和意外伤害险业务赔款及给付131万元，下降33.4%。

据中国人民财产保险股份有限公司泾源分公司统计，机动车辆保险保费收入1909.53万元，同比增长20.4%；个人非车险保费收入212.25万元，同比增长138.67%；团体非车险保费收入326.86万元，同比下降24.34%；农业保险保费收入767.02万元，同比增长78%。机动车辆保险赔款支出1124.22万元，同比增长28.94%；个人非车险赔款支出107.78万元，增长34.1%；团体非车险赔款支出118.45万元，增长37.45%；农业保险赔款支出490.05万元，下降33.66%。

八、居民收入和社会保障

据城乡一体化住户调查，全年全体常住居民人均可支配收入达到16968.8元，比上年增长6.3%。按常住地分，城镇常住居民人均可支配收入31056.1元，比上年增加1299.5元，增长4.4%。其中：工资性收入27083.8元，增长4.6%，占城镇居民人均可支配收入的比重为87.2%；经营净收入2021.8元，增长3.2%；财产净收入862.4元，增长1.4%；转移净收入1088.0元，增长2.2%。农村常住居民人均可支配收入12816.3元，比上年增加928.1元，增长7.8%。其中：工资性收入6086.5元，增长7.4%，占农村居民人均可支配收入的比重为47.5%；经营净收入5256.3元，增长9.0%；财产净收入53.7元，增长3.8%；转移净收入1419.8元，增长5.2%。城乡居民人均可支配收入比为2.42。

表5　2022年全县城镇居民人均可支配收入构成（单位：元）

指标名称	2022年	2021年	增加	增长（%）
可支配收入	31056.1	29756.6	1299.5	4.4
一、工资性收入	27083.8	25881.3	1202.5	4.6
二、经营净收入	2021.8	1959.8	62.0	3.2
三、财产净收入	862.4	850.8	11.7	1.4
四、转移净收入	1088.0	1064.7	23.3	2.2

表6　2022年全县农村居民人均可支配收入构成(单位:元)

指标名称	2022年	2021年	增加	增长(%)
可支配收入	12816.3	11888.2	928.1	7.8
一、工资性收入	6086.5	5665.4	421.1	7.4
二、经营净收入	5256.3	4822.0	434.3	9.0
三、财产净收入	53.7	51.8	2.0	3.8
四、转移净收入	1419.8	1349.0	70.8	5.2

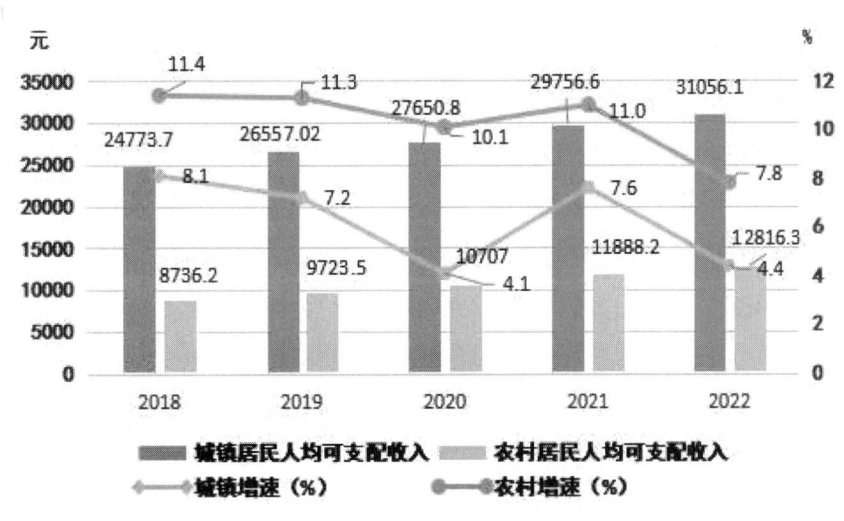

图9　2018—2022年泾源县城乡居民收入

年末全县参加城镇职工基本养老保险人数5504人(含离退1746人),比上年末增加624人。参加城乡居民基本养老保险人数66421人(含离退13511人),减少82人。参加基本医疗保险人数104500人,其中,参加职工基本医疗保险人数6858人;参加城乡居民基本医疗保险人数97642人。参加失业保险人数4518人。年末全县领取失业保险金212人,140.57万元。参加工伤保险人数8743人,其中,按项目参加工伤保险参保人数3796人。参加生育保险人数4703人。

全县城乡居民最低生活保障人数14256人,其中,享受城市居民最低生活保障人数1043人(含高龄13人),发放城市低保金778.12万元(含高龄9.28万元);享受农村居民最低生活保障13213人(含高龄1310人),发放农村低保金6958.23万元(含高龄津贴556.4万元),422人享受农村特困人员救助供养(含集中供养119人),全年临时救助3118人次。自2022年1月1日起,最低生活保障城市居民每人每月650元,农村居民每人每年5520元。全县退役军人和其他优抚对象1463人,其中重点优抚对象298人,年发放抚恤生活补助242.2万元。

年末,全县有敬老院3所,床位498张,五保供养人数426人,其中:集中供养122人。年末全县共有各类提供住宿的社会服务机构5个,其中养老机构3个。提供住宿的社会工作机构床位518张,其中养老服务床位518张。年末共有社区服务站99个。

全年全县缴存住房公积金人数3689人,当年归集住房公积金11974.48万元,累计归集公积金80794.71万元,归集余额32391.21万元。当年发放贷款19户558.4万元,累计发放个人贷款1943户30490.63万元,贷款余额8234.43万元。公积金当年提取843人5380.55万元,累计提取10696人48292.25万元。公积金使用率69.96%,公积金个贷率25.42%。

九、科学技术和教育

全年共签订技术合同51项,技术合同成交金额557万元。组织申报各类科技计划项目86项,已评审立项51项。争取上级科技项目23个,争取项目资金465.8万元。其中,争取自治区级科技项目23个,争取自治区科技专项资金465.8万元。农业科技进步贡献率55.6%。全年专利申请数43件,全年专利授权数40件,有效发明专利数1件。县财政预算安排科技专项资金500万元。全县培训发展科技特派员199名,其中,法人科技特派员97名,自然人特派员102名。培育种养科技示范户83户,推广草畜、中蜂等新品种31个。

年末全县各级各类学校78所。其中,幼儿园29所(含3所民办幼儿园),普通小学45所(含8个教学点),普通初中2所,完全中学1所,职业中学1所。专任教师1217(不含特岗教师)人,其中,幼儿园174人(不包括民办幼儿园教师),普通小学545人,普通中学467人,职业中学31人,特岗教师10人。在校学生18264人,其中,学前教育3170人(含民办幼儿园937人),普通小学8106人,普通初中3897人,普通高中2712人,职业中学379人。学前教育毛入园率为90.18%,小学学龄人口入学率为100%,初中阶段毛入学率为111.98%,高中阶段毛入学率为95.08%,小学六年巩固率为100%,初中三年巩固率为100%。

十、文化旅游、卫生健康和体育

全县文化和旅游系统共有艺术表演团体5个,共举办文艺演出46场。有县级文化馆1个,乡镇文化站7个,村级文化室93个,社区文化室3个,农家书屋93个。有公共图书馆1个,藏书19.57万册,借阅人次0.75万人次。文物管理所1所,有馆藏文物238件(可移动文物),其中国家级二级文物6件。不可移动文物全县定级26处,其中6处为区级保护单位,20处为县级保护单位。有线电视实际用户4050户,其中有线数字电视实际用户1350户。年末广播节目综合人口覆盖率为100%,电视节目综合人口覆盖率为100%。剧场、影剧院1个,广场文艺演出10场次,放映电影1390场。全年共完成新闻1095期(档),摄制各类专题节目11部,完成专场录制11场,制作播出各类宣传片、公益广告26部。全县共有旅游景点6个,其中,4A级旅游景点1个,3A级旅游景点2个,2A级旅游景点2个。注册旅行社2家，注册导游6人。全年接待游客102.94万人次，接待游客总收入7.9亿元。

年末全县共有各类卫生机构122个，其中：公立医院1所，民营医院2所，乡镇卫生院7所，城市社区卫生服务站2个，妇幼保健院1个、疾病预防控制中心1个、卫生监督所1个、村卫生室96个、个体诊所11个。各类卫生技术人员551人，其中：执业医师和执业助理医师199人、护士234人、药剂师28人、技师37人、其他卫生技术人员8人。乡村医生113人。实有病床数公立医院200张、私立医院120张，孕产妇死亡率0，婴儿死亡率1.02‰（1周岁以内），其中新生儿死亡率1.02‰（28天以内），传染病发病率469.29/10万。全年总诊疗人次24.93万人次，出院人数1.1万人。

全县共有体育场馆3个。在小区、公园、广场、绿地、社区安装健身路径累计118套，篮球架累计115副，建成5个健身驿站。共组织开展体育活动赛事5项，新建社区健身广场2个，广场配体育健身器材累计118个。全县共有体育场地918个，体育场地总面积71.83万平方米，建筑面积8006平方米，人均体育场地面积达6平方米。县全民健身中心、县体育场、社区多功能运动场等城乡所有体育运动场所全部免费对外开放。参加体育锻炼的人数达37万人次，占常住人口的35.8%以上。有2人达到国家二级运动员等级标准。

十一、资源、能源消耗、环境和应急管理

水资源总量1.689亿立方米。全年总用水量752.38万立方米，比上午增长13.9%。其中，生活用水371.08万立方米，工业用水22.46万立方米，农业用水345.54万立方米，其他13.3万立方米。年末行政区域面积1128.67平方公里，耕地面积79.4538平方公里，林地面积946.5698平方公里，森林面积476.7333平方公里，自然保护区面积544.9333平方公里，国家级自然保护区1个，草原综合植被覆盖度2.61%。全年完成造林面积53.33平方公里，其中人工造林面积9.33平方公里，占全部造林面积的17.5%。

全县人均公园绿地面积34.18平方米，城市建成区绿地面积2.38平方公里，城市建成区绿地率39.5%，污水处理厂4个，污水处理厂集中处理率96.54%，垃圾处理站7个，城市生活垃圾无害化处理率100%，生活垃圾无害化处理率100%。全县环境空气有效监测天数364天，其中优良天数355天，扣除沙尘天气影响后，优良天数比例达到97.5%。吸入颗粒物（PM_{10}）平均浓度为42微克/立方米，细颗粒物（$PM_{2.5}$）平均浓度为20微克/立方米。

全年平均气温为7.3℃，比往年偏高0.8℃。全年降水量521.7mm，比以往偏少136.8mm，日照时数1923.8小时，比往年偏少380.6小时。

全县共发生各类安全生产事故1起，死亡1人。道路交通事故死亡人数14人，比上年下降12.5%；道路交通万车死亡人数4人，下降22.5%。

注：[1]本公报中数据均为初步统计数，正式数据以《宁夏统计年鉴2023》为准。部分数据因四舍五入的原因，存在着与分项合计不等的情况，数据均保留两位小数。

[2]地区生产总值、三次产业及相关行业增加值、人均地区生产总值绝对数按现价计算，增长速度按不变价格计算。

［3］根据国家统计局2012年制定的《三次产业划分规定》，第一产业增加值不含农林牧渔专业及辅助性活动增加值。

［4］全县价格指数统一使用固原市数据。

［5］根据自治区统计局规定，自2018年起，不再公布固定资产投资总量。

［6］根据国家统计局规定，"五上"企业入统标准：①规模以上工业企业是指年主营业务收入2000万元及以上的工业企业；②限额以上商贸业是指年主营业务收入2000万元及以上的批发业企业（单位）、500万元及以上的零售业企业（单位）、200万元及以上的住宿和餐饮业企业（单位）。③规模以上服务业统计范围包括：年营业收入2000万元及以上的交通运输、仓储和邮政业，信息传输、软件和信息技术服务业，水利、环境和公共设施管理业，卫生行业法人单位；年营业收入1000万元及以上的房地产业（不含房地产开发经营），租赁和商务服务业，科学研究和技术服务业，教育行业法人单位；以及年营业收入500万元及以上的居民服务、修理和其他服务业，文化、体育和娱乐业，社会工作行业法人单位。④有资质的建筑业是指有总承包、专业承包的建筑业企业。⑤房地产开发经营业是指全部房地产开发经营业企业。

［7］此公报数据若与上年公报数据有不衔接之处，系按2021年统计年报最终核准数据或普查相关资料调整。

［8］部门数据来源：发展和改革局、教育体育局、科学技术局、公安局、民政局、财政局、人力资源和社会保障局、自然资源局、住房和城乡建设局、交通运输局、水务局、农业农村局、文化旅游广播电视局、卫生健康局、退役军人事务局、应急管理局、审批局、医疗保障局、生态环境局、体育中心、社保中心、人民银行泾源支行、社会经济调查队、住房公积金管理中心、气象局、邮政局、人寿保险公司、财产保险公司。

［9］其余数据均来自于县统计局。

区级以上新闻报道目录

序号	日期	新闻报道标题	刊载媒体	作者/记者
1	1月4日	拥抱冬奥 逐梦冰雪	人民日报	张 文 杨文明等
2	1月10日	宁夏泾源县去年接待游客102万人次实现旅游综合收入8.2亿元	人民日报客户端	王玉平
3	1月10日	泾源将生态资源转化为生态产品	人民网	王玉平
4	1月12日	宁夏泾源农产品展销中心在福建厦门海沧区揭牌	中国新闻网客户端	李佩珊 姚舒玲
5	1月21日	宁夏泾源县开展"情暖泾源 文明迎新"新时代文明实践志愿服务主题活动	中国新闻网客户端	李佩珊 姚舒玲
6	1月21日	人大代表马晓红:立足优质生态打造"五个示范县"促进县域经济绿色低碳发展	人民网	
7	1月22日	宁夏泾源:闽宁协作助力肉牛养殖"出户入园"	新华社客户端	谢建雯
8	1月23日	徐龙:实干担当 勇毅前行 为先行区建设做出泾源贡献	新华网	
9	1月25日	宁夏泾源县肉牛养殖"出户入园"打造产业发展"新标杆"	人民日报客户端	张 文 周 航
10	1月27日	冬奥有"宁"|宁夏泾源县:六盘山下冰雪"热"	人民日报客户端	张 文 赵茉钰
11	1月30日	宁夏泾源节前慰问暖人心	中国新闻网客户端	李佩珊
12	1月30日	宁夏固原:冰雪旅游唤醒"沉睡"的小山村	中国新闻网	杨 迪 张兴邦
13	2月3日	人民巷头条|迎冬奥 塞上涌动"冰雪热潮"	人民日报客户端	秦瑞杰 穆国虎 赵 茉
14	2月7日	宁夏:冰雪上滑出"速度与激情"	新华网	谢建雯
15	2月8日	宁夏泾源县全域创建"食品药品安全区"成效显著	中国食品报网	吕丽丽 唐 莎
16	2月8日	六盘山下冰雪热曾经的"奢侈"运动 如今的全民运动	中国农网	张国凤
17	2月9日	Discovering skiing during Spring Festival in Ningxia	新华社客户端	谢建雯
18	2月9日	迎冬奥 宁夏固原市泾源乡村小道上演冰雪"嘉年华"	中国新闻网客户端	于少霞 赵文强
19	2月10日	持之以恒的坚守 难以割舍的深情——福建援宁群体的新春"山海情"	新华社客户端	王 磊 李钧德 孙 奕 张 亮
20	2月10日	人民巷头条|冬奥点燃宁夏"冰雪热潮"	人民日报客户端	秦瑞杰 张海峰 周 航

续表

序号	日期	新闻报道标题	刊载媒体	作者/记者
21	2月22日	宁夏泾源105位务工人员"点对点"乘包机赶赴厦门转移就业	中国新闻网客户端	李佩珊 张兴邦
22	2月23日	六盘山下冰雪热	中国农民网	张国凤
23	3月2日	宁夏泾源县兴盛乡：吹起文明新风 打造美丽乡村	中国新闻网客户端	李佩珊 张兴邦
24	3月2日	奋进新征程 建功新时代山海情未了——闽宁协作助力乡村振兴新征程	新华社客户端	卢鹰 张亮
25	3月9日	西海固妇女在"岗位上"找到自信	新华社客户端	谢建雯
26	3月21日	宁夏泾源县："四式管理"激发党员活力	人民网	秦瑞杰 赵茉钰
27	3月21日	宁夏泾源县开展疫情防控检查和食品安全大排查大整治	中国食品报网	吕丽丽 郭建涛
28	3月23日	鲁商携手宁夏泾源共建良种肉牛繁育基地	中国新闻网客户端	李佩珊 张兴邦
29	3月26日	国家级安格斯肉牛良种繁育推广基地落户宁夏泾源县	人民日报客户端	剡文鑫
30	3月28日	当"双减"遇到传统文化 中国学生课堂大变样	中国新闻网	李佩珊
31	3月29日	扎根基层 用法律守护一方百姓	新华网	胡琴
32	3月29日	宁夏聚力"护苗"构建开学季文化晴空	新华网	高菲
33	3月29日	闽宁协作"山海情"未了	新华社客户端	张亮
34	4月2日	宁夏泾源县："123"幸福农家扮靓乡村	人民日报客户端	剡文鑫
35	4月3日	四月泾源，满目桃花	人民日报客户端	张文 周航
36	4月9日	宁夏援沪物资运输组胜利归来	中央广播电视总台	许波 牛巧刚 李浩男 鲍成龙
37	4月14日	宁夏泾源县：推行"出户入园"新模式 打造产业发展"新标杆"	中国农网	张国凤
38	4月14日	找到了！这就是"三生三世十里桃花"！	人民日报客户端	李佩珊 于勇
39	4月15日	抓党建、强队伍、促治理——宁夏泾源县多措并举激发乡村振兴"新活力"	新华社客户端	谢建雯
40	4月15日	总书记和人民心贴心｜"这些变化，特别希望讲给更多人听"	新华社客户端	谢建雯
41	4月15日	宁夏泾源举办"我和新时代国家安全"演讲比赛	中国新闻网客户端	李佩珊 姚舒玲
42	4月18日	"这些变化，特别希望讲给更多人听"	新华社客户端	谢建雯
43	4月18日	宁夏泾源县新民乡的春天	人民日报客户端	李东 丁炜勇
44	4月23日	宁夏泾源：让"崇尚阅读"成为"新风尚"	中国新闻网客户端	李佩珊
45	4月24日	"一度电"的告白	新华社客户端	吕泽
46	4月27日	宁夏泾源开展红色主题教育实践暨"青春向党 不负人民"主题团日活动	中国新闻网客户端	李佩珊 姚舒玲
47	4月30日	宁夏林业人：扎根山林40载 誓把荒山变绿地	中国新闻网客户端	李佩珊

续表

序号	日期	新闻报道标题	刊载媒体	作者/记者
48	5月3日	宁夏泾源县2022年首届"电商网购节"正式启动	人民日报客户端	石 卿
49	5月6日	对口扶贫结硕果,美美与共集美村	人民日报客户端	张 文 秦瑞杰 杨 婷
50	5月7日	半月谈丨教育云落地,农村娃"解渴"	新华社客户端	艾福梅
51	5月9日	宁夏固原市泾源县大湾乡杨岭村——"苦瘠"山乡 美丽绽放	中国农网	张国凤
52	5月9日	宁夏泾源:稳步推进"双创"工作 牢牢守住食安底线	中国食品报网	马梦媛
53	5月10日	泾源县法院线上调解借贷纠纷	人民网	王 慧
54	5月12日	宁夏泾源开展2022年民营企业招聘月活动	中国新闻网客户端	李佩珊 姚舒玲
55	5月16日	宁夏泾源:廉政警示教育筑牢党员干部思想"堤坝"	中国新闻网客户端	李佩珊
56	5月18日	"龙乡好物·约惠泾源"2022年宁夏泾源县首届电商网购节完美落幕	人民日报客户端	石 卿
57	5月18日	宁夏泾源县开展家庭教育促进法宣传周活动	人民日报客户端	张玉玲
58	6月6日	吴桂花:我愿做基层的一块砖	人民网	张 敏
59	6月12日	乡村振兴正当时 宁夏绘就塞上"富春山居图"托住百姓"稳稳的幸福"	中国新闻网客户端	李佩珊
60	6月10日	宁夏泾源县:"望闻问切"工作法 打通农村毒品问题治理脉络显成效	中国禁毒网	郑 薇
61	6月11日	总书记冒雨考察的小山村,如今有了大变化	新华网	王 雪
62	6月13日	宁夏泾源 乡村振兴源源不断的动能	中国日报	胡冬梅
63	6月26日	新精神新举措丨宁夏泾源县传达学习贯彻自治区第十三次党代会精神	人民日报客户端	刘 峰 杨 婷
64	6月17日	人民巷头条丨宁夏:"互联网+"助力发展均衡优质教育	人民网	刘 峰 穆国虎
65	6月22日	宁夏泾源县:反季节种植羊肚菌为乡村振兴带来新期盼	人民网	丁炜勇 李 东
66	6月24日	"甜蜜"六盘山:宁夏泾源名特优特色农产品"靓"起来	新华社客户端	谢建雯
67	6月24日	闽宁携手共酿甜蜜事业 宁夏泾源县举办特色农产品促消费活动	人民网	秦瑞杰 张海峰
68	6月29日	宁夏泾源县举办特色农产品促消费活动	人民日报客户端	秦瑞杰 张海峰
69	6月24日	宁夏泾源:小蜜蜂"酿造"大产业	中国新闻网客户端	田博群
70	6月29日	宁夏泾源县:山更青,水更绿 开启"醉氧"之旅	人民日报客户端	刘 峰 穆国虎
71	6月26日	努力建设黄河流域生态保护和高质量发展先行区(沿着总书记的足迹·宁夏篇)	人民日报	李增辉 张 文

续表

序号	日期	新闻报道标题	刊载媒体	作者/记者
72	6月26日	宁夏杨岭村：从"一处美"向"一片美"迈进	人民网	秦瑞杰 张海峰
73	6月29日	【2022中国有约】宁夏六盘山：雨润风宜万物生	中国日报	程尔凡
74	6月30日	宁夏泾源："家门口就业"助推六盘山下乡村振兴	新华社客户端	谢建雯
75	6月30日	奋进新征程 建功新时代 乡村振兴"小故事"汇成"大文章"	新华社客户端	赵文君 周圆 严赋憬
76	7月1日	宁夏泾源："快乐小屋"让温情邂逅童年	中国新闻网客户端	李佩珊 张兴邦
77	7月2日	【山水泾源 醉氧之旅】这个暑假，去泾源就对了！	中国新闻网	李佩珊
78	7月3日	宁夏泾源县在银举办旅游推介 邀广大市民赴一场"醉氧之旅"	新华社客户端	谢建雯
79	7月3日	炎炎夏日，泾源县邀您开启清凉之旅	人民日报客户端	秦瑞杰 张海峰
80	7月5日	休假归队途中遇火情，消防员"教科书式"灭火	人民网	秦瑞杰 马灵慧
81	7月6日	宁夏泾源县：检察公益诉讼守护人民群众美好生活	人民日报客户端	张文 梁爽
82	7月7日	智慧养蜂助蜂农酿造"甜蜜事业"	新华社客户端	谢建雯
83	7月8日	2022年宁夏六盘山避暑旅游季活动开启	人民网	张敏
84	7月19日	六盘山下冶家村：吃上"旅游饭"走上致富路	人民日报客户端	刘峰 穆国虎
85	7月19日	宁夏泾源县举办第三届杨岭乡村文化旅游节	中国新闻网	李佩珊
86	7月20日	宁夏泾源县第三届杨岭乡村文化旅游节盛大开启	人民网	丁炜勇 李东
87	7月22日	人民巷头条｜去六盘山，寻找18°的夏天	人民日报客户端	刘峰 穆国虎 马灵慧
88	8月1日	宁夏泾源县大湾乡杨岭村：苦瘠乡村变身网红旅游打卡点	中国妇女报	党柏峰
89	8月24日	宁夏泾源：电力助农政策好 "泾牛"助力幸福路	中国新闻网	于晶
90	9月1日	东西部协作"闽宁模式"续写新篇章	新华社客户端	孙奕 谢建雯
91	9月1日	宁夏泾源黄牛肉："牛味十足"飘香海内外	中国新闻网	李佩珊
92	9月2日	宁夏六盘山肉牛—泾源县第六届黄牛节推介会开幕	新华网	靳赫
93	9月4日	宁夏泾源县：肉牛产业成为乡村振兴重要支柱	人民日报客户端	张文 李玲
94	9月13日	宁夏泾源：好山水"写"出富民好文章	光明日报客户端	张文攀
95	9月14日	在山水间传情——评花儿歌舞剧《柳毅传书》	光明日报	庄电一
96	9月21日	半月谈｜一滴蜜的科技含量有多少	新华社客户端	谢建雯
97	10月13日	宁夏泾源："联农带农"助推产业振兴	中国新闻网客户端	李佩珊
98	10月24日	宁夏泾源："联农带农"新机制让蜜更甜	中国新闻网客户端	李佩珊

续表

序号	日期	新闻报道标题	刊载媒体	作者/记者
99	11月8日	宁夏泾源县泾河源镇：村民喜获20余万元村集体经济分红	中国新闻网客户端	李佩珊
100	11月10日	宁夏泾源："山海携手"守护群众健康	新华网	谢建雯
101	11月10日	他巡线，它巡山：萍水相逢，相遇六盘	人民日报客户端	张 文
102	11月13日	宁夏泾源 二十大精神沁润群众心	中国日报网	胡冬梅
103	11月13日	宁夏泾源：乡音传"党音"声声入民心	中国新闻网客户端	李佩珊
104	12月8日	宁夏泾源："四项措施"规范加强村务监督	新华社	谢建雯
105	12月14日	宁夏泾源县农民分享发展红利	人民日报客户端	姬 禹
106	12月17日	宁夏娅豪国际滑雪度假区开业	中国新闻网客户端	杨 迪
107	12月20日	保供电惠民生丨国网泾源供电公司："三项监督"举措助力乡村振兴	人民日报客户端	张 文
108	12月22日	宁夏泾源县：水系连通 西北"小九寨"美不胜收	经济日报客户端	许 凌
109	12月28日	三十余载初心不改 中国建材集团倾情助力宁夏泾源振兴发展	中国新闻网客户端	李佩珊

区级新闻报道目录

序号	日期	新闻报道标题	刊载媒体	作者/记者
1	1月7日	新春走基层丨泾源：走出产业振兴"牛"路子	宁夏日报客户端	剡文鑫
2	1月8日	泾源县：捐赠11吨优质土豆驰援西安抗疫	宁夏新闻网	李 东 丁炜勇
3	1月9日	政法英模丨李春生：干事就是为了让群众满意	宁夏日报客户端	剡文鑫
4	1月10日	为境外电信诈骗窝点提供通信服务，泾源一犯罪窝点被端	宁夏日报	吴彩华
5	1月10日	泾源县政协委员王东梅呼吁：健全管理体系保护蜂蜜品牌	华兴时报	陈 敏
6	1月12日	新春走基层丨泾源："双线"并举发"牛财"	宁夏日报客户端	剡文鑫
7	1月13日	"十四五"宁夏这样开局起步丨做靓"牛文章"赋能"羊产业"	宁夏日报	剡文鑫 张瑛等
8	1月13日	六盘山下的花甲"牛倌"	宁夏日报	剡文鑫
9	1月15日	实干当先惠民生，泾源投资42.29亿元实施项目62个	宁夏日报客户端	剡文鑫
10	1月17日	泾源县开展进口水果专项检查行动 保障群众"果盘子"安全	宁夏新闻网	王剑雪
11	1月21日	泾源：农村党员冬季轮训忙"充电"	宁夏日报客户端	剡文鑫

续表

序号	日期	新闻报道标题	刊载媒体	作者/记者
12	1月22日	代表委员议政录丨马保相:中医馆不能"有馆无人"	宁夏日报客户端	何耐江
13	1月23日	两会声音丨人大代表王慧萍:建设高素质专业化幼儿教师队伍	宁夏日报客户端	朱立杨 马楠 党硕
14	1月24日	泾源县政协委员海军、丁丽建议:丰富养老模式 满足养老需求	华兴时报	陈敏
15	1月25日	冰雪共舞迎冬奥！全区青少年滑雪锦标赛在泾源县展开激烈角逐	宁夏日报客户端	剡文鑫
16	1月26日	老人苦寻儿子15年泾源民警牵线促团圆	宁夏新闻网	吴彩华
17	1月26日	加大泾源县生态补偿扶持力度	华兴时报	单瑞
18	1月26日	"巧手增心意 新年送祝福"泾源县开展关爱未成年人主题系列活动	宁夏新闻网	夏欣
19	1月27日	多彩赛事活动 升温冰雪运动	宁夏新闻网	芦淑颖 刘奕
20	1月28日	喜迎冬奥过大年｜宁夏娅豪国际滑雪场迎来冰雪运动热潮	宁夏新闻网	金文阳
21	1月28日	喜迎冬奥过大年｜网络名人走进固原:探访红星村里的"冰雪世界"	宁夏新闻网	金文阳
22	1月28日	冰雪共舞迎冬奥！全区青少年滑雪锦标赛在泾源县展开激烈角逐	宁夏日报	剡文鑫
23	1月28日	泾源代表队青少年锦标赛暨"十六运会"资格赛中斩获2金4银	宁夏日报客户端	王刚
24	1月30日	宁夏泾源县扎实开展春节慰问走访活动	宁夏新闻网	李东 丁炜勇
25	2月2日	泾源:欢乐大年迎冬奥	宁夏日报	王玉平 李霞霞
26	2月2日	新春走基层丨于秀学直播卖牛	宁夏日报客户端	剡文鑫 王雷
27	2月2日	固原推进"出户入园"促肉牛产业转型升级	宁夏日报	剡文鑫
28	2月3日	宁夏泾源"九碗十三花",民间的"满汉全席"	宁夏新闻网	王平花 李飞龙 张兰
29	2月7日	喜迎北京冬奥会｜宁夏青少年高山滑雪锦标赛在泾源县举行	宁夏网络广播电视台	韩笑 于少霞 洪旭东
30	2月12日	泾源:上好新年"第一课" 吹响奋进冲锋号	宁夏日报客户端	剡文鑫
31	2月14日	培养兴趣爱好 丰富假期生活	宁夏新闻网	陈佳文 李慧 宋昇
32	2月14日	冰雪消融 温暖天气唤醒越冬小蜜蜂	宁夏新闻网	于少霞 马蒙蒙 王剑雪
33	2月18日	一场时隔38年的团聚	宁夏新闻网	吴彩华
34	2月18日	新春走基层:牛产业让村民真"牛气"	宁夏新闻网	于少霞 马蒙蒙 王剑雪
35	2月22日	非遗遇上"双减"丨剪纸艺术让课后时光五彩斑斓	宁夏日报客户端	高菲 王溦

续表

序号	日期	新闻报道标题	刊载媒体	作者/记者
36	2月23日	宁夏泾源县红旗村里的幸福生活	宁夏新闻网	李东 丁炜勇
37	2月28日	"蓝老师"的"消防安全第一课"开课了!	宁夏新闻网	赵大路
38	3月1日	泾源县大湾乡:开学第一课 系好"法治扣"	宁夏新闻网	王剑雪
39	3月1日	泾源农商行:为春耕备耕送上金融"及时雨"	宁夏新闻网	马忠
40	3月3日	泾源县兴盛乡开展 新时代文明实践活动	华兴时报	邓蕾
41	3月3日	我的体育故事丨马天皓:泾源13岁滑雪少年的奥运梦	宁夏日报客户端	高晓刚
42	3月4日	伍六十和他的五六十头牛	宁夏日报	张敏
43	3月5日	雷锋精神在警营 爱民助民显真情——泾源县公安局开展"雷锋精神在警营"主题活动	宁夏新闻网	于少霞 马智杰
44	3月5日	泾源县举办闽宁协作社会帮扶项目妇女儿童资助金发放仪式	宁夏新闻网	郭庆 张玉玲
45	3月6日	惊蛰 泾源中蜂始春繁	宁夏日报客户端	王玉平
46	3月11日	关爱老人 健康同行——泾源县开展老年人免费健康体检	宁夏新闻网	丁娟 洪旭东
47	3月11日	弘扬雷锋精神 泾源税务暖心慰问情意浓	宁夏新闻网	赵文强
48	3月11日	泾源县总工会开展庆祝"国际劳动妇女节"暨女职工维权行动月系列活动	宁夏新闻网	刘皓阳
49	3月14日	泾源县:开展2022年春季学校食堂及校园周边食品安全专项整治行动	宁夏新闻网	李东 丁炜勇
50	3月15日	到乡村去!宁夏理工学院为乡村振兴注入青春力量	宁夏日报客户端	李志廷
51	3月18日	项目建设春潮涌动丨泾源:把每一个项目都建成幸福精品工程	宁夏日报客户端	剡文鑫 王雷
52	3月18日	坚持疫情防控不松懈 守好宁夏"南大门"	宁夏新闻网	郭庆 刘皓阳
53	3月18日	62个项目总投资42.57亿元!泾源县吹响2022年项目建设冲锋号	宁夏新闻网	李东 丁炜勇
54	3月23日	投资10亿元!国家级安格斯肉牛良种繁育推广基地落户泾源	宁夏日报客户端	剡文鑫
55	3月23日	泾源:织密疫情防控网	宁夏新闻网	于少霞 马智杰
56	3月23日	泾源县举办乡村振兴系统干部"大学习大轮训"暨防返贫监测"一键预警"工作培训班	宁夏新闻网	王剑雪 赵文强
57	3月25日	泾源县:兴盛乡全力按下重点项目建设"快进键"	宁夏新闻网	于少霞 马智杰
58	3月25日	泾源县消防救援大队走进轻工业园区开展消防安全培训演练	宁夏新闻网	赵大路 禹亚倩
59	3月29日	泾源:"123"幸福农家扮靓乡村	宁夏日报客户端	剡文鑫
60	3月30日	泾源县举办全面从严治党工作专题辅导班	宁夏新闻网	王剑雪

续表

序号	日期	新闻报道标题	刊载媒体	作者/记者
61	4月6日	泾源杨岭村：幸福"敲响"农家门	宁夏日报	剡文鑫
62	4月7日	泾源县白面民族小学师生徒步往返14公里祭奠革命英烈	宁夏新闻网	于少霞 郭庆 洪旭伟
63	4月8日	泾源检察跨区域守护碧水青山	宁夏日报客户端	马琳 者兰
64	4月8日	泾源县：机声隆隆孕希望 "出户入园"强产业	宁夏新闻网	于少霞 马蒙蒙
65	4月11日	以新担当新作为推动工作提质增效	华兴时报	张倩
66	4月11日	泾源县推进高标准农田建设	宁夏新闻网	芦淑颖
67	4月12日	固原消防用"水幕"欢迎援沪爱心车队返宁	新消息报	陈健
68	4月14日	培根铸魂凝心聚力 绘制民族团结同心圆	华兴时报	邓蕾
69	4月14日	泾源"一村一法律顾问"打通服务群众"最后一公里"	宁夏日报客户端	马琳 殷宇阳
70	4月14日	泾源县召开创建国家级全域旅游示范县工作推进会	宁夏新闻网	郭庆
71	4月14日	李锦馨：情系"玫瑰谷"逐梦产业路	宁夏新闻网	马越
72	4月15日	泾源县奋力创建国家全域旅游示范县	宁夏新闻网	芦淑颖
73	4月15日	泾源县轻工产业园区：党建引领促发展 创新服务开新局	宁夏新闻网	于少霞 赵文强
74	4月15日	泾源县人武部帮扶六盘山镇李庄村产业收益分红仪式正式启动	宁夏新闻网	丁娟
75	4月15日	泾源县卫生健康局送"苗"上门服务群众	宁夏新闻网	刘皓阳 王剑雪
76	4月15日	宁夏泾源县：新民乡的春天	宁夏新闻网	李东 丁炜勇
77	4月22日	泾源警方获赠"YYDS"锦旗	宁夏日报客户端	马琳 冶建军
78	4月22日	奋进新征程 建功新时代·老区新貌｜泾源：收蜂更比收麦忙	宁夏日报	杨玉瑛 王瑞雪
79	4月22日	泾源："信用重建"为杨岭村发展注入金融活水	宁夏日报	剡文鑫
80	4月23日	宁夏泾源县：让崇尚阅读成为"新风尚"	宁夏新闻网	李东 丁炜勇
81	4月24日	泾源县中小学"四课一赛"县级复赛系列活动启动	宁夏新闻网	洪旭东 马蒙蒙 张玉玲
82	4月25日	泾源县"书香政协"委员读书基地揭牌	华兴时报	张倩
83	4月25日	泾源：万事就绪待客来	宁夏日报	王玉平 牛宝林 王雷
84	4月25日	覆膜保墒	宁夏新闻网	李慧 余飞龙 马涛 王彤
85	4月27日	泾源警民联手找回出走"熊孩子"	宁夏日报客户端	马琳 冶建军
86	4月27日	泾源县开展全县人居环境整治互观互评活动	宁夏新闻网	张玉玲
87	5月5日	助力消费回暖！泾源县2022年首届"电商网购节"正式启动	宁夏新闻网	石卿

续表

序号	日期	新闻报道标题	刊载媒体	作者/记者
88	5月5日	泾源县交通运输综合执法大队用责任汗水守护群众出行	宁夏新闻网	郭 庆 王剑雪
89	5月6日	泾源县发出首张《燃气经营许可证》电子证照	宁夏新闻网	丁炜勇 李 东
90	5月8日	助力金融普惠让农民工不忧薪,泾源农商行全力推进农民工工资代发"薪"服务	宁夏日报客户端	马 忠
91	5月8日	全域旅游补短提质 泾源第二批24个重大项目集中开工	宁夏日报客户端	张 敏
92	5月8日	总投资23.6亿元!泾源县第二批重点项目集中开工	宁夏新闻网	丁炜勇 李 东
93	5月9日	微信群变调解室 这家法院"指尖"诉讼服务很便民	宁夏日报客户端	马 琳 王 慧
94	5月9日	女孩轻生离家出走 民警跨区协作紧急找回	宁夏日报客户端	吴彩华
95	5月10日	泾源高级中学开展劳动教育种植实践活动	宁夏新闻网	张玉玲
96	5月11日	泾源公安防诈宣传进校园	宁夏日报客户端	马 琳 冶建军
97	5月12日	助推"5·12"防灾减灾宣传,泾源消防开展科普教育基地对外开放活动	宁夏新闻网	李小慧
98	5月12日	泾源县2022年第二批公共租赁住房实物分配 实现百姓"安居梦"	宁夏新闻网	王剑雪 刘皓阳
99	5月13日	接到越洋求助电话 民警连夜帮其解困	宁夏法治报	马 琳 冶建军
100	5月13日	泾源县开展家庭教育促进法宣传周活动	宁夏新闻网	张玉玲
101	5月13日	泾源县政协委员赵宝成建议:重视乡镇村道路保养维护	华兴时报	陈 敏
102	5月14日	"龙乡好物·约惠泾源"2022年泾源县首届电商网购节完美落幕	宁夏新闻网	石 卿
103	5月17日	泾源县开展闲置牛棚菌菇种植观摩活动	宁夏新闻网	王剑雪 刘皓阳
104	5月17日	泾源县召开农民收入监测预警工作推进会	宁夏新闻网	丁 娟 郭 庆
105	5月18日	泾源县绿水青山迎客来	宁夏日报	赵英俊
106	5月18日	泾源县立足问题清单促整改抓落实	宁夏新闻网	芦淑颖
107	5月19日	泾源:"天然氧吧"由景点游向全域游转变	宁夏日报客户端	剡文鑫
108	5月19日	泾源:建设修复"双管齐下"筑牢六盘山生态屏障	宁夏日报客户端	剡文鑫
109	5月19日	禹文杰的三次"创业"	宁夏日报	王 溦
110	5月20日	自治区政协委员联名呼吁:实施泾源县天然气管道连通工程	华兴时报	吴 倩
111	6月1日	泾源县开展群众性主题宣传教育活动	宁夏日报客户端	剡文鑫
112	6月1日	男子上山打野菜"消失"30小时后……	宁夏法治报	马 琳
113	6月1日	宁夏泾源县举办"强国复兴有我"群众性主题宣传教育活动	宁夏新闻网	丁炜勇 李 东

续表

序号	日期	新闻报道标题	刊载媒体	作者/记者
114	6月1日	振兴路上的"菇勇者"	宁夏新闻网	姚振国 马江
115	6月2日	泾源县:修路解民忧 变坑洼泥路为通途	宁夏新闻网	于少霞 丁娟
116	6月3日	庆端午 促消费 火旅游 助增收！泾源县举办助力群众增收致富活动	宁夏日报客户端	王玉平 韩强
117	6月4日	百花溪谷风景如画	宁夏新闻网	梁园
118	6月6日	喜迎自治区第十三次党代会·足迹丨好日子都是奋斗出来的	宁夏日报	王玉平
119	6月6日	总书记的恩情 我一辈子都忘不了	宁夏日报	王玉平
120	6月6日	宁夏泾源:穿汉服、游山水、迎端午	宁夏频道	谢建雯
121	6月7日	泾源公安重点发力筑牢养老诈骗"防护网"	宁夏法治报	张静
122	6月7日	泾源香水派出所获"全国优秀公安基层单位"	宁夏法治报	马琳
123	6月8日	四年后专程送锦旗 感谢公正办案好法官	宁夏法治报	马琳
124	6月8日	你书写青春答卷 我全程守护平安	宁夏法治报	马琳
125	6月9日	小女子大能量 带动40多名妇女增收致富	华兴时报	梁静
126	6月10日	泾源县"望闻问切"工作法打通农村毒品问题治理脉络	新消息报	王雪玲
127	6月13日	泾源:全域旅游"激活因子"破茧成蝶	宁夏日报客户端	剡文鑫 张敏
128	6月13日	踔厉奋发这5年丨泾源:全域旅游"激活因子"破茧成蝶	宁夏日报	王玉平 韩强
129	6月16日	泾源县政协委员围绕"互联网+城乡供水"建言资政	华兴时报	邓蕾
130	6月18日	宁夏泾源县第三届中小学生艺术展演活动启幕	宁夏新闻网	丁炜勇
131	6月18日	泾源:农村转移就业2.8万多人收入2.86亿元	宁夏日报	剡文鑫
132	6月18日	稳经济 保增长 促发展丨泾源:施展"组合拳"打好"七大战役"	宁夏日报	剡文鑫
133	6月20日	泾源县出台7方面40条措施稳经济保增长促发展守底线	宁夏新闻网	芦淑颖
134	6月21日	宁夏泾源县:反季节种植羊肚菌为乡村振兴带来新期盼	宁夏新闻网	丁炜勇
135	6月22日	奋斗者 正青春丨致富不忘家乡人！兰恩慈:返乡创业带动村民一起增收致富	宁夏日报	王玉平 苏峰
136	6月23日	情自传说来 景唯画中有！泾源打造宁夏首部实景花儿歌舞剧《柳毅传书》	宁夏日报客户端	剡文鑫
137	6月24日	宁夏泾源县举办第二届蜂蜜推介会暨名优特色农产品促消费活动	宁夏新闻网	丁炜勇
138	6月24日	打开校门亮家底,泾源县2022年职业教育活动周启动	宁夏日报客户端	马忠
139	6月27日	让绿树青山真正变成金山银山	华兴时报	吴倩

续表

序号	日期	新闻报道标题	刊载媒体	作者/记者
140	6月27日	泾源县举办第二届蜂蜜推介会	华兴时报	邓蕾
141	6月27日	全程供应链企业助力泾源肉牛产业持续健康发展	宁夏新闻网	丁炜勇 李东
142	6月27日	泾源农商行"十八条"措施为企业纾困解难	宁夏日报客户端	马忠
143	7月3日	宁夏泾源县旅游推介会在银川举行	宁夏新闻网	丁炜勇 李东
144	7月4日	走进泾源亲近自然！泾源旅游推介会在银川举行	宁夏日报客户端	张敏
145	7月5日	学党史 悟思想 办实事 开新局｜泾源："带头人"为乡村振兴赋能	宁夏日报客户端	强永利
146	7月8日	"泾源黄牛肉"国字招牌吸引客商投资兴业	宁夏日报客户端	剡文鑫
147	7月8日	2022年宁夏六盘山避暑旅游季活动开启	宁夏日报	张敏
148	7月13日	泾源黄牛肉"变身"升值	宁夏日报	剡文鑫
149	7月14日	发展农家乐 开启致富路	华兴时报	邓蕾
150	7月18日	泾源:打造别样乡村游 体验乡村慢生活	宁夏新闻网	剡文鑫
151	7月19日	宁夏泾源县第三届杨岭乡村文化旅游节盛大开启	宁夏新闻网	丁炜勇 李东
152	7月21日	"红色"六盘山 绿色避暑地	华兴时报	王斌
153	7月26日	助力乡村振兴！泾源农商行加大"信贷支农"力度	宁夏日报客户端	马忠
154	7月30日	"天然氧吧"泾源:浇灌生态常青树 换得清爽满人间	宁夏日报客户端	剡文鑫
155	8月5日	泾源："以赛促建"推动新时代文明实践向纵深发展	宁夏日报客户端	剡文鑫
156	8月8日	泾源工业园孵化产业"龙头"	宁夏日报客户端	姬禹
157	8月11日	宁夏泾源:高标准农田绘制产业兴旺美卷	宁夏日报客户端	剡文鑫
158	8月12日	灰色矿山变美丽青山	宁夏日报	李锦 马海红
159	8月17日	固原市2022年乡村音乐节在泾源县拉开帷幕	宁夏新闻网	李东 丁炜勇
160	8月18日	固原乡村音乐节愈燃愈嗨！	宁夏日报客户端	李昊斌
161	8月23日	以"青春之力"赋能乡村振兴—访泾源县政协委员 宁夏云赏臻源电子商务有限公司总经理禹龙龙	华兴时报	邓蕾
162	8月24日	泾源县第三届"泾源好声音"举办总决赛	宁夏新闻网	洪旭东
163	8月26日	小蘑菇撑开"致富伞"	宁夏新闻网	洪旭东 马蒙蒙
164	8月31日	泾源县召开"8·13"安全生产事故警示教育现场会	宁夏新闻网	王剑雪
165	9月1日	宁夏六盘山肉牛—泾源县第六届黄牛节开幕	宁夏新闻网	李东 丁炜勇
166	9月1日	泾源蹚出高端肉牛产业兴旺路	宁夏新闻网	剡文鑫
167	9月1日	泾源县召开2022年民族团结进步月启动会	宁夏新闻网	马蒙蒙

续表

序号	日期	新闻报道标题	刊载媒体	作者/记者
168	9月1日	泾河源镇:肉牛产业助推村集体经济"壮"起来	宁夏新闻网	于少霞
169	9月4日	泾源黄牛肉品牌价值32.5亿元	宁夏日报客户端	李昊斌 剡文鑫
170	9月9日	泾源县举办"大学习、大讨论、大宣传、大实践暨铸牢中华民族共同体意识"演讲比赛	宁夏新闻网	张玉玲
171	9月10日	全国人民满意的公务员｜伍福升:争做乡村振兴排头兵	宁夏日报	王玉平
172	9月13日	泾源:做好"六稳""六保"推动"大实践"浸润民心	宁夏日报客户端	剡文鑫
173	9月15日	泾源县"两个带头人"带出共同富裕好光景	宁夏新闻网	于少霞 赵文强
174	9月15日	泾源公安多措并举开展防范电信诈骗宣传活动	宁夏新闻网	王剑雪 洪旭东
175	9月15日	宁夏泾源"电"亮山乡 好山水做出"富民"好文章	宁夏新闻网	祁瀛涛
176	9月21日	泾源县:"牛人"赵满才 养牛有劲头 致富有奔头	宁夏新闻网	张玉玲 赵文强
177	9月21日	庆丰收 迎盛会 泾源县农民喜绘致富画卷	宁夏新闻网	洪旭东 马蒙蒙
178	9月21日	一路绿色景 满城文明风	宁夏新闻网	王剑雪 赵文强
179	9月23日	泾光村禹志发:痴迷玩奇石 巧手制盆景 念好石头致富经	宁夏新闻网	张玉玲 赵文强
180	9月23日	泾源县森林覆盖率达42.24%环境空气优良天数比例95%	新消息报	方海鹰
181	9月28日	强化政策引导、细化服务保障!泾源力促高校毕业生就业	宁夏日报客户端	马照刚
182	10月3日	这个国庆节,我们这样过｜马有明:用我的忙碌 换乡亲舒心	宁夏日报客户端	和牧川
183	10月7日	泾源:打造"引擎"推动肉牛产业高质量发展	宁夏新闻网	剡文鑫
184	10月11日	泾源:万千蜂群酿出甜蜜事业	宁夏日报客户端	剡文鑫
185	10月12日	泾源县上桥村:残膜回收变废为宝 助力绿色农业健康发展	宁夏新闻网	洪旭东 马蒙蒙
186	10月13日	全方位电力"体检" 加注安全助推剂	宁夏新闻网	张玉玲 马智杰
187	10月14日	建设黄河流域生态保护和高质量发展先行区｜泾源:希望田野上编织幸福	宁夏日报	剡文鑫
188	10月14日	泾源县以制度建设 为政协履职提供坚强保障	华兴时报	邓蕾
189	10月14日	王荣督导调研集中供热工作	宁夏新闻网	洪旭东
190	10月14日	泾源县"真金白银"助企纾困稳就业 援企稳岗补贴"免申即享"	宁夏日报客户端	马照刚
191	10月17日	疫情防控不误审案 泾源县法院"云端"调解合同纠纷	宁夏日报客户端	王慧

续表

序号	日期	新闻报道标题	刊载媒体	作者/记者
192	10月18日	一起学报告丨自力更生织出乡村振兴锦绣画卷	宁夏日报	王玉平
193	10月20日	泾源县六盘山镇：党建引领促发展 蔬菜大棚促经济	宁夏新闻网	洪旭东 马蒙蒙
194	10月21日	奋进新时代 谱写新篇章丨泾源：栉风沐雨秉初心 砥砺奋进写华章	宁夏日报	剡文鑫
195	10月24日	泾源县新民乡：中药材规模化种植 种出丰收致富田	宁夏新闻网	洪旭东 马蒙蒙
196	10月25日	泾源冷凉蔬菜种出好"钱"景	华兴时报	马 军
197	10月25日	宁夏泾源县："三个课堂"新模式助推优质教育资源互通共享	宁夏新闻网	丁炜勇 李 东
198	10月25日	泾源县：文化赋能 助力乡村振兴	宁夏新闻网	张玉玲
199	10月25日	深耕普惠金融 泾源农商行乡村振兴金融服务中心实现乡村全覆盖	宁夏日报客户端	马 忠
200	10月27日	泾源县消防救援大队举行迁建入驻仪式	宁夏新闻网	马智杰
201	10月27日	泾源县：加快推进秋冬农田水利基本建设 夯实粮食安全根基	宁夏新闻网	洪旭东 马蒙蒙
202	10月28日	养牛过上"牛"日子 牵出致富好路子	宁夏新闻网	郭 庆 张玉玲
203	10月29日	聚焦党委全会精神丨泾源县：奋力描绘全面建设社会主义现代化美丽新宁夏泾源新画卷	宁夏日报客户端	朱立杨 党 硕
204	11月1日	发展特色产业 拓宽村民致富路 ——访泾源县政协委员王成	华兴时报	马 军
205	11月1日	泾源县：中药材种植 为群众开出"致富良方"	宁夏新闻网	于少霞 赵文强
206	11月1日	六盘山下好日子⑤丨泾源肉牛小区打样现代农业	宁夏日报客户端	王玉平
207	11月1日	泾源县检察院全力守护老年人"钱袋子"	宁夏法治报	禹素娟
208	11月4日	泾源县擦亮绿色生态宝地新名片	华兴时报	邓 蕾
209	11月7日	距离3米！电力职工在泾源偶遇华北豹	新消息报	安小霞
210	11月7日	泾源县：办好人民满意的教育 培根铸魂育新人	宁夏新闻网	洪旭东 马蒙蒙
211	11月7日	泾源县："优质+高端"双轮驱动 肉牛产业共赢发展	宁夏新闻网	于少霞
212	11月8日	泾源县法院："人民调解+司法确认"助力矛盾化解在基层	宁夏新闻网	车琴花
213	11月9日	"苦药材"种出甜日子	华兴时报	邓 蕾
214	11月9日	泾源县教育体育局开展线上"政府开放日"活动	宁夏新闻网	张玉玲
215	11月10日	泾源县：发展乡村旅游 村美民富笑开颜	宁夏新闻网	马智杰 张玉玲

续表

序号	日期	新闻报道标题	刊载媒体	作者/记者
216	11月10日	泾源县首届网红达人线上直播带货大赛圆满落幕	宁夏新闻网	赵文强
217	12月2日	全面禁毒|泾源县禁毒防艾宣传进万家	宁夏日报客户端	马春梅
218	12月2日	泾源:壮大村集体经济筑起富民强村梦	宁夏新闻网	剡文鑫
219	12月2日	泾源县:水系连通幸福生活 助力乡村振兴	宁夏新闻网	于少霞
220	12月8日	专家走村入户支招蜜蜂越冬	宁夏新闻网	洪旭伟 于少霞
221	12月12日	牵住"牛鼻子" 奔向"牛日子"	宁夏新闻网	陈佳文
222	12月14日	泾源县政协党组书记李刚:凝心聚力干出新样子 勇毅前行展现新作为	华兴时报	马军
223	12月20日	"冷资源"加快变身"热产业"	华兴时报	马军
224	12月23日	让农民在家门口成为"蓝领"	宁夏日报	杨玉瑛